V. Jahrbuch für Lebensphilosophie

REIHE LEBENSPHILOSOPHIE

V. Jahrbuch für Lebensphilosophie

– 2010/2011 –

Gelebter, erfahrener und erinnerter Raum

Hg. von Jürgen Hasse und
Robert Josef Kozljanič

Albunea Verlag München

Titelbild von Prof. Dr. Jürgen Hasse.
Mit freundlicher Genehmigung.
Alle Bildrechte beim Urheber.

© Albunea Verlag, München 2010
Seldeneckstr. 18
D-81243 München
Tel.: ++49/(0)89/877165
www.albunea.de
info@albunea.de

Herstellung: Books on Demand GmbH, Norderstedt

ISBN 978-3-937656-12-0

INHALT

Beiträge:
Gelebter, erfahrener und erinnerter Raum

Jürgen Hasse und Robert Josef Kozljanič:
Einleitung

Die Geistes- und Sozialwissenschaften haben den Raum zu ihrem Thema gemacht. Unter dem Fokus des sogenannten ‚spatial turn' rücken Raum-Fragen ins Zentrum wissenschaftstheoretischer Orientierungen. In wissenschaftlichen Denksystemen der westlichen Welt erfüllt das mathematische Raumverständnis eine Aufmerksamkeit lenkende Funktion. Der dreidimensionale Raum ist diesem Denken zufolge mit dinglichen Körpern gefüllt und relational durch Abstände zwischen den Dingen bestimmt. Komplementär zum Raum versteht sich die Zeit als in Sequenz und Dauer quantifizierbare Dimension menschlichen Handelns. So agiert der Mensch in der Zeit eines „objektiv" bestimmbaren Vorher und Nachher, das sich in einer Ordnung der Dinge ereignet. Dieses Denken impliziert indes ein reduktionistisches Welt- und Menschenbild, denn so wenig sich Raum allein in einer relational geordneten Körperwelt konstituiert, so die Zeit nicht in einer objektivierbaren Chronologie der Ereignisse.

Im Fokus der Lebensphilosophie soll im vorliegenden Band der gelebte, erfahrene und erinnerte Raum in seiner unaufhebbaren Verschränkung mit der gelebten Zeit thematisiert werden. Zwar sind nicht nur in den wissenschaftlichen Systemen, sondern auch in der Lebenswelt die naturwissenschaftlichen Begriffe von Raum und Zeit unverzichtbar. Unbestreitbar ist aber auch, dass *dieses* Raum- und Zeit-Denken das Verstehen von subjektiv gelebtem Raum wie subjektiv gelebter Zeit nicht zu vermitteln vermag. Dass sich ein Raum nicht nur durch Quantitäten, sondern wesentlich durch Qualitäten konstituiert, erfährt damit eine herausgehobene Aufmerksamkeit. Die für diesen Band verfassten sowie zum Nachdruck zusammengestellten Texte verstehen sich nicht als Bestreitung vorherrschender Raum- und Zeit-Begriffe, sondern als Plädoyer für eine methodologisch begründete Erweiterung des nicht allein in den Wissenschaften standardisierten Raum- und Zeit-Denkens.

In einer Zeit, in der die auswechselbaren ‚uneigentlichen' Räume – nach Marc Augé „Transiträume" wie Flughäfen, Verkehrsmittel, Autobahnraststätten, Einkaufszentren und Freizeitparks[1] – immer größere Bedeutung in Lebenswelt und Wissenschaft gewinnen, finden vermehrt die unverwechselbaren ‚eigentlichen' Räume (nicht nur als „Gedächtnisorte" und „Erinnerungsräume") Beachtung.[2] Auf dem Hintergrund

[1] Augé, M.: Orte und Nicht-Orte, Frankfurt a. M. 1994.
[2] Vgl. das Standardwerk: Nora, P. (Hg.): Les lieux de mémoire, 7 Bde., Paris 1984-1992. Inzwischen gibt es vergleichbare Veröffentlichungen zu Gedächtnisorten in Italien, den Niederlanden, Österreich, Dänemark und Deutschland; vgl. etwa: François, E. u. Schulze, H. (Hg.): Deutsche Erinnerungsorte, 3 Bde., München 2001. Kulturwissenschaftlich prinzipieller behandelt diese Thematik: Assmann, A.: Erinnerungsräume, Formen und Wandlungen des

dieser Sensibilität wäre in der Gegenwart auch eine rein funktionalistisch entworfene Verkehrsplanung nach dem Bild der „verkehrsgerechten Stadt" der 1970er Jahre politisch nicht legitimierbar. Die Menschen wissen aus dem Leben mit rationalistisch entworfenen Retorten-Räumen um die Erlebnis-Folgen solch funktionalistischer Raum- und Umweltgestaltung. Der wieder abgedruckte Beitrag von *Hans Boesch, „Die sinnliche Stadt"*, macht auf diese Schattenseiten funktionalistischer Planungspraxen und die damit einhergehende Übersehung sinnlichen Im-Raum-Seins aufmerksam.

Die „Lebensweltvergessenheit"[3] planungspolitischer und -praktischer Entwürfe (und realisierte Zumutungen) hat eine ‚Raumvergessenheit' zur Voraussetzung, die die Dimension des Raum- und Zeit-*Erlebens* berührt. Ein vorherrschend *gnostisches* Raum-Denken verstellt weitgehend noch in der Gegenwart die Anbahnung eines *pathischen* Raum-Denkens, das in der gelebten Teilhabe an lebensweltlichem Geschehen geerdet ist.[4] Gelebte Teilhabe meint nicht nur personales und soziales, sondern immer auch leibliches Involviertsein (nicht zu verwechseln mit rein körperlicher Anwesenheit). Doch in den gegenwärtig diskutierten Entwürfen für eine „Raumsoziologie" lässt die Kategorie des „Körpers" keinen theoretischen Raum für dessen erweitertes Denken in Kategorien der Leiblichkeit. Dabei folgt der Ausschluss der Kategorie der Leiblichkeit keiner Evidenz, sondern dem Zwang einer Theoriehygiene, wäre doch die lebensphilosophische Kategorie des Leibes mit dem rationalistischen Handlungsverständnis – der tragenden Säule des sozialwissenschaftlichen Menschenbildes – nicht kompatibel. Der Körper fügt sich dagegen konzeptionell reibungslos in die Ordnung der physischen Dinge des relationalen Raumes. Da dieser als sozial konstruierter und intentional hergestellter Raum gedacht wird, gehört zum Körper des Menschen dessen (intellektualistische) Geistigkeit, dank derer Vermögen das Soziale, Symbolische und Materielle erst in die Welt komme.

---

kulturellen Gedächtnisses, München [3]2006. Die mytho-historische, atmosphärische und ästhetische Dimension charakteristischer Orte stellt in den Vordergrund: Kozljanič, R. J.: Der Geist eines Ortes – Kulturgeschichte und Phänomenologie des Genius Loci, 2 Bde., München 2004.

[3] List, E.: Gebaute Welt – Raum, Körper und Lebenswelt in ihrem politischen Zusammenhang, in: Frei-Räume 1992/93, S. 54-70.

[4] „Gnostisch" und „pathisch" i. S. von Erwin Straus, der zwischen gnostischer und pathischer Wahrnehmung unterscheidet. Erstere ist gleichsam begrifflich-dingliche Wahrnehmung, letztere meint das Ergriffen- und Gewahrwerden von Phänomenen: „Das Pathische gehört aber gerade zu dem Bestand des ursprünglichsten Erlebnis; es ist darum der begrifflichen Erkenntnis so schwer zugänglich, weil es selbst die unmittelbar-gegenwärtige, sinnlich-anschauliche, noch vorbegriffliche Kommunikation ist, die wir mit den Erscheinungen haben. [...] Das gnostische Moment hebt nur das *Was* des gegenständlich Gegebenen, das pathische das *Wie* des Gegebenseins hervor." Straus, E.: Die Formen des Räumlichen, Ihre Bedeutung für die Motorik und die Wahrnehmung, in: ders.: Psychologie der menschlichen Welt, Gesammelte Schriften, Berlin/Göttingen/Heidelberg 1960, S. 141-178, hier: 151; der Aufsatz wurde in diesem Jahrbuch wieder abgedruckt.

Wenn auch in den Sozialwissenschaften (insbesondere in der Soziologie) die Ansätze zur Überwindung des (durch den Konstruktivismus zudem verstärkten) traditionellen Raum-Denkens äußerst schwach sind,[5] so sensibilisieren sich zunehmend WissenschafterInnen in Philosophie und Kulturwissenschaften für ein methodologisch erweitertes Denken.[6] Zumindest lokal ist eine fruchtbare inter- und transdisziplinäre Diskussion in Gang gekommen. Dass sich dabei als Folge der Macht der Disziplinen „Raumsoziologien"[7] stärker entfalten und auf Nachbardisziplinen einwirken können als (raum-)phänomenologische Revisionen alltäglichen Erlebens, ist weniger Ausdruck der Überzeugungskraft von Argumenten denn der wissenschaftspolitischen Macht von Diskursen und Disziplinen. Zur aktuellen Raum-Diskussion möchte das 5. Jahrbuch für Lebensphilosophie mit Beiträgen zum Thema ‚Gelebter, erfahrener und erinnerter Raum' beitragen. Lebensphilosophische, phänomenologische, humangeographische und kulturwissenschaftliche Ansätze sollen zu diesem Zweck versammelt und weiterentwickelt werden. Drei Themenkreise stehen im Mittelpunkt: erstens, der *gelebte und atmosphärische Raum*, zweitens, der *erfahrene und ästhetische Raum* und, drittens, der *erinnerte* und *historische Raum*.

Der gelebte und atmosphärische Raum

Karlfried Graf von Dürckheim sprach als einer der ersten vom „gelebten Raum". In seinen „Untersuchungen zum gelebten Raum" von 1932 heißt es:

> „Der gelebte Raum ist für das Selbst Medium der leibhaftigen Verwirklichung, Gegenform oder Verbreiterung, Bedroher oder Bewahrer, Durchgang oder Bleibe, Fremde oder Heimat, Material, Erfüllungsort und Entfaltungsmöglichkeit, Widerstand und Grenze, Organ und Gegenspieler dieses Selbstes in seiner überdauernden und seiner augenblicklichen Seins- und Lebenswirklichkeit."[8]

Weil dieser gelebte Raum – besonders in seiner (mit Dürckheim formuliert) „augenblicklichen" „Lebenswirklichkeit" oder (mit Erwin Straus gesagt) „präsentischen" und „pathischen"[9] Dimension – wesentlich durch Atmosphären als „räumlich ausgedehnte, jeweils randlos ergossene, leiblich spürbare Gefühle"[10] mitbestimmt ist, steht die erste Abteilung der Beiträge unter diesem Leitthema.

---

[5] Deutlich andere Akzente setzt z. B. der Soziologe Robert Gugutzer in seiner Monographie „Leib, Körper und Identität", Wiesbaden 2002.
[6] Einen guten Überblick bietet: Rolshoven, J.: Von der Kulturraum- zur Raumkulturforschung, Theoretische Herausforderungen an eine Kultur- und Sozialwissenschaft des Alltags, in: Zeitschrift für Volkskunde, 2/2003, S. 189-213.
[7] Siehe: Löw, M.: Raumsoziologie, Frankfurt a. M. 2001.
[8] Dürckheim, K. v.: Untersuchungen zum gelebten Raum, Reihe „Natur – Raum – Gesellschaft", Bd. 4, hg. v. J. Hasse, Frankfurt a. M. 2005, S. 16 (Ersterschienen in: Neue Psychologische Studien, Bd. 6, hg. v. F. Krueger, München 1932, S. 383-480).
[9] Straus, E.: a. a. O., S. 176f; s. auch den Beitrag von Wolfgang Hasselbeck in diesem Band.
[10] Schmitz, H.: Der unerschöpfliche Gegenstand, Bonn [2]1995, S. 6f, 196-199 u. v. a. 292-296.

Der im Folgenden abgedruckte Auszug aus dem paradigmatisch bestimmenden Beitrag von *Karlfried Graf von Dürckheim („Einleitendes zur Untersuchung des gelebten Raums")* führt in tragende Grundgedanken seines Denkens ein. In dieser Perspektive steht nicht der physische Raum im Mittelpunkt der Aufmerksamkeit, sondern eine mit „Vitalqualitäten" gefüllte „Herumwirklichkeit", die nur als eine Welt des Erlebenden zu verstehen ist. Sie begründet eine subjektbezogene Lebensperspektive, deren Verstehen auch das Anliegen von Erwin Straus war (siehe das Porträt *„Erwin Straus – Schau durchs Monadenfenster"* von *Wolfgang Hasselbeck*). Die Welt des Erlebenden wird durch persönliche (oft aber auch gemeinsame) Stimmungen gerahmt. Nur auf diesem Stimmungshintergrund ist ein Individuum gegenüber einem Erleben offen oder verschlossen. Ganz wesentlich hängt es von *aktuellen* Stimmungen ab, ob und in welcher Weise eine Atmosphäre in das leibliche Befinden gefühlsmäßig einsinkt, um so das aktuelle Befinden zu tönen.

Ute Guzzoni zeigt in ihrem Beitrag über *„Nächtliche Geräusche"*, welche Macht von Atmosphären über Stimmungen ausgehen kann. Im Hören öffnet sich der Raum auf ganz andere Weise für das Erleben von Nähe und Ferne als im visuell wahrnehmbaren Raum. Schließlich ist der nächtliche Dunkelraum viel weniger „Raum" i. S. dessen, was wir unter „Raum" im relationalen Sinne verstehen, als vielmehr unsicher gespürte „Herumwirklichkeit" (Dürckheim). Die Dinge, die Ordnungsmuster im physischen Raum bilden, treten in der Wahrnehmung des nächtlichen Stille-Raumes zurück. Überproportional sind es nun spärliche, verlorene, plötzliche und akzentuiert gleichsam aus dem Nichts hervortretende Geräusche, die einen Raum des Hörens bilden, der gängige Raumvorstellungen leer laufen lässt. Fragen der sinnlichen Wahrnehmung öffnen in dieser Perspektive neue Fragehorizonte zum Zusammenhang von Atmosphären, Stimmungen und Umgebungsqualitäten leiblicher Wahrnehmung, mehr aber noch zum Wesen des Wahrnehmungsraumes im Allgemeinen. Diesbezüglich hat – unter besonders nuancierter Berücksichtigung des Hör-Raumes – auch *Erwin Straus* wichtige Pionierarbeit geleistet, weshalb er in diesem Jahrbuch mit dem Wiederabdruck eines Aufsatzes von 1930, *„Die Formen des Räumlichen"*, gewürdigt wird.

Die subjektive Welt des „gestimmten Raumes" (i. S. von Binswanger und Bollnow[11]) wird erst verständlich, wenn die Wahrnehmung nicht als neuronale Verarbeitung von Sinnesreizen, sondern als *leibliche Kommunikation*[12] aufgefasst wird. *Gernot Böhme* widmet sich in seinem Beitrag *„Der Raum leiblicher Anwesenheit und der Raum als Medium von Darstellung"* dieser phänomenologischen Perspektive. Die Anwesenheit des Menschen unter den Dingen und in (u. a. von ihnen ausgehenden)

---

[11] Vgl.: Binswanger, L.: Das Raumproblem in der Psychopathologie, in: ders.: Ausgewählte Vorträge und Aufsätze, Bd. 2, Bern 1955, S. 174ff.; und: Bollnow, O. F.: Mensch und Raum, Stuttgart 1963, S. 229ff.

[12] Vgl. dazu besonders: Schmitz, H.: System der Philosophie, Bd. 3, 5, Die Wahrnehmung, Bonn 1978.

Atmosphären macht auf die Differenz zwischen körperlicher und leiblicher Seinsweise des Menschen aufmerksam. Als Körper ist der Mensch physisches Ding unter anderen (toten) Dingen im relationalen Raum. In leiblicher Anwesenheit ist der Mensch dagegen – sich selbst und seine Herumwirklichkeit spürend – präsent.

Die in aktuellen sozialwissenschaftlichen Diskursen vorherrschende Rede vom *Körper* verkennt nicht nur die phänomenologische Bedeutsamkeit subjektiver Erlebniswirklichkeiten. Sie übersieht auch einen soziologisch relevanten Wirkungsbereich der Vergesellschaftung des Menschen. In diversen gesellschaftlichen Systemfeldern (insbesondere Politik und Ökonomie) gewinnen weniger in der Sache tragfähige Argumente die Menschen für ein bestimmtes Verhalten, sondern systematisch geplante Arrangements sinnlicher Suggestionen, die auf immersive Weise Einfluss auf subjektives Fühlen und Wollen nehmen (Kulturindustrie). Die Körper-Perspektive verschließt sich dem Verstehen pathischer Situationen, weil sie Wahrnehmung nicht als situativ-ganzheitliches Erleben von Eindrücken versteht, sondern als sensorische Reizaufnahme und die damit verbundenen Gefühle auf neuronale Prozesse im Körper (Gehirn) verkürzt. Wird dagegen die Leib-Perspektive ein- oder zumindest ernstgenommen, öffnet sich ein Zugang zu atmosphärischen und sinnlich-ganzheitlichen Zusammenhängen, nicht zuletzt auch in Bezug auf kulturindustrielle und sozialtechnische Zurichtungen und Zumutungen. Welche Rolle sinnlich-suggestive Arrangements in Schulgebäuden spielen, zeigt der Beitrag von *Jürgen Hasse „Zur heimlich erziehenden Wirkung schulischer Lernräume"*.

Dass leibliche Wahrnehmung stets *situativen* Charakter hat, ist das Thema des Beitrages von *Hermann Schmitz*. Was Ute Guzzoni über die Wahrnehmung von Geräuschen im nächtlichen Raum sagt, wird nur auf dem Hintergrund eines situativen Wahrnehmungsverständnisses nachvollziehbar. Tag und Nacht sind Grundsituationen menschlicher Erlebniswirklichkeit wie die klimatisch spürbaren Temperaturen im Sommer und im Winter. Diese naturgegebenen und nicht sozial konstruierten Dispositionen der Wahrnehmung machen auch darauf aufmerksam, dass sich Situationen mit ihren je eigenen Bedeutungen ineinander schachteln (z. B. persönliche und gemeinsame) und so ein komplexes Gefüge von Bedeutungshöfen bilden, die das persönliche Erleben emotional färben. Schmitz weist in seinem Beitrag *„Raumformen und Raumfüllung"* auf den situativen Charakter des Wohnens hin, dessen persönlicher (und/oder gemeinsamer) Raum atmosphärisch durch eine Kultur der Umfriedung hergestellt wird.[13]

---

[13] Zum atmosphärischen Charakter des Wohnens vgl. auch: Hasse, J.: Wohnen als Prozess der Umfriedung und das Problem der Transformation des Urbanen, in: Ausdruck und Gebrauch, Dresdner wissenschaftliche Halbjahreshefte für Architektur Wohnen Umwelt, 6/2005, S. 16-33.

Der erfahrene und ästhetische Raum

Das altgriechische Wort ‚aísthesis' meint Wahrnehmung, und zwar *sinnliche* Wahrnehmung. Als Alexander Gottlieb Baumgarten 1750 und 1758 mit seiner zweibändigen „Aesthetica" eine erste *philosophische Ästhetik* veröffentlichte, hatte er – um genau diese Bedeutung des Wortes ‚aísthesis' wissend – eine „Wissenschaft der sinnlichen Erkenntnis" (vor allem des Schönen und Erhabenen) im Auge. Engstens mit aísthesis (als Sinneswahrnehmung) und Ästhetik (als Sinneserkenntnis) verknüpft ist das, was man sonst unter *ästhetischer Erfahrung* versteht. Ästhetische Erfahrung meint längst nicht nur rein künstlerische (kunstwerkschaffende) Sinneserfahrung, sondern vielmehr ‚sinnlich-kontemplative' Natur- wie Kulturerfahrung (in einem weiten Sinne).[14]

Die Bedeutung der ästhetischen Sinneserfahrung innerhalb städtischer Wohnviertel wird in diesem Jahrbuch von *Hans Boesch* herausgestellt. Er plädiert dafür, die städtische Wohnumwelt im Geiste einer „Poesie" der „Nähe" als einen durchlässigen Erlebnis- und Erfahrungsraum zu gestalten:

> „In diesem sinnlichen Raum sollen die Elemente wieder erfahrbar werden, von denen wir uns entfernt und entfremdet haben – der Stein, das Wasser, das Feuer, der Wind. Die Jahreszeiten und das Wetter sollen wieder spürbar werden, gerade auch mit ihren Unannehmlichkeiten."

Der er- und gelebte Raum ist nicht nur atmosphärischer Raum des Herum, der Stimmungen tingiert und leibliches Befinden temperiert. Und er erschöpft sich nicht in ästhetischen Erfahrungen von Naturelementen und jahreszeitlichen Verhältnissen. Sondern er ist – aus der Distanz der kritischen Reflexion des Erlebens – *erfahrener Raum* in einem umfassenderen Sinne. Zum selbstverständlichen und unhinterfragten Erleben kommt in Situationen der Erfahrung eine zeitliche, akkumulative, ‚wissentliche' („gnostische" i. S. v. E. Straus[15]) Komponente hinzu. Erfahrung meint ja immer auch einen zeitlichen und inhaltlichen Bezug zu früher Erlebtem, zu angeeigneten, verarbeiteten und gewussten früheren Erlebnissen. Gegenwärtige Erfahrung findet vor dem Hintergrund der eigenen Lebenserfahrungen statt, sie greift auf den *persönlichen* Erfahrungsschatz mit seinen spezifischen Wahrnehmungs-, Bewertungs- und Handlungskategorien zurück.[16] Die Wahrnehmung schöner und ansprechender Orte und Landschaften fällt in diesem Sinne in den Bereich des erfahrenen und ästhetischen Raumes.[17] Vermittels eigener ästhetisch-sinnlicher Erfahrungskategorien beschreiben, bewerten und gestalten die Menschen ihre Lebenswelt.

---

[14] Vgl. hierzu etwa: Zimmermann, J. (Hg.): Ästhetik und Naturerfahrung, Stuttgart 1996.

[15] Straus, E.: a. a. O., S. 150-162.

[16] Vgl.: Hasse, J.: Fundsachen der Sinne, Eine phänomenologische Revision alltäglichen Erlebens, Freiburg/München 2005, S. 200-212 (Abschnitt 3.1 Zum allgemeinen Gegenstand von Erfahrung).

[17] Vgl.: Hasse, J.: a. a. O., S. 212-237 (Abschnitt 3.2 Der Sonderfall ‚ästhetischer Erfahrung').

Es versteht sich von selbst, dass weder die persönlichen noch auch die gesellschaftlichen ästhetisch-sinnlichen Erfahrungskategorien ‚aus dem Himmel gefallen‘,
sondern historisch geworden sind. Unsere Erfahrungskategorien sind nicht nur durch
leibliche und physiognomische Momente, sondern wesentlich auch durch soziokulturell wandelbare „Leitbilder" von (Landschafts-)Wahrnehmung geprägt.[18] Dies bis in
konkrete Zusammenhänge hinein: etwa, wenn beim Bau eines Shopping-Malls in
einer gewachsenen ländlichen Umgebung im Rahmen einer gesetzlich geregelten
Umweltverträglichkeitsprüfung ein landschaftsästhetisches Fachgutachten erstellt
werden muss; dies unter der Fragestellung „Gefährdet oder zerstört dieser nicht
unbeträchtliche bauliche Eingriff den landschaftlichen Gesamteindruck?" In solchen
Bewertungsprozessen sind romantizistische Argumente, die auf einem verdeckten
Niveau herangezogen werden, mächtig, um eine Planung eher abzuwehren (das
„gute" Alte vs. das „feindliche" Neue). Zu ihrer Forcierung bieten sich dagegen
formale Bewertungsmethoden an, die qualitative Fragen des Landschaftserlebens
durch die Präferierung quantifizierter Daten verdrängen und damit für das Planungs-
procedere entkräften (Messung von Abstandsbeziehungen, Darstellung von Sichtach-
sen oder mit Hilfe entsprechender Computersoftware durchgeführte sog. „Visualisie-
rungen"). Grundsätzlich haben ansiedlungswillige Kommunen ein großes Interesse,
normativ präjudizierend auf solche Bewertungsprozesse Einfluss zu nehmen.
Landschaftsästhetik steht – auch in professionellen Praxisfeldern – im Rahmen
kulturell tradierter Wahrnehmungs- und Bewertungsroutinen.

Lebenserfahrung ereignet sich im (mittelbaren oder unmittelbaren) Einflussbe-
reich des Modus der „Zuhandenheit" (Heidegger), also im Involviertsein in die Welt
alltagspraktischen Handelns und Tuns, im instrumentellen Umgang mit den Alltags-
dingen und -geräten. Selbst die alltagszweckfreie und vom Alltagshandeln entlastete
Sphäre der ästhetischen Erfahrung ist diesem Modus nicht ganz so weit entrückt, wie
es manchmal scheinen möchte. Es gibt hier, worauf der von Martin Heidegger und
Eric Dardel inspirierte Beitrag von *Edward Relph, „Geographical experiences and
being-in-the-world"*, hinweist, so manche Übergänge und Überschneidungen. In der
von Relph lebensweltlich-existenziell aufgefassten „geographischen Erfahrung"
erscheint Landschaft zwar als etwas, das eine Vielzahl von Dingen und Menschen-
„Zeug" (Heidegger) beherbergt, gleichwohl kann Landschaft aber nicht darauf
reduziert werden. Landschaft ist ein „gelebtes Moment", eine „Impression", ein
ästhetischer Totaleindruck, der alle in ihm enthaltenen Einzelelemente durchzieht und
belebt. Landschaft trägt in diesem Sinne menschlich-ästhetische Züge. Und doch
würde es nach Relph zu kurz greifen, in ihr nicht mehr als ein ästhetisch-pittoreskes
Phänomen zu sehen; zu kurz deshalb, weil lebensweltlich-existenzielle „readiness-to-
hand"- bzw. Zuhandenheits-Bezüge ebenso zur Landschaft gehören, sogar wesentlich.

---

[18] Vgl.: Solies, D.: Natur lesen, Geschichte und Gestalt ästhetischer Leitbilder, St. Augustin
1999, v. a. S. 34-40 u. 104-124.

Denn die Landschaften, die wir ästhetisch genießen, benutzen wir zugleich, ob als Anwohner oder Autofahrer, Sporttreibende oder Erholungssuchende.[19]

Wie am Beispiel der Landschaftswahrnehmung erhellt, verläuft diese Art der ästhetischen Raumerfahrung nicht unabhängig von soziohistorischen Bedingtheiten. Das bedeutet aber, dass die Raumerfahrung mit einer Zeitdimension verkoppelt ist. Raum-Zeit-Verkoppelung liegt nicht nur bei ästhetischer Landschaftswahrnehmung, sondern ebenso bei existenzieller Ortserfahrung vor. Der Prozess der Erfahrung trägt die Dimension der (gelebten) Zeit in den Prozess lebendiger, lebensgestaltender Wahrnehmung. „Der existenzielle Raum ist gerade mit der Zeit verbunden", merkt *Rudolf zur Lippe* in seinem Beitrag *„Zeit-Ort im post-euklidischen Zeitalter"* an. Für die Trennung von Raum und Zeit haben nur die aseptischen Abstraktionen sozialwissenschaftlicher Theorien je eigene Denkräume geschaffen; im gelebten Leben mangelt es an Anhaltspunkten für solche Spaltungen. „Wahrnehmung ist Zeit und Ort in einem" (zur Lippe). Keine Erfahrung gelingt in einem „zeitfreien" Raum. Jede Erinnerung leistet schon diese Synthese, gibt es doch kein Erleben, das zum Gegenstand der Erfahrung gemacht wird, welches sich dies- oder jenseits eines Ortes im Raum vollzogen hätte. Jeder erlebte Ort ist durch zeitliche Qualitäten (die *gelebte Zeit* i. S. von Eugène Minkowski[20]) gleichsam „geladen", weil Erleben sich immer durch die Zeit bewegt. In Bezug auf die sinnlich erfahrene Landschaft spielen (gelebte) Zeit und Erinnerung oft nur eine hintergründige Rolle. Anders in Bezug zum existenziell bedeutsamen Ort. Hier gilt nach Relph: „Place experiences are necessarily time-deepened and memory-qualified."

Folgende Aspekte des erfahrenen und ästhetischen Raums wurden bisher thematisiert: erstens, dass er über die sinnliche Wahrnehmung eng mit den pathisch spürbaren atmosphärischen Raumqualitäten des gelebten und präsentischen Raums verbunden ist; zweitens, dass er diese durch den verarbeitenden, vernetzenden, kategorienbildenden, gnostischen Charakter der Sinnes- und Lebenserfahrung übergreift; drittens, dass sich diese Sinnes- und Lebenserfahrung im Strom der historischen und der gelebten Zeit bildet und modifiziert; und viertens, dass sie sich in Auseinandersetzung mit alltagspraktischen Dingen und alltagsinstrumentellen Vorgängen bewährt und differenziert.

Das zeigt, dass der erfahrene und ästhetische Raum ein komplexer und verschachtelter Raum ist. Der Beitrag von *Yi-Fu Tuan „Desert and ice: ambivalent aesthetics"* gibt einen guten Eindruck von dieser Komplexität. Er spricht die vertrauten präsentisch-sinnlichen Eindrücke des engsten gelebten Heimatraumes an, weist auf die ästhetische Erfahrung schön anmutender heimatlicher Landschaften in einem weiteren

---

[19] Im englischen Beitrag von Edward Relph werden die heideggerschen Begriffe „Zuhandenheit" und „Vorhandenheit" mit „readiness-to-hand" und „presence-at-hand" wiedergegeben; vgl. hierzu: Heidegger, M.: Sein und Zeit, Tübingen [17]1993, S. 66-72, u. 102-104 (§ 15 u. § 22).
[20] Vgl.: Minkowski, E.: Die gelebte Zeit, Über den zeitlichen Aspekt psychopathologischer Phänomene, Salzburg 1972 (Le temps vécu, Etudes phénoménologiques et psychopathologiques, Paris 1933).

Radius hin und konfrontiert diese mit den erhabenen und lebensbedrohlichen Ambivalenz-Erfahrungen, von denen namhafte Entdecker der Wüsten- und Polarregionen berichteten. Er skizziert den kulturhistorischen Kontext, in dem diese Wüsten- und Polarlandschaftserfahrungen stehen und deckt die Dialektik von Heim(at) und Ferne auf. Besonders bezeichnend, dass Entdecker wie Fridtjof Nansen und Ernest Shackleton in den arktischen und antarktischen Eiswüsten von heimatlichen Erinnerungen eingeholt wurden; Erinnerungen, die nicht nur geliebte Menschen, sondern ebenso auch geliebte Orte und Zeiten beschworen; womit sich nochmals von einer anderen Seite zeigt, wie der erfahrene Raum mit gelebten Zeit-Orten durchzogen ist.

Der erinnerte und historische Raum

Die zeitliche Dimension, die in Bezug auf den erfahrenen und ästhetischen Raum oft nur unter- und hintergründig mitläuft, tritt nun beim *erinnerten und historischen Raum* entschieden in den Vordergrund. Gleiches gilt für die semantische Dimension. Anders formuliert: Von Interesse sind beim erinnerten und historischen Raum nicht in erster Linie die atmosphärischen Aspekte des persönlich-gelebten oder sozial-arrangierten Raumes, auch nicht die sinnlich-ästhetischen Erfahrungsaspekte, sondern vor allem die persönlich-lebensgeschichtlichen und, mehr noch, die soziokulturellen *semantischen Bedeutungsbezüge*. Im Mittelpunkt stehen hier die raumbezogenen Bedeutungen und Sinnzusammenhänge, also all das, was im persönlichen und gesellschaftlichen Bewusstsein – latent oder offensichtlich – Raumbezug und Raumrelevanz aufweist. Ein Thema, das bereits beim erfahrenen und ästhetischen Raum auftauchte, wird hiermit zentral: es ist der Zeit-Ort als eine Stätte, die erinnerte Bilder, Vorstellungen, Bedeutungen trägt und von ihnen getragen wird.

Eine aktuelle kulturwissenschaftliche und kulturhistorische Debatte ist im Gang, die sich diesem Thema widmet. Gefragt wird nach den „Gedächtnisorten"[21] und „Erinnerungsräumen"[22] des „kommunikativen", „kollektiven" und „kulturellen Gedächtnisses".[23] Inwiefern manches dieser hochinteressanten Debatte im Rahmen der lebensphilosophischen ‚Theorie des objektiven Geistes' schon angedacht wurde und – wichtiger noch – inwiefern diese Debatte durch lebensphilosophisch-kulturtheoretische Konzepte bereichert werden könnte, zeigt der Beitrag von *Robert Josef Kozljanič*, der sich dem Thema *„Landschaft als physiognomisch-atmosphärisches und geistig-kulturelles Phänomen"* widmet. Es geht darin auch um

---

[21] Vgl. z. B.: Nora, P. (Hg.): Les lieux de mémoire, 7 Bde, Paris 1984-1992; oder: François, E. u. Schulze, H. (Hg.): Deutsche Erinnerungsorte, 3 Bde, München 2001.
[22] Vgl.: Assmann, A.: Erinnerungsräume, München ³2006.
[23] Vgl.: Halbwachs, M.: Das Gedächtnis und seine sozialen Bedingungen, Frankfurt a. M. 1985 (Les cadres sociaux de la mémoire, Paris 1925); und: ders.: Das kollektive Gedächtnis, Frankfurt a. M. 1985 (La mémoire collective, Paris 1950). Vgl.: Assmann, J.: Das kulturelle Gedächtnis, München ⁵2005; und: ders.: Religion und kulturelles Gedächtnis, München ²2004, v. a. S. 11-44.

die Frage des Zusammenhangs und Interagierens von gelebtem, erfahrenem und erinnertem Raum.

Wie eine bäuerliche Lebensumwelt in der Erinnerung einer engagierten Dorfbewohnerin und ihrer Mitmenschen aufscheint und in einem eigeninitiativ geführten Dorfmuseum dokumentiert wird, ist Gegenstand des Beitrages von *Gerd Vonderach: „Räumliche Erlebniswirklichkeit als fortwirkende Erinnerung".* An einem ganz konkreten Beispiel und unter Bezug auf die „Vorgriffe"-Theorie von Hans Lipps wird nochmals von einer anderen Seite einsichtig, wie sehr die Lebenswelt (und mit ihr der erfahrene Raum) durch die Lebensgeschichte (und mit ihr die gelebte Zeit) geprägt ist: „Mit ‚Vorgriffen' meint Lipps die lebensgeschichtlich entstandenen Wahrnehmungs- und Handlungsschemata, mit denen wir die Wirklichkeit in je gegenwärtigen und flüchtigen Situationen fassen und uns zu ihr verhalten." Damit nicht genug, denn wie Vonderach auf Basis der „Geschichten-Hermeneutik" von Wilhelm Schapp zeigt, werden menschliche Lebenswelten wesentlich durch das Erzählen und Tradieren von Geschichten konstituiert. D. h. aber: Lebenswelten (und ihre erinnerten Räume und Orte) lassen sich ohne Rekurs auf die in ihnen investierten Geschichten nicht verstehen.

> „Als Konfigurationen der Erfahrung, des Erlebens, Denkens, Handelns und Erzählens sind die Geschichten fundamentale Lebenszusammenhänge; alle menschlichen Aktivitäten, Erfahrungen und Erinnerungen sind an Geschichten gebunden. Geschichten sind subjektive ‚Eigengeschichten', in deren Mittelpunkt ein in sie ‚verstrickter' Mensch steht. Sie sind aber auch intersubjektive Gebilde, ‚Wir-Geschichten', in die mehrere Menschen in unterschiedlicher Weise ‚verstrickt' sind".

Der Beitrag Vonderachs bezieht sich auf die lebendig-erinnerte Lebensumwelt einer dörflichen Gemeinschaft – also im wesentlich auf das, was man mit Jan Assmann das „kommunikative Gedächtnis" dieser Gemeinschaft nennen könnte. Das kommunikative Gedächtnis ist an die Zeitzeugen gebunden und stirbt mit ihnen bzw. verwandelt sich nach deren Ableben in das „kollektive" und „kulturelle Gedächtnis".[24] Diese sind zwar auf die soziokulturelle Erinnerung bzw. das Erinnert- und Wieder-Erinnert-Werden, nicht aber auf die Zeitzeugen angewiesen: ein Prozess, der von *Jörg Gleiter* in seinem Beitrag *„Gelebter Raum der Erinnerung"* am Beispiel des Wandels der Rezeption der Holocaustmahnmale nachgezeichnet wird. Das Besondere hierbei aber ist, dass der Entpersönlichung, die mit dem Aussterben der Zeitzeugen und dem Verblassen des kommunikativen Gedächtnisses einhergeht, in den neuen Mahnmalen seit Mitte der 1980er Jahre entgegengesteuert wird. Wie Gleiter aufzeigt, wurden die neuen Mahnmale (atmosphärisch-präsentisch, historisch-erfahrungsmäßig und/oder soziokulturell-semantisch) bewusst in den gelebten Raum der heutigen Zeitgenossen hineinkonzipiert. Das Weniger an ästhetischer Distanziertheit und alltagsentrückter

---

[24] Assmann, J.: Religion und kulturelles Gedächtnis, a. a. O., S. 11-44.

Herausgehobenheit dieser Werke soll so zu einem Mehr an tangierendem Hineinragen in Leben und Umwelt der Passanten führen.

Womit wir bei einer letzten Frage wären: der des Bezugs des gelebt-atmosphärischen zum erfahren-ästhetischen und zum erinnert-historischen Raum. Wie hängen diese Räume bzw. Raumaspekte zusammen? Gleiter spricht davon, dass die „diachrone, räumliche" Dimension des atmosphärisch-präsentischen Raums durch eine „historische Erfahrungskategorie überlagert" werde. Man könnte den Gedanken Gleiters weiterführen und sagen, dass die soziokulturell-erinnerte Dimension des Raums ihrerseits die anderen beiden Raumdimensionen überlagere. Noch einen kleinen Schritt weiter und man würde zu einer phänomenologisch-epistemologischen Schichttheorie des Raums gelangen. Und könnte etwa am Konzept des Schichtauf-baus der Gefühle von Max Scheler anknüpfen: So, wie die „sinnlichen Empfindungs-gefühle" nach Scheler von den „Leib- und Lebensgefühlen", diese von den „seeli-schen" und jene von den „geistigen Gefühlen" überlagert werden,[25] so, könnte man sagen, würde der gelebt-atmosphärische vom erfahren-ästhetischen und dieser vom erinnert-historischen Raum überlagert. In beiden Fällen hätten wir es mit einem hierarchisch-geschichteten Aufbau zu tun. Je höher bzw. „geistiger" bzw. erinne-rungsmäßig komplexer die Schicht, umso mehr Schichten befänden sich fundierend, also bedingend, unter ihr und umso voraussetzungsreicher wäre diese Schicht selbst. Eine angemessene Entfaltung und Erkenntnis des erinnert-historischen Raums wäre demnach nicht durch Umgehen oder Überspringen der anderen Schichten, sondern nur Schicht auf Schicht höher schreitend, also in einem Prozess der bedachten Überschichtung, zu erreichen.[26]

Man könnte, noch einen kleinen Schritt weiter gehend, den verschiedenen Raum-schichten dann verschiedene situative Muster zuordnen. Etwa könnte auf der Basis von Hermann Schmitz' Situationen-Konzept dargelegt werden, dass im Bereich des gelebt-atmosphärischen Raums die aktuellen und impressiven Situationen eine herausragende Rolle spielen, im Bereich des erfahren-ästhetischen Raums die zuständlichen und impressiven, im Bereich des erinnert-historischen Raums die zuständlichen und segmentierten.[27]

---

[25] Vgl.: Scheler, M.: Der Formalismus in der Ethik und die materiale Wertethik, Halle [2]1921, S. 340-357 („Zur Schichtung des emotionalen Lebens"), v. a. S. 344.

[26] Vgl.: Scheler, M.: Wesen und Formen der Sympathie, Frankfurt a. M. [5]1948, S. 105-112 u. 116.

[27] Vgl.: Schmitz, H.: Hermeneutik leiblicher Expressivität, in: Jahrbuch für Lebensphilosophie 2/2006, S. 197-207, hier: 200: „Situationen können aktuell oder zuständlich, impressiv oder segmentiert sein. *Aktuell* sind sie, wenn sich ihr Verlauf in beliebig dichten Querschnitten, wie von Augenblick zu Augenblick, verfolgen lässt, etwa im Fall von Gesprächen oder sich zu sofortiger Bewältigung anbietenden Gefahren; *zuständlich* sind sie, wenn dies nur nach längeren Fristen sinnvoll möglich ist, wie im Fall von Sprachen, Freundschaften, Feindschaften sowie persönlichen Situationen, worunter ich mit präziser Begriffsbildung ungefähr das verstehe, was man im Alltag vage die Persönlichkeit einer Person nennt, einschließlich der darin in unzähliger Fülle enthaltenen partiellen Situationen. *Impressiv* sind Situationen, deren

Der Begriff der zuständlichen Situation würde sich besonders eignen, um das Spezifikum des erinnert-historischen Raums – seine zeitliche Eigenart – zu fassen. So würde einsichtig, dass es hier nicht nur um einen linearen zeitlichen Verlauf, sondern vielmehr um zeitliche Überlagerungs- und Überschichtungs- oder, mit Schmitz gesagt, Verschachtelungsprozesse, geht. Denn: „Situationen sind unübersehbar in Situationen verschachtelt, namentlich aktuelle Situationen in zuständliche und segmentierte".[28] Hier wäre dann auch die Stelle, an der die phänomenologisch-epistemologische Theorie räumlicher Schichtung mit einer phänomenologisch-gedächtnishistorischen Theorie des zeitlichen Schichtaufbaus ergänzt und vermittelt werden müsste; und das Konzept zuständlicher Situationen von Schmitz mit einem historischen Konzept verschachtelter Situationskomplexe, bzw. kurz gesagt, mit einem Sedimentationskonzept, wie es z. B. Hans Freyer in seinem 1965 gehaltenen Vortrag *„Landschaft und Geschichte"* skizziert hat. Erfahren-erinnerte Kulturland-schaften mit den in ihnen enthaltenen Zeit-Orten wären dann ein Paradigma solcher verschachtelter Situationskomplexe bzw. solcher Sedimentationen. Oder, mit Freyers Worten:

„die Geschichtlichkeit ist eine dem Menschen und seiner Lebenswelt immanente Struktur. Sie ist das System der Jahresringe im Holz der Gegenwart, das geologi-sche Schichtungsgefüge in ihrem Gestein. Nur daß diese naturhaften Bilder noch nicht einmal genügen, um die Gegenwärtigkeit des Vergangenen zu bezeichnen. Denn in der Schichtungsstruktur der materiellen Gebilde ist der einstige Wer-deprozeß nur wie in einem erstarrten Nachbild aufbewahrt, in der geschichtlichen Wirklichkeit aber bleibt vieles lebendig, vieles über seine Zeit hinaus wirksam, vieles an seiner Stelle gültig. Die früheren Schichten sind hier nicht einfach zuge-deckt und eingeschlossen, sondern sie gehen in die späteren Wandlungen ein, und auf weiten Strecken sind sie überhaupt noch das Feld, auf dem das gegenwärtige Leben spielt. Gerade die Tatsache, daß sie zu Elementen der Landschaft geworden sind, garantiert ihre Dauer."[29]

Und weil dieses Abschichtungs-Moment nicht nur in Bezug auf historische Kultur-landschaften, sondern hinsichtlich des erinnert-historischen Raums generell fundie-rend ist, haben wir uns entschlossen, den Freyer-Aufsatz in diesem Jahrbuch wieder abzudrucken. Ihm zur Seite steht ein *Porträt* von *Hans-Ulrich Lessing*; ein Porträt,

---

binnendiffuse Bedeutsamkeit, ohne weniger diffus zu sein, mit einem Schlage zum Vorschein kommt, wie Gefahren, die sofort erfasst und bewältigt werden müssen, oder der typische oder individuelle Charakter, an dem wir etwas als ein Ding dieser Art oder als dieses Ding (z. B. dieser Mensch, diese wohlbekannte Stimme) erkennen. *Segmentiert* sind Situationen, die immer nur in Ausschnitten zum Vorschein kommen, wie natürliche Sprachen oder persönliche Situationen."
[28] Schmitz, H.: Was ist Neue Phänomenologie? Rostock 2003, S. 92.
[29] Freyer, H.: Landschaft und Geschichte, in: Mensch und Landschaft im technischen Zeitalter, hg. v. d. bayerischen Akademie der schönen Künste, München 1966, S. 43f.

das auf entscheidende kulturphilosophische und soziologische Errungenschaften Freyers aufmerksam macht, dabei aber auch die rechtskonservativen und nationalsozialistischen Verstrickungen dieses (u. E. zu Recht) nicht unumstrittenen Autors erwähnt.

Der gelebte und atmosphärische Raum

Karlfried Graf von Dürckheim:
Einleitendes zur Untersuchung des gelebten Raums

I. Vom gelebten Raum

Es beginnt Allgemeingut der Entwicklungspsychologie zu werden, daß sie dort, wo sie sich um die Seele des Kindes oder des Primitiven in ihrer Ganzheit bemüht, die Welt, in der diese leben und die von diesen gelebt wird, mit einbezieht in den Kreis ihrer Forschung. Schon wird es selbstverständlich aus der Eigenart des hier angetroffenen Gesamtverhaltens auf eigenartige Sinnbestimmtheiten und Ordnungsformen ihrer Welt zu schließen und umgekehrt dort, wo diese sich zuerst anbieten, sie als Ausdruck und Bewährungsform einer eigenartigen seelischen Struktur[1] zu verstehen, die sich in dieser Welt lebt. Die gleiche Möglichkeit und Aufgabe, strukturpsychologische Erkenntnisse über den Menschen von der Welt her zu gewinnen, in der er tatsächlich lebt, besteht auch hinsichtlich des entwickelten Menschen. Nur eine Psychologie, die den Menschen in der von ihm *gelebten* Welt erforscht, kann dem Menschen in seiner personalen Ganzheit gerecht werden.[2] Diese Aufgabe hinsichtlich des vom entwickelten Menschen *gelebten Raumes* in Angriff zu nehmen, ist der Sinn dieser Abhandlung. Daß es sich bei der Komplexität der Materie nur um bescheidene Ansätze handeln kann, bedarf kaum eines besonderen Hinweises.

Der Weg zur gelebten Welt und zum gelebten Raume wird in der Psychologie bislang noch weitgehend verstellt durch eine – historisch vielfältig begründete – Einengung des Blicks auf diejenigen Funktionen des Menschen, die sich an Hand nachprüfbarer *Leistungen* erforschen lassen, wobei nachprüfbare Leistungen des Erkennens und der Wahrnehmung immer noch eine bevorzugte Stellung genießen. Der konkrete Raum aber, in dem der entwickelte Mensch wirklich existiert, in dem und aus dessen Innesein heraus er sich als lebendiges Subjekt (Gesamtselbst) verhält, in dem er als personales Subjekt, das ein Leben lebt, erlebend sich bewährt und verwirklicht, dieser Raum konstituiert sich unter Teilhabe des *ganzen* Menschen und seines Lebens, ist das, was er ist, für den ganzen Menschen, ja er gehört als gelebter Raum zur personalen Ganzheit und macht diese mit aus.

Geht man daran, Welt und Raum des *entwickelten* Menschen in ihrer Eigenart und ihrem Sinn zu bestimmen, so unterliegt man leicht der Versuchung, diejenigen

---

[1] „Struktur" im Sinne *F. Kruegers*.

[2] Diese in der Strukturpsychologie *F. Kruegers* angelegte Grundeinstellung und die sich aus ihr ergebenden und im Folgenden hinsichtlich des gelebten Raumes in Angriff genommenen Aufgaben berühren sich in vieler Hinsicht mit dem, was *W. Stern* neuerdings ausgeführt und gefordert hat. Vgl. *Stern*, Studien zur Personwissenschaft. Erster Teil: Personalistik als Wissenschaft. Leipzig 1930.

Formen von Welt und Raum in den Vordergrund zu rücken, von denen sich zwar ohne Zweifel die *primitiven* Formen am besten abheben lassen, in denen allein der entwickelte Mensch aber bestimmt nicht *lebt*; wir meinen die begrifflich geordnete und objektivierend gedachte körperliche und geistige Welt und den im gleichen Sinn für den entwickelten Menschen „objektiven Raum", der sich ihm als Gegenstand entwickelter Erkenntnisfunktionen präsentiert. Hierbei braucht man durchaus nicht gleich an den abstrakten, von aller qualitativen und bedeutungshaltigen Mannigfaltigkeit entleerten Raum im Sinne eines homogenen Mediums zu denken. Denn der konkrete Raum, in dem der entwickelte Mensch lebt, deckt sich auch nicht einfach mit dem, den der Erwachsene im Unterschiede zum Kinde als eine objektiv bestimmbare Ordnung vergegenständlichter Dingwirklichkeiten und Dingverhältnisse zu denken und richtig darzustellen vermag, ja nicht einmal mit dem, den er sprachlich beherrscht oder der doch sprachreif ist. Die Richtung auf „objektiven" Raum, die ihn fortschreitend von aller persönlichen Erlebnisbedeutung entleert, ist lediglich eine der Richtungen, in denen der gelebte und erlebnisgegenwärtige Raum sich für das erlebende Subjekt u. a. bestimmt und besondert und zwar diejenige, die in ihrer Ausschließlichkeit vom gelebten Raume wegführt. Von der bevorzugten Verfolgung dieser Bestimmtheit, die ohne Zweifel eine besondere Rolle im Raumerleben des entwickelten Menschen spielt, droht der Erforschung des gelebten Raumes die objektivistische, letztlich die physikalistische Gefahr, dies sowohl im beschreibenden, wie im theoretisch verstehenden Sinne. Gleitet der Psychologe auch nur ansatzweise auf den Weg, den der Physiker nimmt und nehmen muß, wo er „Welt" sagt, dann sind von vornherein der Mensch und seine Welt und so auch der Mensch und sein Raum auseinandergerissen. Die Welt, in der der Mensch als erlebendes Selbst existiert, verschwindet, verwandelt sich zu einer gedachten, abgelöst objektiven und aus der ursprünglichen, dem Verständnis aufgegebenen Sinneinheit „der Mensch in seiner Welt" tritt – wenn konsequent gedacht wird – die Sackgasse zweier selbständiger Bedingungskomplexe des Erlebens, über die in ihrer Aufeinanderbezogenheit doch nichts ausgesagt werden kann, es sei denn unter ständiger, nun aber illegitimer Anleihe bei der verlassenen Ausgangsganzheit. Ebenfalls an der gelebten Welt des entwickelten Menschen und also an seiner personalen Ganzheit vorbei führt jeder rein kulturphilosophische Ausgangspunkt. Was sich in einem Prozeß fortwährender Vergegenständlichung der gelebten Welt zu in sich bestimmbaren Sinnbereichen erhebt, weist allemal primär auf die geistige Person zurück. Aber nicht nur ist der Mensch als geistiges Wesen nicht der ganze Mensch, auch die *gelebte* Ordnung der kulturell-*geistigen* Welt ist eine andere als die, die sich aus der Reflexion auf die ihren Sinnbereichen immanenten Wert- und Sachgesetzlichkeiten ergeben. Und selbst der in seiner Objektivität vollzogene Geist empfängt die spezifisch personalen Bedeutungen, Gliederungen und Qualitäten, die er eben in seinem objektiven Geltungscharakter für den Menschen hat, aus seiner unauflösbaren Verflechtung mit konkreten Ganzheiten und Lebensformen des Menschen, zu denen er in Spannung steht.

Im gelebten Raum ist der Mensch mit seiner ganzen Wesens-, Wert- und Lebenswirklichkeit drin. Räumliche Wirklichkeit ist sinnhafte Mannigfaltigkeit in Ganzheiten, deren Sinnzentrum letzten Endes das personale Gesamtselbst ist. Als solche ist sie, das was sie ist, nur als Raum dieses lebendigen Selbstes. Der gelebte Raum ist für das Selbst Medium seiner leibhaftigen Verwirklichung, Gegenform oder Verbreiterung, Bedroher oder Bewahrer, Durchgang oder Bleibe, Fremde oder Heimat, Material, Erfüllungsort und Entfaltungsmöglichkeit, Widerstand und Grenze, Organ und Gegenspieler dieses Selbstes in seiner überdauernden und seiner augenblicklichen Seins- und Lebenswirklichkeit. Der konkrete Raum des entwickelten Menschen ist ernst zu nehmen in der ganzen Fülle der in ihm erlebten Bedeutsamkeiten, denn in der Eigenart seiner Qualitäten, Gliederungen und Ordnungen ist er Ausdrucks-, Bewährungs- und Verwirklichungsform des in ihm lebenden und erlebenden und zu ihm sich verhaltenden Subjekts. Wie in allen Sinneinheiten, Ordnungsformen, Bedeutsamkeiten und Grundqualitäten der menschlichen Erlebens- und Lebenswirklichkeit überhaupt, so offenbaren sich auch in den verschiedenen Sinnganzheiten, Einheitsformen, Grundgestalten, Grundqualitäten und Bedeutsamkeitsrichtungen des konkret gelebten und erlebten Raumes Ganzheitsformen, Seinslagen, Grundgerichtetheiten und Grundzüge des ganzen in ihm sich erweisenden und erfüllenden, verwirklichenden und bewahrenden Selbstes, seines Wesens, wie auch seiner immer geschichtlichen Totalität. Und der Raum mag sich dem erlebenden Subjekt noch so sehr als Gefüge eigenständiger Wirklichkeiten darbieten, von eignem Sinn und immanenter Bedeutung, so lange er gelebter und erlebter Raum bleibt, so lange bleibt er sinn- und bedeutungshaltige Wirklichkeit, die als das, wofür sie genommen wird, und in der Bedeutung, in der sie vollzogen wird, nur aus der eigenartigen Lebenswirklichkeit des Subjekts heraus verständlich[3] ist, das sie in seiner Weise gegenwärtig hat und lebt. Der konkrete Raum ist ein anderer je nach dem Wesen, dessen Raum er ist und je nach dem Leben, das sich in ihm vollzieht. Er verändert sich mit dem Menschen, der sich in ihm verhält, verändert sich mit der Aktualität bestimmter Einstellungen und Gerichtetheiten, die – mehr oder weniger augenblicklich – das ganze Selbst beherrschen. Er ist überdauernd ein jeweils eigenartiger, gemäß der überdauernden (strukturellen) Eigenart des in ihm lebenden Wesens und des in diesem aufgehobenen, es mit ausmachenden Lebens und bildet sich andererseits immer von Neuem, indem er sich den augenblicks dominierenden Einstellungen fügt oder ihnen widerspricht, augenblickliche Gerichtetheiten erfüllt oder ihre Erfüllung verwehrt.

So sind der Mensch und sein Raum im aktuellen und im strukturellen Sinn aufeinander gestellt, und der gelebte Raum weist in all seinen Bestimmtheiten zurück auf Richtungen, in denen bestimmtes menschliches Leben und Wesen sich erweist und erfüllt, sich bewahrt und verwirklicht, Form hat oder gewinnt.

---

[3] Verständlich im Sinne dessen, was *Stern* „symbolische" oder „Strahlbedeutung" nennt im Unterschied zur „teleologischen" oder „Dienstbedeutung".

Das lebende Subjekt verwirklicht und bewahrt sich leibhaftig in der inhaltlichen und bedeutungshaltigen Mannigfaltigkeit seines Raumes und der gelebte Raum hat augenblickliche oder überaugenblickliche seelische Wirklichkeit im lebendigen Subjekt. Er ist ebenso „in ihm", wie es „in ihm" ist. Seine überdauernde (strukturelle) seelische Wirklichkeit erscheint „implicite bewußt",[4] vor allem in gefühlsartigen und sinnhaltigen Qualitäten, erlebten Lage- und Richtungsbestimmtheiten des Gesamterlebens und in strukturellen Richtungskonstanten des überaugenblicklichen Selbstes und diese wiederum erscheinen in bestimmten Qualitäten, Ordnungsformen, Bedeutsamkeitsrichtungen des gelebten Raumes. Doch – dies ist alles schon Theorie, ist schon Ergebnis beschreibender und verstehender Einzelforschung,[5] die als solche hinsichtlich des Raums schrittweise zu vollziehen die Aufgabe ist.

II. Zur Methode

Die Aufgabe, die in dieser Untersuchung in Angriff genommen werden soll, ist Analyse des konkreten Raumerlebens hinsichtlich der in ihm unterscheidbaren Hauptrichtungen seiner Bestimmtheit und Analyse einiger mit der Dominanz einzelner Bestimmtheitsrichtungen auftretender Grundformen erlebten Raumes. Hierbei handelt es sich zunächst um aufzeigende Beschreibung.

Beschreibung, wie sie im folgenden geübt wird, ist nun nicht Versuch einer getreuen Abspiegelung von Einzelfällen, sondern beschreibende Hervorhebung von übergreifend Gemeinsamem und Wiederkehrendem. Es ist ja grundsätzlich zu unterscheiden zwischen einer sich um Einzelerlebnisse bemühenden „protokollarischen" Beschreibung (wie sie z. B. in aller sich auf „Selbstbeobachtungen" stützenden Psychologie in den Rohprotokollen der Vp. gewonnen werden) und einer „phänotypischen" Beschreibung, die mit der Richtung auf übergreifend Wesentliches und Wiederkehrendes erst aus der vergleichenden und ideierenden Bearbeitung des Einzelerlebens erwächst. Jene hat immer den Charakter des *Berichts*. Diese dagegen den Charakter einer *Erkenntnis*. Der Realgrund für die Möglichkeit solcher beschreibungsbegrifflichen Erkenntnisse ist transphänomenal und in aller echten beschreibungsbegrifflichen Erkenntnis *ist* transphänomenale, d. h. *strukturelle Erkenntnis angelegt*. Dies ist kurz zu erläutern.

Beschreibungsbegriffliche Erkenntnis behauptet nicht nur übergreifend Gemeinsames, sondern hat solches auch zur Bedingung ihrer Möglichkeit; denn sie gründet in der Vergleichbarkeit der Erlebnisse. Daß Erlebnisse, die als *einmalige* Ereignisse im Leben einer Individualität beschreibungsbegrifflich unfaßbar sind, in bestimmten Richtungen doch *vergleichbar* sind, das macht sie erst beschreibungsbegrifflich greif-

---

[4] „Struktur ist im Erleben implicite bewußt". *F. Krueger*, Colloquium, Leipzig 1931.
[5] Vgl. zu den im Vorstehenden und im Folgenden verwandten konkreten Grundbegriffen und den sich aus ihnen ergebenden methodischen Grundeinstellungen „Erlebniswirklichkeit und ihr Verständnis" I.

bar. Vergleichbarkeit setzt aber Gemeinsames voraus. Dieses Gemeinsame und Wiederkehrende ist aber nicht nur Gemeinsames der Erscheinung (der Erlebnisse als solcher), sondern die Eigenart desjenigen Ganzen, das in ihnen erscheint. D. h. das Gemeinsame in der Erlebniswirklichkeit gründet in der den Augenblick überdauernden Eigenart der Struktur und der für sie eigentümlichen Lebenswirklichkeit. Sie bildet auch den Realgrund aller phänomenalen Gesetzlichkeit, zugleich aber auch aller Eigenart des Erlebens, sofern diese beschreibungsbegrifflich faßbar ist.

Alle *kategorial greifbare* Eigenart der Erlebniswirklichkeit ist im Unterschied zu ihrer ungreifbaren Augenblicks- und Individualbestimmtheit Hinweis auf zwischenmenschlich Gemeinsames in der den Augenblick überdauernden Seinsbeschaffenheit der Struktur. Genauer gesagt: Die Richtungen, in denen sich Erleben vergleichbar bestimmt, die also phänotypische Beschreibung ermöglichen, sind zugleich „Äußerungen" übergreifender Bildungskonstanten der Struktur. Das Erleben ist in seinem Sosein in einer Beschreibung ermöglichenden Weise „richtungs"-bestimmt, weil es im übergreifenden Sinne strukturbedingt ist. Und umgekehrt, weil es in einem übergreifenden Sinne strukturbedingt ist, ist es trotz aller unvergleichbaren Einmaligkeit seiner Augenblicks- und individualbestimmten Vollqualität in einer Vergleichung ermöglichenden Weise nach verschiedenen und wiederkehrenden Richtungen bestimmt und so aus strukturellen Gründen beschreibungsbegrifflich faßbar.

„Richtungsbestimmtheit" des Erlebens hat also in dem hier gebrauchten Sinn einen bedeutsamen Doppelsinn: Es bedeutet einmal Bestimmtheit in vergleichbaren Richtungen, also phänotypisch greifbare Bestimmtheit, also Möglichkeit beschreibungsbegrifflicher Erkenntnis. Es bedeutet zum anderen strukturelle Geformtheit, d. h. Bestimmtheit auf Grund struktureller Richtungskonstanten. Und eben auf Grund dieser zweiten Bedeutung ergibt sich, daß in aller echten[6] phänotypischen Beschreibung Strukturerkenntnisse angelegt sind. Das in unserem Sinne „Bestimmte" ist das „*Struktur*äußernde Besondere", wobei „Struktur" freilich in einem überindividuellen Sinn gemeint ist. Von Eigenart der Struktur ist ja in einem dreifachen Sinn zu sprechen und jeweils begründet sie eine besondere Erlebnisbestimmtheit: Da ist die individuelle Erlebnisbestimmtheit. Sie gründet in der Zugehörigkeit aller Erlebnisse eines Menschen zu seiner individuellen Struktur, zur individuellen Ganzheit seines Lebens und Wesens. Diese strukturelle Bestimmtheit ermöglicht – in gewissen Grenzen – unmittelbares Verstehen, entzieht sich aber naturgemäß der beschreibungsbegrifflichen Fixierung. Da ist ferner die Eigenart der Struktur im Sinne eines „Typus". Sie begründet Erlebnisbestimmtheiten – die nicht nur tiefergehendes, unmittelbares Verstehen zwischen Menschen gleicher Art ermöglicht, sondern darüber hinaus – in gewissen Grenzen – auch phänotypische Beschreibungen, wie wir sie in allen Typologien finden. Endlich aber kann[7] von einer im eigentlichen Sinne über-

---

[6] Das heißt derjenigen Beschreibung, deren Gesichtspunkte nicht von außen herangetragen sind, sondern selbst bemerkte Erlebnisunterschiede sind.

[7] Wenn auch mit gewissen, insonderheit entwicklungspsycholog. Einschränkungen.

individuellen Eigenart der Struktur gesprochen werden. Sie ist das übergreifende Bildungsgesetz der lebendigen personalen Struktur überhaupt, das sich trotz aller typologischen und individuellen Wesens- und Lebensunterschiede zwischen Einzelmenschen in jedem erfüllt, und sie ist es, die in der phänotypischen Beschreibung aufleuchtet, weil sie von ihr in den sie äußernden überindividuellen Richtungsbestimmtheiten und Grundformen des Erlebens mitergriffen wird.

All diese Feststellungen gründen in einer bestimmten Auffassung über das Verhältnis von Erlebnis und Struktur, die hier nicht im einzelnen zu entwickeln ist. Nur so viel sei gesagt: Wir betrachten Erlebniswirklichkeit nicht als das Nur-Phänomenale hinter oder unter dem gleichsam die Struktur – aus ihr lediglich erschließbar – als das eigentlich Wirkliche liegt, sondern Erlebniswirklichkeit ist uns eine Form ihres Lebens selber, in der sie sich unmittelbar darlebt, d. h. ausdrückt, „erweist",[8] bewährt und verwirklicht. Und eben weil wir Erlebniswirklichkeit selbst als eine Lebensform der personalen Struktur betrachten, fassen wir ihr Verhältnis zur Struktur nicht primär als ein Bedingungsverhältnis auf, sondern als ein konkretes Sinnverhältnis, derart daß Grundqualitäten und Ordnungsformen der Erlebniswirklichkeit unmittelbar Strukturelles *bedeuten*. Sie sind uns Ausdrucks- und Bewährungsweisen der personalen Struktur, die in ihnen unmittelbare Gegenwart und zwar Erlebnisgegenwart hat. –

Diese Darlegungen waren notwendig, denn sie bilden die theoretische Rechtfertigung und die Verständnisgrundlage für die im weiteren befolgte Methode. Es ist unsere Meinung, daß das konkrete Raumerleben, sofern es beschreibungsbegrifflich faßbar ist, d. h. eben „richtungsbestimmt", Strukturelles bedeutet. Wir fragen uns nach den im Erlebnis aufzeigbaren, weil übergreifend unterscheidbaren Momenten, die die Eigenart konkreten Raumerlebens überhaupt ausmachen und sind der Ansicht, daß die dabei sichtbar werdenden Züge zugleich auf Richtungskonstanten des überdauernden Selbstes hinweisen, daß m. a. W. das, was die Bestimmtheit des konkreten Raumerlebens nach unterscheidbaren Zügen und Formen realiter begründet, die strukturell-seelische Wirklichkeit ist, die in ihnen selbst aufleuchtet. Nun ist es aber freilich nicht so, daß die Beschreibungen des konkreten Raumerlebens nach den verschiedenen Richtungen seiner Bestimmtheit selbst schon begriffliche Erkenntnis der Struktur sei. Diese ist in der phänotypischen Beschreibung lediglich „angelegt" (denn das was sie aussagt „bedeutet" Strukturelles), hat in ihr ihren unverrückbaren Ausgangs- und Bewährungsort, bildet selbst aber eine besondere Leistung, die mit besonderen Mitteln und in besonderen Begriffsbildungen zu vollziehen ist.

---

[8] Wir übernahmen den Terminus „Erweisen" von *A. Pfänder*; vgl. Grundprobleme der Charakterologie, Jahrbuch der Charakterologie Bd. I 1924.

III. Die Aufgabe

Wir stehen nun also vor einer doppelten Aufgabe: 1. Beschreibung des konkreten Raumerlebens. Das heißt uns vor allem beschreibungsbegriffliche Fixierungen der Richtungen, in denen sich konkretes Raumerleben vergleichbar bestimmt. 2. Formulierung gewisser Erkenntnisse, die sich aus der beschriebenen Eigenart des Erlebens über das in ihr sich äußernde und bewährende überdauernde Selbst und seine Eigenart ergeben. Hier wird es sich ebenso um die Aufzeigung strukturell-seelischer Wirklichkeitsformen des Raumes als um „räumliche" und raumschaffende Wirklichkeitsformen und Richtungskonstanten des Selbstes handeln. Darüber hinaus aber werden naturgemäß überall strukturelle Wirklichkeiten aufleuchten, die durchaus nicht im Raumerleben allein sich äußern, sondern die Lebensganzheit des Selbstes durchwalten. Notwendig führt die Analyse des konkreten *Raum*erlebens auf das ganze Selbst und die Eigenart seines Lebens und seiner Welt.

Spricht man von konkretem Raumerleben, so denkt man zunächst an das Erleben in konkreten Räumen, die uns als inhaltlich bedeutsame Mannigfaltigkeit in eigenartig gegliederter leibhaftiger Ganzheit in jedem Augenblick unseres wachen Lebens „umgeben". In diesem Sinn wollen wir konkreten Raum auch vor allem verstanden wissen. Doch nimmt man diesen Raum als Raum des konkreten Erlebens, so ist er nie nur etwas das „umgibt" und in dessen Mitte ein von ihm wesensmäßig getrenntes Subjekt steht und nun – radikal von ihm „abgesetzt" – ihn „erlebt", sondern dieser konkrete Raum ist dem erlebenden Subjekt aktuell und strukturell verbunden, d. h. er wird gelebt in eigentümlichen Ganzheiten erlebnis-aktueller und struktureller Art, in denen das Subjekt und sein Raum, spannungsvoll aufeinander bezogen, aufgehoben sind. Konkret gegenwärtiger Raum umgibt uns nicht nur als „Gegebenes", zu dem wir uns verhalten, sondern er ist, sofern er überhaupt seelische Wirklichkeit gewinnt, zugleich in unserem Verhalten. Konkret gegenwärtiger Raum ist stets eine Bestimmtheit des Gesamterlebens. Schon darum kann es sich im folgenden nie allein um Fixierung raum-gegenständlicher Bestimmtheiten handeln, sondern immer zugleich um Bestimmtheiten des Gesamterlebens. Diese übergreifenden Bestimmtheiten des Gesamterlebens werden auch durch diejenigen Beschreibungen nicht in Frage gestellt, die, wo die Eigenart und der Sinn des Erlebens es erfordern, die polare Spannung zwischen Ich und Gegenstand, Subjekt und Raum festhalten. Vielmehr wird sich zeigen, daß gerade dieser Gegensatz in der eigentümlichen „Abgestimmtheit" seiner Glieder strukturell bedeutsame Ganzqualitäten sichtbar macht.

Ehe wir nun an die Analyse im einzelnen herangehen können, müssen wir kurz auf die Weise eingehen, in der „Raum" überhaupt „bewußt" sein kann. Die Folge der sich daran anschließenden Analysen, die „Themen", die im einzelnen behandelt werden sollen, seien in Kürze bezeichnet; diese gewisse Ergebnisse zusammenfassende Vorschau auf das Ganze ist um so nötiger, als der Gleichzeitigkeit des Unterschiedenen im Sukzessivganzen eines Erlebens in der Zug um Zug für sich behandelnden Darstellung nicht Genüge getan werden kann.

Alles Raumerleben ist übergriffen vom Phänomen räumlicher Orientiertheit. Die Grundform räumlicher Orientiertheit ist jene, dank derer das erlebende Subjekt im Besitz seiner elementaren Richtungsdimensionen (oben, unten etc.) ist und so zugleich seine elementarste Bewegungsfähigkeit erhält. Wir nennen sie die „elementare Orientiertheit". Von ihr wird zuerst (1) zu sprechen sein. Dann werden wir dazu übergehen, den konkret gegenwärtigen Raum nach Hauptrichtungen zu analysieren, in denen er sich bestimmen kann. Der Raum empfängt eine (2) besondere Bestimmtheit dadurch, daß der Erlebende ihn gegenwärtig hat als einen bestimmten „Ort", das heißt als ein Ganzes, das Verkörperung einer bestimmten *Sinneinheit* ist. Als solcher, z. B. als „Zimmer", „Wald", „Kirche", gehört er zugleich zu einer bestimmten Seinssphäre des erlebenden Subjekts. Der Raum ist nun aber zugleich (3) *leibhaftige Herumwirklichkeit*. Als solcher hat er als umgebender Binnenraum eine ganz bestimmte Gestalt, Gliederung und Ordnung einer sinnlich vollziehbaren körperhaften Mannigfaltigkeit. Zugleich ist er (4) erfüllt von bestimmten „Vitalqualitäten" und befindet sich (5) als konkret leibhaftiger Raum an einem bestimmten „Platz" in einem weiteren Herum. Des weiteren wird er erlebt (6) als Erfüllungsort eines in ihm sich erfüllenden Lebens und endlich (7) als Wesen von bestimmtem Charakter.

In all diesen Richtungen wird, wie zu zeigen sein wird, konkreter Raum nie nur sinnlich-gegenständlich „aufgenommen", sondern zugleich (8) als *Bewegungsgestalt* vollzogen. D. h. in allen Richtungen bestimmt sich der Raum zugleich als „Bewegungsraum". Überdies (9) wird konkreter Raum durchgehends gegenwärtig in einer zweifachen Sinnrichtung: 1. als eigenständige, in sich ruhende Eigenwirklichkeit, 2. im persönlichen Verhältnis zum erlebenden Subjekt, d. h. er bestimmt sich einerseits als „Welt-Raum", andererseits als „Selbst-Raum". Strukturell weisen diese beiden Richtungen hin auf die charakteristische Ganzheit der Person, für die es eben eigentümlich ist, sich in einer eigenständig sinnerfüllten Welt zugleich als Subjekt und in ihrem „Subjektsein" zugleich als eigenständige Welt vorwärtslebend zu verwirklichen und zu bewähren.

Die Dominanz nun der „persönlichen" oder aber der im „eigenständigen" Raum sich erfüllenden Sinnrichtung führt zum Erlebnis verschiedener *Raumformen*, die als *Ganze* von besonderem Sinn und daher von besonderer Ordnung etc. sind. Auf der Seite des persönlichen Raumes werden wir des näheren eingehen auf den in einer aktuellen Gerichtetheit gründenden „Handlungsraum" und den überaugenblicklichen konkreten Lebensraum des erlebenden Subjekts. Auf der Seite des in „Eigenständigkeit vollzogenen Raumes" bilden sich der „tatsächliche", der „physiognomische", der „ästhetische"[9] und der Zweck-Raum.

Ehe wir jedoch mit den Einzelanalysen in diesen verschiedenen Richtungen beginnen, ist kurz über die Formen der Raumbewußtheit „Innesein" und „Gegenständlichkeit" zu handeln.

---

[9] Auf den ästhetischen Raum werden wir in dieser Untersuchung nicht eingehen.

IV. Die Formen der Raumbewußtheit (Innesein[10] und Gegenständlichkeit)

Der Mensch erlebt und erlebt sich im wachen Erleben in oder gegenüber einem bestimmten Raum. Es ist ihm stets ein inhaltlich bestimmtes „Wo" seines Erlebens gegenwärtig. Er findet sich in einem Zimmer, geht durch den Wald, verläßt das Haus, geht auf der Straße, betritt eine Kirche, sitzt an seinem Schreibtisch etc. Die Weise nun, in der dieses ihm gegenwärtige Wo seines Erlebens „gegenwärtig" ist, d. h. erlebnismäßig da oder mit-da ist, ist nun freilich sehr verschieden. Drei Daseinformen des Raums sind vor allem zu unterscheiden:

Daß ich in einem Zimmer und zwar gerade in diesem Zimmer bin, daß dies Zimmer so und so beschaffen, in diesem Hause etc. ist, das kann mir ausdrücklich zum Bewußtsein kommen. Ich kann mich eigens darauf besinnen und kann dieses Zimmer als dies bestimmte Raumganze ausdrücklich gegenständlich gegenwärtig haben. Dann liegt eine eigentümlich vergegenständlichte Weise vor, in der ich dieses Zimmer und mich in diesem Zimmer gegenwärtig habe. Das Gegenwärtighaben des augenblicklichen Raumes kann aber auch (2) lediglich in einem durchaus unreflektiertem *Innesein* bestehen. Dann ist mir mein Hiersein und der Raum, in dem ich mich befinde, nicht „als solcher", nicht als gegenständlich von mir abgesetztes eigenes Ganzes gegenwärtig, wie dort, wo ich es in seiner Eigenwirklichkeit fixierte, sondern er ist dann lediglich eine komplexe Bestimmtheit des augenblicklichen Erlebnisganzen und in diesem vor allem „ungegenständlich" gegenwärtig. Gleichsam zwischen diesem ungegenständlichen Innehaben des Raumes und jener ihn vergegenständlichenden Form ihn gegenwärtig zu halten, steht eine dritte Weise, in der Raum gegenwärtig ist. Die liegt dort vor, wo man in unreflektierter Raumbezogenheit den Raum zwar gegenständlich erlebt, aber den Raum nicht als etwas für sich Bestehendes vor sich hinstellt, ihn nicht in einem besonderen Akt vergegenständlichender Art aus der Totalität des Gesamterlebens herausgliedert, sondern ihn gegenwärtig hat in schlichter und unmittelbarer Gegenständlichkeit.

Ein Beispiel: Ich sitze in meinem Zimmer und arbeite. Daß ich in diesem Zimmer bin, ist auch, während ich arbeite, in meinem Innesein. Hier aber hat das Zimmer als Ganzes keinerlei eigenwirkliche Gegenständlichkeit. Lediglich in einer ganz komplexen Weise färbt und steuert das „In-diesem-Zimmer-sein" mein Gesamterleben, das in seiner Totalität anders wäre, wenn ich in einem anderen Raum, z. B. im Freien säße und arbeitete. Angenommen nun, ich hätte in diesem Zimmer etwas verloren, das ich nun suche – im ganzen Zimmer –, so ist dieses Zimmer, das „Suchfeld", zweifellos gegenständlich da, dies jedoch in ganz unmittelbarer Weise. Es ist in seiner Gegenständlichkeit einbezogen in das Gesamterleben, nicht aber – von bestimmten Sonderaugenblicken abgesehen – in vergegenständlichter Abgesetztheit gegenwärtig. Ich nehme es, bzw. den jeweils vorstehenden Ausschnitt, schlicht hin, es ist einfach

---

[10] Verf. verdankt den Terminus „Innesein" *A. Pfänder*.

da und so da und ich richte mich ganz unwillkürlich danach. Ich kann nun aber drittens dieses Zimmer noch in einem anderen Sinne gegenständlich gegenwärtig haben, so etwa dort, wo ich mir über die Eigenart dieses Zimmers Rechenschaft ablege. Da gliedere ich es dann gleichsam aus der Totalität meines Gesamterlebens heraus, stelle es geistig vor mich hin und nehme es als etwas für sich.

Wir wollen auf diese Unterschiede hier nicht weiter eingehen. Für unsere Zwecke genügt es, vorläufig zu wissen, daß das wache Erleben jedenfalls in einer zweifachen Weise „raumbestimmt" ist, insofern das erlebende Subjekt seinen Raum und sich in diesem Raum gegenwärtig hat 1. im „Innesein", 2. in (schlichter) Gegenständlichkeit. Die Tatsache, daß ich Raum gegenständlich gegenwärtig habe, besagt nun nicht, daß er nicht zugleich ungegenständlich im Innesein da sein könnte. Im Gegenteil ist zu sagen, daß jede Gegenstandsbezogenheit des Erlebenden einhergeht mit ungegen- ständlichen Bestimmtheiten des Gesamterlebens (ungegenständliche Erlebensformen des Gegenständlichen). Mit Bezug auf diese sprechen wir von „Innesein". Umgekehrt kann ein Erleben hinsichtlich seines Inneseins räumliche Bestimmtheit haben, ohne daß diese räumliche Bestimmtheit auch nur schlichtgegenständliche Gegenwärtigkeit gewänne, geschweige denn zu einer vergegenständlichten Gegenständlichkeit führen müßte.

Räumliche Bestimmtheit des Erlebens als Innesein eines bestimmten Raumes erscheint in komplexen Qualitäten des Gesamterlebens und zwar, genauer gesagt, vor allem in qualitativ erlebten Richtungsbestimmtheiten des aktuellen Erlebens und, den Augenblick überdauernd, vor allem in Richtungsbestimmtheiten von Haltung und Einstellung sowie stets in Gefühlsqualitäten des gesamten Zumuteseins. – Aus all diesen Gründen vermeiden wir im folgenden das Wort „Bewußtsein" und verwenden statt dessen „Gegenwärtigsein" und „Gegenwärtighaben" und „Innesein". Das bisher vielleicht geläufigere Wort „Bewußtsein" oder „Bewußthaben" stempelt u. E. die Raumbewußtheit zu sehr zu einer Angelegenheit des Kopfes und der Sinne, verleitet allzuleicht, das Raumerleben in den Wirkungskreis kognitiver Funktionen zu verhaften, macht den erlebten Raum zu „abständig", rückt ihn vor allem in eine gefährliche Nähe von Gegebenheiten fixierenden Bemerkens und Erfassens. Es verwischt mit alledem die Eigenart ursprünglicher Erlebnistatsachen zugunsten gewisser Formen, die sie unter dem vergegenständlichenden Einfluß nach-denklicher Reflexion annehmen. Insbesondere für den, der Bewußtsein immer als Bewußtsein „von etwas" faßt, liegt die Gefahr nahe, das „Etwas", das uns da bewußt ist, rein gegenständlich zu nehmen. Demgegenüber ist es für den konkret erlebten Raum gerade charakteristisch, daß seine Inhalte auch dort, wo sie in relativer Abgesetztheit vom Ich gegenwärtig sind, zugleich in einer ungegenständlichen Weise erlebniswirk- lich sind, die man aber zu unrecht eine „unbewußte" nennen würde. Zu einer Angelegenheit des im engeren Sinne „gegenständlichen" Bewußtseins wird der Raum erst in dem Maße, als Erkennen und Schauen in den Vordergrund des Erlebens tritt. Aber auch dort, wo das theoretische Bemühen das Raum-Erkennen und die ihm zugrunde liegenden „Wahrnehmungen" zum Gegenstand hat, wird das Ganze zugunsten des bloß Gemeinten verfehlt, wenn die auch das gegenstandszentrierte Erleben übergreifenden Momente und Faktoren außer acht blieben. Am Erlebnis des konkreten Raumes haben das *ganze* aktuelle Selbst und die im Jetzt aktualisierten Richtungen seiner überdauernden Struktur teil. Die komplexe Bewußtseinsform, die daraus für das konkrete Raumerleben resultiert, ist es, der durch den Begriff „*Gegenwärtigkeit*" Genüge getan werden soll. Der Raum wird nicht nur in seiner gegebenen Mannigfaltigkeit „gesehen" und gegenständlich „erfaßt" oder „vor-gestellt" oder „angeschaut", sondern ist in seiner jeweils leibhaftigen und bedeutungsvollen Ganzheit „gegenwärtig" in *Gesamteinstellung, Haltung, Gerichtetheit* und *Zumutesein*, man hat ihn im „Innesein", hat ihn in den Gliedern und im Gefühl, in Leib und Herz, und dies alles, wiewohl man ihn überdies auch „*gegenständlich*" hat oder haben kann und ihn in dieser seiner Gegenständlichkeit vergegenständlichen und festhalten kann. Was das hinsichtlich der verschiedenen Richtungen bedeutet, in denen räumliches Erleben sich bestimmt, wird jeweils besonders gezeigt werden.

(Aus: Karlfried Graf von Dürckheim: Untersuchungen zum gelebten Raum, Reihe „Natur – Raum – Gesellschaft" Band 4, hg. v. J. Hasse, Frankfurt am Main: Selbstverlag des Instituts für Didaktik der Geographie 2005, S. 14-26. Erstmals erschienen in: Neue Psychologische Studien, Bd. 6, hg. v. F. Krueger, München: C. H. Beck Verlag 1932, S. 387-399. Mit freundlicher Genehmigung der Erben der Urheberrechte und des C. H. Beck Verlags)

Karlfried Graf von Dürckheim (1896-1988)

Hermann Schmitz:
Raumformen und Raumfüllung

Der Raum ist den Menschen für ihre Orientierung im Alltag unentbehrlich, um finden und sagen zu können, wo etwas ist, wohin es geraten ist. Er dient ihnen dann als Vorrat von Orten, die ein unbewegliches Bezugssystem bilden, an dem Ruhe und Bewegung von Objekten abgelesen werden können. Bewegung wird als Wechsel des Ortes verstanden, Ruhe als Beharren am Ort. Daraus ergibt sich eine versteckte Schwierigkeit, auf die man aufmerksam wird, wenn man sich fragt, wie ein solcher Ort als dieser identifiziert werden kann. Die Antwort, die ich zu einer Definition präzisiert habe,[1] kann nur lauten: Er wird als dieser (relative) Ort bestimmt durch Lagen und Abstände an ihm befindlicher Objekte zu ruhenden Bezugsobjekten; wenn diese sich nämlich bewegten, wäre der Ort mit den veränderten Lagen und Abständen selbst ein anderer geworden, und die an ihm beharrenden, also ruhenden, Objekte hätten den Ort gewechselt, sich, gemäß der Auffassung der Bewegung als Ortswechsel, also bewegt. Ruhe und Bewegung könnten nicht mehr unterschieden werden. Ein solcher Ort wäre für den angegebenen Zweck nicht mehr brauchbar. Wenn aber für die Identifizierung von Orten die Ruhe von Objekten schon vorausgesetzt wird, kann man Ruhe nicht mehr als Beharren am Ort einführen, denn das wäre ein Zirkel: Ruhe setzte den Ort, der Ort aber Ruhe voraus; man müsste mit beiden schon bekannt sein, um auch nur eines von ihnen bestimmen zu können. Dieses Dilemma trifft in gleicher Weise einen absoluten Raum wie relative, von bewegten Koordinatensystemen aufgespannte Räume im Sinn der modernen Physik. Die relative Bewegung ändert nichts daran, dass innerhalb des so gewählten Systems Ruhe und Bewegung in der angegebenen Weise unterschieden werden müssen, wenn man der im Alltag und in den Naturwissenschaften üblichen Raumauffassung folgt.

Dieses noch gar nicht genug gewürdigte Dilemma ist ein Erbstück einer einseitigen Raumauffassung, die von der griechischen Geometrie auf den Weg gebracht worden ist, indem sie auf Konstruktionen in der Fläche mit Zirkel und Lineal aufbaute. Flächen findet man mühelos, z. B. durch Betasten des unbehaarten Menschenkörpers. Von den Flächen kommt man über die Kanten zu den Linien und über die Ecken zu Punkten; damit verfügt man über umkehrbare Verbindungen, die nötig sind, um Lagen und Abstände einzuführen. Aufsteigend gelangt man durch Berandung mit Flächen zu Volumina, die, wenn sie als überall durch Flächen schneidbar vorgestellt werden, mit Hilfe von Linien und Punkten Gelegenheit geben, solche Volumina als höchstens dreidimensionale Körper zu vergegenständlichen. Schließlich hält man sogar den Raum selbst, nach Art eines Körpers vorgestellt, für dreidimensi-

---

[1] Hermann Schmitz, Was ist Neue Phänomenologie?, Rostock 2003, S. 61, Anm. 35.

onal. Der so von der Fläche her konzipierte Raum dient zur Unterbringung von Körpern, an denen sich Flächen, Linien und Punkte befinden, an Orten. Alle Valenzen, die über die im Rahmen dieser Konzeption fassbaren geometrischen und physikalischen Eigenschaften von Körpern hinausgehen, werden dem Raum entzogen. Zu dieser Verarmung hat entscheidend die im heidnischen Altertum (bei Sophokles, Demokrit und Platon) eingeleitete, vom Christentum energisch durchgesetzte Umformung des menschlichen Selbstverständnisses beigetragen, wodurch jedem Bewussthaber eine sein gesamtes Erleben einschließende Innenwelt, eine Seele, zugewiesen und dieser der über gewisse Sinnesqualitäten und deren hinzugedachte Träger hinausgehende Vorrat der zwischen den Seelen verbleibenden Außenwelt – Gefühlsmächte, vielsagende Eindrücke und wichtiges anderes mehr – eingelagert wurde; der Raum blieb in der Außenwelt, die Seele wurde aus ihm zurückgezogen, mit allem, was ihm entnommen und ihr eingelagert worden war. Dass z. B. eine Wohnung gemütlich, eine Kirche feierlich ist, kann man dann nur noch so verstehen, dass aus den Seelen ein Rückschein von Bedeutsamkeit in diese räumlichen Objekte projiziert wird.

Dieses abgemagerte Raumverständnis blieb unangefochten bis zu den Pionierarbeiten von Erwin Straus (1930) und Graf Dürckheim (1932), die dem Raum einige zuvor in der Seele eingelagerte Erlebnisqualitäten zurückgaben. Straus entdeckte am Hören und am Tanzen den präsentischen, d. h. distanzlosen Raum; Graf Dürckheim setzte neben den tatsächlichen Raum der Naturwissenschaft den von gefühlsmächtigen Eindrucksqualitäten erfüllten Wesenraum, ferner den Handlungsraum, den Selbstraum, den persönlichen Raum. Später setzten Autoren wie Bollnow und Bachelard diese phänomenologische Bereicherung des Raumes fort. Dabei wurden Perspektiven angelegt und mit einzelnen treffenden Beobachtungen ausgestattet, aber keine Begriffe für eine systematische Übersicht entwickelt, und das Verhältnis des erlebten und gelebten Raumes, von dem nun die Rede war, zu dem dreidimensionalen Raum der Orte, Körper, Figuren, Lagen und Abstände, den die traditionelle Denkweise anbietet, blieb unklar. Dadurch ist diese Phänomenologie schutzlos dem Verdacht ausgeliefert, es handle sich bloß um Psychologie, die den „realen" Raum der Naturwissenschaft mit Projektionen anreichere.

Der Irrtum eines solchen Verdachts wird erst durch das vorhin ausgeführte Dilemma augenscheinlich, denn es zeigt sich nun, dass dieser „real" genannte Raum schon aus logischen Gründen nicht auf eigenen Füßen stehen kann, sondern der Fundierung in einer anderen Raumform bedarf, aus der die Idee der Ruhe geschöpft werden muss, die dazu erforderlich ist, den Raum der relativen Orte einzuführen. Die bloße Auffüllung des Raumes mit Erlebnisqualitäten durch Graf Dürckheim und andere, die die überlieferte Form des Raumes mit drei Dimensionen, Lagen, Abständen und Orten unangetastet lässt, muss ergänzt werden durch eine Phänomenologie der Raumformen, die einen Fundierungszusammenhang erkennen lässt. Dieser

Aufgabe hat sich der Verfasser dieses Aufsatzes seit 1967[2] angenommen und seine Vorschläge seither neu durchdacht; davon soll im Folgenden die Rede sein.

Zunächst muss festgestellt werden, was überhaupt als Raum zu gelten hat. Da nicht alles definiert werden kann, ist von einer trivialen Urerfahrung auszugehen, die auch ohne Definition jedem Menschen zugetraut werden kann. Das ist die Weite; alle Raumformen sind Überformungen von Weite, und jede Form, die die Weite annimmt, ist eine Raumform. Weite ist jedem Menschen dadurch vertraut, dass er leiblich ist. Mit dem Wort „Leib" bezeichne ich den Inbegriff alles dessen, was jemand von sich selbst in der Gegend (nicht immer in den Grenzen) seines materiellen Körpers spüren kann, ohne sich der fünf Sinne zu bedienen. Dazu gehören alle leiblichen Regungen (wie Angst, Schmerz, Schreck, Wollust, Ekel, Frische, Müdigkeit) einschließlich alles affektiven Betroffenseins von Gefühlen (wie Zornigsein, Sichfürchten, Sichfreuen, Sichschämen usw.) und alle spürbaren Bewegungen (wie Laufen, Greifen, Sprechen, Zittern, Zucken). Gemeinsam ist allen leiblichen Zuständen der vitale Antrieb aus Engung und Weitung nebst den partiellen Abspaltungen beider Komponenten aus dieser Verschränkung. Dass Engung und Weitung im Antrieb verschränkt sind, zeige ich so: Wenn die Engung aushakt, wie im heftigen Schreck, ist der Antrieb erstarrt und gelähmt; wenn die Weitung ausläuft, wie beim Dösen, beim müden Einschlafen, nach der Ejakulation, ist er erschlafft. Weitung kommt demnach in zwei Gestalten vor: als gegen Engung (die ich dann „Spannung" nenne) im Antrieb drängende Schwellung wie bei wallendem Zorn und als von Engung sich abspaltende (ich sage: „privative") Weitung z. B. in der Erleichterung, in wohltätiger Müdigkeit, bei versunkenem Blick in Glanz oder in die Tiefe des Raumes. Der Geschlechtsakt zeichnet sich durch brüsken Wechsel von Schwellung zu privativer Weitung auf dem Höhepunkt aus. Durch Weitung ist Weite und damit Raum allen leiblichen Wesen, Menschen wie Tieren, angestammt und ursprünglich vertraut.

Der Leib bietet dem Menschen aber nicht nur die Grundlage aller Raumformen an, sondern auch eine Raumform, die der geometrischen fundierend zu Grunde liegt. Der spürbare Leib unterscheidet sich nämlich in der Raumform vom materiellen Menschenkörper. Dieser Körper ist stetig ausgedehnt, flächig begrenzt und von Flächen schneidbar. Der Leib ist dagegen fast immer ein Gewoge verschwommener Inseln, die durch die Engungskomponente des vitalen Antriebs zusammengehalten werden; überdies gibt es neben den auf Leibesinseln verteilten leiblichen Regungen ganzheitliche wie Behagen und Unbehagen, Frische und Mattigkeit. Flächen fehlen aber; man kann sie nicht am eigenen Leib spüren, sondern nur am eigenen Körper besehen und betasten (oder sich vorstellen). Von der Flächenlosigkeit einer Leibesinsel kann man sich beim Einatmen überzeugen. Dabei bildet sich im Brust- oder Bauchraum eine Leibesinsel, auf der anfangs die Schwellung, am Schluss die Spannung überwiegt, die dann im Ausatmen abgeführt wird, womit die Insel zusammensinkt. Es ist unmöglich,

---

[2] Hermann Schmitz, System der Philosophie Band III Teil 1: Der leibliche Raum, Bonn 1967, jetzt in Studienausgabe 2005.

diese Insel flächig zu beranden oder zu schneiden. Sie hat Volumen, aber nicht dreidimensionales, da Dreidimensionalität nur im Aufstieg von der zweidimensionalen Fläche möglich ist. Ebenso wenig gehören Lagen und Abstände zum Leib, soweit er (ohne Hilfe der Sinne) spürbar ist. Sie können ihm aber zugewiesen werden durch das perzeptive Körperschema, das die Erfahrungen des Sehens und Tastens an Körperteilen auf die mit diesen verschwisterten Leibesinseln überträgt. Dennoch ist der Leib nicht ohne räumliche Ordnung, auch abgesehen vom perzeptiven Körperschema. Er verdankt sie der leiblichen Richtung, die im Gegensatz zum Abstand nicht umkehrbar ist und daher statt Abständen nur Entfernungen (und Gegenden) liefert. Aus solchen Richtungen besteht das motorische Körperschema, das die geführte (d. h. zweckmäßig für ein Vollbringen eingesetzte), teils willkürliche, teils unwillkürliche Eigenbewegung dirigiert. Es bedarf, weil es meist ganzheitlich eingesetzt werden muss, einer Bezugsstelle, von wo aus die rechte Hand immer rechts, der Fuß weiter weg als das Knie usw. ist. Von ihr aus sind diese peripheren Leibesinseln (und, vermöge des perzeptiven Körperschemas, die zugehörigen Körperteile) in präziser räumlicher Anordnung einsetzbar, aber es ist unmöglich, durch bloße Umkehrung der Richtung von diesen Einsatzstellen aus die Bezugsstelle zu finden, weil das motorische Körperschema durch unumkehrbar aus der Enge in die Weite führende Richtungen, die die Bahnen der Gebärden und der zielenden Eigenbewegungen vorzeichnen, organisiert ist.

Unter diesen leiblichen Richtungen, die unumkehrbar aus der Enge in die Weite führen, ist die wichtigste der Blick. Er ist selbst eine der Richtungen des motorischen Körperschemas, dem er daher wie ein Fühler simultan Informationen zuführen kann. Damit ist er zugleich Überträger der leiblichen Kommunikation vom Typ der antagonistischen Einleibung. Wie ich das meine, mache ich durch folgendes Beispiel klar: Wenn man sieht, wie sich eine wuchtige Masse drohend nähert, springt man, den unvorhersehbaren Umständen angepasst, geschickt zur Seite oder dreht den Kopf oder den Rumpf weg, so dass unter günstigen Umständen der Zusammenstoß ausbleibt. Das geschieht, obwohl man den eigenen Körper dann (so gut wie gar) nicht sieht, geschweige denn beachtet, so dass man ihn auch nicht der Lage und dem Abstand nach auf die Bedrohung einstellen kann. Es gelingt, weil sich der Blick als Fühler wie fasziniert an die nahende Masse hängt und deren Bewegungssuggestion (die anschauliche Vorzeichnung bevorstehender Bewegung) so in das motorische Körperschema, zu dem er gehört, übernimmt, dass dieses zum angepassten Ausweichen befähigt wird. Die entsprechende Leistung gelingt auch ganz undramatisch im alltäglichen Ausweichen vor Begegnenden, z. B. auf den bevölkerten Gehwegen der Städte. Man kommt mit Schultern und Füßen knapp vorbei, ohne auf Schulter und Fuß achten zu müssen. Über die Richtungen der Blicke entspinnt sich eine leibliche Kommunikation im Kanal des vitalen Antriebs, der, da er als Verschränkung von Engung und Weitung dialogisch ist, sich zur Begegnung im Dialog gleichsam aufspreizen kann und dann gemeinsamer Antrieb ist, antagonistisch bei Zuwendung der Beteiligten zueinander, solidarisch ohne solche Zuwendung wie bei gemeinsamem Singen, Rufen, Klatschen,

Trommeln oder wenn stürmischer Mut oder panische Flucht eine Truppe mit sich reißen. Der gemeinsame Antrieb kann auch leiblose Gegenstände beteiligen, z. B. im beschriebenen Fall einen heranfliegenden Stein. Das wird möglich durch Brückenqualitäten, die sowohl am eigenen Leib gespürt als auch an Gestalten wahrgenommen werden können. Diese Brückenqualitäten sind teils Bewegungssuggestionen (von bewegten oder ruhenden Gestalten oder Bewegungen), teils synästhetische Charaktere. Synästhetische Charaktere sind intermodale Qualitäten, die aber auch ganz ohne Sinneseindrücke vorkommen können, etwa als Weite und Dichte feierlicher Stille, Zartheit und Leichtigkeit morgendlicher Stille. Die Bewegungssuggestionen von Gestalten sind unumkehrbare Richtungen ebenso wie die leiblichen; unterhalb von umkehrbaren Lagen und Abständen ist das Wahrnehmungsfeld, namentlich im motorischen Sehen, daher als Konzert aus- und einstrahlender unumkehrbarer Richtungen organisiert.

Mit Hilfe solcher Begriffe und Beobachtungen lässt sich der Vergleich zwischen Sehen und Hören, mit dem Erwin Straus zuerst die klassische geometrische Raumvorstellung ergänzt hat, weiterführen. Das Hören hat keinen Blick als Fühler zur Verfügung; deswegen kann man beim Hören einer z. B. zischend oder pfeifend sich nähernden drohenden Masse nicht so geschickt wie beim Sehen ausweichen, sondern sich nur ducken, um die Angriffsfläche zu verkleinern. Das ist ein Beispiel eines allgemeinen Mangels akustischer Wahrnehmung: Der Blickende kann simultan reagieren, d. h. auf der Stelle aktiv umgehen mit dem, was auf ihn zukommt, wobei er zugleich das Ganze der aktuellen Situation auffassen und beantworten kann. Der bloß Hörende ist isolierten Reizen ausgesetzt, von denen er sich abholen lassen muss; er kann nur sukzessiv reagieren. Bezeichnend für diese Erschwerung des spontanen Kontaktes ist ein Unterschied zwischen optischer und akustischer Orientierung. Wenn man etwas sieht, nimmt man zugleich wahr, wie man selbst, der Lage und dem Abstand nach, zum Begegnenden steht; dagegen kann man zwar ungefähr hören, ob ein Schall aus größerer oder geringerer Entfernung, aus dieser oder jener Richtung zu kommen scheint, aber nicht, wie man räumlich selbst zur Schallquelle steht; um sich das klar zu machen, bedarf es einer Anleihe bei optischer Vergegenwärtigung. Für diesen Unterschied spielt es zwar eine Rolle, dass dem Sehen anders als dem Hören Flächen zugänglich sind, und damit Linien als umkehrbare Verbindungen, an denen Lagen und Abstände abgelesen werden können; aber die reziproke Information über das Objekt und sich selbst im Verhältnis zu ihm beim Sehen geht nicht bloß darauf zurück, wie das Beispiel vom Ausweichen gezeigt hat, dessen Geschicklichkeit gerade nicht auf Informationen über Lagen und Abstände beruht. Die spontane Kontaktfähigkeit des Sehens in Situationen ist vor allem Verhältnis zum geometrischen Raum schon im Blick begründet. Dieser ist auch nicht auf das Fixieren von Blickzielen angewiesen; ebenso kann er schweifen, dösend starren, sich in die Tiefe des Raumes verlieren. Solche Vielseitigkeit der Einstellung ist dem blicklosen Hören versagt. Es ist unmittelbarer betreffbar, stärker ausgeliefert als das Sehen, daher leichter mitzureißen. Daraus ergibt sich die besondere Eignung akustischer Reize zur Auslösung solidarischer Einleibung, z. B. beim Singen und Tanzen.

Mit dem leiblichen Raum – einschließlich des Raumes leiblicher Kommunikation in der Einleibung – und dem akustischen Raum liegen zwei Beispiele flächenloser Räume vor. Räumlich ist der Schall hauptsächlich durch seine Bewegungssuggestionen als leibnahe Brückenqualitäten, z. B. den Rhythmus – die Bewegungssuggestion einer Sukzession als solcher –, der zwar auch in anderen Sinnesgebieten sowie bei sprachlichen Bedeutungen vorkommt, aber nirgends so ausgeprägt wie beim Schall. Solche Bewegungssuggestionen sind diesem immanent; daraus schöpft die Musik das Vermögen zur Durchführung von Motiven und Themen. Der Bewegungssuggestion verdankt der Schall auch sein eigentümliches Vermögen, durch Andauern intensiver zu werden, z. B. als langgezogener Pfiff: Ein leibnaher Antrieb staut sich gleichsam zu verschärfter Konkurrenz von Engung und Weitung. Aber auch synästhetische Charaktere formen die Räumlichkeit des Schalls, z. B. die dumpfe Schwere und Massigkeit dunkler Töne, die spitze Schärfe heller und greller.

Es gibt noch manche andere Typen flächenloser Räume, z. B. den Raum des Wetters, der eindringlich etwa dann wird, wenn man aus dumpfer Luft ins Freie tritt, den Raum des unauffälligen Rückfelds, das man ständig durch kleine Ausgleichsbewegungen nach hinten in Anspruch nimmt, den Raum der Stille – weit und dicht als feierliche, eng, dicht und schwer als drückende, leicht, weit und zart als morgendliche Stille –, den Raum der frei sich entfaltenden Gebärde, den Raum des Wassers, wie es dem Schwimmer und Taucher ohne optische Wahrnehmung oder Begleitvorstellung begegnet: als Widerstand leistendes dynamisches Volumen, das nicht dreidimensional ist, weil ohne Flächen, Linien und Punkte, aber in antagonistischer Einleibung als leibnah erfahren wird. Verwandt ist der Raum des entgegenschlagenden Windes, von dem man, um das Phänomen von Konstrukten rein zu halten, den Gedanken an bewegte Luft fern halten muss. Vom elektrischen Schlag unterscheidet sich der entgegenschlagende Wind dadurch, dass man im Getroffenwerden noch die Herankunft einer Bewegung spürt, aber es ist eine Bewegung ohne Ortswechsel; nichts an ihr zeigt an, dass eine Strecke durchlaufen wird. In flächenlosen Räumen gibt es keine relativen Orte, Punkte und Strecken.

Der wichtigste Typ eines flächenlosen Raumes für das menschliche Selbstverständnis ist neben dem leiblichen Raum die Raumform der Gefühle. Ich habe darüber sehr viel geschrieben[3] und würde gerne die Hauptgedanken wiederholen, einschließlich der Erwiderung auf naheliegende Einwände und Bedenken wie z. B. diese, dass man Gefühle beim Reisen mit sich nimmt und dass Menschen, die dicht bei einander stehen, ganz verschiedene Gefühle fühlen können. Ich muss es mir versagen, weil der mir hier zugestandene Raum dafür keinen Platz lässt. Nur so viel sei angedeutet:

---

[3] Früheste Darstellung: System der Philosophie Band III Teil 2: Der Gefühlsraum, Bonn 1969, jetzt in Studienausgabe 2005; jüngste Darstellung: Gefühle als Atmosphären, in: Atmosphären im Alltag, hg. v. Stephan Debus und Roland Posner, Bonn 2007, S. 260-280.

Gefühle sind Atmosphären, die entweder bloß wahrgenommen werden oder mit affektivem Betroffensein leiblich ergreifen. Eine Atmosphäre ist die randlose Besetzung eines flächenlosen Raumes im Bereich erlebter Anwesenheit. (Ich sage „Besetzung" statt „Erfüllung", weil es sich auch um eine Besetzung mit gefühlter Leere handeln kann: Verzweiflung, acedia, ennui.) Das Gefühl ergreift leiblich, aber so, dass die Ergriffenheit nur echt ist, wenn der Ergriffene zunächst ein Stück weit den eigenen Impuls davon mitnehmen lässt; erst danach gewinnt er die Chance der Auseinandersetzung mit dem Gefühl (und dem in es schon investierten eigenen Impuls) in Preisgabe und/oder Widerstand. Wie ich das meine, möge am Beispiel des Zürnens deutlich werden: Der Zorn überfällt den Zürnenden leiblich wie aus dem Nichts (ohne angebbare Quelle, wenn auch mit einem Thema, über das, und einem Gegner, auf den dieser zornig ist) wie die reißende Schwere, wenn man ausgleitet und stürzt oder sich gerade noch fängt, nur dass man sich gegen diese sträubt, während man mit dem (meist nach vorn gerichteten) Impuls des Zorns ein Stück weit mitgeht (im Sinne einer Bewegungssuggestion, nicht ausgeführter Schritte) und dann erst eine Chance hat, sich dem Gefühl preiszugeben (in den Zorn sich hineinzusteigern) oder sich ihm (mit hemmender Besonnenheit) zu widersetzen oder beide Reaktionen zu mischen. Die herkömmliche Gegenthese wäre die Auffassung des Gefühls als Seelenzustand, ohne Unterscheidung zwischen dem Gefühl als Atmosphäre und dem Fühlen als leiblicher Ergriffenheit oder bloßem Wahrnehmen. Diese Gegenthese schließe ich aus durch den Nachweis, dass es eine Seele als abgeschlossene Innenwelt, in die das gesamte Erleben eines Menschen einschließlich seiner Gefühle eingelegt (introjiziert) ist, gar nicht gibt.[4] Der Nachweis beruht darauf, dass sich das Verhältnis des Bewusthabers oder Subjekts zu einer solchen Innenwelt nicht befriedigend bestimmen lässt. So viel zum Thema der Gefühle muss hier genügen.

Flächenlose Räume enthalten immer Weite, in der sich die Enge eines Leibes mit vitalem Antrieb aus Engung und Weitung befindet, und fast immer auch Richtungen, die unumkehrbar in die Weite ausstrahlen oder aus der Weite her einstrahlen, sei es als Bewegungssuggestionen mit angebbarer Herkunft oder „wie aus dem Nichts" (abgründig). Nicht dagegen enthalten sie relative Orte, die die Frage, wo etwas ist, zu beantworten gestatten. (Dass zum Leib absolute, ohne Rücksicht auf Lagen und Abstände bestimmte Orte gehören, habe ich hier ausgelassen.) Das Konzert der in antagonistischer oder solidarischer Einleibung ineinander greifenden Richtungen gestattet aber auch ohne Orientierung an relativen Orten Koordination im Raum, wofür ich das Beispiel des geschickten Ausweichens vor (gefährlichen oder harmlosen) Begegnungen gegeben habe. Nun ist noch zu fragen, wie es von flächenlosen Räumen zu Räumen als Systemen relativer Orte – ich spreche dann von einem Ortsraum – kommen kann; dass solche Räume ohne Genealogie nicht einmal logisch möglich sind, wurde schon gezeigt. Am Anfang der Konstitution relativer Orte, die

---

[4] Hermann Schmitz, Kurze Einführung in die Neue Phänomenologie, Freiburg/München 2009, S. 29-45.

sich gegenseitig durch Lagen und Abstände bestimmen, stehen Blickziele. Diese können unter Umständen auch in flächenlosen Räumen durch umkehrbare Verbindungen, die nicht schon eindimensionale Linien, sondern gedachte Bahnen ohne Dimensionszahl sind, verbunden werden, etwa Sterne am flächenlosen Nachthimmel zu Sternbildern. Solche Verbindungen, die Anlass zur Ablesung von Lagen und Abständen geben können, sind aber sehr gebrechlich: Bei jedem Wechsel der Perspektive verschieben sie sich, und die Netze müssen neu geknüpft werden. Stabile Verbindungen kommen erst zu Stande, wenn sich dem Blick leibfremd die Fläche entgegenstellt. In sie als festen Hintergrund können die Netze paarender Verbindungen eingetragen werden, und dann bleiben die von ihnen eingetragenen Nachbarschaftsverhältnisse konstant. An der Fläche können lineare Strecken (zuerst als Kanten) und Punkte (zuerst als Ecken) entdeckt und überall hin phantasiert werden; aus berandenden Flächen lassen sich beliebige dreidimensionale Volumina herstellen. Ein konsolidierter Ortsraum kann konstruiert werden. Dazu bedarf es aber einer vorgegebenen Idee von Ruhe, die nicht der Konstruktion des Ortsraumes mit Hilfe von Lagen und Abständen entnommen werden kann. Diese Idee muss aus flächenlosen Räumen übernommen werden, z. B. von der Ruhe eines entspannten Leibes, einer ruhigen Stimmung (z. B. einer abendlichen Atmosphäre), von der Ruhe eines Wassers, auf dem man sich treiben lässt. Daraus ergibt sich kein präziser Begriff von Ruhe, wohl aber ein Vorverständnis, das dazu genügt, ruhende Objekte eines Bezugssystems, mindestens vorläufig, ausfindig zu machen; innerhalb des mit ihrer Hilfe geknüpften Bezugssystems können sie an bestimmte Orte gesetzt werden, und diese Orte kann man nach Bedarf mit besser geeigneten vertauschen, weil sich alle Orte, auch diejenigen ruhender Objekte, in einem Ortsraum gegenseitig bestimmen.

Der Überblick über Raumformen, mit den beiden Hauptschichten der flächenhaltigen und der flächenlosen Räume, hat also zu einem Ergebnis geführt, das einen notwendigen Fundierungszusammenhang zwischen den Schichten erweist und damit einen Überblick möglich macht. Noch ist aber das Verhältnis zu besprechen zwischen Raumform und qualitativer Raumfüllung, etwa im Sinn von Graf Dürckheim, dessen Aufzählung Hasse und Kozljanič durch den Sozial- und Kulturraum ergänzen wollen. Zum Teil sind solche Qualitäten des Raumes durch den Gefühlsraum, durch die Gefühle als räumlich ergossene und leiblich ergreifende Atmosphären, abgedeckt. Das genügt aber nicht. Gefühle sind fast immer in Situationen eingelagert. Eine Situation, wie ich das Wort verstehe, ist Mannigfaltiges, das zusammengehalten wird durch eine binnendiffuse – d. h. nicht oder nicht nur aus Einzelnem, das eine Anzahl um 1 vermehrt, bestehende – Bedeutsamkeit aus Bedeutungen, die Sachverhalte, Programme und/oder Probleme sind. Situationen sind teils aktuell, so dass sich ihre Entwicklung von Augenblick zu Augenblick verfolgen lässt, teils zuständlich, so dass dies erst nach längeren Fristen möglich ist. Zuständliche Situationen sind z. B. Sprachen, auch die persönliche Situation, die die Person in lebenslanger Umbildung, durchzogen von vielen partiellen Situationen, als ihre Persönlichkeit begleitet und gewissermaßen umhüllt, ihr aber auch gegenübertritt. Die persönliche Situation geht in viele gemeinsame Situationen ein. Die Liebe unter Menschen ist eine solche zuständliche Situation, in der ein Gefühl der Zuneigung gleichsam aufgehängt ist; die Aufhängung darf nicht zu locker und nicht zu fest sein, weil das Gefühl im ersten Fall flattert, im zweiten in der Situation versickert.[5] Mit den eingebundenen Gefühlen, die von sich aus räumlich sind, kommen die Situationen in den Raum. Während die Gefühle genuin räumlich sind, fehlt die Räumlichkeit bei Situationen, die nicht an Gefühle gebunden sind, z. B. bei einer Sprache. Um Situationen, die mit Gefühlen gefüllt und gleichsam gesättigt sind, dürfte es sich bei den Qualitäten der qualitativen Räume handeln, die Graf Dürckheim als Selbstraum beschreibt, und dem eben erwähnten sozial-kulturellen Raum, der aber auch eine bloße, nicht besonders gefühlsbetonte Situation mit Spuren im Raum sein kann. In diesem Zusammenhang muss ferner die Unterscheidung zwischen impressiven und segmentierten Situationen beachtet werden. Eine Situation ist impressiv, wenn ihre Bedeutsamkeit mit einem Schlage, im Augenblick, zum Vorschein kommt, wie bei sofortiger Bewältigung bedürftigen Gefahren, und segmentiert, wenn dies nur in Ausschnitten der Fall ist. Jedoch können segmentierte Situationen durch impressive, in denen sie sich gleichsam zusammenziehen, vertreten und sozusagen plakatiert werden, wie die Persönlichkeit eines Menschen in dem plastischen ersten Eindruck, den man bei der Begegnung mit ihm gewinnt. Solche Plakat-Situationen, als Repräsentanten einer segmentierten Situation, die einer Person eigen oder einer Population gemeinsam ist, machen oft Merkzeichen aus, die qualitativ gefüllten Räumen das Gesicht geben. Ich habe die Wohnung – speziell die gemütliche Wohnung, die Kirche und den Garten – als Kultur der Gefühle im umfriedeten Raum charakterisiert,[6] wobei sich Gefühle nicht direkt an Leibern, aber an durch Bewegungssuggestionen und synästhetische Charaktere leibnahen Gegenständen so niederlassen, dass sie durch deren Arrangement dank der Umfriedung in der gewünschten Weise gedämpft oder gezüchtet werden können. Eine solche Wohnung ist ein qualitativ gefüllter Raum, der dazu geeignet ist, eine segmentierte Situation oder Situationen seiner Bewohner in solcher Weise zu plakatieren.

Prof. Dr. Hermann Schmitz
Steinstr. 27
24118 Kiel

[5] Hermann Schmitz, Die Liebe, Bonn 1993, S. 80-84.
[6] Hermann Schmitz, System der Philosophie Band III Teil 4: Das Göttliche und der Raum, Bonn 1977, jetzt in Studienausgabe 2005, S. 258-308.

Gernot Böhme:
Der Raum leiblicher Anwesenheit und der Raum als Medium von Darstellung

I. Viele Raumkonzepte?

Wenn man vom Raum handelt, dann scheint das Reizvolle gerade darin zu liegen, unterschiedliche Raumkonzepte einander zu konfrontieren – der Raum des Physikers, der Raum der Soziologin,[1] der Raum der Lebenswelt, der Raum des Bühnenbildners; der Raum in der Psychoanalyse, der Raum des Landschaftsplaners, der Raum des Lyrikers.[2] Aber wenn man so unterschiedliche Raumkonzepte gegeneinanderstellt, dann fragt sich doch, ob im Hintergrund ein einheitlicher Raum steht, der nur verschieden konzipiert wird, oder ob es auf Seiten der Konzepte selbst etwas Gemeinschaftliches gibt, das einen berechtigt, überhaupt sie zur Klasse der Raumkonzepte zusammenzufassen. Wenn man auf diese Weise einmal angefangen hat, überhaupt an der Möglichkeit einer Mannigfaltigkeit von Räumen zu zweifeln, dann stellt sich schnell die Frage, *Was ist denn eigentlich Raum?* oder *Was ist der Raum?*, von dem sich mehr oder weniger alles herleitet oder auf den sich mehr oder weniger alles bezieht. *Ein* Unterschied von Raumkonzepten nun erscheint mir unleugbar, und die Differenz zwischen beiden ist so groß, dass sie kaum überbrückbar scheint. Es handelt sich um den Unterschied zwischen dem Raum der leiblichen Anwesenheit und dem Raum als Medium von Darstellung. Der Raum leiblicher Anwesenheit gehört wesentlich zu meiner leiblichen Existenz, weil leiblich da zu sein heißt, sich in einer Umgebung zu befinden. Der Raum als Medium von Darstellung dagegen hat mit mir als Menschen nichts zu tun, er ist vielmehr ein abstraktes Ordnungsschema, nach dem eine Mannigfaltigkeit von Dingen vorgestellt wird. Das Merkwürdige ist nun, dass beide Konzepte in der Regel behandelt werden, als seien sie dasselbe, so dass gerade die alltägliche Vermischung dieser Konzepte es einem erlaubt, in beiden Fällen von *Raum* zu sprechen: Meine leibliche Anwesenheit wird gedacht als Platziertheit zwischen den Dingen – und die Ordnung, die die Dinge miteinander haben, als Ordnung ihrer Gleichzeitigkeit, d. h. also ihrer wechselseitigen Anwesenheit.

---

[1] Martina Löw, Raumsoziologie, Frankfurt/M.: Suhrkamp 2001.
[2] Gernot Böhme, Der Raum des Gedichts. In: B. Labs-Ehlert (Hrsg.), Wer Eile hat, verliert seine Zeit – Raum für Sprache, Raum für Literatur. Literaturbegegnung Schwalenberg, Detmold: Literaturbüro Ostwestfalen-Lippe 2001, S. 95-111.

Interessant ist nun, dass bei Kant, der von einem einheitlichen Raumkonzept handelt, dieses Raumkonzept bei seiner Explikation gewissermaßen aus Versehen auseinander bricht.

II. Kant

Immanuel Kant bestimmt in seiner *Kritik der reinen Vernunft* den Raum als Form der Anschauung. Da die Anschauung eine Vorstellung ist, kann man seinen Raum damit dem Konzept *Raum als Medium von Darstellungen* zuordnen. Der Raum ermöglicht es, eine Mannigfaltigkeit von Vorgestelltem zu repräsentieren, nämlich als eine Mannigfaltigkeit des Nebeneinander. Auffällig ist jedoch, dass Kant in den Passagen, in denen er dieses Raumkonzept einführt, nämlich dem § 2 der *Kritik der reinen Vernunft,* das andere Konzept, nämlich den Raum, in dem ich mich befinde, in seine Formulierungen hineinmischt. Der § 2 fängt folgendermaßen an: „Vermittelst des äußeren Sinnes, (einer Eigenschaft unseres Gemüts), stellen wir uns Gegenstände als außer uns, und diese insgesamt im Raume vor". Was haben diese beiden Bestimmungen überhaupt miteinander zu tun: Erstens, wir stellen die Dinge *als außer uns* und zweitens *insgesamt im Raume* vor? Mit diesem „außer uns" bringt Kant doch offenbar eine räumliche Beziehung ins Spiel, die uns in unserer leiblichen Anwesenheit charakterisiert. Wenn wir Gegenstände als Gegenstände außer uns verstehen, dann heißt es, dass wir sie aus der Perspektive unserer leiblichen Anwesenheit wahrnehmen, und zwar so, dass sie zwar zu unserer Umgebung gehören, aber in ihrer Anwesenheit doch deutlich von unserer leiblich erfahrenen Innensphäre entfernt sind. In dieser Erfahrung leiblicher Anwesenheit in der Umgebung von Dingen ist *Zentriertheit* und *Grenze* und ist vor allem die *Differenz von innen und außen* gegeben und damit wohl auch Richtungen. Wie aber die Dinge zueinander liegen und ob sie einer Ordnung des Nebeneinander gehorchen, wie Kant es dann will, ist damit nicht gesagt.

Nun könnte man natürlich einwenden, dass Kant hier überhaupt nicht vom Leib redet und dass der Unterschied von innen und außen eigentlich der Unterschied von äußerer und innerer Wahrnehmung sei. Die innere Wahrnehmung ist die Wahrnehmung meiner selbst. Sie geschieht durch die Selbstaffektion im Gemüt. Die äußere Wahrnehmung ist die Wahrnehmung von Gegenständen und sie geschieht aufgrund der Affektion durch die Dinge an sich. Diese Differenz von Innerem und Äußerem vorausgesetzt, hieße „stellen wir uns Gegenstände als außer uns ... vor" nichts weiter, als dass diese Gegenstände vorgestellt werden als etwas, das wir nicht selbst sind, und die deshalb durch äußere Affektion gegeben sein müssen. Die Art und Weise, wie wir uns eine Mannigfaltigkeit von Gegenständen vorstellen – das wird dann die Kantische Behauptung sein – ist derart, dass wir sie nebeneinander stellen, d. h. nach der Form der Anschauung, die er *Raum* nennt.

Aber so leicht wird Kant den Leib nicht los. Und vielleicht will er ihn gar nicht loswerden, weil er ihn braucht, um verständlich zu machen, was er mit *Raum* meint.

Schon auf der nächsten Seite, nämlich unter Punkt 1 der *metaphysischen Erörterung* des Raumbegriffs lesen wir:

„Denn damit gewisse Empfindungen auf etwas außer mich bezogen werden (d. i. auf etwas in einem anderen Orte des Raumes, als darinnen ich mich befinde), imgleichen damit ich sie als außer- und nebeneinander, mithin nicht bloß verschieden, sondern als in verschiedenen Orten vorstellen könne, dazu muss die Vorstellung des Raumes schon zum Grunde liegen" (KdrV A 23/B 38).

Hier ist es nun unmissverständlich: er handelt vom Raum als etwas, worin ich mich befinde, also vom Raum leiblicher Anwesenheit. Die Gegenstände vor dem äußeren Sinne werden hier deutlich als Gegenstände außerhalb meines Leibes bezeichnet. Dann aber sagt Kant, dass ich diese Gegenstände nach dem Schema des *Außer- und Nebeneinander* vorstelle, d. h. also im Raum als Medium der Darstellung. Von diesem zweiten Halbsatz an hat Kant für den Rest der *Kritik der reinen Vernunft* den Leib vergessen.[3] Die Dinge vor dem äußeren Sinne werden nur noch abstrakt im Schema des Außer- und Nebeneinander repräsentiert – dass ich mich als leibliches Wesen unter ihnen befinde, spielt keine Rolle mehr. Das ist erstaunlich genug, denn als Gegenstände der Erkenntnis müssen sie ja gegeben sein und das heißt in sinnlicher Wahrnehmung. Und wie sollte man sinnlich wahrnehmen, wenn man nicht anwesend ist? Aber der Zwang zur Objektivität lässt Kant alles vergessen, was diese leibliche Anwesenheit in der Wahrnehmung von Dingen vielleicht bedeuten könnte und er konzentriert sich ganz und gar auf die Beziehungen zwischen den Gegenständen. Warum, könnte man fragen, redet er dann überhaupt am Anfang vom Raum als Raum leiblicher Anwesenheit? Mir scheint, weil er von daher ein Verständnis dafür bezieht, was es heißt, an einem Orte zu sein. An einem Ort zu sein, das wissen wir aus leiblicher Erfahrung, heißt, sich in der Umgebung von Dingen zu befinden, die als äußere erfahren werden. Und in der Analogie dazu – ob mit Recht, sei dahingestellt – stellt Kant das Außer- und Nebeneinander der Dinge selbst vor, nämlich als eine Anwesenheit an *verschiedenen Orten*, nämlich von solchen Orten, deren Verschiedenheit sich allein dadurch bestimmt, dass sie gegeneinander äußerlich sind. Aber ist das für das Konzept des Raumes als Form der Anschauung überhaupt notwendig? Dieses Konzept soll doch nichts anderes leisten, als die Vorstellung einer Mannigfaltigkeit im Nebeneinander. Der Raum soll also die Funktion eines Mediums der Darstellung haben.

---

[3] Besonders auffällig wird dieses Vergessen in der *Widerlegung des Idealismus* (KdrV B274 ff.), die eigentlich ein empirisch bestimmtes, also leibliches Selbstbewusstsein erfordert. Siehe dazu Hartmut und Gernot Böhme, Das Andere der Vernunft. Zur Entwicklung von Rationalitätsstrukturen am Beispiel Kants, Frankfurt/M.: Suhrkamp 5. Aufl. 2007, S. 319.

III. Der Raum als Darstellungsmedium

Die Mathematik behandelt den Raum als Menge mit einer bestimmten Struktur. Je nach Struktur hat man es mit unterschiedlichen Räumen zu tun. So gibt es den topologischen, den affinen, den metrischen Raum. Die Punktmannigfaltigkeit kann man als Zahlenmannigfaltigkeit darstellen. Wenn dabei jedem Punkt eine Zahl entspricht, bezeichnet man den Raum als eindimensional, wenn ihm ein Zahlenpaar entspricht, als zweidimensional und wenn ihm ein Zahlen-n-Tupel entspricht, als n-dimensional. Der Raum hat qua Raum gewisse Strukturen. Die Dimensionalität ist eine davon. Wenn die Punkte im Raum nur durch Nachbarschaftsbeziehungen bestimmt sind, handelt es sich um einen topologischen Raum. Haben sie darüber hinaus Abstände, so handelt es sich um einen metrischen Raum. Der Kantische Raum der Anschauung ist als die Form der Anschauung, nämlich als Nebeneinander, zunächst nur als topologischer Raum bestimmt. Kant zeigt dann im weiteren Verlauf der *Kritik der reinen Vernunft*, wie durch die Wirksamkeit der Kategorien, insbesondere der Kategorie der Quantität der Anschauungsraum zum metrischen Raum formiert wird. Diese Wirksamkeit ist eine Tätigkeit des Verstandes unter dem Namen der Einbildungskraft. Sie geschieht durch die sogenannten Schemata, nämlich Konstruktionsregeln, die das Feld der Wahrnehmung zu Anschauungen organisieren. Die so erzeugte Raumvorstellung heißt dann auch *formale Anschauung*.

Entscheidend nun ist, dass durch die Vorstellung der Gegenstände vor dem äußeren Sinne deren Beziehungen als Raumbeziehungen repräsentiert werden. Das ist das, was Kant meint, wenn er sagt, dass wir die Natur nur als Erscheinung erkennen: Die Dinge sind Erscheinung, insofern ihre Beziehungen zueinander als räumliche Beziehungen, nämlich im Medium *Raum* dargestellt werden.

Diesen Gedanken kann man nach Albert Einstein bzw. nach Hermann Weil verallgemeinern auf die Ereignismannigfaltigkeit. Die Beziehungen zwischen Ereignissen werden als räumliche Beziehungen in einem vierdimensionalen Raum dargestellt, wobei zum klassischen dreidimensionalen Raum die Zeit als vierte Dimension hinzutritt. Diese Erweiterung ist insofern wichtig, als auf diese Weise auch Kausalbeziehungen zwischen Ereignissen als räumliche Beziehungen dargestellt werden können.

Mathematische Räume haben natürlich als Gegenstände einer Wissenschaft auch einen Wert an sich. Ihre wesentliche Funktion besteht aber darin, dass sie als Medien für die Darstellung der Beziehungen innerhalb von Gegenstandsmannigfaltigkeiten dienen. Bekannt ist beispielsweise die Darstellung von Begriffsextensionen, d. h. also logischen Klassen, durch Beziehungen des Umfassens, des Enthaltenseins und von Überdeckungsbereichen, d. h. Schnittmengen. Aber auch alle netzartigen Zusammenhänge zwischen Gegenständen, wie sie etwa die Graphentheorie behandelt, gehören hierher. Ohne dass man das im Einzelnen realisiert: auch diese Beziehungen werden als Beziehungen im Raum dargestellt. Man nennt, wenn diese Beziehungen als solche sehr abstrakt oder vielleicht nicht sinnlich sind, wie beispielsweise Rangordnungen oder Verwandtschaftsbeziehungen, – also man nennt diese Darstellung im Raum dann *Veranschaulichung*. Dieser Ausdruck trifft die Sache aber nicht sehr gut und klingt fast pejorativ. Faktisch ist es so, dass man Beziehungen in Gegenstandsmannigfaltigkeiten häufig erst durch deren Darstellung im Raume erkennt. Man spricht dann von räumlichen oder sogar von graphischen Modellen. Diese Einsicht, dass die Erkenntnis in manchen Gegenstandsbereichen auf räumliche oder graphische Modelle angewiesen ist, reproduziert in gewissem Sinne Kants Einsicht, dass zur Erkenntnis immer Begriff und Anschauung gehört. Das Moment der Anschauung wird durch die Darstellung im Raum erbracht.[4]

IV. Der Raum leiblicher Anwesenheit

Wie für den Raum als Darstellungsmedium die Mathematik zuständig ist, so für den Raum qua Raum leiblicher Anwesenheit die Phänomenologie.[5] Diese Feststellung weist zugleich auf die fundamentale Differenz dieser Raumkonzepte. Die Mathematik hat es mit objektiven, vielleicht sogar ewigen Gebilden zu tun, die Phänomenologie mit subjektiven Gegebenheiten. So ist auch der Raum leiblicher Anwesenheit etwas zutiefst Subjektives, wenngleich etwas, das allen Subjekten gemein ist. Der Raum leiblicher Anwesenheit ist dasjenige, *worin* wir jeweils unsere leibliche Existenz erfahren: Sie ist das Hier-Sein, ein Ort, der sich absolut in der unbestimmten Weite des Raums artikuliert. Man redet von einem *absoluten* Ort, weil er ohne Bezug auf anderes, insbesondere Dinge, bestimmt ist: das *Hier* ist im Sich-Spüren mitgegeben. Das Hier ist also in reinem Selbstbezug gegeben. Wir erfahren jedoch unsere leibliche Anwesenheit auch im Umgang mit Körpern und dabei ggf. auch unseren Leib als Körper.[6] Insofern der Leib durch die Erfahrung mit Körpern selbst als begrenzt gegeben ist, entspricht der Differenz von absolutem Hier und Weite die Differenz von Innen und Außen.

Bis hierher lässt sich der leibliche Raum noch mathematisch beschreiben: Er ist ein zentrierter Raum mit Richtungen, in dem sich um das Zentrum geschichtet Umgebungen aufbauen. Man könnte ihn als einen anisotropen topologischen Raum bezeichnen. Diese mathematisch nachzeichenbare Struktur des Raumes leiblicher Anwesenheit täuscht aber doch über sein wahres Wesen. Das Entscheidende nämlich ist meine Involviertheit in diesen Raum bzw. sein existenzieller Charakter. Der

---

[4] Siehe dazu die Darmstädter Dissertation von Philine Warnke, Computersimulation und Intervention. Eine Methode der Technikentwicklung als Vermittlungsinstanz zwischen soziotechnischen Umordnungen, http://elib.tu-darmstadt.de/diss/000277/
[5] Hermann Schmitz, System der Philosophie III, Der Raum, 5 Teilbände, Bonn: Bouvier 1967-1978; Elisabeth Ströker, Philosophische Untersuchungen zum Raum. Frankfurt/M.: Klostermann, 2. Aufl. 1977.
[6] Man spricht deshalb in der Phänomenologie auch vom *körperlichen Leib* oder dem *Leibkörper*.

leibliche Raum ist die Weise, in der ich selbst da bin bzw. mir anderes gegenwärtig ist, d. h. er ist Handlungsraum, Stimmungsraum und Wahrnehmungsraum.

Als *Handlungsraum* ist der Raum meiner leiblichen Anwesenheit der Spielraum meiner Handlungsmöglichkeiten und Bewegungsmöglichkeiten. Man könnte sagen, meine *sphaera activitatis*. Er ist als solcher sicherlich auch zentriert, ist darüber hinaus aber durch charakteristische leibliche Richtungen wie oben/unten und rechts/links gegliedert, im Übrigen aber je nach Situation etwa von Helligkeit und Dunkelheit enger oder weiter. Der leibliche Raum als Handlungsraum wird wesentlich als Möglichkeit, als *Spielraum*, erfahren.

Natürlich gibt es auch einen abstrakten Handlungsraum, weil etwa gesellschaftliches Handeln durchaus auch Netz-vermittelt sein kann und auf diese Weise den Raum leiblicher Anwesenheit transzendiert, bzw. weil überhaupt gesellschaftliches Handeln sich häufig in symbolischen Räumen abspielt, also beispielsweise in Hierarchien. Gesellschaftliches Handeln setzt in der Regel die leibliche Anwesenheit des Handelnden nicht voraus.[7] Ich will also nicht sagen, dass der Raum menschlichen Handels eo ipso der Raum leiblicher Anwesenheit sei, sondern umgekehrt den Raum leiblicher Anwesenheit in einer bestimmten Hinsicht als Handlungsraum charakterisieren. Der physische Raum, also der Raum der Dinge, der Mitmenschen und ihrer Konstellation wird zum Raum meiner leiblichen Anwesenheit, soweit und insofern diese Dinge, Mitmenschen und ihre Konstellation mit meinem unmittelbaren Eingreifen *rechnen* müssen. Umgekehrt zähle ich zum Raum meiner leiblichen Anwesenheit, was immer sich in unmittelbarer Erreichbarkeit befindet. Dieser Raum ist also für mich als Handelnden die Sphäre meines unmittelbaren Handelns.

Der *Stimmungsraum* ist die leibliche Weite, insofern sie mich affektiv anspricht. Der Stimmungsraum ist einerseits der gestimmte Raum, d. h. eine bestimmte Atmosphäre oder Tönung, die über der jeweiligen Umgebung liegt, wie auch die räumlich ergossene Atmosphäre, an der ich mit meiner Stimmung partizipiere.

Der Stimmungsraum ist der Raum, insofern und insoweit er in meine Befindlichkeit eingeht. Umgekehrt ist mein Befinden – z. T. jedenfalls – die Erfahrung des Raumes, in dem ich mich befinde. Wenn ich z. B. einen festlichen Raum betrete, so spüre ich in der festlichen Anmutung den Charakter des Raumes und der Raum selbst ist die Ausdehnung dieser festlichen Stimmung, die mich anmutet.

Der *Wahrnehmungsraum* ist mein Sein bei den Dingen, d. h. die Weise, in der ich wahrnehmend außer mir bin bzw. es ist die Weite, insofern sich meine eigene Anwesenheit durch die Gegenwart der Dinge artikuliert.

Im Wahrnehmen langen wir gewissermaßen zu den Dingen aus. Bekannt ist das schon von Descartes angeführte Beispiel von embodyment: ein Blinder spürt den Kiesel, nach dem er mit einem Stock tastet, nicht an seiner Fingerspitze, sondern dort, wo er ist, am Ende des Stockes. In derselben Weise sind wir wahrnehmend auch im

---

[7] Im Extremfall braucht der gesellschaftlich Handelnde nicht einmal zu leben. Die gesellschaftliche Existenz von Toten wird sehr schön in Gogols Roman *Die toten Seelen* thematisiert.

Hören und Sehen bei dem Gehörten und Gesehenen. Hören und Sehen sind Weisen der leiblichen Anwesenheit im Raum. Umgekehrt wird der Raum leiblicher Anwesenheit durch die Reichweite unserer Wahrnehmung aufgespannt.

Ich bin also in den Raum meiner leiblichen Anwesenheit in dreifacher Weise involviert: als handelnder, als wahrnehmender und als atmosphärisch spürender Mensch. Dieser Raum ist insofern *mein* Raum, als er die Ausdehnung meines Handelns, Wahrnehmens und Spürens ist. Wir haben damit den Raum leiblicher Anwesenheit in der Perspektive des Für-Mich analysiert. Eine entsprechende Analyse müsste natürlich geleistet werden in der Perspektive der Fragestellung, was der Raum durch meine leibliche Anwesenheit für andere ist.[8]

Man könnte sagen, dass der Begriff *Raum leiblicher Anwesenheit*, soweit wir ihn erläutert haben, ein Existenzbegriff ist im Sinne Kierkegaards: Er bezeichnet nicht die Bestimmung von etwas, sondern das Wie meiner Existenz.

Kierkegaard hat den Unterschied von Existenzbegriffen zu gewöhnlichen Begriffen am Phänomen des Ernstes verdeutlicht.[9] Wenn ich sage, es sei mir Ernst mit der Philosophie, dann behaupte ich nicht, dass ich ein ernster Mensch bin, sondern bezeichne meine Involviertheit in die Philosophie. Die Philosophie ist etwas, das ich zu meiner Lebensform gemacht habe, sie bestimmt das Wie meiner Existenz. In diesem Sinne kann man den Begriff *Raum leiblicher Anwesenheit* als Existenzbegriff bezeichnen. Er ist etwas, in das ich involviert bin und umgekehrt eine Bestimmung meiner Existenz.

Zwar ist der leibliche Raum jeweils der Raum, in dem ich leiblich anwesend bin, er ist aber zugleich die Ausdehnung oder besser die Weite meiner Anwesenheit selbst. Der Stimmungsraum ist der Raum, der mich in gewisser Weise stimmt, aber zugleich die Ausgedehntheit meiner Stimmung selbst. Der Handlungsraum ist der Raum, in dem ich handeln kann, aber zugleich der Spielraum meiner Möglichkeiten. Der Wahrnehmungsraum ist der Raum, in dem ich etwas wahrnehme, also zugleich die Ausbreitung meiner Teilnahme an den Dingen.

V. Der Anschauungsraum und virtuelle Räume

Wenn man sich so die gravierenden Differenzen zwischen dem Raum als Medium von Darstellungen und dem Raum leiblicher Anwesenheit vor Augen geführt hat, fragt man sich, was beide Konzepte überhaupt miteinander zu tun haben und ob es berechtigt ist, beide als Raumkonzepte zu bezeichnen. Eine Strategie, dieser Situation zu begegnen, ist nach dem Vorbild von Husserl, einen Fundierungszusammenhang zwischen ihnen nachzuweisen. So behauptet etwa Elisabeth Ströker, dass der mathematische Raum im leiblichen Raum – nach ihrer Terminologie: dem gelebten

---

[8] Diese Analyse dürfte im Wesentlichen von Sartre in *Das Sein und das Nichts* unter dem Stichwort *Blick* geleistet sein.

[9] Sören Kierkegaard, Der Begriff der Angst, Hamburg: Rowohlt 1960, S. 133-137.

Raum – fundiert sei. Man könnte die Kantische Vermischung durch eine Lesart seines Textes zu verstehen versuchen, derart, dass er den mathematischen Raum im Raum leiblicher Anwesenheit fundieren wollte. Dieses Vorgehen scheint mir aber die Kluft zwischen beiden zu unterschätzen und der Freiheit mathematischer Denk- und Konstruktionsmöglichkeiten Gewalt anzutun. Beispielsweise kann man wohl kaum die Struktur des Hyperraumes, also von über *links* vernetzten Teilräumen, als Ausdifferenzierung des Raums leiblicher Anwesenheit verstehen. Meine These demgegenüber ist, dass beide Raumtypen sich von Fall zu Fall überlagern und quasi miteinander verfilzt sind – und dass gerade diese Verfilzung oder Überlagerung es rechtfertigt, in beiden Fällen von Räumen zu reden.[10] Zwei solcher Überlagerungsformen will ich kurz besprechen, nämlich den Anschauungsraum und virtuelle Räume.

Mit *Anschauungsraum* – ich übernehme diesen Terminus von Elisabeth Ströker – meine ich den Raum unserer Anschauung in der Alltagspraxis. Der Anschauungsraum ist nicht dasselbe wie der Wahrnehmungsraum. Er ist nicht nur unser ausgebreitetes Sein bei den Dingen. Er ist auch nicht der Raum als Form der Anschauung im Kantischen Sinne, weil er nicht ein Medium der Repräsentation von Dingen ist. Wir repräsentieren im Alltag nicht die Dinge in unserer Umgebung, sondern wir nehmen sie wahr. Jedoch, wir überlagern gewissermaßen unsere Wahrnehmung der Umgebung mit Mustern der Repräsentation. Es sind dies Ordnungsmuster, zu denen sehr wohl auch das Kantische Nebeneinander gehört, aber mehr als dies: Perspektive, Dingkonstanz und andere Muster, wie sie die Gestaltpsychologie nachgewiesen hat. Diese Muster sind nicht anthropologisch invariant, sie sind kulturell eingeübt, was man unter anderem durch die sogenannten Kippfiguren beweist.

Der Anschauungsraum ist also durchaus ein Zwitterwesen, er ist keineswegs bloß ein Medium, in dem wir Wahrgenommenes zur Darstellung brächten. Wir sind vielmehr anschauend sehr wohl draußen bei den Dingen, wir ordnen nur unsere Anwesenheit nach den Mustern möglicher Darstellung, d. h. wir nehmen die Dinge wahr, aber wir schauen sie an als dieses und jenes.

Die virtuellen Räume nun sind diejenigen Räume, die heute überhaupt die Besinnung auf die Differenz von Raum als Darstellungsmedium und dem Raum leiblicher Anwesenheit erzwingen. In gewisser Weise nämlich sind die sogenannten virtuellen Räume gar nicht virtuell, sondern es sind schlicht Bilder, d. h. zwei- oder mehrdimensionale Medien, in denen eine Mannigfaltigkeit zur Darstellung kommt.[11] Dabei ist es ganz gleichgültig, ob das Dargestellte bloß gedacht ist oder der Realität entnommen. Insbesondere ist es verfehlt, virtuelle Räume deshalb virtuell zu nennen, weil das

---

[10] Danach gibt es also keinen einheitlichen Begriff des Raumes, sondern nur – im Sinne von Wittgenstein – Familienähnlichkeiten der Verwendungsweisen des Terminus' *Raum*.

[11] Siehe meinen Beitrag *Die Wirklichkeit der Bilder*, in: Christian Filk, Michael Lommel, Mike Sandbothe (Hrsg.), Media Synaesthetics. Konturen einer physiologischen Medienästhetik, Köln: Halem 2004, S. 84-94.

Dargestellte fiktiv ist oder weil sie Realität simulieren. Denn dieses Simulieren ist nichts als Darstellen, d. h. solche sogenannten virtuellen Räume sind Bilder und sonst nichts. Den Charakter von virtuellen Räumen erhalten dagegen Darstellungsräume dann, wenn sie sich mit dem Raum leiblicher Anwesenheit verschränken. Dafür gibt es im Prinzip zwei Möglichkeiten.

Die eine Möglichkeit besteht darin, dass man sich in einen Raum der Darstellung durch einen Repräsentanten einspielt, also im Raum der Darstellung virtuell, nämlich durch einen Avatar anwesend ist.

Ein Beispiel dafür ist die künstlerische Installation *Camera virtuosa* im Zentrum für Kunst und Medientechnologie in Karlsruhe: man schaut durch eine Scheibe in einen dreidimensionalen Bildraum, in dem sich ein Geigenspieler befindet, – der Musik macht und den man auch spielen hört, – und in dem man selbst, durch eine Videokamera vermittelt, als Figürchen anwesend ist.[12]

Man darf diese Möglichkeiten natürlich nicht überschätzen, denn keineswegs wird dadurch der virtuelle Raum zum vollen Raum leiblicher Anwesenheit. In der Regel ist er nur ein Handlungsraum, aber durch die Identifikation mit dem Avatar kann der Spieler – denn es handelt sich bei diesem Beispiel in der Regel natürlich um elektronische Spiele – den virtuellen Raum auch als Stimmungsraum erfahren. Was meiner virtuellen Anwesenheit im Raum der Darstellung letztlich zur leiblichen Anwesenheit fehlt, ist paradoxerweise mein Körper. Ich bin durch meine Identifikation mit dem Avatar physisch nicht betreffbar.[13]

Die andere Möglichkeit besteht darin, dass man sich über Datenhandschuh, Datenbrille oder durch einen Cave mit einem Darstellungsraum umgibt. Auch auf diese Weise wird dieser Darstellungsraum zum virtuellen Raum, indem man nämlich in ihm quasi leiblich anwesend ist.

So kann man beispielsweise durch drei oder vier Projektionsflächen, die ganze Wände des Cave und ggf. noch die Decke ausmachen, den Eindruck erzeugen, der Besucher befände sich auf einem Turm und könnte von dort aus in einen Stadtraum hinausschauen. Man muss nur dafür sorgen, dass über die Datenbrille, die der Besucher aufsetzt, die projizierten Bilder sich je nach Blickrichtung und Kopf- bzw. Körperneigung koordiniert verändern.

Hier geht es also nicht wie im ersten Fall darum, dass das Ich über einen Repräsentanten im Raum der Darstellung quasi leiblich anwesend ist, sondern umgekehrt darum, dass das leibliche Ich über die Ankopplung eines Darstellungsraumes an seine sinnlichen Perzeptoren quasi leiblich von diesem Darstellungsraum umgeben wird. Dass das eine wie das andere für den Betroffenen Lebenswirklichkeit darstellt, zeigt

---

[12] Die Installation im ZKM ist von Bruno Cohen und stammt aus dem Jahre 1996. Näheres siehe unter http://on1.zkm.de/zkm/werke/

[13] Ich löse dieses Paradox in anderem Zusammenhang durch das Postulat, dass der Leib die Natur ist, die wir selbst sind. Siehe den entsprechenden Aufsatz in meinem Buch *Natürlich Natur. Über Natur im Zeitalter ihrer technischen Reproduzierbarkeit.* Frankfurt/M.: Suhrkamp 3. Aufl. 1997.

sich im ersten Fall durch die affektive und biographische Bedeutung des Spielgeschehens für den Spieler,[14] im letzteren Fall durch die möglichen leiblichen Reaktionen wie Übelkeit für die Besucher von Caves und Simulatoren. Man spricht in diesem Fall von simulator-sickness.[15]

Eine weitere Möglichkeit der Verschränkung des Raums leiblicher Anwesenheit mit dem Raum qua Darstellungsmedium hat Natascha Adamowski in ihrem Beitrag zum Darmstädter Symposion Transforming Spaces beschrieben.[16] Als Entertainment-Attraktion gibt es in Las Vegas einen Fahrstuhl, durch den man unerwartet in ein Startreck-Geschehen katapultiert wird. Der Besucher erfährt hier in leiblicher Anwesenheit, was man sonst – distanziert – als eine Bühnendarstellung ansehen würde. Man könnte diesen Fall unter unseren an zweiter Stelle genannten subsumieren, wenn da nicht der Unterschied wäre, dass die Darstellung nicht durch Bilder gegeben ist, sondern durch leiblich agierende Schauspieler. Von Seiten der Schauspieler gesehen muss man sagen, dass bereits sie den Raum ihrer leiblichen Anwesenheit zum virtuellen Raum machen, indem sie in ihm als Repräsentanten der Protagonisten des Dramas agieren.

Auch bei den virtuellen Räumen handelt es sich also um eine Verschränkung von Darstellungsräumen und dem Raum leiblicher Anwesenheit. Virtuelle Räume heißen mit Recht so, weil sie bloße Darstellungsräume sind, die aber als Räume leiblicher Anwesenheit erfahren werden können. Virtuelle Räume sind also nicht schon durch ihren Charakter als Darstellungsräume als virtuell zu bezeichnen, sondern vielmehr nur dann und insofern ein Subjekt auf irgendeine Weise in sie involviert wird. Diese Möglichkeit – um das zum Schluss zu sagen – dürfte daran anknüpfen, dass bereits im Alltagsleben, nämlich im Anschauungsraum, eine Überlagerung des Raumes leiblicher Anwesenheit durch Muster der Darstellung eingeübt ist. Das heißt aber keineswegs, dass die virtuellen Räume auf diese Muster beschränkt wären, d. h. in irgendeiner Weise realitätsnah sein müssten, vielmehr dürfte eine virtuelle Anwesenheit in Darstellungsräumen beliebiger Struktur simulierbar sein.

(Zuerst erschienen als: Der Raum leiblicher Anwesenheit und der Raum als Medium von Darstellung. In: Sybille Krämer (Hrsg.), Performativität und Medialität, München: Wilhelm Fink 2004, S. 129-140. Überarbeiteter Abdruck mit freundlicher Genehmigung des Autors)

---

[14] Natascha Adamowsky, Spielfiguren in virtuellen Welten. Frankfurt/M.: Campus 2000.

[15] Siehe dazu die Darmstädter Dissertation von Ute Enderlein, Wahrnehmung im Virtuellen – eine kulturwissenschaftliche Studie zur Konstruktion sinnlicher Wahrnehmung durch die Virtual Reality Technologie, http://elib.tu-darmstadt.de/epda/upload/diss-index.cgi.

[16] Der Titel des Vortrages, gehalten am 23. 3. 02, war *See you on the holodeck.*

Prof. Dr. Gernot Böhme
Institut für Philosophie
Technische Universität Darmstadt
Residenzschloss
64283 Darmstadt

Jürgen Hasse:
Zur heimlich erziehenden Wirkung schulischer Lernräume

Die Thematisierung schulischer Lernräume verlangt eine knappe Einordnung in den theoretischen Rahmen der Lebensphilosophie. Deren Selbstverständnis, wie es sich – anknüpfend an Denktraditionen des 19. Jahrhunderts – am Beginn des 20. Jahrhunderts in unterschiedlichen Strömungen differenziert hat, ist durch eine Kritik und Überwindung rationalistischer Subjekt-Objekt-Spaltungen gekennzeichnet. Dilthey begründete eine hermeneutische Methode, in deren Mitte das Ziel rückte, das menschliche Erleben dem (pathischen wie gnostischen) Verstehen zugänglich zu machen.[1] Schon die griechische Philosophie forcierte eine rationalistische Denktradition, in deren weiteren historischen Ausformungen (nicht zuletzt durch die Werte des Christentums) den Gefühlen des Menschen eine bestenfalls nachrangige, wenn nicht erkenntnistheoretisch minderwertige Rolle zugewiesen worden ist. Das Vergessen der Gefühle gipfelt in den Sozialwissenschaften heute u. a. in der Handlungstheorie und der damit einhergehenden Einschränkung des Menschenbildes auf eine aktive Rolle: der Mensch ist darin als rein intellektualistisches Wesen (als Akteur) entworfen. Auch in der Erziehungswissenschaft, die sich programmatisch mit der Organisation, Realisierung und Erforschung menschlichen Lernens befasst, kommen die Gefühle, das Erleben und die auf das nicht-intelligible Individuum einwirkenden Arrangements kaum explizit in den Blick. Lediglich die phänomenologische Pädagogik widmet sich dem menschlichen Erleben und seiner Bedeutung für das Lernen. Jedoch liegt die Forschungsrichtung so weit abseits vom Mainstream (vor allem der empirischen Bildungsforschung), dass sie kaum nachhaltig auf eine Revision oder Erweiterung des erziehungswissenschaftlichen Menschenbildes Einfluss nehmen kann. Innerhalb der Philosophie leben die tragenden Gedanken der Lebensphilosophie heute in der Leibphänomenologie fort (vgl. vor allem Hermann Schmitz[2] und Bernhard Waldenfels[3]).

---

[1] Erwin Straus differenziert zwischen gnostischer und pathischer Wahrnehmung. Damit markiert er eine Grenze zwischen begrifflicher Erkenntnis (dem WAS des gegenständlich Gegebenen) und dem pathischen Gewahrwerden (dem WIE des Gegebenseins); vgl. Erwin Straus (1930): Die Formen des Räumlichen. Ihre Bedeutung für die Motorik und die Wahrnehmung. In: Ders. (1960): Psychologie der menschlichen Welt. Gesammelte Schriften. Berlin u. a., S. 141-178 (151).

[2] Vgl. Hermann Schmitz (1964ff): System der Philosophie, 5 Bände in 10 Bänden, Bonn 1964 bis 1980.

[3] Bernhard Waldenfels (2000): Das leibliche Selbst. Vorlesungen zur Phänomenologie des Leibes, hgg. v. Regula Giuliani, Frankfurt/M.

Der folgende Beitrag handelt von Räumen der Pädagogik. Thematisiert werden damit die in architektonische Räume gleichsam eingeschriebenen Intentionen und Zumutungen, die weniger symbolisch als leiblich auf dem Wege der Synästhesien kommuniziert werden. Dem Beitrag liegt der Gedanke zugrunde, dass sich pädagogische Programme (der Bildungstheorie, der Bildungspolitik, aber auch der arrangierten Praxis des Lehrens und Lernens) in der Durchsetzung ihrer Intentionen implizit einer heimlichen Wirkungsdynamik leiblicher Suggestionen bedienen. Der Schulraum muss zu diesem Zweck vor allem atmosphärisch in einer Weise inszeniert werden, die so hoch verschlüsselt ist, dass die architektonischen Arrangements nicht zum Gegenstand der Kritik werden. Dagegen sind sie nicht zuletzt durch den heterotopen[4] Charakter der *Institution* Schule geschützt. Ein dichtes Regelwerk der Ein- und Ausgrenzungen weist dem Schulraum einen nicht zuletzt mythisch überhöhten Sinn zu, der diskursiv von Politik und Administration genährt wird, so dass der mit pathischen Potenzen aufgeladene leibliche Raum in seinem untergründigen Zumutungscharakter „hinter" dem mächtig erscheinenden physischen Raum des Lernens nicht zur Sprache kommt.

Schulische Räume des Lernens sind zunächst die Klassenräume, in denen sich die Lernenden aufhalten. In ihnen befinden sich Tische, Stühle, Wandkarten, Beamer und andere Arbeitsmittel wie Ausstattungsgegenstände. All diese Dinge konstituieren einen *relationalen* Raum. Eine Wandtafel ist fest mit der Wand des Zimmers verbunden, Tische und Stühle stehen als bewegliche Dinge im Raum. An ihnen stößt die Bewegung auf Hindernisse, findet aber auch Bezugspunkte. Die Kinder müssen sich mit ihrem Körper mit diesen Dingen in anderer Weise auseinander setzen als mit der Tafel, die dort fixiert ist, wo kein Bewegungsfluss gestört werden kann. Die Tafel ist ein Arbeitsmittel, das je nach dem sich verändernden Situationscharakter des Raumes zu einem Medium wird und die Aufmerksamkeit der Lernenden programmatisch bündelt. Wie die Körper der Kinder sich an Tischkanten stoßen und über umfallende Stühle stolpern, richtet sich ein leiblich gerichteter Blick auf die Tafel. Die Tafel bündelt aber nicht nur die Blicke, sie konstituiert zugleich einen Raum leiblicher Kommunikation, in den die Lehrerin durch ihr Tun (das keineswegs immer den Charakter einer *Handlung* hat) einwirkt. Und – selbstverständlich – ist die Tafel das Paradigma einer insgesamt „kopflastigen" d. h. semiotisch überformatierten Kommunikationssphäre.

Wir haben es in einem engeren Sinne mit drei Klassen von Dingen zu tun, die in ganz unterschiedlicher Weise den Raum des Klassenzimmers strukturieren; *erstens* mit physischen Dingen, die den relationalen Raum der toten wie lebendigen „Körper"

---

[4] Zur Foucaultschen Heterotopologie vgl. auch Michel Foucault (1967): Andere Räume. In: Karlheinz Barck / Peter Gente (Hg.): Aisthesis. Leipzig 1990, S. 34-46 sowie zur Konkretisierung auf einen Typ Alltagsarchitektur und Lebenswelt: Jürgen Hasse (2007): Übersehene Räume. Zur Kulturgeschichte und Heterotopologie des Parkhauses. Transcript Verlag. Bielefeld.

möblieren, *zweitens* mit Dingen, die durch ihre Anwesenheit mehr *spürbar* als erklärbar sind. Und *drittens* haben wir es mit symbolisch codierten Dingen zu tun, die die Kommunikation in einem Lernprozess über die ihnen angehefteten Bedeutungen steuern. Daraus resultieren je eigene Raumontologien. Den (1.) physischen Dingen korrespondiert der euklidische Raum materieller Körper, der durch ein klar definierbares Innen und Außen bestimmt werden kann. Den (2.) spürbaren Dingen entspricht der leibliche Raum, der oft als atmosphärischer Raum konkret erlebbar wird. Und schließlich entspricht (3.) den symbolisch codierten Dingen der soziale Raum, der durch Bedeutungen geordnet ist.[5]

In derselben Weise, wie sich auf dem Hintergrund verschiedener Raumontologien ein Klassenraum betrachten lässt, kann man das gesamte Schulgebäude verstehen, dessen architektonische Ordnung durch die Lage der Klassenzimmer, der Treppenhäuser etc. gekennzeichnet ist. Zu einem Merkmal des pädagogischen Raumes gehört es aber auch, dass dieser über kolorierte Wände, natürliches oder künstliches Licht wie unterschiedliche Baumaterialien (Beton, Glas, Holz, Stahl, Kunststoff) eine Atmosphäre entstehen lässt, die einem fruchtbaren Lernklima entgegenkommen, dieses aber auch erschweren oder gar vergiften kann (womit die Raumontologie des „Situationsraumes" hinzukäme). Otto Friedrich Bollnow sprach in diesem Sinne von der „pädagogischen Atmosphäre".[6] Ein Lernraum ist aber auch von persönlichen Stimmungen abhängig, die die persönliche Situation eines Kindes so mächtig ergreifen können, dass Fragen der Gestaltung des *physischen* Raumes nur noch von nachrangiger Bedeutung sind. Auch der Begriff des Lern-*Klimas* hat räumliche Implikationen und macht darauf aufmerksam, dass gelingendes Lernen nicht nur der funktionierenden *Dinge* im euklidischen Raum und der *körperlichen* Präsenz von Lehrkräften bedarf, sondern Qualitäten verlangt, die einen spürbaren (leiblich-) räumlichen Charakter haben. „Äußere" Räume werden auf dem Hintergrund einer (aktuellen) persönlichen Situation stets auch räumlich *erlebt*. Das gilt für die Situation von Kindern wie für die von Lehrenden und auch für die Interferenzen, die sich zwischen denen konstituieren, die an der „gemeinsamen Situation" des Unterrichts beteiligt sind. Wenn vom Raum aber nun Wirkungen und intentionale Bewirkungen ausgehen können, die auf das Befinden und damit die Lernfähigkeit von Kindern und Jugendlichen maßgeblichen Einfluss nehmen, werden Raumfragen a priori zu Legitimationsfragen der Erziehungswissenschaft.

---

[5] Vgl. Jürgen Hasse (2007): In und aus Räumen lernen. In: Kristin Westphal (Hrsg.): Orte des Lernens. Beiträge zu einer Pädagogik des Raumes. Weinheim / München, S. 15-41.
[6] Vgl. Otto Friedrich Bollnow (1964): Die pädagogische Atmosphäre. Essen 2001.

I. Eine neue wissenschaftliche Aufmerksamkeit gegenüber dem Raum

Fragen zur Ontologie des Raumes geraten zunehmend in den Fokus wissenschafts-theoretischen Interesses – auch jener Disziplinen, die nicht zu den sogenannten „Raumwissenschaften" (wie Raumplanung, Architektur, Landschaftsplanung oder Szenographie) gehören. So hat der „spatial turn" zwar die Kultur- und Sozialwissen-schaften erfasst, eine neue Aufmerksamkeit für den Raum ausgelöst und damit eine kategoriale ontologische Dimension zu einem differenzierten Netz an unterschied-lichsten Theorien in Beziehung gesetzt. Wie zuvor der „linguistic turn" die Auffas-sung stärkte, alles menschliche Tun folge einer Logik der Sprache, so verbinden sich mit dem neuerlichen „spatial turn" – je nach Disziplin – eher unterschiedliche als einheitliche paradigmatische Orientierungen.

In einem Nachwort zu Michel Foucaults „Heterotopien" merkt Daniel Defert mit Blick auf die Sozial-, Kultur- und Geisteswissenschaften kritisch an: „Es überrascht, wenn man sieht, welch lange Zeit das Problem der Räume gebraucht hat, um als historisch-politisches Problem aufzutauchen."[7] So ist es auch in Bezug auf die Erziehungswissenschaft schwer verständlich, weshalb der Raum nicht als „Interface" in der Analyse zwischenmenschlicher Interaktionen, aber auch als Medium der Durchsetzung von Zielen der Erziehung, schon lange größere Aufmerksamkeit gefunden hat. Ein Blick in aktuelle Nachschlagewerke und Handbücher der Erzie-hungswissenschaften lässt erkennen, dass die Bedeutung raumtheoretischer Fragen in ihren Rückwirkungen auf bestehende theoretische Konzepte noch kaum erkannt ist.[8] Auf dem Hintergrund einer bildungspolitisch nicht zuletzt inszenierten Bildungskrise (PISA) ist die empirische Unterrichts- und Bildungsforschung in den Mittelpunkt gerückt. In dem hier relevanten Verständnis von Bildung als *Aus*-Bildung fallen Art und Beschaffenheit von Räumen wie die Frage der von ihnen ausgehenden Einwir-kung auf Bildung und Erziehung als Marginalien aus dem Fokus der forschungspoliti-schen Aufmerksamkeit heraus, wonach bildungsphilosophische Fragestellungen insgesamt tendenziell als antiquiert erscheinen müssen.

Der Versuch der Bestimmung von Schnittstellen zwischen raumtheoretischen Fragestellungen und erziehungswissenschaftlichen Theorien wie Denktraditionen wird durch die tendenzielle Distanzierung der gegenwärtigen Erziehungswissenschaft

---

[7] Vgl. Daniel Defert (2005): Raum zum Hören (Nachwort zu: Michel Foucault. Die Heteroto-pien. Der utopische Körper. Frankfurt/M., S. 87.
[8] Vgl. Heinz-Elmar Tenorth / Rudolf Tippelt (Hg. 2007): Beltz Lexikon Pädagogik, Weinheim / Basel. Heinz-Hermann Krüger / Cathleen Grunert (2006): Wörterbuch Erziehungswissenschaft. Opladen / Farmington Hills. Im „Beltz Lexikon Pädagogik" kommt das Stichwort „Raum" nicht vor; und in den Abhandlungen des „Wörterbuch Erziehungswissenschaft" gibt es keinen Beitrag, in dessen Mittelpunkt Fragen zur Bedeutung des Raumes im Lernen diskutiert würden.

vom Begriff der „Erziehung" zusätzlich erschwert.[9] Dieser Umstand hat ein besonderes Gewicht, weil räumliche Ausdrucksformen und Erlebnisweisen starke Erziehungswirkungen haben. Einen wichtigen Grund hat die paradigmatische Verschiebung von Fragen der Bildung und Erziehung zu *ausbildungs*praktischen und -theoretischen Fragen in Legitimationsproblemen. Diese ergeben sich insbesondere aus der Ausrichtung erzieherischen Handelns, denn die Vermittlung von Werten und Normen ist von moralisch gültigen und ethisch plausiblen Argumenten abhängig. Neben den theoretischen Auswirkungen des kulturwissenschaftlichen und philosophischen Postmodernismus (seit Ende der 1980er Jahre) hat auch die Einsicht in die Notwendigkeit der konfliktfreien Begegnung ethnisch heterogener Gruppen die *wissenschaftliche* Rechtfertigung von Wertorientierungen individuellen Tuns beträchtlich erschwert. Die Distanzierung der Erziehungswissenschaft von der Aufgabe der wissenschaftlichen Reflexion und Begründung von Orientierungspunkten der Erziehung wird sich langfristig aber schon deshalb nicht bewähren können, weil sowohl formalrechtlich (Bildungsauftrag der Verfassung) als auch konflikttheoretische Lösungsansätze für aktuelle und sich ankündigenden Werte- und Normenkonflikte entwickelt werden müssen. Erziehung steht hier schon aufgrund anhaltender und sich verändernder Migrationsprozesse vor einer kultur- und friedenspolitischen Herausforderung, denn kulturelle Konflikte, die aus stark divergierenden Wertesystemen resultieren, gründen im Allgemeinen mehr in divergierenden Gefühlen als nur in rational fassbaren Strukturen des Denkens.

II. Pädagogische (Lern-) Räume – physische und gelebte Räume

Der Begriff des Raumes gehört als vieldeutiger und ontologisch fundamentaler Begriff zu jenen Kategorien, zu denen die Wissenschaften entweder ein theoretisch plurales Verhältnis haben, oder – angesichts solcher Pluralität – dem Überlaufen an Bedeutung durch die Schließung von Theorien gerecht zu werden versuchen.

„Wenn wir von Raum sprechen, dann meinen wir damit alles, was ist: Orte, Menschen, Dinge, Geschichten, Verknüpfungen, Besitzverhältnisse, Voraussetzungen, Stimmungen, Atmosphären, Lebenswelten", merken Sibylle Omlin und Karin Frei Bernasconi in einer Arbeit über „Kunst am Bau" an.[10] Wenn das Statement auch kein wissenschaftstheoretisch letztlich tragfähiges Fundament für das Denken des Raumes bietet, so ist es für die irritierende Pointierung der Kontingenz des Raum-Begriffes nützlich. Was wir lebensweltlich *und* in der Perspektive verschiedener wissenschaftstheoretischer Positionen (z. B. einer konstruktivistisch ausgerichteten Humangeographie einerseits oder einer lebensphilosophisch orientierten Phänomenologie

---

[9] Vgl. Winfried Marotzki (2006): „Erziehung". In: Heinz-Hermann Krüger/Cathleen Grunert: Wörterbuch Erziehungswissenschaft. Opladen / Farmington Hills.
[10] Vgl. Sibylle Omlin / Karin Frei Bernasconi (2003): Hybride Zonen. Kunst und Architektur in Basel und Zürich. Basel / Boston / Berlin, S. 30.

andererseits) unter „Raum" verstehen, deckt beinahe die Breite der in der zitierten Aufzählung zum Ausdruck kommenden Heterogenität der Bedeutungen ab.

Lernräume lassen sich als *Situations*räume verstehen, in denen nichts *einzeln* gegeben ist: „Aller menschlicher Umgang mit einzelnen Sachen und Themen beruht demnach auf einem Verhältnis zu Bedeutungen, die in chaotischer Mannigfaltigkeit der Einzelheit von etwas zu Grunde liegen."[11] Hermann Schmitz wird dem Umstand situativen Eingewickeltseins von Sachen und Themen mit dem Begriff der „chaotischen Mannigfaltigkeit" gerecht. „Wirklichkeit" (die sich durch ihren offenen Geschehenscharakter von der „Realität" der Dinge unterscheidet) lässt sich nach Hans Blumenberg auch nicht nach Gründen rechtfertigen, vielmehr „nur durch Begriffe in Geschichten darstellen."[12] Der Philosoph Karlfried Graf Dürckheim sah den Raum – ganz ähnlich – als *gelebten* Raum, als „leibhaftige Herumwirklichkeit", die als „umgebender Binnenraum eine ganz bestimmte Gestalt, Gliederung und Ordnung einer sinnlich vollziehbaren körperhaften Mannigfaltigkeit" hat. Dieser Raum ist mit „Vitalqualitäten" gefüllt und befindet sich „als konkret leibhaftiger Raum an einem bestimmten ‚Platz' in einem weiteren Herum."[13] Raum kommt hier als eine *Erlebnisform* zur Geltung, in der die Welt der Dinge und Geschehnisse in der Welt der eigenen Wahrnehmung aufgeht.

Zu einer empirischen Umsetzung dieser erkenntnistheoretischen Positionen kommt es aber kaum, weil die Geisteswissenschaften nur in seltenen Ausnahmefällen empirisch arbeiten und die empirisch forschenden Sozialwissenschaften bevorzugt konstruktivistisch ausgerichtet sind. Auf einem sehr allgemeinen Niveau ist dagegen die Architektursoziologie für eine Reflexion des Raumes und räumlicher Erlebnis-Wirklichkeiten sensibilisiert. Sie „untersucht die Zusammenhänge von gebauter Umwelt und sozialem Handeln unter Berücksichtigung vorherrschender technischer, ökonomischer und politischer Voraussetzungen."[14] Ob sich die Architektursoziologie für phänomenologische Fragen stärker öffnen wird als bisher, bleibt abzuwarten.[15]

In der zeitgenössischen Humangeographie gibt es – im extremen Unterschied zu phänomenologischen Positionen – keine Sensibilität für ein Denken in räumlichen Kategorien jenseits physikalischer und relationaler Vorstellungen. So möchte Benno Werlen mit seinem in der Humangeographie am Anfang des 21. Jahrhunderts geradezu euphorische Zustimmung findenden handlungstheoretisch-konstruktivis-

---

[11] Vgl. Hermann Schmitz (2003): Was ist Neue Phänomenologie? LYNKEUS. Studien zur Neuen Phänomenologie, Bd. 8. Rostock, S. 91.

[12] Vgl. Ferdinand Fellmann (2008): Hans Blumenberg. In: Information Philosophie, H. 3, S. 54.

[13] Vgl. Graf Karlfried von Dürckheim (1932): Untersuchungen zum gelebten Raum. Neu hgg. von Jürgen Hasse mit Einführungen von Jürgen Hasse / Alban Janson / Hermann Schmitz / Klaudia Schultheis. (= Natur – Raum – Gesellschaft, Bd. 4) Frankfurt/Main 2005, S. 23.

[14] Vgl. Bernhard Schäfers (2006): Architektur-Soziologie. Grundlagen – Epochen – Themen. Wiesbaden, S. 22.

[15] Solche Ausrichtungen gibt es in der Architekturtheorie z. B. in den Arbeiten von Eduard Führ, Alban Janson und Achim Hahn.

tischen Konzept sicherstellen, „daß der Zuständigkeitsbereich des Raumbegriffs für die physische Welt nicht überschritten wird."[16] Tobias Chilla pointiert diese reduktionistische Vorstellung dann in der folgenden Bemerkung: „Aus konstruktivistischer Perspektive ist ‚Raum' als materielles Objekt zu verstehen."[17] Es ist offensichtlich, dass es in einer solchen Logik keinen Raum geben kann, der im leiblichen Spüren wahrnehmbar ist, das sich ontologisch jeder Materialität entzieht und nur in einem Bewirkungsverhältnis zur Welt der physischen Dinge und Ereignisse steht. Das handlungstheoretisch-konstruktivistische Weltbild dichtet den Begriff des Raumes gegen jede geisteswissenschaftlich abweichende Konzeptualisierung ab. Indes hat dieser ontologische Reduktionismus den wissenschaftspsychologischen „Vorteil" eines rationalistisch gleichsam *kalkulierbaren* Weltbildes – wenn dieses auch jeder Lebenserfahrung widerspricht.

Angesichts der im Allgemeinen hohen Wertschätzung, die der Konstruktivismus – und mit ihm das rationalistische Menschenbild *handelnder* Akteure – auch in der Erziehungswissenschaft genießt, verdienen die sich aus diesen erkenntnistheoretischen Verortungen ergebenden Konsequenzen Beachtung, zumal aus ihnen eine reduktionistische Konzeptualisierung von Lernräumen resultiert.

Die dem methodologischen Individualismus zugrunde liegende anthropologische Verkürzung greift Rüdiger Bittner mit einem Verweis auf das Vermögen von Tieren an. Danach können nämlich auch sie als Handelnde angesehen werden: „Aus Gründen Handelnde sind Tiere, die sich ihren Weg durch die Welt schnüffeln. Sie haben die Welt nicht unter Kontrolle. Sie sind hingegeben dem, worauf sie treffen."[18] Bittner sieht den Menschen zwar als handelndes Wesen, nicht aber schon deshalb Handlung als reinen Ausdruck von Intellektualität; der Mensch ist vielmehr auch vitales und leibliches Wesen. Bittners Handlungs-Begriff geht deshalb davon aus, dass der Mensch seine Welt – zumindest in der Sphäre seines Alltages – nicht *in Gänze* im Griff hat. Der an gefühlsbezogenen Suggestionen so dicht übersponnene Raum der Schule (vom Klassenraum bis zur gesamten Architektur der Schule) *bewegt* die in ihm zwangsverorteten Individuen nicht nur zu rationalen Handlungen, sondern in einem sinnlichen und leiblichen Sinne auch zu einem Tun oder Lassen. Ebenso lässt er Atmosphären und Stimmungen entstehen, die ein *pathisches* Gegengewicht zum (idealisiert) *gnostischen* Denk-„Raum" der Schule bilden.

---

[16] Vgl. Benno Werlen (1999): Zur Ontologie von Gesellschaft und Raum. Sozialgeographie alltäglicher Regionalisierungen. Stuttgart, S. 222.
[17] Vgl. Tobias Chilla (2005): EU-Richtlinie Fauna-Flora-Habitat: Umsetzungsprobleme und Erklärungsansätze. In: DISP, Nr. 163, S. 33.
[18] Vgl. Rüdiger Bittner (2005): Aus Gründen handeln. Berlin / New York, S. 198.

III. Lernräume und ihre erziehende Wirkung – eine beispielhafte Konkretisierung

Jedes Bauwerk steht in der Tradition einer *allgemeinen* historischen Baukultur. Das gilt auch für Schulen. Es drückt die zur Zeit seiner Erbauung herrschenden Stile aus, es wird mit den verfügbaren und von der Mode akzeptierten Baustoffen errichtet. Jeder Entwurf orientiert sich an den handwerklich gekonnten und konstruktions-technisch beherrschbaren Bautechnologien. Schließlich war und ist die Bereitschaft, in einen bestimmten Gebäudetyp Kapital zu investieren, von der Wertschätzung der *Aufgabe* des Gebäudes abhängig. Zwar sind auch die kaiserzeitlichen Stadtschulen aus Erwägungen der Zweckmäßigkeit in immer wiederkehrenden Mustern gebaut worden. Aber die Formensprache drückte auch aus, dass sie zugleich repräsentative Gebäude waren und die Macht des Staates symbolisieren sollten. Ein Ort der Erziehung und Bildung sollte einen Genius loci haben, der die Autorität des Staates ausstrahlt. Nach demselben repräsentationsorientierten Grundprinzip sind – bis in die Gegenwart – auch Gerichtsgebäude und Gefängnisse entworfen, wenngleich mit deutlich größerem ästhetischen Gestus und machtvollen Geltungsanspruch. Innerhalb der Variation der ästhetischen Gestaltung am Bau wurden in der Grammatik des Bauens programmatische Akzente gesetzt, die etwas von der Aufgabe des jeweiligen Gebäudetyps „erzählen" sollten.

Die zur Kaiserzeit errichteten städtischen Schulen hatten meist große Lichthöfe. Die Klassen waren rechteckig um den zentralen Lichthof angelegt, alle Stellen des rechteckigen Flures von überall einsehbar; die Treppenhäuser waren groß und repräsentativ. Zum Büro des Rektors gehörte der Blick auf den Hof und den Ein-gangsbereich der Schule. Die Schüler saßen in den Klassenzimmern auf langen Bänken, meist vier bis fünf Kinder nebeneinander. Der Platz der Lehrerin war vorne; meist befand sich das Stehpult auf einem erhöhten Podest vor der Tafel. Die Gebäude waren gebaute Gesten der Repräsentation staatlicher Macht und Autorität. In ihrem Inneren waren sie pathische Medien der Durchsetzung einer drakonischen Disziplin. Deshalb waren sie nach einem panoptischen Plan errichtet worden, strukturell ähnlich den Gefängnisbauten und somit Elemente eines ubiquitären „Kerkersystems" (i. S. von Foucault 1976).[19] Die Positionierung des Rektorzimmers an einer räumlichen Nahtstelle der Bewegungsströme (Ein- und Ausgang der Schule) hatte praktischen und symbolischen Wert. Der praktische Wert lag darin, dass der (virtuelle) Rektor den Abweichler jederzeit als Delinquenten ertappen und zur Rechenschaft ziehen konnte. Der symbolische Wert seiner Verortung lag in der Sichtbarmachung einer institutio-nalisierten *Situation* der Observation. So konnte sich auf dem Wege *leiblicher* Kommunikation die Symbolik einer erbarmungslosen Autorität als quasi autopoieti-

---

[19] Vgl. Michel Foucault (1976): Überwachen und Strafen. Die Geburt des Gefängnisses, Frankfurt/M.

sches Disziplinierungs-Dispositiv ins Empfinden der Lernenden einfressen. Die virtuelle Omnipräsenz des observierenden und Strafen eher anordnenden als selbst mit dem Rohrstock exekutierenden Rektors suggeriert mehr das disziplinierende *Gefühl* der permanenten Observation als eine *tatsächliche* Observation. Qua Architektur wird somit über unterschiedliche Arrangements im äußeren wie im inneren Gebäude weniger ein tatsächlicher Überwachungs- und Disziplinierungsapparat errichtet als eine *Atmosphäre* der totalen Beobachtung, Kontrolle und Gefahr. Diese übersetzt sich über das ganzheitliche *Situations*-Erleben in ein bedeutungskomplementäres Gefühl der Beobachtung und kontrollierenden *Selbst*-Beherrschung. Ein architektonisch inszenierter Hof an Bedeutungen überträgt sich auf dem Wege der Synästhesien in ein individuelles Empfinden, in dessen Zentrum Gefühle von Minderwertigkeit, Geringfügigkeit und Gefangenschaft im panoptischen System stehen. In der Retrospektive fällt die Kritik dieser räumlichen Arrangements leicht, floss das jede Individualität und Kreativität lähmende Gift der „Schwarzen Pädagogik" doch allzu offen durch nahezu alle Strukturen der gebauten Institution.

Das Beispiel macht auch deutlich, dass ein konstruktivistisches Verständnis von Lernräumen als materielle und relational geordnete Räume dem *Wirk*-lichkeitscharakter von Schulbauten nicht gerecht wird. Schulgebäude trafen aber nicht nur zur Kaiserzeit eine programmatische Aussage über die intendierte Rolle von Bildung und Erziehung. Die „Sprache" der Architektur verfügte zu allen Zeiten über Mittel, um kulturpolitisch und ideologisch aus baulicher Größe das Gefühl von kultureller Größe und Bedeutung zu zünden, aber mit den Mitteln einer verdeckt sich entfaltenden pathischen Macht (Schultheis 2008)[20] gebaute Höhe in Gefühle der Angst, des Beherrscht-seins und der ubiquitären Präsenz von Disziplinarmächten zu übertragen.

Im Vergleich kaiserzeitlicher Schulhausarchitektur mit den Schulneubauten aus den 1970er Jahren werden sowohl auf dem Niveau der Klassenraumgestaltung als auch dem des gesamten Gebäudes Differenzen deutlich. Die Schulzentren, die in den 1970er Jahren errichtet wurden, zeichnen sich durch eine konzeptionelle Mischung aus Spurenelementen einer essentialistischen Demokratievorstellung (Lehrer-Schüler-Parität, Lehrer als Berater) zum einen und einem egalitären Menschenbild zum anderen aus, zu dessen Selbstverständnis es gehörte, dass man die besten Bedingungen für chancengleiches Lernen in einem maschinistischen Schulgebäude sah. Es darf nicht verwundern, dass sich diese pädagogisch-programmatische Vorstellung auch in einem maschinistischen Lernverständnis widerspiegelte.

In neuzeitlichen Reformschulen sitzen die Schüler an Gruppentischen, die im Raum der Klasse nach Belieben verstellt werden können. Die Lehrerin hat keinen qua Architektur eingeplanten zentralen Ort mehr (z. B. auf einem Podest vor der Wandta-

---

[20] Vgl. Klaudia Schultheis (2008): Macht und Erziehung. Überlegungen zur pathisch-leiblichen Dimension pädagogischen Handelns. In: Jürgen Wendel / Steffen Kluck (Hrsg.): Zur Legitimierbarkeit von Macht (= Neue Phänomenologie, Bd. 11), Freiburg / München, S. 99-115.

fel). Der Raum der Schule wie der Klasse ist für die sich in einem flottierenden Sinne bewegende „Beraterin" (ohne Kontroll-, Observations- und Disziplinierungsanspruch) geschaffen.

Die „CIAM"- Erklärung von 1928, mit der bekannte Architekten und Stadtplaner einen erbarmungslosen Funktionalismus einläuteten, gipfelte in den 1970er Jahren u. a. im Bau von Schulklassen ohne natürliches Licht und von Schulhäusern aus Beton und Plastik, die allmählich ihre synthetischen Gifte ausdünsten sollten. Das Nachdenken des Zusammenhangs von Bauen und Denken (i. S. von Heidegger) haben diese Unfälle der Architektur bis heute nur wenig berührt. Wie zur Kaiserzeit, so folgte auch in den 1970er Jahren der Bau zahlloser Schulzentren nicht in erster Linie einer pädagogischen Programmatik, sondern den seinerzeit geltenden architektonischen Standards wie kulturell herrschenden Menschen- und Gesellschaftsbildern. Zwar ist der pädagogische Schulraum in seinem Situationscharakter immer ein programmatischer Raum, der der intentionalen Anbahnung von Lernerfolgen dienen soll. Doch wäre es allzu idealistisch, den Bauentwurf für die Errichtung einer *neuen* Schule als geradlinigen Niederschlag pädagogischen Wollens zu deuten. Immer fließen in die Gestaltung eines Raumes mannigfaltige halb- bis nicht bewusste Tendenzen ein (z. B. über ästhetische Präferenzen), die Effekte bewirken, die auf der Seite der Lernenden ihrerseits wiederum halb- bis nicht bewusste Wirkungen hervorrufen. Weder ein Architekt hat die Impulse seines kreativen Tuns in Gänze rational „im Griff", noch die Mitglieder professioneller pädagogischer Planungsgruppen, die gestalterische Vorgaben für den Architekten erarbeiten. So mischen sich auf der Seite der Produktion des schulischen Raumes Intentionen der Bildungspolitik und -theorie mit kulturell herrschenden wie privat favorisierten ästhetischen Stilen, die wiederum Moden und damit dem Zeitgeist folgen.

Schulgebäude waren zu keiner Zeit *eigenständige* Gebäude, die in ihrer inneren wie äußeren Gestaltung, Anordnung und symbolischen Sprache ausschließlich als Orte gelingenden Lernens für Kinder und Jugendliche konzipiert gewesen wären. In jeder Zeit waren sie in erster Linie Gebäude von *Architekten*, die aktuelle Stile auf immer neue Bauaufgaben anwandten. Bis in die Gegenwart haben Schulgebäude in der Baukultur keine Symbolkraft. Das von Wolfgang Pehnt herausgegebene Werk zur Deutschen Architektur seit 1900 weist zwar eine Kindertagesstätte auf, aber keine Schule.[21] Darin sind sich Architektur und Erziehungswissenschaft einig: Der Architekturtyp des Schulgebäudes verdient keine besondere Aufmerksamkeit. Für Architektur und Bauwirtschaft liegt die These nahe, dass man Schulgebäude als Bauwerke für Kinder und Jugendliche ansieht, denen der mindere Wert eines biographisch nur „transitorischen Raumes" zugeschrieben wird. Für die erziehungswissenschaftliche Resistenz gegenüber Fragen der Architektur darf diese These aber nicht gelten. Im Fazit geht mit minderer Aufmerksamkeit gegenüber den Räumen des Lernens eine Neutralisierung der kritischen Wahrnehmung gegenüber *allen* räumli-

---

[21] Wolfgang Pehnt (2005): Deutsche Architektur seit 1900. München.

chen Wirkungen einher, die sich über die bauliche Gestalt einer Schule vermitteln. Aus der Geschichte der Architektur ergibt sich der Schluss, dass sich auf beinahe stumme Weise programmatische Suggestionen aus dem Hintergrund eines politischen, kulturellen und gesellschaftlichen Selbstverständnisses der Menschen in die Umsetzung einer scheinbar nur bautechnischen und -ästhetischen Aufgabe einschleichen. So schaffen Bauwerke ideologische Wirklichkeit, die in das Denken und Empfinden von Kindern und Jugendlichen einsickert. Auf diese Weise entfaltet Schularchitektur als ein *Mittel der Erziehung* ihre verdeckte Wirkung; dies nicht auf einem „transparenten" Wege, sondern auf eine disperse und darin dissuasive Weise. Was Architektur ausdrückt, wird zwar zu einem Gegenstand der Kommunikation, aber einer Kommunikation ohne Akteure. Die frühe ästhetische Theorie um 1900 fasste diese Prozesse der Einverleibung mit dem Begriff der „Einfühlung".[22] Auf dem Hintergrund einer phänomenologisch-begrifflich differenzierten Systematik spricht Hermann Schmitz ganz in diesem Sinne von „leiblicher Kommunikation". Die Überwindung des Begriffes der „Einfühlung" zugunsten eines erweiterten Verständnisses von „leiblicher Kommunikation" bedeutet auch eine Überwindung einer Einwertigkeit, die mit dem Begriff der Einfühlung noch verbunden war. Von besonderer Bedeutung sind hier die synästhetischen Wege der Übertragung einer *symbolischen* Bedeutung (von Baukonstruktionen, Baustoffen und ästhetischen Formen) in ein leiblich spürbares *Gefühl*.

Die mangelnde architekturtheoretische Reflexion der Erziehungswissenschaft hat zur Folge, dass Schulbauten als *Mittel der Erziehung* fungieren, ohne in ihren architektonisch-synästhetischen Bewirkungen kritisch bedacht zu werden. Damit wirkt Schularchitektur in einer Weise auf Erziehung ein, die „offiziell" weder Ausdruck einer erziehungswissenschaftlichen Konzeptualisierung von Schule ist, noch über die Analyse von Lernvoraussetzungen ins Fadenkreuz einer Kritik des „Heimlichen Lehrplans" oder der „Schwarzen Pädagogik" rückt. Was nicht in einer pädagogischen Intention für die Erziehung „gemacht" wurde, entfaltet dennoch – wenn auch in einer gewissen Diffusität – seine Wirkung im Prozess der Erziehung. Wenn Marotzki anmerkt, dass alle Mittel der Erziehung im Hinblick auf ihre Wirkung unsicher bleiben, so gilt das insbesondere für solche Mittel, die zwar eine pädagogische Wirkung entfalten, aber genuin gar keine i. e. S. pädagogischen Mittel sind: „Es besteht also eine grundlegende Unsicherheit über den Erfolg der je gewählten Mittel."[23] Die Distanzierung der Erziehungswissenschaft von Begriff und Programm der Erziehung wird auf diesem Hintergrund zu einem Thema innerdisziplinärer Wissenschaftskritik, denn auch solche „Handlungen müssen als erzieherisch angese-

---

[22] Vgl. Wilhelm Worringer (1918): Abstraktion und Einfühlung, München; und Johannes Volkelt (1905f): System der Ästhetik, Werk in drei Bänden. Erster Band: Grundlegung der Ästhetik. München; sowie Theodor Lipps (1903): Ästhetik, 1903. In: Grundlegung der Ästhetik, Band 1, Leipzig / Hamburg 1914.
[23] Vgl. Marotzki, a. a. O., S. 149.

hen werden, denen keine explizite Intention angesehen werden kann, denen keine erzieherische Intention zugrundeliegt."[24] Erziehung ohne Akteure – auf der Seite der Herstellung von Architektur wie auf der Seite der sie erlebenden Individuen.

Dass Schüler „ihre" Schulgebäude in gleichsam ambivalenter Weise selbst auch erleben, zeigen Beispiele, die Rittelmeyer in einer Studie über die Gestaltung von Schulbauten kommentiert. So sagt ein Grundschüler über das Bild einer klassischen im Industriestil errichteten Schule der 1970er Jahre, dass er in diese Schule nicht gerne gehen würde, weil sie ihm zu *eckig* wäre und man darin ein *kaltes Gefühl* bekäme (s. Abb. 1). In dieser Bemerkung kommt die synästhetische Übertragung (Bewegungssuggestion) eines visuellen Eindrucks (eckig) in ein Gefühl (kalt) unmittelbar zum Ausdruck.

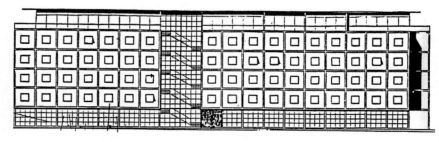

Zu eckig und unförmig.
In den Schule werde ich nicht so gerne gehen.
Da krigt man irgendwie ein kaltes Gefühl.

Abb. 1: Eckige Schule (aus: Rittelmeyer 1994: 84, s. Fußnote 25. Mit freundlicher Genehmigung des Bauverlages).

In einem zweiten Beispiel (s. Abb. 2) äußert sich ein Schüler zur Gestalt einer kaiserzeitlichen Schulfassade, in die auch dieser nicht gern gehen würde, weil sie aussehe wie eine Kirche. Den *symbolischen* Ausdruck einer Kirchenarchitektur assoziiert er mit negativen *Empfindungen*.

---

[24] Ebd., S. 150.

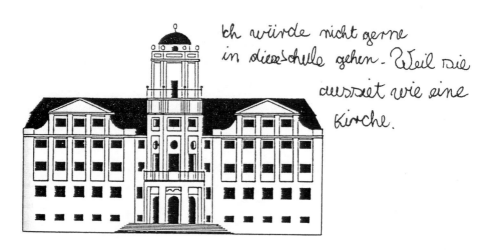

Abb. 2: Schule wie Kirche (aus: Rittelmeyer 1994: 85, s. Fußnote 25. Mit freundlicher Genehmigung des Bauverlages).

Im ersten Beispiel ist es ein Gestaltverlauf, der sich im Wege leiblicher Kommunikation mit einem bestimmten Gefühl verbindet. Im zweiten Beispiel ist es eine kulturelle Bedeutung, die auf dem Hintergrund einer persönlichen Situation eine gefühlte Distanz zur Folge hat. Die Auswertung der Schülerzeichnungen ordnet Rittelmeyer nach positiven und negativen Bewertungen,[25] obgleich eine Differenzierung zwischen symbolischen und leiblichen Resonanzen weiterführender gewesen wäre. Die Art der Interpretation lässt sich auch als theoretische Distanzierung der Erziehungswissenschaft gegenüber phänomenologischen Zugängen zu Fragen der Erziehung und der Bildung verstehen, wie sie z. B. von Meyer-Drawe, Lippitz,[26] Loch und Schultheis gepflegt werden, aber dennoch eine Randposition in den Erziehungswissenschaften belegen – allzumal unter dem Druck quantitativer (Aus-)Bildungsforschung.

In einem graphischen Entwurf, der in einer 10. Klasse zur Darstellung einer idealen Schule entstanden ist, werden symbolische und synästhetische Beziehungen zu einem Schulgebäude mit den Mitteln der zeichnerischen Darstellung zum Ausdruck gebracht (s. Abb. 3).

---

[25] Vgl. Christian Rittelmeyer (1994): Schulbauten positiv gestalten. Wie Schüler Farben und Formen erleben. Wiesbaden / Berlin, S. 83.
[26] Vgl. Wilfried Lippitz (1993): Phänomenologische Studien in der Pädagogik. Deutscher Studienverlag, Weinheim.

Abb. 3: Schülerentwurf einer idealen Schule (Rittelmeyer, 1994: 51, s. Fußnote 25. Mit freundlicher Genehmigung des Bauverlages).

Rittelmeyer erläutert den Schülerentwurf einer Wunschfassade zwar in jenem Übergangsbereich, in dem von den Schülern sowohl symbolische als auch empfindungsmäßige Eindrücke verarbeitet werden: „Für das reale und imaginierte Eigenbewegungsempfinden ist hier offenbar der Eindruck von Ausdehnung und Zurückziehung, Aufschwingen und Rückkehr, Verweilen und Schweifen wichtig.“[27] Auf die *Beziehung* zwischen beiden Ausdrucks- und Bedeutungsebenen geht er aber nicht ein. Dennoch läuft Rittelmeyers Fazit auf ein Plädoyer für eine intensivere Auseinandersetzung mit der Wirkung räumlicher Strukturen auf das Lernen von Kindern und Jugendlichen hinaus: „Der Schulbau wirkt in einem gewissen Sinne wie die Lehrerpersönlichkeit bildend oder verbildend auf Heranwachsende.“[28] Was für die Architektursoziologie im Allgemeinen zutrifft, konkretisiert sich an Schulbauten: „Es gibt überhaupt keine Architektur, die sich nicht ganz bestimmter Zeichen bedient: die Kuppel im Kirchen- wie im staatlichen Repräsentationshaus; die Höhe der Türme und Häuser […]; die Größe der Aufmarschplätze usw.“[29] Auf dem Hintergrund der Nachwirkungen des „linguistic turn“ wird aber auch in dieser Perspektive die den Zeichen komplementäre Empfindungsweise symbolischer Codierungen oft übersehen.

---

[27] Vgl. Rittelmeyer, a. a. O., S. 50.
[28] Ebd., S. 104.
[29] Vgl. Schäfers, a. a. O., S. 45.

IV. Für eine Hermeneutik pädagogischer Räume

Was Marotzki über die „Treffsicherheit" der Methoden der Lernplanung feststellt, gilt auch für die architektonische Planung von Schulgebäuden: „Es besteht [...] eine grundlegende Unsicherheit über den Erfolg der je gewählten Mittel."[30] Die räumlichen Lernvoraussetzungen sind in hohem Maße kontingent und in ihren Wirkungen ebenso wenig in einem linearen Sinne kalkulierbar wie die Gestalt des Gebäudes kalkuliert gemacht worden ist. Zudem wirkt ein Lernraum über den von ihm erzeugten ganzheitlichen Eindruck auf die persönliche Situation von Lernenden ein, deren Sensibilitäten, Toleranzen und Wahrnehmungspräferenzen nicht nur von Tag zu Tag innerhalb bestimmter Toleranzen variieren, sich vielmehr auch mit dem täglich mehrmaligen Wechsel der Lehrpersonen und Unterrichtsfächer verändern. Wenn das Erleben eines Schulgebäudes aber auf die Wege und Resonanzen des Lernens einwirkt, ergibt sich aus diesem Umstand eine Aufgabe für die erziehungswissenschaftliche Hermeneutik. Werner Loch merkt als zweites Kriterium erzieherischen Verhaltens an, dass die „ErzieherInnen [...] die *Lernaufgaben* nicht lebensgeschichtlichen Zufällen" überlassen;[31] dies gilt im Prinzip in ähnlicher Weise für die Bedingungen des Arrangements einer Lehr- und Lernsituation und damit auch für die räumlichen Bedingungen eines Lernprozesses.

Je weniger Lehrende in der Lage sind, sich die Voraussetzungen ihres Tuns bewusst zu machen, desto chaotisch-mannigfaltiger wird die Situation des Unterrichts samt der mit ihm verbundenen Zumutungen. Lehrende, die ihre Unterrichtsräume in ihren symbolischen Bedeutungen und synästhetischen Wirkungen nicht in gleicher Weise in ihre pädagogische Planung und Reflexion einbeziehen wie sie die Unterrichtsmedien *i. e. S.* bedenken (sollten), wirken nicht als *Akteure*, sondern tendenziell als blind hantierende Marionetten hintergründig gärender Präliminarien der *Erziehung*. Man wird generell davon ausgehen müssen, dass Erziehung i. S. von Prange (auch im Modus des „Handelns") in konkreten Tätigkeiten verborgen bleibt.[32] Hier ist besonders an die Wirkungsdynamik von Prozessen leiblicher Kommunikation zu denken – an die atmosphärischen Suggestionen räumlicher Gestalten, die davon ausgehende leibliche Befindlichkeit, aber auch die leiblich-räumliche Bedeutung von Bewegungen, Blicken, Gesten etc.

Beachtung verdient z. B. die materielle Ausstattung von Lernräumen unter dem Aspekt der Bewegungssuggestionen und Gestaltverläufe. Von einer Betonwand (die sich in der gegenwärtigen Architektur besonderer Beliebtheit erfreut) geht in vielen, wenn nicht den meisten Fällen eine abweisend kalte Eindruckswirkung aus, während nicht versiegeltes Holz mit einer sichtbaren Struktur ein Gefühl der Wärme vermittelt.

---

[30] Vgl. Marotzki, a. a. O., S. 149.

[31] Vgl. Werner Loch (1999): Phänomenologische Grundprobleme einer allgemeinen Pädagogik. In: Thomas Fuhr / Klaudia Schultheis (Hrsg.): Zur Sache der Pädagogik. Untersuchungen zum Gegenstand der allgemeinen Erziehungswissenschaft, Bad Heilbrunn, S. 298.

Ähnliches gilt für die Lichtplanung, die zu den Stiefkindern der intentionalen Gestaltung von Unterrichtsräumen gehört und lichttechnische Fragen der Sichtbarkeit weit überschreitet.[33]

Gegenstand der hermeneutischen Analyse von Schulbauten und -räumen sind zwei Wahrnehmungs- und Wirkungsweisen. Schulräume haben eine Außenseite, auf der sie kulturpolitisch programmiert sind. Das reale Bild einer Schule trifft aber auch die in das Gebäude befohlenen Kinder und Jugendlichen. Ihre Stimmung wird vom Ausdruck eines Baukörpers zumindest tingiert. Aber auch in der Gestaltung ihrer Innenräume sind Schulen kulturell überschrieben. Schon die räumliche Anordnung, dass Kinder auf Stühlen an Gruppentischen sitzen und nicht mehr – wie die Hühner auf der Stange – in langen Bänken, dass Lehrende nicht mehr auf einem Podest stehen, sondern ihre lenkende Rolle im Bildungs- und Erziehungsgeschehen zur Geltung bringen, ist mehr Ausdruck einer dem Zeitgeist folgenden kulturpolitischen Programmierung, als Hinweis auf spezifisch *pädagogische* Intentionen. Schulräume haben eine Innenseite, in die Reifizierungen pädagogischer Programme eingeschrieben sind: Ein mit Gruppentischen gestalteter Klassenraum suggeriert eine gleichberechtigte, postautoritäre Atmosphäre. Die kaiserzeitliche Position des Lehrers auf dem Podest hinter seinem hoch stehenden Pult – die eine materielle Stütze der Repräsentation symbolisierte – fungierte als eine Hilfe zur Präsentation habitueller Glaubwürdigkeit und suggerierte eine personale Hierarchie, zu der die atmosphärisch „definierte" Autorität des Lehrenden gehörte.

Die wissenschaftliche Aufgabe der Rekonstruktion dieser und ähnlicher Wirkungszusammenhänge bedarf einer erziehungswissenschaftlichen Hermeneutik, die sich unterschiedlicher Methoden bedient. Für das Verstehen des pathischen Im-Raum-Seins der Lernenden bieten sich (a) phänomenologische Methoden an. Nach Käte Meyer-Drawe liegt die Aufgabe der Phänomenologie darin, eine „Aufmerksamkeit gegenüber dem Unbestimmten und Unverfügbaren" zur Geltung zu bringen.[34] Die Phänomenologie vermag zwar keine politischen Implikationen subkutaner Einverleibungen gesellschaftlich subtil codierter Bedeutung und gefühlsmäßiger Haltungen zu erklären; aber sie kann die leibliche Resonanz auf die dissuasiven Gesten der Architektur und Raumgestaltung wie subtil wirkende Formen der Überwältigung durch räumliche Arrangements „obduzieren" und die Befunde anderer Disziplinen zuarbeiten (Psychoanalyse, Politikwissenschaft und Sozialisationstheorie). Damit dient die phänomenologische Arbeit der Rekonstruktion verdeckter räumlicher Wirkungsweisen von Lernprozessen letztlich der Diskussion ontologischer Probleme der Pädagogik (i. S. einer Reflexion der Auffassungsweisen und Seinsmodi von

---

[32] Vgl. Loch, a. a. O., S. 295.
[33] Vgl. Jürgen Hasse (2006): Licht erleben … Sechs Thesen zur Wahrnehmung von Licht. In: LICHT (58. Jg.), H. 3, S. 168-171.
[34] Vgl. Käte Meyer-Drawe (2007): Phänomenologische Pädagogik. In: Heinz-Elmar Tenorth / Rudolf Tippelt: Beltz Lexikon Pädagogik, Weinheim / Basel, S. 558-559.

Erziehung).[35] So wirkt die Deutung verdeckter räumlicher Wirkungsprozesse über den Rand der phänomenologischen Betrachtungsweise hinaus – und kann sich z. B. diskurstheoretisch i. S. von Foucault fortsetzen und die bewusst oder beiläufig eingeschleuste Wirkungsweise eines Raumes unter dem Aspekt dispositiver Ordnungen thematisieren.

Die Bildbeispiele haben konkretisiert, dass Schulgebäude und -räume von Lernenden leiblich *empfunden* und symbolisch *verstanden* werden. Die Rekonstruktion der gesellschaftlichen Verknüpfungen von Synästhesien vermag die Phänomenologie nicht zu leisten, da ihr Forschungsfeld in der Analyse individuellen Empfindens liegt, aber nicht in der Erklärung von Vergesellschaftungsprozessen, wenn diese auch über die Einverleibung systemisch codierter Situationen und sinnlich betroffen machender Arrangements verläuft. Die Phänomenologie ist keine Gesellschaftswissenschaft. Symbolische Codierungen räumlicher Situationen sind dagegen (b) mit Methoden der Semiotik erfassbar. Weitergehende hermeneutische Ansprüche lassen sich mit der (c) kulturtheoretischen Analyse der Schnittstelle untersuchen, an der erlebte Bedeutungen das Individuum für ein „Funktionieren" im kulturellen System disponieren. Zahlreiche Symbolisierungen folgen auch im Bau von Schulen und der Einrichtung von Klassenräumen kulturellen Standards und Klischees, deren Bedeutung in der kulturtheoretischen Reflexion verständlich werden kann. Da sich die synästhetischen Übersetzungen von der Symbolebene auf die Ebene leiblich spürbarer Gefühle weitgehend verdeckt, d. h. vorsprachlich vollziehen, bieten sich schließlich Methoden der (d) Ethnopsychoanalyse an, um deutlich zu machen, mit welchen Methoden Erziehung räumliche Arrangements unbewusst *macht*, um die Aufrechterhaltung einer flexiblen Stabilität der ineinander greifenden gesellschaftlichen Teilsysteme sicherzustellen. Die Psychoanalyse vermittelt ein Verständnis des „Leibes als Sinnzusammenhang",[36] der sozialen Verhältnisse und der Logik des Ausschlusses des Unbewussten aus der Sprache,[37] aber auch die Offenlegung des (kulturtheoretisch) systemischen Sinns der Unbewusstmachung systembedrohender Eindrücke. Unbewusstheit bedeutet i. d. S. nicht einfach „Nicht-wissen". Mario Erdheim geht vielmehr von einem in jeder Gesellschaft vorgängigen Prozess einer zivilisationsimmanenten *Herstellung* von Unbewusstheit aus. Der Vorgang der Unbewusst-*Machung* ist eine Funktion im Ineinandergreifen der Systeme von Macht und Herrschaft.[38] In diesen Prozessen der Unbewusstmachung spielen Atmosphären eine überaus wichtige Rolle. Sie sind es nicht zuletzt, die auf der Grenze zwischen individuellem Erleben und der Stabilisierung eines kulturellen Systems das Verweilen in hermetischen Institutionen wie der

---

[35] Vgl. Loch, a. a. O., S. 293.

[36] Vgl. Alfred Lorenzer (2002): Die Sprache, der Sinn, das Unbewußte, Stuttgart, S. 209.

[37] Ebd., S. 217.

[38] Vgl. Mario Erdheim (1984): Die gesellschaftliche Produktion von Unbewusstheit. Frankfurt/M. Am Beispiel der Azteken verdeutlicht Erdheim die Logik solcher Prozesse der Unbewusstmachung (u. a. durch Mythen) im Sinne der Erhaltung bestehender (an Interessen geknüpfter) Macht- und Herrschaftsverhältnisse.

Schule über Mythen erträglich machen. So sollen Kinder in der Herumwirklichkeit einer kleinmachenden und systematisch erdrückenden Institution Schule keine Angst, sondern eine Bedeutsamkeit-für-sie empfinden: „Nicht für die Schule lernst du, sondern für das eigene Leben." Das Aushalten von Frustration als Folge unerfüllter Wünsche bedarf eines „Durchhaltens" (Ambiguitätstoleranz), das die Mythen der Pädagogik zu einem kulturellen Vermögen veredeln.

Wenn Erziehung das Ziel anstrebt, die lernenden Individuen zu befähigen, im Gemeinwesen verantwortliche und selbstverantwortliche Rollen wahrnehmen zu können oder – mit Foucault – die „Sorge um das eigene Selbst" zu lernen, so hat sie nichts mit dem Ausgleich von Defiziten konventionellen Verhaltens (oder was man zu einer Zeit dafür hält) zu tun. Erziehung läuft aber stets auf zwei Ebenen auch subkutan ab: auf der Ebene des Tuns derer, die Bildung – und implizit damit stets auch Erziehung – (als sog. „Akteure") arrangieren, wie auf der Ebene der Adressaten dieser Prozesse. In dem Maße, in dem das systembedingte Nicht-Wissen i. S. eines Schattens erzieherischen Tuns kaum dem rationalen Zugriff der Selbstreflexion zugänglich gemacht wird, mangelt es auch an einer Kritik des Machtmissbrauchs im pädagogischen Handeln. Diese Kritik ist umso vordringlicher, als sich Erziehung gerade nicht durch ein perfides Agieren „unmoralischer" Subjekte vermittelt, sondern hinter explizierten Aktionen über Traditionen, Routinen oder Sachzwänge i. S. einer strukturellen Überwältigung wirksam wird.

V. Die mythische Sprache pädagogischer Räume

Schulische Lernräume sind systemisch in den heterotopen Charakter der Institution „Schule" eingewoben. Die Architektur einer Schule hat deshalb auch mythische Aufgaben zu erfüllen, um die Differenz zwischen Realität (einer tatsächlich mit hohen Defiziten „funktionierenden" Erziehung und Bildung) auf der einen Seite und der kultur- und bildungspolitisch offiziellen Legitimation von Schule als persönlichkeitsbildender und berufsqualifizierender Institution auf der anderen Seite i. S. einer *Unbewusstmachung* zu überbrücken.

Ihre heterotope Wirkung entfaltet die Institution „Schule" in einem *dispositiven* Kontext. Mit dem Begriff des „Dispositivs" beschreibt Foucault ein heterogenes Ensemble, das „Diskurse, Institutionen, architekturale Einrichtungen, reglementierende Entscheidungen, Gesetze, administrative Maßnahmen, wissenschaftliche Aussagen, philosophische, moralische oder philanthropische Lehrsätze"[39] umfasst. „Das Dispositiv ist also immer in ein Spiel der Macht eingeschrieben."[40] Macht ist in diesem Denksystem keine *personale* Potenz, sondern ein Gesamt-*Effekt* gesellschaft-

---

[39] Vgl. Michel Foucault (1977): Die Machtverhältnisse durchziehen das Körperinnere. Ein Gespräch mit Lucette Finas. In: Michel Foucault (1978): Dispositive der Macht. Über Sexualität, Wissen und Wahrheit, Berlin, S. 119f.
[40] Ebd., S. 123.

licher Kräfteverhältnisse.[41] Deshalb geht der systemische Sinn einer Heterotopie auch nicht in irgendeinem *individuellen* Machtkalkül auf und Herrschaft nicht in persönlichen Interessen. Die Macht, aus der und in die hinein eine Heterotopie als dispositive Kraft wirkt, ist nicht auf der Seite des Guten oder Bösen. *Wie* sie letztlich in einem komplexen gesellschaftlichen System wirkt, ist a-moralischen Kräfteverhältnissen geschuldet; Dispositive konfigurieren Kräfteverhältnisse in einem *strategischen* Sinne.

Die sinnliche Seite des Architektur-Erlebens und die sprachliche Seite der Kommunikation „über" Architektur in der Form wörtlicher Rede bilden zwei *Formen* einer Äußerlichkeit, die in einem disjunktiven, nicht isomorphen Verhältnis zueinander stehen.[42] Mit dem Begriff der „Inkommensurabilität" heteromorpher Sprachspiele und Rationalitäten umschreibt Jean-Francois Lyotard das Signum postmodernen Wissens.[43] Auch im Bau und Erleben von Schularchitektur sind zwei Rationalitäten wirksam, die sich in der Form des Sinnlichen und des Sprachlichen zum Ausdruck bringen. „An einer bestimmten Schwelle knüpfen sich zwischen beiden Allianzen und lösen sich wieder auf, entstehen Überkreuzungen und verschwinden wieder."[44] Die Verbindungen bleiben aber diesseits jeder Verbindlichkeit, Beständigkeit und Dauer; es gibt keine Verkettung, keine endgültige Überbrückung. Im Erleben heterotoper Schularchitektur ist das leibliche Erleben auf der Seite der Kinder nachhaltiger wirksam als das gesprochene Wort.[45] Die sinnlichen Beziehungen zum heterotopen Raum verteilen sich über ein breites Spektrum von Aneignungen, das nur von schmalen Rinnsalen sprachlicher Explikation gequert wird. „Die Heterotopien [...] trocknen das Sprechen aus, lassen die Wörter in sich selbst verharren, bestreiten bereits in der Wurzel jede Möglichkeit von Grammatik."[46] Mit anderen Worten: Sie setzen dem *sprachlichen* Diskurs ein Ende und wirken doch wie eine tektonische Spannung auf ihn ein. Sie wirken vom „Außen" des Diskursiven „als Erfahrung des Leibes, des Raumes, der Grenzen des Wollens"[47] auf den Diskurs. Das Außen ist für Foucault ein „Abgrund", der sich jenseits rationalistischer Denk- und Erfahrungsordnungen auftut – nicht als dunkle Spalte der Unvernunft, sondern als eine *eigene* Rationalität, in der die Vernunft ihre Orientierung findet. Die Rationalität der Affekte erinnert daran, dass Rationalität nicht mit *Verstandes*-Rationalität gleichgesetzt werden kann, sondern für ein Muster steht, das Richtungen der Orientierung in

---

[41] Vgl. Philipp Sarasin (2005): Michel Foucault zur Einführung. Hamburg, S. 151.

[42] Vgl. Gilles Deleuze (1992): Foucault, Frankfurt/M., S. 92.

[43] Vgl. Jean-Francois Lyotard (1986): Das postmoderne Wissen. Wien.

[44] Ebd., S. 90

[45] Dazu gehört nicht nur das unmittelbar *am Ort* der Architektur Gesagte/Geschriebene sowie die Kodifizierungen im juristischen Hintergrund, sondern auch das in den Feuilletons über bestimmte Objekte *im allgemeinen* Geschriebene.

[46] Vgl. Michel Foucault (1974): Die Ordnung der Dinge. Frankfurt/M., S. 20.

[47] Vgl. Michel Foucault (1966): Das Denken des Außen. In: Michel Foucault: Von der Subversion des Wissens. Frankfurt/Main 1987, S. 51.

systemische und gelebte Welten weist. Dieses Außen der Affekte ist Kraft und Grenze zugleich.[48]

Das Sinnlich-Äußerliche der Architektur wirkt im Sinne eines „schweigenden Werdens" unter der dünnen Oberfläche des Diskurses auf diesen ein. Die Architektur des Schulhauses „spricht" nicht in einem semiotischen Sinne, sie wirkt – *vor* allen Worten – in einem prädiskursiven Feld, in einer Zone der Ungewissheit und Unordnung. Zwischen Sichtbarkeit und Unsichtbarkeit sickert sie in den Diskurs ein.[49] Die Mythen verdanken sich in der Kraft ihrer Suggestivität wie der Nachhaltigkeit ihrer transbiographischen Wirkung in besonderer Weise dieser nicht-sprachlichen Dynamik synästhetischer Kommunikation.

Auch in der Erziehungswissenschaft wird der Mythos als strukturbildendes Element aufgefasst. Die Mythen artikulieren und kommunizieren sich über Rituale in Schulalltag und Schulkultur. Sie entstehen „vorsprachlich", und sie wirken als ein Gegensystem zum herrschenden Bewusstsein der Sprachgemeinschaft.[50] Deshalb entfalten die Mythen ihre ganze Wirkung auch nicht auf dem explizierten Niveau ihrer *sprachlichen* Aussage, sondern über leibliche Be-Wirkungen, die durchaus auch von Sprache ausgehen (Ausdruckscharakter erzählter Geschichten qua Habitus, Mimik, Gestik, Erzählrhythmen etc.). Schule kann sich in ihrer räumlichen, d. h. architektonischen Präsentation *als System* der Bildung und Erziehung nur aufrechterhalten, wenn sie sich *als Institution* (gleichsam „heimlich") auf Mythen stützen kann, die die *tatsächliche* (defizitäre) Wirklichkeit zu bestreiten und zugleich zu suggerieren vermag, dass ihr utopischer Entwurf (der Kern des Mythos) Realität sei, sie also eine *realisierte Utopie* (d. h. eine Heterotopie) ist. Zu den Mythen, die das Ausharren in der Schule und ihren Räumen erträglich machen sollen, gehört z. B. die in großen Teilen kontrafaktische Beschwörungsformel „Für das Leben und nicht die Schule sollst Du lernen".[51]

---

[48] Vgl. Deleuze, a. a. O., S. 159.

[49] Vgl. Michel Foucault (2004): Hermeneutik des Selbst. Frankfurt/M.; sowie Michel Foucault (1993): Technologien des Selbst. In: Foucault u. a.: Technologien des Selbst, Frankfurt/M., S. 24-62. Im Spätwerk Foucaults rückt die poststrukturalistische Analyse der Diskurse und Dispositive in einen weiteren Rahmen. Die „Hermeneutik des Selbst" greift das griechische Motiv der Sorge um sich selbst (Alkibiades) auf und fügt es in den Rahmen einer aktuellen Aufgabe der Selbstkultur. Das Ziel der Sorge um das Selbst ist nicht die gnostische Selbst-Erkenntnis, sondern die Entfaltung einer Kultur des Auf-sich-selbst-Achtens. In deren Dienst stehen bestimmte Techniken („weiche" Techniken wie man heute sagen würde) wie Selbstbesinnung, Erinnerung, Katharsis sowie diverse Formen des (Nach-) Denkens.

[50] Vgl. Lorenzer, a. a. O., S. 219.

[51] Dass die Formel in einem Hintersinn weniger einen antimythischen als einen ganz linearen Sinn hat, stellt kein Potential der Gefährdung des heterotopen Raumes „Schule" dar, weil er durch die Routinen alltagsweltlicher Rezeptionsgewohnheiten, die auch die Schule selbst vermittelt, verdeckt ist. Für das Leben lernen Kinder in besonders nachhaltiger Weise, indem sie sich Gesten der Macht und der Herrschaft *stumm* zu unterwerfen lernen – zum Beispiel indem sie die leiblich affizierende „Sprache" des Raumes *nicht* entziffern können.

Schularchitektur bildet jenen medialen Bereich, in dem die Mythen wortlos zur Erscheinung kommen. Sie konstituieren einen Gefühlsraum, der – indem er sich mit Metapher und Allegorie ausdrückt – auf einem Grat der Verrätselung steht. Jeder Mythos steht in einer demokratischen Gesellschaft[52] aber in der Gefahr ent-ziffert zu werden.[53] Eine Aufgabe der Hermeneutik von Schularchitektur bestünde gerade darin. Ein in diesem Sinne riskantes Spiel wird in einer Kooperative aus Architekten und Künstlern eröffnet, die im Eingangsbereich des Baseler Leonhard-Schulhauses einige Installationen vornahmen, die das heterotope Schweigen der Schule über Interventionen der Kunst zum Thema gemacht haben: zum einen durch ein digitales, in den Fußboden des Foyers eingelassenes Textlaufband, auf dem – als imaginäres Zitat einer individuellen Schülerbefindlichkeit – z. B. zu lesen ist: „hundsmiserabler Tag". Eine Uhr mit nur einem Zeiger macht auf den Zeitschnitt aufmerksam, der als Merkmal einer Heterotopie einen gleichsam maschinistischen Prozessrhythmus für alle ins System eingebundenen Subjekte konstituiert. Unter einer Glasplatte haben die Künstler ein Buch in den Fußboden des Foyers eingelassen, in dem jedes Jahr eine Seite umgeblättert wird, auf der in ausgeschriebenen Buchstaben die je aktuelle Jahreszahl zu lesen ist. Die prekäre Situation des Zeitschnittes wird hier *unmittelbar* visualisiert und damit – eher ohne Wissen der Künstler – der heterotope Kern der Schule der Desavouierung preisgegeben, denn ein heterotoper Raum lebt vom *Schweigen* seiner Überwältigungsgesten. Über diese Aktionen heißt es schließlich:

> „Obwohl die Installation fast täglich überschritten oder begangen wird, drängt sie sich der Wahrnehmung, die auf das Lesen auf Augenhöhe konditioniert ist, nicht auf. Sie wird vielleicht von einzelnen Schülern erst im Laufe des Schuljahres bewusst wahrgenommen. Durch den zurückhaltenden Charakter behält der Beitrag von Hubbart / Bichler längerfristig eine Aktualität [...]."[54]

Was hier in einer kunsttheoretischen Perspektive mit dem Gütesiegel der „Aktualität" als zeitloser Wert von Dauer beglaubigt werden soll, liefe z. B. in der Perspektive des Situationismus auf eine Kritik am affirmativen Charakter der Kunst hinaus, die sich in ihrem diskreten Charakter geradezu planvoll idiosynkratischer Wirkungen entzieht.

Nicht viel anders verfährt die Installation von Renate Buser aus Basel, die ins Fensterglas des Treppenhauses einer Schule amplitudenartige Kurven einätzen ließ,

---

[52] Vgl. Erdheim, a. a. O., insbes. S. 203ff. Dies im Unterschied zu den Azteken, deren Herrschaftssystem mit einem differenzierten Opferkult gegen Ideologiekritik gesichert war.

[53] Vgl. Jürgen Hasse (2007): Übersehene Räume. Zur Kulturgeschichte und Heterotopologie des Parkhauses. Transcript Verlag. Bielefeld, S. 198ff. Zum Beispiel einer wechselnden Heterotopie vgl. meine Anmerkungen zum El Helicoide in Venezuela.

[54] Vgl. Pia Schubiger (2003): Die Zeit-Schwelle überschreiten. In: Sibylle Omlin / Karin Frei Bernasconi: Hybride Zonen. Kunst und Architektur in Basel und Zürich. Basel / Boston / Berlin, S. 40.

die Assoziationen zu Herzfrequenzen oder Hirnströmen freisetzen sollen.[55] „Die mit Emotionen behaftete Schulsituation findet ihren Niederschlag in einer Projektion auf Glas."[56] Was hier als eine „mit Emotionen behaftete Schulsituation" angesprochen wird, ist in ihrem Geschehenscharakter im heterotopen Raum letztlich nur die blasse Beschreibung einer potentiell somatisierenden, traumatisierenden, in jedem Falle psychoanalytisch virulenten Situation. Das Lichtspiel der Glasätzung setzt den Mythos aufs Spiel, die Schule sei ein Ort der *gelingenden* Erziehung, Bildung und Persönlichkeitsentwicklung. Wer die Allegorie in Glas *tatsächlich* be-denkt und nicht nur als Lichtspiel, sondern als Intervention der Kunst Ernst nimmt, beginnt die Heterotopie mit Fragen auszuhöhlen und damit das Schulsystem im Allgemeinen in seinen Widersprüchen zu desavouieren. Dass die Initiatoren solcher Nicht-Interventionen sich derartiger Implikationen ihrer Arbeiten nicht bewusst zu sein scheinen, kann als Beleg für den „Perfektionsgrad" der Mythen verstanden werden, die das öffentliche Schulsystem als ideologisches Bauwerk zusammenhalten und gegen die Gefahr des Einsturzes sichern.

(Geringfügig überarbeitete Version des Beitrages: „Räume der Pädagogik – zwischen Funktion und Subversion". In: Pädagogische Rundschau 63. Jg, H. 3 / 2009, S. 369-385)

Prof. Dr. Jürgen Hasse
Institut für Humangeographie
Goethe-Universität
Robert-Mayer-Str. 6-8
60325 Frankfurt a. M.

---

[55] Vgl. Iris Kretschmar (2003): Feine Vibration zwischen Innen- und Außenraum. In: Sibylle Omlin / Karin Frei Bernasconi: Hybride Zonen. Kunst und Architektur in Basel und Zürich. Basel / Boston / Berlin, S. 46-49.
[56] Ebd., S. 47.

Ute Guzzoni:
Nächtliche Geräusche.
Raumerfahrungen in literarischen Bildern

In der abendländischen Tradition ist das philosophische Verständnis dessen, was uns begegnet, weitgehend durch das *Sehen* bestimmt, sowie durch das *Licht,* das das Sehen erst ermöglicht. Für dieses Sehen spielt der *Raum* und der räumliche Charakter des Gesehenen eine entscheidende Rolle: Im „Licht der Erkenntnis" sehen wir die Dinge in ihren Größen und Umrissen und Bewegungen, in ihren Beziehungen, mit ihren Abständen und Zwischenräumen. Daß die Dinge und ihre räumlichen Verhältnisse zueinander z. B. auch gehört oder ertastet werden können, erscheint demgegenüber meistens erst als ein Zweites. Die Kategorien und Begrifflichkeiten, mit denen die Dinge erfaßt und beschrieben werden, ergeben sich teilweise unmittelbar aus dem gesehenen Dingraum. In besonderem Maße bezeugt sich der Vorrang des Sehens in einer Grundvoraussetzung der sogenannten Dingontologie, daß nämlich als das maßgebliche Seiende die festumrissene, de-finite, gestalthafte Substanz begriffen und dementsprechend deren *Wesen* in ihrer sichtbaren Gestalt oder Form, in *morphe* und *eidos* gesehen wird.

In der Neuzeit wurden aus den durch ihr unveränderliches eidos bestimmten Substanzen die Objekte des wissenschaftlichen Erkenntnis- und technischen Handlungssubjekts; entsprechend wurde der wahrnehmbare Dingraum zum neutralen isotropen, geometrischen Raum nivelliert, der im wissenschaftlichen wie im alltäglichen Naturverständnis auch heute noch eine maßgebliche Rolle spielt. Nach dem Deutschen Idealismus und insbesondere im vergangenen Jahrhundert wurde dem herrschaftlichen Subjekt und seiner *weltlosen* Objektivität das erfahrende Ich und die gemeinschaftliche Welt der Dinge in ihrer durch Mannigfaltigkeit, Differenz und Zufall bestimmten Besonderheit kontrastiert; entsprechend trat der gelebte und gestimmte, der erfahrene Raum mit seinen vielfältigen Wegen und Richtungen, Orten und Gegenden an die Stelle des physikalisch-technischen Raumes.

Vor dem Hintergrund dieser knapp angedeuteten Entwicklung möchte ich im Folgenden auf einen Aspekt des Raumes hinweisen, den man seine – der abendländischen Dingontologie wesentlich fremde – „*affirmative Nichthaftigkeit*" nennen könnte. Ich will ihn an der *nächtlichen Raumerfahrung* verdeutlichen. „In ihrem dunkelsten und tiefsten Teil berührt die Nacht das bedingungslose Nichtsein, die Zeitlosigkeit selbst, die ja auch der Tod ist."[1] Weil wir die Nacht als einen Raum der Stille, der Finsternis, des Nichtvorhandenseins oder der Leere erfahren – unbeschadet

---

[1] Tzotcho Boiadjiev, Die Nacht im Mittelalter, Würzburg 2003, S. 14.

der Dinge, die wir gleichwohl in ihr ertasten, der Lichter, die in ihr aufscheinen, der Geräusche, die ihre Stille brechen –, ist sie uns ein Bild für den unbestimmten, nichthaften Bereich, aus dem heraus überhaupt erst etwas sein und uns angehen kann.

Im *Dunkel,* in der *Stille* und der *Leere* der Nacht begegnet uns die Nichthaftigkeit oder das Nichts. Mit „Nichts" ist da das Wovonher oder Woraus des u. a. auch lautenden und leuchtenden Zur-Erscheinung-kommens von etwas gemeint. Der *Raum* ist in diesem Sinne die leere Weite, das Nichts an Räumlichem, das gerade auf Grund dieser Leere dem Eingeräumten Platz zu machen, Raum zu geben, einen Ort zu stiften vermag. Der Raum ist nichthaft, weil er die Dimension ist, in der und aus der Einzelnes sich ergeben und gegeben werden kann. Er impliziert damit auch ein gewisses Bergen und Verbergen, in dem das Anwesende mit der Abwesenheit, das Sichtbare und Helle mit dem Dunkel, das Lautende und Hallende mit der Stille zusammengehört.

Meine Evozierung von Erfahrungen des nächtlichen Raumes beschränke ich hier in zweifacher Weise: zum einen betrachte ich lediglich das *Hören,* ich richte meine Aufmerksamkeit also auf die Geräusche in der Stille der Nacht. Zum anderen überlasse ich mich im wesentlichen der Führung durch *dichterische Beispiele,* die ich aus sich selbst, d. h. ohne Rücksicht auf ihre literaturhistorischen Kontexte und Hintergründe, sprechen lassen möchte. Ihre Bilder können uns an einige Aspekte dessen erinnern, wie wir den *nichthaften Raum* wahrnehmen, wenn wir uns vornehmlich auf das *Hören,* genauer auf das Hören *nächtlicher Geräusche* und damit zugleich auf *die Stille* einlassen.

Mir scheint, daß ein Unterschied zwischen der Dunkelheit der Nacht einerseits und ihrer Stille andererseits darin besteht, daß wir gewöhnlich die Erstere mehr mit den unsichtbaren Dingen im Raum, die Letztere dagegen mit diesem selbst verbinden, was an einer grundsätzlichen Differenz zwischen Sehen und Hören liegen dürfte. Was wir hören, das sind nicht eigentlich *Dinge,* sondern *Geräusche.* Wir vernehmen nicht den Hund, sondern das Bellen, auch wenn wir immer schon mitwissen, daß es das Bellen eines Hundes ist. Dagegen würden wir kaum, wenn wir einen Hund *sehen,* sagen, daß wir primär seine visuelle Gestalt, nicht das Tier selbst wahrnehmen. Durch ihre sichtbaren und widerständigen Oberflächen *sehen und tasten* wir *Dinge,* wir *hören und riechen* dagegen *Geräusche und Düfte,* – dies aber insbesondere in der Nacht, wenn wir nicht durch andere Sinneseindrücke abgelenkt werden. In der Nacht sind viele Geräusche, weil sie nicht vom Sehen gestützt, jedenfalls begleitet werden, auffälliger, selbständiger wahrnehmbar. Zugleich gewinnen sie dadurch eine besondere räumliche Qualität.

Die Geräusche der Nacht widersprechen nicht deren Nichthaftigkeit. Vielmehr akzentuieren sie geradezu den nichthaften Raum, sie unterstreichen, indem sie die Stille der Nacht brechen, diese selbst und ihre unendliche Weite. Das kann auf zweierlei Weise geschehen: in der Dunkelheit der Nacht hören wir Geräusche entweder weit und *raum*erfüllend oder punktuell, *orts*bestimmt. Im einen Fall scheint es so etwas wie ein – wenn vielleicht auch vielstimmiges – Tönen des nächtlichen

Raumes selbst zu geben. In Bezug auf den anderen Fall könnte man mit Heidegger sagen, „der Raum entfaltet sich erst aus dem Walten von Orten einer Gegend";[2] wie Lichter in der Finsternis aufscheinen, so ertönen dann einzelne Laute hier und dort, dann und wann; sie markieren bestimmte oder unbestimmte Orte im Raum. Im Folgenden wende ich mich zunächst den beiden Weisen der Akzentuierung des nichthaften Raumes durch die nächtlichen Geräusche zu, um dann in einem zweiten Schritt diese Nichthaftigkeit der nächtlichen Stille selbst und einige ihrer Bedeutungen für den Hörenden näher in den Blick zu fassen.

*

Das Geräusch des stetig fallenden Regens, der Gesang der Frösche in einer lauen Juninacht oder das durchdringende Singen der Zikaden im Spätsommer können wie ein Lautwerden der Nacht selbst und ihres Raumes erscheinen. Sie sind allgegenwärtig, vielleicht einmal stärker, einmal schwächer, auch zuweilen momentan ganz aussetzend, aber wir vernehmen sie zumeist nicht als Summe von einzelnen Geräuschen, die von einzelnen Seienden herrührend an unser Ohr dringen. Zwar gibt es bei den Fröschen manchmal auch so etwas wie ein Hin und Wider, ein Hervortreten und Antworten einzelner Stimmen, vor allem wenn es sich um unterschiedliche Arten von Fröschen handelt, wir sprechen vom „Froschkonzert"; dennoch kann dabei der Eindruck eines einheitlichen Geräuschs durchaus vorherrschend bleiben.

In der Dichtung begegnet für ein solches raumdurchdringendes und raumerfüllendes Lautwerden der Nacht oftmals das Wort „rauschen". Zu diesem Verb gehört das Substantiv „Geräusch", die allgemeinste Bezeichnung für alles, was wir hören können, vom sanftesten Lispeln des Windes oder zartesten Geflüster von Liebenden bis hin zum Brausen des Sturmes und zum „brüllenden Automobil"; auch die Klänge der Musik können im weiteren Sinne als Geräusche, d. h. ganz allgemein als akustische Phänomene bezeichnet werden. In vielen japanischen Haiku kommt „Geräusch" vor – oto, besonders oft *mizu no oto*, „Geräusch des Wassers". Bei der Übertragung wählt man im Deutschen verschiedene Ausdrücke, die die unterschiedlichen, auf unterschiedliche Weise entstehenden Geräusche wiedergeben; doch häufig könnte man da auch einfach vom „Rauschen" sprechen.

Das Grimmsche Wörterbuch betont, daß das Rauschen eine enge Beziehung zur Bewegung und damit zum Raum hat. Es ist die – ungestüme, stürmende oder auch stetig andauernde – Bewegung, die das Geräusch des Rauschens hervorbringt. Darum rauscht es auch herab, dahin, davon, hindurch, vorüber. Am häufigsten rauschen die Meere, die Ströme, die Wälder. Aber es rauschen etwa auch, um nur einiges zu nennen, die kostbaren Stoffe: „Es rauscht der taftne Rock" (Eichendorff), „Auf der Wendeltreppe / Rauscht dein Kleid" (Trakl). Die Zeit rauscht: „Verwüstend rauscht die Zeit darüber hin" (Eichendorff), „wenn draußen mir / Mit ihren Wellen allen die

---

[2] Martin Heidegger, Die Kunst und der Raum, St. Gallen 1969, S. 11.

mächtge Zeit, / Die Wandelbare, fern rauscht" (Hölderlin). Sogar die Küsse rauschen, so bei Uhland: „Wie die Lüfte, die losen, / die durch Blumen ziehen, / rauschet das Küssen und Kosen", und wiederum bei Hölderlin: „Aber lieblich / Am stechenden Bart rauschen / Die Küsse."

Eichendorff scheint das Rauschen besonders lieb gewesen zu sein; Adorno sagt sogar: „Rauschen war sein Lieblingswort, fast eine Formel; das Borchardtsche ‚Ich habe nichts als Rauschen' dürfte als Motto über Vers und Prosa Eichendorffs stehen."[3] Und Eichendorff spricht nun auch vom *Rauschen der Nacht*. „Und es rauscht die Nacht so leise". Das können im Einzelnen ganz unterschiedliche Geräusche sein, das Rauschen der Wälder wie das ferne Rauschen von Brunnen und Quellen, von Strömen oder Wasserfällen oder das Rauschen des Windes. Doch ob sie für sich vernommen werden oder ob sie in ein scheinbar einheitliches Rauschen zusammenfließen, stets lassen sie sich irgendwie als ein Ganzes hören, – das Rauschen der Nacht und des nächtlichen Raumes. Dieser selbst scheint in all den ihn durchdringenden und erfüllenden Geräuschen *eine* Stimme gewonnen zu haben; er summt und singt und rauscht, bzw. das Summen und Singen und Rauschen erweckt ihn zum Leben und zur Gegenwart. Wenn Benn dichtet „Meere – Eros der Ferne – / rauschen, es rauscht die Nacht", so tönt da im Rauschen des Meeres der ganze nächtliche Raum.

Der Hörende kann sich in unterschiedlicher Beziehung zu diesem Rauschen erfahren. Zuweilen ist ihm, als sei er weder drinnen noch draußen, oder aber sowohl drinnen wie draußen. Ihn erreicht das raumerfüllende Geräusch, z. B. das fast übermächtige Sirren der Grillen, nicht lediglich von irgendwo außerhalb seiner. Aber er ist auch nicht einfach mitten darinnen. Es holt ihn nur bis zu einem gewissen Grade herein, an den Rand des Bereichs seines Tönens. Andererseits kann ein allgemein erscheinendes Geräusch den Hörenden auch allseitig umhüllen, ihn fast selbst noch durchdringen. Oder es kann so scheinen, als befände es sich irgendwo ihm gegenüber. „… an dem hohen azurblauen Himmel der Nacht hörte ich jetzt nichts, als das nun niemal mehr unterbrochene, leise, einförmige Rauschen des Springbrunnens, das sich oben an seinem Gewölbe zu sammeln schien."[4]

Von ganz anderer Art sind die an einzelnen Orten ertönenden, gleichsam punktgenauen Geräusche, nächtliche Vogelrufe etwa, wie das ferne Klagen eines Käuzchens, oder „das Posthorn im stillen Land". Sie bringen nicht einen ganzen Raum zum Klingen oder Singen, sondern kommen eben von einem einzelnen – und sei es auch unbestimmt bleibenden – Ort zu uns her. Der leere Raum um uns herum wird in seiner Größe oder auch in seiner Verlassenheit gerade dadurch erfahrbar, daß sich irgendwo in der Ferne etwas hören läßt; zuweilen verweist es auf ein anderes Wesen im weiten Raum und macht gerade dadurch die Leere und Einsamkeit selbst fühlbar.

---

[3] Theodor W. Adorno, Gesammelte Schriften, Band 11, Noten zur Literatur: Zum Gedächtnis Eichendorffs, Frankfurt/Main 1974, S. 83.
[4] Adalbert Stifter, Die Schwestern, Erzählungen in der Urfassung, Basel 1953, S. 154.

„Der erste Kauz erwacht und ruft im Eichbaum hinter ihnen. Man sieht nur die Schwärze des Waldes, und so ist es, als ob die Schwärze rufe."[5]

Die Schwärze scheint zu rufen, auf merkwürdige Weise spielen verschiedene Sinneseindrücke ineinander: „über ihm war so schwere Waldnacht, daß nur wie Tropfen das Mondlicht hie und da hindurchfiel; zu hören war nichts als nur das Knicken des Unterholzes, das er durchschritt, auch wohl das Zirpen einer Eulenbrut."[6] Die Tropfen des Mondlichts sind fast zu hören, das knickende Unterholz knackt im undurchdringlichen Dunkel. Es scheint, als würde der Raum selbst fühlbar, ertastbar in den ungewissen Geräuschen rundherum.

Die nächtlichen Geräusche markieren den Raum oftmals in der Weise, daß sie Beziehungen verschiedener Orte in ihren Abständen und Entfernungen voneinander und vom Hörenden evozieren. Zuweilen scheinen sie in Ruf und Widerruf über die Ferne hin miteinander zu sprechen. Hundegebell in der Nacht bringt Beziehungen zwischen den einzelnen Höfen und Dörfern einer weiten Landschaft zum Tönen. „Erst das traute Nachtgebell der Hunde, / Dann der abgezählte Schlag der Stunde, / Dann ein Fischer-Zwiegespräch am Ufer, / Dann? Nichts weiter als der ungewisse / Geisterlaut der ungebrochnen Stille" heißt es in einem „Nachtgeräusche" überschriebenen Gedicht von C. F. Meyer. Einzelne Orte und Gegenden werden durch ihre unterschiedlichen Laute wahrnehmbar und zeichnen sich damit in den Raum ein. Das Bellen wird hier zwar eher noch als ein raumdurchgreifendes Geräusch gehört. Demgegenüber ist dann der Glockenschlag, halb unbewußt mitgezählt, eine spezifische Akzentuierung des Raumes, er kommt, wie auch das Gespräch der Fischer vom Fluß her, aus einer ganz bestimmten Richtung. Beide, Glockenschlag und Gespräch, markieren Entfernungen und Richtungen und Orte im umgebenden Ganzen der allgemeinen Finsternis und Stille. Sie tauchen aus dieser auf und verschwinden wieder in sie.

Je nach der Situation kann ein plötzliches Vernehmen, ein gespanntes Horchen oder ein verträumtes Lauschen auf das, was sich da in der Nacht hören läßt, einen ganz unterschiedlichen Charakter haben. Wenn die Klänge sich fort- oder herbewegen, vom Hörenden weg oder zu ihm hin, ändert sich die Tiefendimension von Ferne und Nähe. Der Raum kann ihm als eng oder weit, als offen oder geschlossen, befreiend oder beängstigend, tröstlich oder unheimlich erscheinen. In einem kleinen Text „Geräusche" in den „Märchen des Lebens" zeichnet Peter Altenberg die Unheimlichkeit der nächtlichen Finsternis auf: „Die Möbel knackten im Winter um 3 Uhr morgens und ich lag als Kind in Todesangst, in Todesschweiß bis zum Morgengrauen." Die unheimlichen Geräusche, irgendwo, bestimmt-unbestimmt in der Finsternis, machen etwas mit dem Ort des Hörenden und damit mit diesem selbst, er zieht sich gleichsam in sich selbst zurück, fühlt sich selbst in seiner bedrohlichen und

---

[5] Ernst Wiechert, Hirtennovelle, München 1945, S. 63.
[6] Theodor Storm: Ein Fest auf Haderslevhuus, SW Bd. 4, S. 30.

doch unfaßlichen Nähe zu dem Knacken, das eine grauenerregende Fremdheit in der eigentlich vertrauten Umgebung schafft.

Eine ganz andere Schilderung von nicht minder unheimlichen nächtlichen Geräuschen ist diese:

> „In der ungeheuern Stille, die herrschte, in der Stille, in der sich kein Schneespitzchen zu rühren schien, hörten die Kinder dreimal das Krachen des Eises. Was das Starrste schien, und doch das Regsamste und Lebendigste ist, der Gletscher, hatte die Töne hervorgebracht. Dreimal hörten sie hinter sich den Schall, der entsetzlich war, als ob die Erde entzwei gesprungen wäre, der sich nach allen Richtungen im Eise verbreitete".[7]

Allerdings kann man den Gletscher auch so hören, wie ihn nach Brecht Gottvater vernimmt, wenn ihn am Abend der blaue Wind weckt: „Das Gletschergebrüll des weißen Himalaja, der in seiner eisigen Einsamkeit sich amüsiert". (Gottes Abendlied)

Proust beschreibt auf der ersten Seite von „Auf der Suche nach der verlorenen Zeit", wie er nach einem kurzen ersten Schlaf wachliegt und vor sich hin sinnt: „Ich hörte das Pfeifen der Eisenbahnzüge, das – mehr oder weniger weit fort wie ein Vogellied im Wald – die Entfernungen markierte und mich die Weite der öden Landschaft erraten ließ, durch die sich der Reisende zur nächsten Station begibt". Auch hier gibt es sowohl den weiten Raum wie die einzelnen Geräusche; jener „entfaltet sich" durch die Orte und Etappen, in den Richtungen und Abständen, die die Reisenden zurücklegen oder durchlaufen. Der Raum wird gleichsam belebt durch das Nacherleben der leiblichen wie stimmungsmäßigen Bewegungen dessen, der ihn durchreist. Die Eisenbahnzüge, die der im Finsteren Liegende in die Landschaft hinausfahren hört, oder das schrille Pfeifen der Lokomotive, das in den Weiten des amerikanischen Westens in unregelmäßigen Abständen durch die Nacht dringt und den Schläfer aufschreckt, zeichnen eine Bahn in den Raum, die den Ort des Hörenden in eigener Weise bewußt werden läßt.

Die Dunkelheit, die Proust umgibt, ist „sanft und ausruhend". Aber das Lauschen auf die Geräusche im nächtlichen Außenraum kann auch quälend, zuweilen schmerzlich sein, wie es Hugo von Hofmannsthal in „Der Tod des Tizian" über die Stadt aufzeichnet:

> Ihr Lispeln weht manchmal der Nachtwind her,
> So geisterhaft, verlöschend leisen Klang,
> Beklemmend seltsam und verlockend bang.
> ... Wohl schlief die Stadt: es wacht der Rausch, die Qual,
> Der Haß, der Geist, das Blut: das Leben wacht.

---

[7] Adalbert Stifter, Bunte Steine, Bergkristall, Preßburg und Leipzig 1876, S. 217.

Der wachliegende Malte Laurids Brigge ist ungeschützt den Geräuschen der nächtlichen Stadt ausgeliefert:

> „Daß ich es nicht lassen kann, bei offenem Fenster zu schlafen. Elektrische Bahnen rasen läutend durch meine Stube. Automobile gehen über mich hin. Eine Tür fällt zu. Irgendwo klirrt eine Scheibe herunter, ich höre ihre großen Scherben lachen, die kleinen Splitter kichern. Dann plötzlich dumpfer, eingeschlossener Lärm von der anderen Seite, innen im Hause. Jemand steigt die Treppe. Kommt, kommt unaufhörlich. Ist da, ist lange da, geht vorbei. Und wieder die Straße. Ein Mädchen kreischt: Ah tais-toi, je ne veux plus. Die Elektrische rennt ganz erregt heran, darüber fort. Fort über alles. Jemand ruft. Leute laufen, überholen sich. Ein Hund bellt. Gegen Morgen kräht sogar ein Hahn, und das ist ein Wohltun ohne Grenzen. Dann schlafe ich plötzlich ein."[8]

*

Ein Haiku des japanischen Dichters Ryokan lautet:

> Mondnacht im Winter –
> laut klappern Sandalen
> zur Backstube des Nachbarn.

Die erste Zeile evoziert unausgesprochen den stillen nächtlichen Raum. Man spürt fast körperlich die schweigende Weite, – die plötzlich durch das Klappern der Sandalen gebrochen wird. Genauer wird erst jetzt, d. h. weil und indem die erste in die nächsten zwei Zeilen mündet, der nächtliche, mondhelle Raum wahrnehmbar, er erhält seine Bedeutung erst im Gebrochenwerden durch die klappernden Schritte. Man sieht schemenhaft die Hofstrecke zur benachbarten Backstube vor sich, die Gestalt mit den Holzsandalen und dem Backblech, und hört deutlich das Klappern als selbständiges Geräusch.

Die einzelnen Geräusche in der Nacht unterstreichen die *Stille*, die auf sie folgt oder die ihnen voraufgeht und die sie unterbrechen wie die klappernden Sandalen.

> Die Kerze verlöscht.
> Wie laut ruft jetzt die Grille
> Im dunklen Garten.[9]

---

[8] Rainer Maria Rilke, Malte Laurids Brigge, Sämtliche Werke Bd. VI, Frankfurt/Main 1966, S. 710.
[9] Imma von Bodmershof, Haiku, München 2004, S. 64.

Dunkelheit und Stille sind eng verschwistert. Die Kerze verlöscht, es ist dunkel. Damit wird die Stille gleichsam selbst sichtbar, aus ihr heraus lassen sich ihre einzelnen Laute hören. Weil sie aus der Stille auftauchen, scheint sie es irgendwie selbst zu sein, die in ihnen hörbar wird. Die Grille hat vermutlich auch vorher schon gesungen. Für sie ist das Geräusch, das sie macht, nicht an die Dunkelheit gebunden. Aber solange unsere Sinne durch das Sehen jenes begrenzten Bereichs, der durch die brennende Kerze aus dem dunklen Raum ausgeschnitten wird, absorbiert sind, fällt der Ruf der Grille nicht weiter auf; trotz seiner eigentümlichen Penetranz. Die trifft das Ohr erst, wenn unsere Aufmerksamkeit nicht mehr natürlicherweise von anderem festgehalten wird, wenn die Nacht uns als nichthafte umgibt und trägt.

Der nichthafte Hintergrund durchstimmt auch, so scheint mir, die sinnlich-farbige Fülle dieses Bildes vom Vergehen eines Sommertages in die Nacht von Trakl:

> Am Abend schweigt die Klage
> Des Kuckucks im Wald.
> Tiefer neigt sich das Korn,
> Der rote Mohn.
> > Schwarzes Gewitter droht
> > Über dem Hügel.
> > Das alte Lied der Grille
> > Erstirbt im Feld.
> Nimmer regt sich das Laub
> Der Kastanie.
> Auf der Wendeltreppe
> Rauscht dein Kleid.
> > Stille leuchtet die Kerze
> > Im dunklen Zimmer;
> > Eine silberne Hand
> > Löschte sie aus;
> Windstille, sternlose Nacht. (Sommer)

Die Stille der Nacht – bewegungslos und lichtlos – kehrt ein im Ersterben der mannigfaltigen sinnlichen Bestimmtheiten des schwülen Sommertags. Ein Ort nach dem anderen, ein Geräusch nach dem anderen, eine Bewegung, ein Licht nach dem anderen schwinden in sanftem Decrescendo dahin. Im langsamen Abschied der einzelnen Empfindungen breitet sich ganz allmählich, fühlbar, die Ruhe aus, die Ruhe der windstillen, sternlosen Nacht, die in der alleinstehenden letzten Zeile eigens genannt wird. Zeit und Raum werden zurückgenommen in das „Spiel der Stille",[10] in das sie immer schon gehören.

---

[10] Martin Heidegger, Unterwegs zur Sprache, Pfullingen 1959, S. 214.

Manchmal scheint die Stille ungeachtet ihres Lautwerdens in einzelnen Geräuschen – oder sogar gerade durch jenes – fortzubestehen. So sagt Adorno in Bezug auf ein Eichendorff-Gedicht: „der tiefsinnige Widersinn, daß der Klang die Stille nicht sowohl tötet, denn, als ihre eigene Aura, zur Stille erst macht, trägt schwindelnd hinweg übers Gewohnte".[11] Daß man sagt, die Stille werde gebrochen, weist darauf hin, daß sie dem Verlautenden gewissermaßen zugrundeliegt. Auch wenn sie gebrochen wird, bleibt sie doch geheimnisvoll bestehen. Heidegger spricht vom „Geläut der Stille", das er als die weitgehend unbedachte Herkunft des Lautens versteht.[12]

Wird sie aber nicht gebrochen, so kann sie doch auf unheimliche Weise vernehmbar sein. „Hören Sie denn nichts", fragt Lenz den Pfarrer Oberlin, als er ihm in der Nacht draußen begegnet, „hören sie denn nicht die entsetzliche Stimme, die um den ganzen Horizont schreit und die man gewöhnlich die Stille heißt?"[13] „Es ist so still, daß ich sie höre / die tiefe Stille der Natur."[14] „Dann? Nichts weiter als der ungewisse / Geisterlaut der ungebrochnen Stille".

Rilke fährt an der zitierten Stelle aus dem „Malte", wo er den unheimlichen Raum beschreibt, der sich von der Straße her um den im Zimmer Wachenden ausbreitet, neu einsetzend fort: „Das sind die Geräusche. Aber es gibt hier etwas, was furchtbarer ist: die Stille." Und an anderer Stelle: „Aber die Nacht draußen, die man nicht mehr kannte, wurde auf einmal ganz stark im Gehör. Das an so vielen freien oder gefährlichen Nächten erfahrene Ohr unterschied einzelne Stücke der Stille."[15] Das Draußen bekommt im Hören eine eigene, bedrängende Präsenz, gerade wenn sich nichts mehr hören läßt, wenn sich Nichts hören läßt.

„Merk auf dieses feine, unaufhörliche Geräusch; es ist die Stille. Horch auf das, was man hört, wenn man nichts mehr vernimmt" zitiert Adorno Valéry.[16] Wenn man nichts mehr vernimmt, doch umso aufmerksamer hinhört, dann kann man die Stille selbst und mit dieser Stille den leeren, den schweigenden, dunklen und fremden Raum des Nichts vernehmen. Die Nichthaftigkeit des Raumes gehört zwar nicht der Nacht allein zu, aber sie wird doch in der nächtlichen Stille und Finsternis in besonderer Weise erfahren und empfunden.

Auf merkwürdige Weise entspricht das Verhältnis von Stille und Laut – wie das von Finsternis und Licht – dem Verhältnis von Raum und Räumlichem. Es gibt der Stille einen räumlichen Charakter, wie es zugleich umgekehrt einen Bezug des leeren Raumes zu seiner Stille bezeugt. Ich sagte, daß die Bewegung des Rauschens auf den Raum verweist; aber auch die Bewegungslosigkeit der Stille verweist auf einen

---

[11] Zum Gedächtnis Eichendorffs, S. 85.
[12] Vgl. u. a. Unterwegs zur Sprache, Ss. 215, 252, 262.
[13] Georg Büchner, Lenz, Werke und Briefe, Stuttgart Wien St. Gallen o. J., S. 186.
[14] Theodor Fontane, Mittag. (Allerdings geht es hier um die Mittagsstille.)
[15] Malte Laurids Brigge, Ss. 710 und 918.
[16] Theodor W. Adorno, Valérys Abweichungen, GS 11, S. 200.

Raum, – den Raum der Leere, zuweilen den Raum des Todes, auf den Friedhof, das Grab.

Auch in den folgenden Zeilen von Benn spricht eine irgendwie räumliche Erfahrung der Nichthaftigkeit der Nacht (Spät III):

> Abends dasitzen, in den Schlund der Nacht sehn,
> er verengert sich, aber am Grund sind Blumen,
> es duftet herauf, kurz und zitternd,
> dahinter natürlich die Verwesung,
> dann ist es ganz dunkel und du weißt wieder dein Teil,
> wirfst dein Geld hin und gehst –

In der abendlichen Kneipe ist die Nacht mit ihrer Dunkelheit eher stimmungshaft als real gegenwärtig. Sich auf sie einzulassen, heißt, einen Blick in einen dunklen Grund oder Abgrund zu tun, aus dessen Tiefe Imaginationen, Träume aufsteigen wie einzelne Töne im dunklen Raum. Am Grund sind Blumen, es duftet herauf, kurz und zitternd. Wer in die Nacht wie in den Schacht des Unbewußten, Vorbewußten schaut, den weht etwas Fremdes an, ein Stück Erstaunlichkeit, ein schwebendes Aufscheinen und kaum wahrnehmbares Hervorduften aus nichthaftem Raum.

Zwar ist die Nacht auch die Zeit der ersehnten Ruhe wie die Zeit der Geselligkeit und die Zeit der Liebe. Die Fragen, die sie birgt, gehen auch ins Offene, ins unbestimmt Freie. In ihrer Stille gedeihen Gedanken und Gespräche. Aber in der Dichtung – zumal der romantischen – erscheint sie oft als Raum des bangen Ahnens und der schweifend träumenden Phantasie. Irres und Wirres, Traum- und Bildhaftes kann aus dem Hören auf die Nacht, dem Aufmerken auf ihre Stille aufsteigen. „Manches bleibt in Nacht verloren –" heißt es in jenem erschauern machenden Gedicht von Eichendorff, das „Zwielicht" überschrieben ist und dessen erste Strophe lautet:

> Dämmrung will die Flügel spreiten,
> Schaurig rühren sich die Bäume,
> Wolken ziehn wie schwere Träume -
> Was will dieses Graun bedeuten?

„Manches bleibt in Nacht verloren –". Dieses Verlorensein besagt nicht einfach, daß das Verlorene nun einfach nicht mehr da sei; vielmehr scheint es jetzt eine eigene unheimliche Macht zu entfalten, die Macht des Unbestimmten, Zwielichtigen; es bleibt *verloren*, aber zugleich *bleibt* es als Verlorenes.

Der Blick in den Schlund, in den abgrundtiefen Raum der Nacht bewegt sich an einer Schwelle von Seiendem und Nichtseiendem, die mit dem Übergang des Tages in die Nacht Vertrautes und Fremdartiges, Reales und Erträumtes, Rationales und Irriges zugleich voneinander trennt wie zueinanderhält. Sie gibt den Träumen, den Glücksphantasien und den Ängsten, dem Tastenden und dem Versucherischen Raum.

Mannigfache Gespenster lassen sich in der Nacht hören und nehmen dem umgebenden Raum seine Vertrautheit, machen ihn un-heimlich. In einem Gedicht von Eichendorff, das „Lockung" überschrieben ist und mit der Zeile „Hörst du nicht die Bäume rauschen" beginnt, heißt es in der zweiten Strophe:

> Kennst du noch die irren Lieder
> Aus der alten, schönen Zeit?
> Sie erwachen alle wieder
> Nachts in Waldeseinsamkeit,
> Wenn die Bäume träumend lauschen
> Und der Flieder duftet schwül.

Die irren Lieder erinnern an das irre Singen eines anderen Gedichts von Eichendorff:

> Ich wandre durch die stille Nacht,
> Da schleicht der Mond so heimlich sacht
> Oft aus der dunklen Wolkenhülle,
> Und hin und her im Tal
> Erwacht die Nachtigall,
> Dann wieder alles grau und stille.
>   O wunderbarer Nachtgesang:
>   Von fern im Land der Ströme Gang,
>   Leis Schauern in den dunklen Bäumen –
>   Wirrst die Gedanken mir,
>   Mein irres Singen hier
>   Ist wie ein Rufen nur aus Träumen. (Nachts)

Nächtliche Stille und Nachtgesang wechseln einander ab, oder vielleicht eher: sind ineinander verwoben, rufen sich gegenseitig. Wer sich dieser Nacht und ihrem wechselnden Tönen überläßt, wird träumend in ihren Raum und dessen Träumen hineingezogen. Die Träume sind irr und wirr: „Was sprichst du wirr wie in Träumen / Zu mir, phantastische Nacht?" fragt das Gedicht „Schöne Fremde". Die irren Lieder dieses irren Singens entstammen jener zwielichtigen Schwelle von Sein und Nichtsein, von Rauschen und Stille. Der Träumende, dessen Irr- und Wirrsein doch zugleich ein irrationales Gewißsein, ein äußerstes Wachsein bedeutet, weil die Dunkelheit seinen Sinnen und seinem Sinn zu übersteigerter Bewußtheit verhilft – „und du weißt wieder dein Teil" –, bewegt sich durch die alte und die gegenwärtige Zeit, als wären sie eins.

Die nichthafte Nacht ist zum einen die Zeit der dunklen Gefühle und Ahnungen, der Träume und des Rauschs, – „Rausch" kommt sprachlich vom „Rauschen". Im Rausch schwinden die festen Grenzen und De-finitionen.

„Was quillt auf einmal so ahndungsvoll unterm Herzen, und verschluckt der Wehmuth weiche Luft? Hast auch du ein Gefallen an uns, dunkle Nacht? Was hältst du unter deinem Mantel, das mir unsichtbar kräftig an die Seele geht? Köstlicher Balsam träuft aus deiner Hand, aus dem Bündel Mohn. Die schweren Flügel des Gemüths hebst du empor. Dunkel und unaussprechlich fühlen wir uns bewegt".[17]

Im dunklen und unaussprechlichen Raum der Nacht wird auch der Raum des eigenen Lebens ungewiß. Orte und Gegenden verlieren ihre spezifische Relevanz. „Mal näher, mal ferner / Hör ich die Wellen – / Wieviel Zeit bleibt mir noch?"[18] „Nachts auf Reisen Wellen schlagen hören / Und sich sagen, daß sie das immer tun."[19]

*

In einer seiner Reflexionen zu Baumgartens „Metaphysik"[20] hat Kant einmal, eher spielerisch, die Frage gestellt, ob man das Denken der realen Dinge als Einschränkung der zugrundeliegenden omnitudo realitatis als eines allumfassenden Grundes verstehen müsse, oder ob die Dinge nicht auch gewissermaßen als Einsprengsel in einem ihnen voraufliegenden Nichts gedacht werden könnten, –, „als ob sie ursprünglich aus der Finsternis gehoben wären". Wie anfangs gesagt, geht die traditionell-metaphysische Ontologie von einem „allgemeinen Licht" aus, aus dem heraus und innerhalb dessen die einzelnen Dinge ausgegrenzt und bestimmt, de-finiert werden. Auf diese grundlegende Positivität können sie zurückgeführt, aus ihr her begründet werden.

In der Nacht jedoch, in der Dunkelheit und der Stille ist es anders. Hier fehlt die taghelle Gewißheit. Hier leitet uns nicht mehr die umgrenzende, bestimmende Sicht, sondern eher das viel unsicherere, aufnehmende Gehör. Die nächtlichen Geräusche haben zumeist etwas Unbestimmtes, Geheimnisvolles, fast etwas Fragendes an sich. Achten wir auf die in ihnen sich abzeichnenden Erfahrungen, so verlassen wir die herkömmliche Vorstellung von der Wirklichkeit als einem Ensemble letztlich rationaler und wahrer Realitäten. An ihre Stelle kann das Bild einer unbestimmten Offenheit treten, in der das Einzelne und Besondere ein sich je und je sinnlich-sinnhaft Begebendes, ein zufällig Zufallendes, ein uns jeweilig so oder auch anders Angehendes ist. Was auch immer uns begegnet, es ist, als ob es ursprünglich aus der Finsternis gehoben wäre, als vernähmen wir es wie ein uns zugedachtes Geräusch in der Nacht.

---

[17] Novalis, Hymnen an die Nacht.
[18] Santôka, Haiku.
[19] Gottfried Benn, Was schlimm ist.
[20] Immanuel Kant's Gesammelte Schriften, Bd. XVIII, 3. Abteilg.: Handschriftl. Nachlaß, Bd. V, Refl. Nr. 5270.

Prof. Dr. Ute Guzzoni
Albert-Ludwigs-Universität Freiburg
Philosophisches Seminar
Platz der Universität 3
79085 Freiburg i. Br.

Der erfahrene und ästhetische Raum

Hans Boesch:
Die sinnliche Stadt

Einführung

Im Allgemeinen wird angenommen, dass erstens der Dialog Spannungen abzubauen vermöge und dass zweitens die guten Kommunikationsmittel den Dialog erleichtern. Doch, obwohl die technischen Voraussetzungen zu einer weitestmöglichen Kommunikation noch nie so hervorragend waren wie heute und obwohl die Städte als ausgesprochene Kommunikationshäufungen angesehen werden können, stellt man ein verbreitetes Unbehagen fest. Dieses lässt auf Spannungen und Konflikte schließen und somit auch darauf, dass technische Kommunikation allein noch nicht den erwünschten, entspannenden Dialog gewährleistet.

Als Grund dieser Spannungen werden im Folgenden die Entfremdungen des modernen Menschen angesehen. Es wird versucht, Mittel und Wege aufzuzeigen, mit denen der Entfremdung entgegengewirkt werden könnte. Schließlich werden Vorschläge diskutiert, die für das Wohlbefinden der Stadtbewohner von Bedeutung sind.

Verlust der Tuchfühlung

Wenn wir Entwicklung und Entfremdung anschaulich darstellen wollen, müssen wir uns eines geeigneten Zeitmaßstabes bedienen. Setzen wir einen Meter für 10.000 Jahre, so können wir annehmen, dass wir uns auf unserem Weg hierher in etwa einem bis zwei Kilometer Entfernung aufgerichtet haben, das heißt etwa vor 10-20 Millionen Jahren.[1] Dieses Aufstellen in die Vertikale brachte eine bessere Übersicht und machte die Hände frei für Spiel und Arbeit. Gleichzeitig kann es aber auch als eine erste Entfremdung von der Mutter Erde gedeutet werden. Die Entfremdung wird augenfällig im vergrößerten Abstand zwischen Kopf und Boden. Ganz sachte begann sich unser Vorfahre aus der Naturverflochtenheit zu lösen.

Zwischen einer weitab liegenden Vorzeit und etwa einer halben Million Jahre (das heißt in unserem Maßstab: noch immer etwa 50 Meter entfernt) kamen die ersten Werkzeuge auf. Sie schoben sich zwischen Hand und Erde, zwischen Hand und Material. Das heißt, dass der Kontakt zwischen unserem Vorfahren und dem Urgrund ein weiteres Mal gelockert wurde – eine weitere Distanzierung fand statt.

---

[1] Schindewolf, O. H.: Phylogenie und Anthropologie. In: Gadamer, Hans-Georg und Vogler, Paul (Hg.): Neue Anthropologie, Band 1, Stuttgart und München 1972.

Vor rund 400.000 Jahren begann man vermutlich das Feuer zu beherrschen.[2] Damit wurde das Menschwesen auch unabhängiger von den Elementen. Vor etwa 30.000 Jahren entstanden Höhlenmalereien und Töpfereien. Bis dahin zurück glaubt man auch den Beginn des kritisch-kontemplativen Denkens datieren zu können. Der Homo sapiens war da. Sein Denken bedeutete ein weiteres Abstandnehmen, wie gerade die Malereien zeigen; denn Betrachtung und Wiedergabe bedingen Abstand vom Objekt, in diesem Fall auch von der Natur.

Erst auf den letzten Metern des hier gewählten Zeitmaßstabes überstürzen sich die Ereignisse, die stets auch Entfremdung bedeuten. Die Viehzucht wurde wohl etwa vor 10.000 Jahren eingeführt, vor ungefähr 8.000 Jahren wurden die ersten Städte gebaut, und vor etwa 5.000 Jahren wurde das Rad ‚erfunden' – auf unserem Zeitmaßstab nur etwa 50 Zentimeter zurück!

Die Stadt bedeutete eine klare Abgrenzung gegenüber der freien Natur; sie ist künstlich. Wie das Rad. Das Rad ist geradezu der Inbegriff von Künstlichkeit. Es gibt kein natürlich gewachsenes Gegenstück. Wachstum und Erneuerung sind bei ihm deshalb so völlig undenkbar, weil es ganz entschieden trennt – und zwar gleich zweifach: einmal zwischen Boden und Last, dann aber auch zwischen Achse und Nabe.

Damit war der Weg der weiteren Entfremdung vorgezeichnet. Sie wurde auch als Spaltung immer fühlbarer; denn Spaltungen erzeugen Schmerzen. Die Völker begannen sich nach dem Heil, das heißt nach einem Urzustand zurückzusehen, der den Zwiespalt nicht gekannt hatte. In ihm dachten sie sich Mensch und Natur, Geist und Leib in allumfassender Harmonie vereint. Das heißt denn auch: Paradiesvorstellungen und Paradiessehnsüchte sind nichts anderes als ein Versuch, die Entfremdung rückgängig zu machen.

Dabei war bis vor etwa hundert, zweihundert Jahren – also während des Zeitalters des Handwerks – die Tuchfühlung mit dem Ursprünglichen, mit Erde und Material, noch weitgehend gegeben. Wohl hatte sich das Werkzeug zwischen Mensch und Werkstück, zwischen Mensch und Boden geschoben, aber die Schaufel als verlängerte und vergröberte Hand ließ den Stein im Ackerland noch immer spürbar bleiben, und durch den Hobel hindurch teilte sich der Widerstand des Astes mit. Die Abtrennung war also nur bedingt.

Diese Trennung wurde erst durch Maschine und Motor radikal. Wie ein intellektueller Filz legte sich die Maschine zwischen uns und die Materialien. Die Dinge, die wir bearbeiten, haben wir nicht mehr in der Hand; sie entstehen wegisoliert von uns. Der Motor entließ uns dann – etwas später – fast ganz aus der körperlichen Anstrengung, ohne die vorher keine menschliche Veränderung der Welt möglich gewesen war. (Gerade diese Entlastung durch den Motor dürfte einer der Gründe sein, dass wir gegenüber den Veränderungen in unserer Umwelt unachtsamer, unsensibler geworden

---

[2] Narr, K. J.: Beiträge der Urgeschichte zur Kenntnis der Menschennatur. In: Gadamer, Hans-Georg und Vogler, Paul (Hg.): Neue Anthropologie, Band 4, Stuttgart und München 1973.

sind.) Und schließlich vervollständigen heute die viel bejubelten Roboter und Computer sowie die Arbeitsteilung und Spezialisierung unsere Entwöhnung von Welt und Werk.

Auch im Städtebau und im Verkehr sind die Ablösungen auffällig. In Hochhäusern rückt der Mensch vom Boden ab. Der Verkehrsteilnehmer ist von der Erde abisoliert durch Asphaltflächen und Beton. Das Rad hebt ihn hoch und trennt ihn noch zusätzlich vom gewachsenen Boden. Die heutige Menschheit lebt auf Kugellagern. Wir sind ein Heer von Nomaden geworden. Unser Verhalten ist denn auch ausgesprochen nomadenhaft, besonders dann, wenn man Raub- und Kriegsnomaden zum Vergleich heranzieht.

Wir verkehren in einem Panzer, in einem Behältnis aus Blech und Glas, abgekapselt von der Natur. Dialoge mit der Umgebung sind kaum mehr möglich, meist auch unerwünscht, ja sogar verboten. Das Flugzeug hebt uns endgültig und entschieden vom Grund ab. Die Mondrakete trägt uns hinaus aus dem Schwerefeld der Erde. Damit ist die Entfremdung auf die Spitze getrieben. Erst während der letzten Jahrzehnte, also erst während der letzten Millimeter auf der von uns gewählten Zeitskala (von ein bis zwei Kilometer Länge!), nahm sie so gewaltige Ausmaße an. Entsprechend groß ist die Spannung zwischen uns und der ursprünglichen Einheit, entsprechend groß die Gefahr von Konflikten.

Wege des Fremdwerdens, also des Fort-Schritts im wahren Sinn des Wortes, lassen sich auch bei Betrachtung der uns umgebenden Materialien (und damit unserer engsten Umwelt) zeigen. Die Materialien wurden glatt, tot, berührungsfeindlich und damit abstoßend. Unsere Wirtschaft, unsere Sprache und unser Denken, ja, die ganze moderne Welt ist auf Kühle und auf Distanz – sogar auf Polarisierung – angelegt. Die einseitige Betonung des Intellekts führt dazu, dass die Abstraktion beinah uneingeschränkt herrscht. Abstraktion aber ist blutarm, sie ist der Inbegriff von Unsinnlichkeit, von fehlender Vitalität, von mangelnder Wärme.

Die Sprache der Dichter und der Mythen ist für die ‚exakten‘ Wissenschaften unbrauchbar und suspekt geworden. Das Bild als ein Gleichnis, als Analogon, als Symbolträger ist vielen ein Gräuel, und das, obschon nachweisbar ist, dass damit die Zustände oft treffender und umfassender beschrieben werden können als mit digitaler Ausdrucksweise. Was wir heute in die Welt setzen, sind oft nur noch Wortkrüppel, Wortwracks und Codes, ist sprachlicher Schrott. Plessner vermerkt denn in seiner „Anthropologie der Sinne“ auch wütend, unsere Sprache werde zerschlissen von Leuten, die sich „einen Dreck kümmern um die Einbettung der Sprache in das vitale System des Menschen“.[3]

Leider hat die Kunst nicht heilsam, das heißt verbindend, gewirkt. Zumindest die Kunst des Kunstbetriebes hat in übereiliger Zudienerei ihre Aufgabe darin gesehen, zugunsten von Tagestheorien und Tagesphilosophien die Entfremdung zu illustrieren,

---

[3] Plessner, H.: Anthropologie der Sinne. In: Gadamer, Hans-Georg und Vogler, Paul (Hg.): Neue Anthropologie, Band 7, Stuttgart und München 1975.

statt eine Gegenwelt, eine Zuflucht aufzubauen. Beflissen entfernte sie sich vom ‚Ding' und wurde ebenfalls intellektuell-abstrakt. So trägt sie mit Architektur und Städtebau das ihre zur Heimatlosigkeit bei.

Entfremdung heißt Leiden

Offensichtlich ist Entwicklung nicht möglich ohne Entfremdung, ohne Abheben vom Urgrund. Doch ist festzustellen, dass die Entfremdung auf den verschiedensten Ebenen und in den unterschiedlichsten Bereichen progressiv zunimmt. Sie zeigt den Zwiespalt auf, der zwischen unserem abstrakt-technologisch bestimmten Dasein und der Naturgeborgenheit klafft. Die Frage ist nun, ob wir dieses Auseinanderklaffen einfach übersehen dürfen. Ob es angeht, nur noch mit dem ‚modernen' Teil in uns zu rechnen. Ist das Bild von der allumfassenden Einheit, vom Eingebundensein in ein vertrautes Umfeld eine romantische Fiktion und daher ungestraft zu vernachlässigen?

Immerhin: Noch werden wir aus dem Leib geboren. Noch fließt Blut in unsern Adern, warmes, rotes. Noch immer existieren wir eingespannt zwischen Essen und Notdurft, zwischen Sehnsucht und Sattheit. Und noch immer lachen und weinen wir, und zwar in allen Sprachen und in allen Rassen gleich. Wir denken wohl in einer entfremdeten, vom Urgrund abgehobenen Welt, aber das, was wir ‚Leben' nennen, findet noch immer auf der untersten Leiste einer uralten Natur statt. Und so ist es denn schlechtweg unsinnig zu glauben, dass wir innerhalb von zwei, drei Generationen alles abzustreifen vermöchten, was seit Jahrmillionen in uns pocht. Das bedeutet aber, dass eine einseitige Konzentration auf die (abstrakte) ‚Moderne' für jenen, der dem Menschen eine Stätte und Stadt bereiten will, nicht in Frage kommen kann. Die seit Jahrmillionen gefestigten Urbedürfnisse bleiben – sie sind zu befriedigen.

Die Anthropologen zeigen, wie sehr wir mit unserer Vergangenheit verwachsen sind. Von besonderem Interesse ist in diesem Zusammenhang das Grüßen. Der Gruß ist nichts anderes als ein Dialog, er ist Kontaktaufnahme, er bedeutet ein Zusammenbringen von vorher einander fernen Wesen, er ist somit das Gegenteil von Entfremdung. Eibl-Eibesfeldt leitet denn das Grüßen auch von so genannten Bindetrieben her. „Eine Wurzel menschlichen Kontaktstrebens ist die Mutter", heißt es bei ihm.[4] ‚Mutter' aber bedeutet Refugium, schützende Höhle, Vertrautheit, Heim, Heimat.

Es kann daher nicht überraschen, dass das Grüßen, dass das Händegeben auch Aggressionen abzuleiten und Ängste zu beschwichtigen vermag. Zwei vorerst noch entgegengesetzte Pole werden kurzgeschlossen, Spannungen und Konfliktpotentiale werden abgebaut.

Für den Städteplaner, der sich mit Konflikt und Dialog beschäftigt, ergibt sich daraus der Wunsch nach Bereichen, wo das Grüßen – wie etwa im Dorf oder Kleinquartier – noch sinnvoll und auch möglich ist. Solche Wünsche können zum

---

[4] Eibl-Eibesfeldt, Irenäus: Der vorprogrammierte Mensch. München 1976. Eibl-Eibesfeldt, Irenäus: Liebe und Haß. München 1970.

Beispiel auf dem Fußweg erfüllt werden. Hier ist die Begegnung meist freundlich und verbindlich und mündet nicht selten in ein Gespräch.

Wenn das Bedürfnis nach mütterlicher Geborgenheit am Ursprung unserer Sehnsucht nach dem ‚großen Einssein' angesiedelt ist, wenn wir das ‚Abnabeln' und das Ausgestoßensein in eine gleichgültige Welt als Spaltung und als Leiden empfinden, wenn wir mit Kolakowski meinen, „der zentrale Sinn des menschlichen Ringens" seien „die Versuche, diese Gleichgültigkeit zu überwinden",[5] das heißt die Spannungen und Spaltungen der Entfremdung zu mildern oder auszuschalten, dann wird eines klar, nämlich: dass Geborgenheit nicht einfach ein bequemes und leichtfertiges Versenken eines menschlichen Wesens in ein ökonomisch arrangiertes Regal bedeuten kann, wie das uns ein gewisser Pseudo-Rationalismus einiger Architekten und Immobilienhändler glauben machen will. Dann werden wir einsehen, dass Gebäude, die auf Stelzen stehen, die uns mit Air-condition von der einstmals allumfassenden großen Einheit der Luft absondern, die uns mit schalldichten Fenstern von den Geräuschen der Witterung, der Pflanzen, Vögel, Mitmenschen ausschließen, die Sommer und Winter von uns abhalten und den Blick nach draußen mit ihren Tönungen verfälschen, dass solche Bauten zu Entfremdungen (nicht nur von der Umwelt) führen müssen. Ein Verkehrssystem, in dem jeder abgekapselt in seinem Fahrzeug sitzt, passt leider genau in diese Welt des Alleinseins und trennt in letzter Konsequenz Mensch von Mensch.

Dass viele von uns der Kontakte entwöhnt sind, zeigt die weit verbreitete Berührungsangst, die oft krankhafte Ausmaße annimmt, so, dass sie mit Berührungstherapien überwunden werden muss. Und diese Therapie zeigt ganz genau, was fehlt: nämlich Nähe, Intimität, Vertrautheit. Man betastet sich, weil das Tasten der „Inbegriff der Nähe" ist, wie Plessner richtig feststellt.[6]

Dort, wo die Kontakte von Mensch zu Mensch und von Mensch zur Umwelt erschwert werden, werden sich auch Entfremdungen des Einzelnen von der Gesellschaft nicht vermeiden lassen. Unter diesem Phänomen leiden gerade die Städte. Abkapselungen der verschiedensten Art werden zu Pseudo-Refugien. Bei der Unterhaltungsmusik, beim Rauschgift und beim Alkoholmissbrauch wird dies besonders deutlich. Das einzige Gegenüber des Zeitgenossen ist nur zu oft ein Abstraktum, ein intellektuelles Surrogat, man denke etwa an Computer und Computerspiele, an Automaten und Spielsalons.

Die durch die Abkapselung geförderte Egozentrik und die daraus resultierende Beziehungslosigkeit zur Umwelt können in Rücksichtslosigkeit ausarten. Von da ist es dann nur noch ein Schritt bis zur Brutalität.

---

[5] Kolakowski, Leszek: Die Gegenwärtigkeit des Mythos. München 1973.
[6] Plessner, H.: a. a. O.

Nähe und Vertrautheit

Wenn wir das Fremdsein als unser Leiden erkannt haben, bietet sich die Vertrautheit als Therapie an. Vertrautheit bedeutet Nähe. Somit muss der Nahbereich als möglicher Hort des Vertrauens in den Blickpunkt gerückt werden. Doch stellt sich sofort die Frage, ob im Stadtraum entsprechend vertrauenswürdige und Vertrauen erweckende Bereiche überhaupt noch zu finden sind, ferner, ob sie sich halten oder gar reaktivieren lassen. Und wenn ja, wie und wo? Im Folgenden soll gezeigt werden, dass solche Bereiche durchaus möglich bleiben und sogar verbessert werden können.

Die Großstadt umfasst in den weitaus meisten Fällen nicht nur die Stadtgemeinde, sondern sie schließt die Vororte mit ein. Dieses Gebilde nun ist als Ganzes oft ‚unüberschaubar' groß und kann für das Individuum zum Ort des Verlorenseins werden. Denn Überschaubarkeit ist Voraussetzung des Vertrautwerdens. Somit ist zu folgern, dass der beängstigend große ‚Kuchen Stadt' in kleine und überschaubare Teile aufzuteilen ist, in Tranchen also, die der Einzelne noch ‚verdauen' kann. Und das heißt wiederum, dass die Kleinquartiere möglichst deutlich abzugrenzen sind. In der überschaubaren und damit ‚verstehbaren' Ordnung des Nahbereichs wird es dem Einzelnen und Vereinzelten möglich, auch sich selbst einzuordnen – und dann von seinem so gewonnenen Standort aus den Stadtteil zu erkunden und zu erfahren.

Als Abgrenzung der Wohnzellen bieten sich zum Beispiel die übergeordneten Strukturen an, also Hauptstraßenzüge und Bahnlinien, Flüsse, Hangkanten oder Nutzungsbesonderheiten wie Freiflächen, Wälder, Industriekomplexe. Innerhalb der Maschen des übergeordneten Verkehrsnetzes ergeben sich so die Bereiche, in denen eine Verkehrsberuhigung möglich wird, fast von selbst.

Die Abmessungen solcher Mikrobereiche müssen sich, wenn die Verkehrsberuhigung ernst genommen werden soll, nach den zumutbaren Fußgängerdistanzen zu den öffentlichen Verkehrsmitteln richten. Daher wird ihre Ausdehnung zwischen den Hauptverkehrszubringern etwa fünfhundert bis maximal zwölfhundert Meter betragen.

Verkehrsberuhigung bezieht sich auf den motorisierten Verkehr. Der nichtmotorisierte Verkehr – also Fußgänger und Radfahrer – hingegen kann und muss entsprechend gefördert werden. Nur so lassen sich die direkten Immissionen aufs Quartier niedrig halten. Gleichzeitig lässt sich im Zusammenwirken mit den öffentlichen Verkehrsmitteln ein energiesparendes und somit auch ein weitgehend energiekrisenresistentes Personenverkehrsnetz aufbauen.

Integration statt Abkapselung

Durch die Abgrenzung des Mikrobereichs und durch das Festlegen seiner fußgängergerechten Abmessungen wird also ein Raum der Nähe geschaffen. In all der monotonen und chaotischen Außenwelt wird eine Innenwelt, zumindest die erste Schale einer

Innenwelt, abgegrenzt. Die Frage ist nun, wie die Vertrautheit innerhalb dieser Innenwelt erreicht werden kann.

Nun wird es wohl keinem Planer gelingen, dem sich selbst unvertraut gewordenen Zeitgenossen mit Hilfe irgendeines technisch-architektonischen Tricks die Vertrautheit und damit das große Einssein mit der Welt wieder zurückzugeben. Doch bleibt es Aufgabe der Stadtverantwortlichen, sich zu überlegen, welche Vorkehren das Fremdwerden des Bürgers bremsen oder vermeiden könnten.

Ein Beispiel soll das illustrieren. Mit zunehmender Technisierung der Stadt wird auch die Entfremdung wachsen. Die Vereinsamung wird im Zeitalter der Telekommunikation höchstwahrscheinlich (und im Gegensatz zu den positiv-naiven Erwartungen vieler Propagandisten) weiter zunehmen. Zu diesem Schluss kommt man nicht allein dadurch, dass angesichts der Erfahrungen mit den bereits abgeschlossenen Kommunikationsschüben infolge Telegraphie, Telephonie, Radio, Fernsehen und Verkehr nichts anderes zu erwarten ist, sondern auch dadurch, dass man sich den Teilnehmer an der Telekommunikation immer als ein von seinem (scheinbaren) Gegenüber abgekapseltes Wesen vorzustellen hat. Denn diesem ‚Tele-Kommunizierenden’ wird jeweils kein Mensch aus Fleisch und Blut gegenüberstehen, sondern ein Schemen, ein Phantom. Der ‚andere’, mit dem er zu kommunizieren hat, wird von ihm abgetrennt sein durch Bildschirm, Leitung und Apparatur und wird in diesem Bildschirm kalt sein, ungreifbar, unbegreifbar wahrscheinlich auch und gerade deshalb fremd. Tastsinn und Geruchssinn gehen leer aus. Die gemeinsame Bewegung wird zur Farce, möglicherweise auch die gemeinsame Bewegtheit.

Wenn nun aber die Vereinsamung – besonders im Berufsleben – zunimmt, müssten die zukünftigen Quartiere, ganz besonders die Wohnquartiere doch so angelegt und organisiert werden, dass sie diese Vereinsamung nicht ihrerseits noch steigern – etwa durch Monotonie und Kälte. Ganz im Gegenteil! Sie sollten den Menschen, den Einwohner vermehrt in die Quartierlandschaft und ins Quartiergeschehen einbinden, ihn also integrieren in das, was wir ‚Nahbereich’ nennen.

Integration aber heißt hier auch Assimilation, und zwar gleich zweifache: erstens einmal das Einfügen des Einzelnen in Umwelt und Gesellschaft, zweitens aber auch Angleichung dieser Umwelt an den Einzelnen. Das meint, er soll das Umfeld nicht nur auf sich einwirken lassen, sondern dieser Einzelne soll auch seinerseits auf das Umfeld einwirken können, etwa in Quartier- und Elternvereinen, in der Quartierpolitik und in der Quartierpflege. Mitwirken und Mitgestalten sind nicht nur für das Wohlbefinden des Erwachsenen wichtig, sondern, wie Piaget zeigt, auch für die Entwicklung des Kindes.[7]

Die Forderung nach Integration führt im Fall des erwachsenen Bürgers demnach sofort zur Frage der Organisation im Mikrobereich. Offensichtlich fehlen heute solche Einwirkungsmöglichkeiten des Einzelnen weitgehend. Er hat zwar das Stimmrecht in Stadtangelegenheiten, fühlt sich aber im engsten, vertrautesten und also wichtigsten

---

[7] Piaget, Jean und Inhelder, Bärbel: Die Psychologie des Kindes. Frankfurt/M. 1978.

Bereich seines Wohnumfeldes der anonymen Macht des privaten und öffentlichen Rechts ausgeliefert (man denke an Straßenbauten, Änderungen in den Bau- und Zonenordnungen etc.!). Und die Praxis zeigt, dass das Überstimmen von Minderheiten nicht nur als notwendiges Übel in Kauf genommen werden muss, sondern zur Durchsetzung von einzelnen Vorhaben leider auch missbraucht werden kann. Dies ist einer der Gründe, weshalb sich der Einzelne besonders hilflos und allein gelassen vorkommt.

Anzufügen ist, dass die Einwirkungsmöglichkeiten des Einzelnen im Rahmen des Kleinquartiers besser gewährleistet sind als in der Anonymität und Unermesslichkeit einer Großstadt. Ähnlich wie der Region fehlt dem Quartier jedoch die rechtlich-politische Kompetenz. Aber auch hier müssen – wie bei der Region – Formen der Mitbestimmung, der Mitsprache und der Mitgestaltung gefunden werden. Ansätze bestehen schon an verschiedenen Orten. Sie sind weiterzuentwickeln. Dies sollte in einem Land wie der Schweiz, wo Alp- und Flurgenossenschaften seit je entsprechende Aufgaben zu erfüllen hatten, möglich sein.

Wenn es nämlich gelingt, den Einwohner mit entsprechenden Anreizen zur Mitgestaltung seiner unmittelbaren Umwelt zu verlocken, ist auch der erste Schritt zu seiner Assimilation getan. Mit dem Baum, den er pflanzt, verwurzelt er sich selbst. Mit jedem Stein, den er auf den andern setzt, baut er mit am eigenen Haus, auch wenn dieses Haus vorerst das Quartier bedeutet. Nur solange wir planen und bauen können, auch wenn es Träumereien sind, haben wir Zukunft, glauben und leben wir wirklich. Solches gilt nicht nur für den Stadtplaner und Politiker, sondern für jeden.

Zum ersten, was ein Kind zu zeichnen versucht, gehört das Haus. Eines der beliebtesten Kinderspiele ist das Häuserbauen. Auf den Robinsonspielplätzen, in den Hinterhöfen, im Wald und neben dem Bauernhof bauen die Kleinkinder, die Halbwüchsigen. Ihnen versucht man Raum, Freiraum für ihre Tat gewordenen Träumereien zu schaffen. Wie kann man dem Erwachsenen die Hände binden und ihn zum Gefangenen einer geradezu mörderisch durchkonstruierten Welt machen und dabei naiv glauben, er fühle sich wohl?

Gegen Schubladenordnungen

Es stellt sich die Aufgabe, Räume zu schaffen, in denen der schöpferische Atem nicht durch ein reglementarisches Korsett abgewürgt wird. Puristisch-ästhetische Anforderungen haben zurückzustehen vor den spontan-menschlichen Bedürfnissen. Ein Gartenzwerg kann durchaus einen Ort anzeigen, an dem schöpferische Mitgestaltung noch möglich ist. Im Gegensatz dazu verheißen die Schubladenordnungen manch architektonisch-städtebaulicher Äußerungen nichts als Passivität und Sterilität.

Im Wohnquartier sollte auf jene urbane Überheblichkeit verzichtet werden, die in allem und jedem eine, wenn auch ökonomisch verbrämte Grandeur durchzusetzen versucht. Überheblichkeit, Grandeur zerstört die Poesie. Poesie aber wirkt durch

Nähe, sie ist der eigentliche Nährboden der Vertrautheit. „Die Miniatur ist ein Fundort der Größe", sagt Bachelard.[8]

Wenn wir den Nahraum aktivieren wollen und wenn er positiv auf den Bewohner einwirken soll, dann ist die Art des Fortbewegens und Verweilens in diesem Nahraum von Bedeutung. Das Fortbewegen soll gedämpft werden, die Möglichkeiten des Verweilens aber sind zu nutzen.

Dabei ist immer auch zu beachten, dass „eine vollständig homogene Umgebung nicht wahrnehmbar ist; sie erscheint vage, unbestimmt und ohne Lokalisation".[9]

Monotone Fassaden und Grundflächen erschweren die Identifikation mit der Umwelt. Dies wirkt sich, wie leicht einsehbar ist, auf den Automobilisten weniger gravierend aus als auf den Fußgänger. Einmal deshalb, weil der Motorisierte die Wüste der Gleichförmigkeit in kürzerer Zeit durchqueren kann als der Gehende. Dann aber auch wegen des eingeschränkten Blickfelds des Fahrers. Dieser hat vor allem den kleinen, weit vorne liegenden Ausschnitt seines Ziels oder Durchschlupfs vor Augen. Er braucht und will kein Gegenüber. Der Fußgänger hingegen, der ebenso oft verweilt, wie er sich bewegt, hat ein Blickfeld von beinah 360 Grad. Es umfasst eindeutig auch ein Oben und Unten, Kuppel und Grund. Seine Umwelt ist voller Gegenüber. Die wahrzunehmenden Objekte können sich in unmittelbarer Nähe oder in befreiender Weite befinden. Direkte, oft sogar körperliche Begegnung wechselt mit der Erfahrung des Abstands, des Durchblicks, der Tiefe. Diese inhomogene Umwelt wird intensiv erlebt, sie wird erfühlt, erspürt. Sie ist nicht allein visueller Raum, sondern gleichzeitig auch Hörraum, Geruchsraum, Tastraum, kinästhetischer Raum, also Bewegungsraum für das Spiel, den Tanz, den Schritt, den Sprung, erlebbar mit Muskeln, Knochen und Haut, erlebbar für den ganzen Menschen. Sie ist sinnlicher Raum.

In diesem sinnlichen Raum sollen die Elemente wieder erfahrbar werden, von denen wir uns entfernt und entfremdet haben – der Stein, das Wasser, das Feuer, der Wind. Die Jahreszeiten und das Wetter sollen wieder spürbar werden, gerade auch mit ihren Unannehmlichkeiten. Denn was dem einen Unannehmlichkeit ist, gereicht dem andern zur Bereicherung und zur Lust, man denke nur etwa an die Schneeräumung einerseits und die dadurch verpassten Schlittelpfade und Schneemänner unserer Kinder andererseits.

Die Natur, das Keimen, Werden und Vergehen, die Blüte und die Frucht sowie das Tier sollen nicht ganz aus dem sinnlichen Raum verbannt sein, sie sollen vielmehr Teil unseres Daseins bleiben, nah sein; denn sie sind Boten und Mahner, die uns an die ursprüngliche, verlorene und doch immer ersehnte Einheit erinnern.

Nach solcher Zielsetzung wird man weniger der Gefahr erliegen, eine Autostraße als tragendes Rückgrat eines Wohnquartiers zu erklären, wie das noch immer aufgrund der Hierarchien der klassischen Erschließungsschemata geschieht. Vielmehr

---

[8] Bachelard, Gaston: Poetik des Raumes. München 1975.
[9] Vernon, M. D.: Wahrnehmung und Erfahrung. Köln 1974.

wird man den Fuß- und Radweg als Ort der Intensität, des Dialogs mit dem Mitbürger und der Umwelt in den Mittelpunkt rücken.

Das bedeutet dann im Einzelnen: Schulwege, Einkaufswege und Wege zu den Haltestellen des öffentlichen Verkehrs sind als Erlebniswege zu gestalten. Als eigentliche Nabelschnüre zu den Fußgängerzielen wie Schulen, Läden, Quartierzentren und Werkstätten haben sie eine dominierende Aufgabe im Nahbereich zu erfüllen. Und dieser Nahbereich schließlich soll als Uterus der Stadt sowohl Heimat dem Einzelnen wie auch Ausgangspunkt für dessen weitere Fahrten und Erfahrungen sein können. In diesem Nahbereich soll man ganz allgemein, wie man das in der Schweiz so treffend sagt, ‚sein können': ‚e chli sii'.

Nun wäre es gewiss ein Leichtes, all diese Thesen und Postulate, in denen der ‚Verstädterung des Dorfes' eine ‚Verdörflichung der Stadt' entgegengestellt wird, als Ausfluss einer überholten ‚Blut-und-Boden'-Romantik abzutun. Doch wenn man die zeitgenössische Literatur betrachtet, die immer wieder auf die Notwendigkeit der Behausung, auf die Bedeutung der Kontinuität unserer Umwelt und auf die Sehnsucht nach Heimat auch für unsere Generationen hinweist, wird man vorsichtig.[10] Und wenn man die Ergebnisse einer rein ökonomisch, soziologisch oder baulich-formalistisch ausgerichteten Stadtforschung betrachtet, wird man sich fragen dürfen, ob der Beizug der Anthropologie, insbesondere auch der Verhaltensforschung, ja sogar der Mythen als einem Archiv unserer verborgensten Regungen, zur Erhebung unserer Urbedürfnisse so abwegig sei. Denn diese Urbedürfnisse sollten wir doch wohl kennen, wenn wir – unabhängig vom kurzatmigen Hin und Her der Tagesmoden – ein Refugium des Menschseins erstellen oder bewahren wollen: eine sinnliche Stadt.

(Aus: Hans Boesch: Die sinnliche Stadt, Essays zur modernen Urbanistik, hg. v. Elsbeth Pulver, Zürich: Nagel & Kimche 2001, S. 56-71.
© 2001 Nagel & Kimche im Carl Hanser Verlag, München)

Hans Boesch (1926-2003)

---

[10] Boesch, Hans: Stadt als Heimat. Zürich 1993.

Rudolf zur Lippe:
Zeit-Ort im post-euklidischen Zeitalter

Als der legendäre Euklid in seiner Zusammenfassung der seit langem entwickelten geometrischen Verfahren und Lehren den berechenbaren Raum auf die drei Dimensionen von Höhe, Breite und Länge brachte, ging es eigentlich um den Platz, den ein bestimmter Körper einnahm. Die Denkfigur Höhe-Breite-Länge wurde zu dem konkreten Zweck einer Berechnung an einen konkreten Körper herangetragen. Die dabei sich ergebenden Maße wurden, entsprechend, ebenso konkret begriffen. Die Zahlen hatten nicht absolute Bedeutung und gingen nicht in einem logistischen Zweck als Faktum unter, wie eben ein Spediteur seinen Frachtraum kalkuliert. Die Verhältnisse der Ausdehnungen zu einander wurden in der Notation der Zahlen ausgedrückt. Die unterschiedlichen Proportionen, die sich bei verschiedenen Verhältnissen der Grundseite eines Dreiecks zur Höhe und den anderen Seiten ergeben, stellen eben auch bestimmte Qualitäten dar, die den Unterschieden zwischen rechten und spitzen und stumpfen Winkeln entsprechen. Anders konnte auch das Alte Testament nicht den Schöpfergott eine Welt nach „Maß, Zahl und Gewicht" betrachten sehen. Bis heute gibt es Untersuchungen der Natur daraufhin, wie Proportionen im Wachstum von Pflanzen, Mineralien und Tieren mathematisch mit dem geometrischen Modell des „goldenen Schnitts" beschrieben werden können. Ghikas Bände über „Le nombre d'or" in Natur und in der Kunst bleiben das Vorbild.

Beherrschend ist dagegen eine Umkehrung geworden. Die mathematisch ausgedrückten Beschreibungen der Welt wurden in den Status ontologischer Grundaussagen erhoben. Das heißt, zunehmend wurde in der europäischen Moderne der als Höhe x Breite x Länge definierte Raum als etwas angenommen, das auf sonderbare, abstrakte Weise an sich existiert, vor all den Dingen zu denken ist, die dann in ihm sich finden und aufhalten. Kant nennt das eine „Kategorie der transzendentalen Aesthetik", ein metaphysisches Prinzip aller Anschauung vor allem Anschauen – Anschauung ohne Anschauung sozusagen. Am deutlichsten wird, was damit zur prinzipiellen Vorstellung von der Welt geworden ist, wenn man sich klarmacht, dass Raum nach diesem Prinzip nicht aus dem Gegenüber und Unter und Über der Wesen und Dinge und Vorgänge zu einander entsteht. Raum kann so nicht verstanden werden, wie er erlebt werden muss, nämlich als ein Gefüge von Beziehungen – nah und fern, eng und weit, über mir und unter mir, bedrängend und in die Weite ziehend. Alle Beziehungen werden zu sekundären Eigenschaften, statt als Ursprünge von Vorgängen, Gefügen und Befindlichkeiten erlebt und gedeutet zu werden. In der Hindu-Welt wird, was wir mit Raum übersetzen, als das fünfte Element wie Wasser und Luft, als konkretes Wirken, nicht abstrakt gedacht. Im Westen ist dagegen aus dem System genauer Beschreibungen die Logik einer metaphysischen Erklärung, aus dieser eine logistische Kalkulation geworden. Die drei Dimensionen wurden ursprünglich angelegt an Gebäude, an Gegenstände von durchaus begrenzten Ausmaßen. In der Kombination mit der Definition der Linie, die als solche unendlich ist, hat das Gedankenkonstrukt dann alle Überschaubarkeit verlassen. Was zunächst wirkte wie ein leerer Schuhkarton, ist explodiert; alle seine Kanten weisen ins Unendliche. Raum scheint mit den drei Dimensionen identisch. Sie werden nicht mehr an dies oder jenes angelegt; alles, was einen Platz einnimmt, findet bereits die leere Unendlichkeit vor. Die Welt als immaterieller Container. Immateriell kann im Gegensatz zur materiellen Realität nur metaphysisch gedacht werden.

Hängt es mit dieser so abstrakten Konstruktion zusammen, dass seit Beginn der sogenannten Neuzeit Alternativen zur realen Geschichte nicht als Verwandlung der Orte, sondern als „Utopien" gedacht werden? Oú topos – Nicht-Ort. Dem Entwurf von Thomas Morus ist die Geschichte der Auszüge gefolgt, der gebannten Religionsgemeinschaften aus England zunächst, dann all derer, die ein brüderliches Gemeinwesen unter spätfeudaler, absolutistischer Herrschaft nicht entfalten konnten. Im Geiste des utopischen Denkens, im wörtlichen Sinne, haben die brüderlichen Solidaritäten sich als Siedler in amerikanischen Weiten Räume geschaffen, deren geographische Wirklichkeit sie heute noch als *„in the middle of nowhere"* verstehen. Ist solche programmatische Unfähigkeit, ein Stück der Erde als eine eigene Wirklichkeit wahrzunehmen und zu achten, die unwillkürliche Kehrseite des metaphysischen Modells von Raum?

Die Hindu-Welt denkt und erfährt die Welt anders in der Komplementarität von manifest und nicht manifest. Das ist der Auffassung der Quantenphysik durchaus ähnlich, die sagt, am Grunde der Materie ist nicht Materie, sondern ... Physikalisch wissen wir nicht, wie wir es sagen sollen. Im Sinne der chinesischen Philosophie könnte man wohl von einer in allem wirkenden, in alles gerinnenden und sich wieder auflösenden Energie sprechen. Jedenfalls wird Wirklichkeit auf diese Weise als vielseitig sich wandelnder Vorgang erfahren und gedacht. Nicht ein unveränderlicher, qualitäts- und gestaltloser, abstrakter „Raum" geht allem Realen vorher. Dessen Vorstellung dagegen hat das moderne Leben umso stärker erobert, als wir uns wie selbstverständlich daran gewöhnt haben, Welt darzustellen unter der Vorgabe der drei Dimensionen, im Verfahren der Zentralperspektive. Ihr Raum ist die Repräsentation des Dreidimensionalen auf zweidimensionalen Flächen oder in der verkürzten Dreidimensionalität der Guckkastenbühne. So gewöhnt daran, dass Raum Repräsentation sei, sind wir der Präsenz, die ich lieber *Ort* nenne, weitgehend entwöhnt.

Umso vitaler taucht der Begriff *Raum* in den Untersuchungen der elementaren Lebensformen wieder auf. In der dynamischen Embryologie lernen wir, dass die anfangs potentiell noch zu jeder besonderen Funktion befähigten Gewebezellen sich spezifisch entwickeln, gerade auch unter dem Einfluss und in den Anforderungen der Lage im Zusammenspiel der selber sich entwickelnden Organe. Erich Blechschmidt hat diese Wechselbeziehung zwischen der Funktion und dem Spannungs- oder Energiefeld in der vorgeburtlichen Lebensgeschichte immer neu gezeigt und betont.

Die oekologische Biologin Ilse Walter kritisiert die Bedeutung des Zufalls in den darwinistischen Selektionstheorien und weist auf die Bedingungen des Lebensraumes hin, auf die eine bestimmte Linie der Evolution antwortet. Wo bin ich? Nicht zu unrecht beginnt manche Szene auf dem Theater mit diesen Worten. Auf die Frage antworten Angaben des Längen- und Breitengrades, der Adresse oder des Planquadrats keineswegs.

In der Mentalität, die wir uns zugelegt haben, lässt Zeit-Ort sich kaum mehr erfahren, erst recht nicht mehr denken. Wir üben nicht ein Leben im Zwischen. Das Zwischen wird aufgeteilt nach den Seiten und von ihnen her der jeweilige Teilbereich definiert. Exemplarisch ist die Geschichte der Engel, die Zwischenwesen waren zwischen Menschen und Göttern, zwischen Himmel und Erde. Aber eine solche Kosmologie hat schon die Antike begonnen aufzuteilen in eine Metaphysik des Diesseits und eines Jenseits. Theologie hat sie verabsolutiert. Bei den Kirchenvätern werden entsprechend die Engel in einer „Hierarchia celestis" einseitig Gott zugeordnet und zu seinen Boten gemacht, hierarchisch definiert nach dem Grad der Nähe zu ihm. Thomas von Aquin wendet die euklidischen Prinzipien auf sie an: Substanz ohne Ausdehnung, wie der Punkt sich zur Linie verhält. Das Zwischen bildet sich im Spannungsfeld der Wirklichkeiten, die mit und gegen einander wirken und darin den Zeit-Ort bewirken. Auf die Frage nach seinen Koordinaten gibt es keine Auskunft.

Gemeint ist in Wirklichkeit der existenzielle Ort. Der Begriff ist umso schwieriger zu bestimmen, als die Geschichte der Geometrisierung Raum so vorherrschend visuell definiert und dargestellt hat, zugleich unabhängig, vielleicht sogar isoliert gegenüber der Zeit als einer ganz anderen transzendentalen Kategorie. Existenz ist das Heraustreten der Anlagen, der Möglichkeiten, der Potentiale in die Zeit. Visuell wird daran nur der Umstand interessant, dass dabei zugleich die Formen zustande kommen. Formen werden wiederum in der europäischen Geschichte als ein Arsenal betrachtet, möglichst dauerhaft als Garantie fürs Wiedererkennen. Der Wunsch nach Verlässlichkeit nimmt ihren Wandel eher als Noch-nicht des Zu-frühen, als Vergänglichkeit des Nicht-mehr oder als trügerische Metamorphosen. Der existenzielle Raum ist gerade mit der Zeit verbunden. Diese Verbindung ereignet sich als Geschichte, die ihre Energieströme einem Ort mitteilt. Zumindest geschieht dies in der Erinnerung der Menschen. Bestimmte Traditionen wissen aber auch, dass den Orten ihrerseits so etwas wie Erinnerung eingeschrieben ist – heilige Orte oder unheilvolle. In den Lebensgeschichten entstehen Orte. Goethe sagt: „Immer war mir das Feld und der Wald und der Fels und die Gärten nur ein Raum, und du machst sie, Geliebte, zum Ort." Vor allem aber sind es eben die Wanderungen, die uns eine Welt zum Ort machen. Im Fahren und Erfahren verbinden sich Zeit und Orte zu den Inhalten, den Gestimmtheiten, zu dem Gehalt unseres Lebens.

Solche Bedeutung von Welt erleben wir nicht, wenn sie Statist ist in der gedachten Leere der drei Dimensionen, aber auch nicht, wenn sie lästige Entfernung ist, Hindernisse bedeutet auf dem Weg zu einem Ziel. Das althochdeutsche Wort *yrren* spricht noch von einer ebenso ungezielten wie allwahrnehmenden Bewegung der

Menschen durch eine Welt, die so nach und nach die ihre wird. Die *Yrr*-Rune ist jener aufrechte Strich, von dem sich am oberen Ende die Arme betend, verehrend, einfach aus einem Bewusstsein antwortend erheben, wenn die Rune Mensch das *Yrren* zu einem Lebensweg entwickelt. Schon ein Rationalismus vor der Aufklärung hat dieses Verständnis verdrängt. Aus der schweifenden, aufnehmenden Fahrt sind die Ab- und Verirrungen gemacht worden, die der verständige Mensch zu meiden hat. Wenigstens müsste im Voraus bekannt sein, was Menschen mit ihren Wegen werden verbinden können. Es ist bemerkenswert, wie schlüssig die Forderungen einer linearen Logik mit dem Schema eines kartographischen Raumes zusammenfallen. Das spätere Dort soll eine logische Konsequenz des jetzigen Hier sein. Aber so wird die Zeit gelöscht; im Gedanken ist das Zukünftige ja schon vorweggenommen und lässt nur unsinnig lang auf sich warten. Ebenso ist die Ferne gelöscht, ihre Definition lässt schon hier sich ablesen. Erst die Hermeneutik öffnet den Blick wieder ins Entdecken. Gadamer ist es, der Erfahrungen, die eben auf Um- und Abwegen sich einstellen, gerade im Verfehlen geplanter Ziele uns bilden sieht. Und wieder ist es, wie Raum und Zeit einander durchdringen, was die Wege der Erfahrung vom Transportplan unterscheidet. Der schon oft bekannt gewordene Weg wird ein neuer, ein einmaliger, indem wir uns bei dem, was uns begegnet, zu verweilen erlauben. Im Verweilen gewinnen wir die Aufmerksamkeit, die uns wahrnehmen lässt. Wahrnehmung ist Zeit und Ort in einem. Einander zu begegnen, schafft die Zeit einer Geschichte des Hin und Wider. Das Hin und Wider der Blicke, der Bewegungen, der Eindrücke und Erwiderungen schafft den Ort, der sich im Wechselspiel der Resonanzen bildet und wächst, indem in dies Spiel die Elemente einer immer weiteren Umgebung hineingezogen werden. Insofern ist Wahrnehmung tatsächlich immer auch Zeit-Ort. Wahrnehmung ist unsere Resonanz auf eine Welt der Flüsse von Energien.

Der nordamerikanische Phänomenologe Robert Romanishin hat an zwei Bildern der Stadt Florenz den distanzierten Blick des Planzeichners und das Bild des Wanderers durch die Straßen einander gegenübergestellt. Der Zeichner praktiziert die zu seiner Zeit üblich gewordene zentralperspektivische Darstellung, die den leeren Raum voraussetzt und nach und nach mit den Gegenständen der Wirklichkeit in einem wohlberechneten Neben- und Hintereinander anfüllt. Er hat seinen Zeichentisch zu diesem Zweck auf einer Anhöhe über der darzustellenden Stadt aufgestellt. Generationen früher war ein Gemälde entstanden, dessen Straßenkrümmungen, Häuser und Brücken eine erinnerte Landschaft bilden, wie man sie nach vielen Gängen durch das vertraut gewordene Florenz zu einander fügt. Romanishin hat den beiden so gegensätzlichen Wiedergaben einerseits den Begriff des *dwelling*, des Behaustseins, andererseits der städteplanerischen Erfassung beigegeben. In diesem Zusammenhang mag eine Übung interessant sein, zu der wir in einem Lehrprojekt uns von Hugo Kükelhaus haben anregen lassen. Eigentlich ging es um den Tastsinn der Füße. Wir legten einen Parcours unterschiedlichster Stoffe aus – Sand, Holz, Steine, Gras usw. Um das jeweilige Material mit den Füßen zu ertasten, ließen wir uns die Augen verbinden und über die Stationen führen. Für die Beziehung zu Raum ist interessant nicht nur, wie die Begegnung mit den je ganz anderen Qualitäten alle abstrakten Schemata der Anordnung vergessen ließ. Nachfolgende Versuche, den Parcours zu rekonstruieren, sind ebenfalls an der Beschäftigung mit den verschiedenen Wahrnehmungen gescheitert. Die Abfolge in der linearen Zeit war weitgehend zurückgetreten hinter der Intensität der Eindrücke. Die jeweilige Gegenwart war offensichtlich weit bestimmender als deren objektive Reihenfolge. So hat sich uns ein Ort gebildet, den wir nur beschreiben können als ein Gefüge von Beziehungen.

Im „Sinnenbewusstsein" habe ich in einem vergleichbaren Zusammenhang den Ausdruck Zeit-Ort gefunden. Wahrnehmung ist immer zeitlich und örtlich bestimmt. Mit diesen Bestimmtheiten geht sie auch ein in unser Bewusstsein. Oft werden es mehr gefühlsmäßige Gestimmtheiten als Bestimmtheiten sein, die dem Verstande bewusst werden. Gerade für den Ort wird ein Gespür wach, das dem Ungeübten unerklärlich bleibt, zumal mehr als die fünf Sinne beteiligt sind, die wir uns offiziell zugestehen. Am Zeit-Ort, der sich bildet um uns, nehmen wir, was uns begegnet, insofern auch von innen wahr, das Innere des Anderen aus unserem eigenen Inneren. Das ist etwas vollkommen Anderes als Innerlichkeit. Innerlichkeit stellt den gemiedenen oder gesuchten Gegensatz zur Äußerlichkeit dar. Sie ersetzt das wirklich Pathische im Sinne von Victor von Weizsäckers „Pathosophie" unseres Wahrnehmens durch ein Pathos. Als ich zuerst Zeit-Ort sagte, wollte ich vor allem erst einmal die analytische Trennung von Raum und Zeit für das Bewusstsein überwinden, das ebenso aufnehmend wie leitend mit den Sinnen verbunden ist. Dann hat Rolf Elberfeld diesen Begriff geprägt, um den japanischen Meister Dogen übersetzen zu können. Da kommt schon noch eine weitere Dimension der Bedeutung hinzu.

An Situationen der alten japanischen Kunst sehen wir sofort, dass diese Kultur ohnehin nicht von einem Raum ausging. Sie ließ unter den Strichen des Pinsels hier einen Baum, dann dort einige Bäume, dann vielleicht einen Menschen erscheinen. Ein Raum steht nicht zur Debatte. In den Beziehungen wird ein Ort lebendig. Ort ist das Zwischen dieser Beziehungen und was sie trägt, möglich macht, auch sie umgibt. Nicht eine perspektivische Konstruktion weist den Dingen ihren Platz an in der Leere und im Nebeneinander. In einem ganz leichten Grau verkörpert sich vielleicht das Zwischen, wie in lichtem Nebel, der miteinander verbindet, was wir gerade noch wahrnehmen können in einer weitgehend sich entziehenden Landschaft. Der japanische Kunsthistoriker Fujio Maeda hat dieses Grau mit der Trübe verglichen, in der bei Goethe die Farben des Lichts zur Erscheinung kommen.

Dieser Vergleich ist besonders auch deshalb so erhellend, weil die Goethesche Farbenlehre auf dem Prinzip des Erscheinens beruht. Farben *gibt* es nicht, sie treten jeweils in Erscheinung – zwischen den Elementen einer bestimmten Situation und uns als Wahrnehmenden. Das bedeutet, dass die Erscheinungen nicht etwa zeitunabhängige, objektivierte Fakten sind, sondern in der unendlichen Folge der Augenblicke immer neu in die Existenz treten. Über diese Aufmerksamkeit auf den Augenblick wird ein Übergang denkbar zu jenen ausgezeichneten Augenblicken, in denen unsere Wahrnehmungen und unser Bewusstsein durchsichtig werden für eine unendliche

Bewegung in allem. In allem, so sehr, dass wir uns selber in diesem Allen wissen. Herausgehoben aus den Fixierungen auf dieses und jenes, nah und fern, jetzt, früher und später – und doch aufgehoben von diesem besonderen Augenblick an diesem besonderen Fleckchen Erde hier.

Ein solches Welterleben kommt unmittelbar zum Ausdruck in der Malerei des europäischen Mittelalters. Auf den Gründen von Gold oder Blau finden sich die Heiligen, die Tiere und Blumen und Berge in einem gottgegebenen Miteinander, das keiner Rekonstruktion, z. B. nach den Regeln der Zentralperspektive, bedarf.

Nah und fern, hier und überall sind in solchen Augenblicken nur noch, was sie an sich immer sind: Nicht Gegensätze in einer definierten Topographie, sondern eine existenzielle Peristaltik, ein Atemrhythmus. Eng und weit ist der Rhythmus unserer innersten Organe wie des Horizonts zwischen Dunkel und Licht. Das Labyrinth gehört in die Reiche solcher Rhythmen. Das Labyrinth von Knossos, die steingewordene Gestalt der kreisenden Tänze, mit denen die Priester die ewigen Bahnen der Sonne beschworen. Das Labyrinth unserer Eingeweide, das in unserer tiefsten Intimität das Geheimnis der physiologischen Korrespondenz mit den kosmischen Bewegungen hütet.

Diese Bezüge sind in den Geschichten der Völker zu Kulturtechniken unterschiedlicher Richtung ausgebildet worden. Zwischen Troglodytentum und dem Ikarischen. Höhlenkulte bedeuten keineswegs, dass eine Zivilisation nicht Gebäude zu errichten gewusst hätte. Für die in sich getragene Intensität einstiger Kulte waren Höhlen die Orte der Geborgenheit in den Eingeweiden der Erde. Noch heute suchen sich sexuelle Extremsportarten Keller, die Eingeweide von Häusern, oder verlassene Maschinenhallen, die Eingeweide der einstigen großen Industrie. Diskotheken sind schummrig. Andererseits protzen Verwaltungshochhäuser und Kaufhäuser mit gläsernen Aufzügen, deren ikarische Assoziationen sie in riesigen Lichthöfen zur Schau stellen.

Der Zeit-Ort ist zweifellos immer dem Drang, der Eile und den Gewohnheiten alltäglicher Verrichtungen zum Opfer gefallen, die die Aufmerksamkeit der Menschen mit Beschlag belegen – aus Not, aus Bequemlichkeit oder aus Stumpfsinn. Die Übungen der Lehren wie des Za-Zen sprechen deshalb von den Momenten des Erwachens. Die Geometrisierung des Menschen und seiner Welt hat ebenso zweifellos die Sinne so systematisch kanalisiert, dass die Wahrnehmungen, die nicht das Programm der euklidischen Welt nachvollziehen, in den Untergrund unserer Existenz gedrängt sind. Nietzsche nennt dies den unerhörten, unhörbaren Unterstrom der Geschichte – Bewusstsein vom Leibe her. Inzwischen entwickelt ein posteuklidisches Programm die Kanalisierungen zu einer scheinbar eigenen virtuellen Realität. Seine Maximen und Prinzipien sind ambivalent. Einsteins Einführung der Zeit als einer vierten Dimension könnte ein physikalisch-mathematischer Versuch sein, Raum und Zeit wieder zu integrieren. Tatsächlich ist dabei aber die Zeit in den Sog der Abstraktionen der euklidischen Raumkonstruktionen geraten. Die Beugung der Dimensionen von der euklidischen Geraden zu Kurven unterschiedlicher Krümmung im Hilbertschen Raum könnte als eine Öffnung der konventionell, vom

Schuhkarton her, definierten Realität auf weitere Wirklichkeiten verstanden werden. Doch wird eher der Geltungsbereich der euklidischen Definitionsstrategien über den Schuhkarton und auch dessen Explosion hinaus auf alle denkbaren Konstruktionen betrieben. Die gesamte Welt der *Cyber Space*-Konstrukte stellt ja nicht Wirklichkeiten eigener Raumqualitäten dar, sondern Extrapolationen der euklidischen Prinzipien. Das soll der Begriff post-euklidisch signalisieren. In genauer Parallele zum post-industriellen Zeitalter, das ja auch nicht *alii genus* ist, sondern die Fortsetzung des Industrialismus mit anderen Mitteln jenseits der Begrenzung der großen Maschinerie durch deren Abhängigkeit von Konkretheiten der menschlichen Arbeit, der sozio-geographischen Standorte, der konventionellen Materialität usw.

Selbstverständlich ist diese Entwicklung lange vor dem 20sten Jahrhundert initiiert worden. Schlüsselstrategie dürfte die Algebraisierung der Geometrie durch das Koordinatensystem von Descartes sein. Auf dessen Linien werden keine Messungen mehr abgetragen, sondern Messwerte eingetragen. Die Operationen bewegen keine Messlatten mehr, sie werden ausschließlich mit Hilfe von Zahlen ausgeführt. Descartes selber hat zwar den Kreuz- oder Ursprungspunkt der Koordinaten noch nicht hin- und hergeschoben; als Nullpunkt war er aber prinzipiell schon bestimmt, das heißt als ein Pol ohne jeden Bezug zur Erde, zur Geographie, zur Geschichte.

Der spanisch-indische Religionsphilosoph Raimon Panikkar hat, dem allen entgegen, den Begriff des vertikalen, wir haben dann gesagt, des lotrechten Raumes geprägt. Jeder Mensch hat eine ureigenste Beziehung zur Mitte der Erde. Die Schwere ist eben auch ein Privileg. Wo immer wir uns befinden, wenn es nur nicht in einer gravitationsfreien Kabine ist, dieses Lot ist wirksam. In der Schwere auf dem Boden der Erde und zu ihr hin sind unsere Organe im Zuge der Evolution angelegt und ausgebildet worden und in den Energien der Aufrichtung gegen diese Schwere, die allem biologischen Wachstum eigen ist. Das Lot bildet sich immer neu, zwischen Erde und Himmel. Panikkar nennt es ein elementar demokratisches Privileg. Wer immer wir sind, wo immer wir uns aufhalten, wir haben oder, besser, wir sind dieses eigene Lot, um das sich unsere Welt bildet. Ein Raum vom Inneren her, nicht von außen vorgegeben und zugeteilt, aber zuteil werdend in der kosmischen Ordnung zwischen Erde und Himmel.

Diese Vorstellung von Raum ist eine existenzielle und dem Visuellen auf eine ganz primitive Weise überlegene. Durch die Vorherrschaft des Gesichtssinn sind wir so stark auf das *vor* uns Liegende programmiert. Der lotrechte Raum bildet einen Ort *um* uns nach allen Seiten. Dabei wird gelegentlich wieder spürbar, dass es auch den Fühlraum, wie Hugo Kükelhaus sagt, von unserem Rücken ausgehend gibt, wo wir von Dingen und Vorgängen eine Ahnung haben, ohne sie sehen zu müssen. Diese Ahnung kann sich bei einiger Übung zu einem Wissen ausbilden, wie das Gespür im Dunkeln oder bei Blinden. Im „Sinnenbewusstsein" habe ich eine Übung beschrieben, in deren Verlauf unser Blick bewusst verweilen lernt in einer rein aufnehmenden Geste der Augen, also nicht auf irgendein Einzelnes fokussiert. Ich habe sie *Baum sein unter Bäumen* genannt, weil sie uns aus der Rolle der Kontrollierenden, der

Beurteilenden, der Interpretierenden herauslöst und uns dazu befreit, einfach einmal mit der Welt sein zu können, frei von dem Zwang, einschätzen, planen oder manipulieren zu wollen. Das schließt ein Handeln gar nicht unbedingt aus. Aber so wird Aktion aus den Reaktionen zum Wahrgenommenen hervorgehen. Den Aktionismus des distanzierten Täters hinter sich lassend, wird ein Handelnder der Antwort frei. Diese physiologisch begründete Übung soll durchaus auch übertragen verstanden werden als *vita activa* aus einer *vita contemplativa*. Das bietet eine Antwort auf Karlfried Graf Dürckheim und auf Hannah Arendt zugleich an.

Dabei merken wir, dass wir der Welt je andere Raumkonzepte vorzuschreiben gewohnt sind, je nachdem wir sie zum Gegenstand unserer Bearbeitung, unserer Pläne oder unserer Wahrnehmung machen. Der Raum des Planens und Bearbeitens hat sich mit dem euklidischen so verschränkt, dass der quasi leere Raum, für den die Erdoberfläche als Grundfläche fungiert, das ganze Interesse beansprucht. Das prinzipiell Unsichtbare darunter kann nur als Rohstoff, als unter die Erde verlagerter Transportweg, als Deponie beachtet werden. Die euklidischen Dimensionen kennen sozusagen keine Tiefe, sondern nur eine Höhe des Raumes. Die Unterwelt ist abgeschafft. Selbst in der Landwirtschaft wird nur noch von „Flächen" gesprochen; „Böden" sind lediglich chemisch-geologische Eigenschaften bestimmter „Flächen".

Der kulturgeschichtliche Ausdruck des lotrechten Raumes ist die antike Praxis um den *omphalos*. Nicht nur Delphi hatte seinen Nabel der Welt, materialisiert in einem Stein, der ähnlich geformt ist wie etwa die *shiva lingam* der Hindu-Welt, deren Steinsäulen allerdings oft eine phallische Form zeigen. Joseph Rykwert hat für die römische Stadtgründung neben dem *umbilicus* einen *mundus* nachgewiesen, durch den die Geschichtsgemeinschaft und ihr Ort mit den Kräften der Fruchtbarkeit wie mit den Toten in rituell geregelter Kommunikation lebte. Beide Verbindungen, die im Nabel vergegenwärtigte mit dem Geschehen des Himmels, die durch den *mundus* mit der Unterwelt, bildeten das innerste Lot Roms und der Römer. Ihre Traditionen finden sich bei den Schamanen Sibiriens ebenso wie denen Afrikas, die ihre Reisen in die Ober- und Unterwelt imaginär-wirklich in diesen Nabelschnüren vollzogen. In dieser kosmologischen Verankerung konnte aber auch der Omphalos in der Mitte einer mittelmeerischen Geschichtsgemeinschaft und ihres Lebensraumes so viel mehr, eigentlich Anderes sein als eine Landmarke und ein Wahrzeichen. Er wurde an ausgezeichneten Kraftorten der Erde gesetzt. Was wir modern die demokratische Qualität des lotrechten Raumes genannt haben für uns als Individuum, hat eben auch eine Bedeutung auf der Ebene der *polis*. Jede Polis konnte ihren „Nabel der Welt" haben. Die anderen mochten Feinde sein, erobert oder bekriegt werden; sie waren unabhängig davon anerkannt in ihrer Unmittelbarkeit zum Kosmos.

Ein Innerstes muss selbstverständlich eingegrenzt werden, wie es die rituelle Umkreisung des Stadtortes bei der Gründung und die auf ihr errichtete Mauer der ewigen Stadt tun. Levi-Strauss hat die Gliederung der Welt in ein Innen und ein Außen mit den Begriffen und den Praktiken „des Rohen und des Gekochten" verbunden und ausgeführt. Es wäre sehr lohnend, die verschiedenen Beziehungen nebeneinander zu stellen, die Kulturen für das Verhältnis vom Ort und dem Außen entworfen haben, durchaus in der Unterscheidung zwischen dann noch einmal verschiedenen Sphären außerhalb.

Die moderne aufgeklärte Welt ist von einer ganz anderen topographischen Ideologie beherrscht. Sie beginnt mit der griechisch antiken Aufklärung. Das abstraktere Rechts-System der Städte entwickelte sich gegen die letzten Positionen einer matriarchalisch bestimmten Ordnung. Den Mythos von deren Untergang erzählt Aischylos. Wie immer die Kette der Untaten sich gewendet hat – Agamemnon ist der Schlächter seiner Tochter, Klytaimnestra eben auch deren Rächerin –, als Orest den Vater an Klytaimnestra rächt, wird er zum Muttermörder. Als solcher verfällt er den Erinyen, den Hüterinnen des Mutterrechts. Robert von Ranke Graves breitet die Belege für diesen historischen Konflikt vielfältig aus, um zu betonen, was der Spruch des Apollo-Orakels, das den Gejagten nach Athen schickt, und der dortige Prozess bedeuten. Unter der Führung der anderen neuen Gottheit und Gründerin der Stadt, Athena, wird Orest freigesprochen. Das neue Stadtrecht, das auf die Göttin zurückgeführt wird, ermöglicht die Lösung des Banns. Die Geschichte der griechischen Kolonien ist zugleich die Geschichte der Ausdehnung städtischer Vorherrschaft und damit patriarchaler Ordnungen.

Der vielleicht leidenschaftlichste Vertreter einer geopolitischen Weltordnung im 20sten Jahrhundert, Carl Schmitt, hat diese Kolonisierungen so interpretiert, dass sie zum frühen Modell seines universalisierten Prinzips der „Landnahme" wurden. Zusammen mit seiner Lehre kategorischer Konfrontation von „Freund und Feind" ist damit das theoretische Denken und politische Handeln in gegeneinander definierten Räumen zu seiner schärfsten Formulierung gelangt. Sie ist faktisch verbunden mit dem nationalsozialistischen Weltmachtanspruch für das „Volk ohne Raum". Wieweit es auf die antike Formel von den Griechen einerseits und den „Barbaren" andererseits zurückgeht, wird im Grunde immer fraglicher, nachdem die kulturgeschichtliche Forschung gerade die vielfältige und wesentliche Aspekte betreffende Kontinuität, sagen wir, orientalischer Linien im „Griechentum" zutage fördert. Selbstverständlich hat der *limes* des römischen Reiches das Denken in Grenzen kategorischer Aufteilung seinerseits entscheidend bestimmt. Die mittelalterliche Formel der römischen Kurie, die von der Christenheit als einer geographischen Einheit im Gegensatz zu den „*partes infidelium*", den Gebieten der Ungläubigen, sprach, setzt diese Tradition fort wie viele andere.

Das Spezifische dieses Denkens in Grenzen wird vermutlich erst deutlicher, wenn man eine ganz andere Ordnung betrachtet. Die Welt Indiens bietet sich als Modell dafür an. Sie hat auch traditionell Unterschiede als Gegensätze interpretiert. Konflikte und Kämpfe waren dabei gar nicht ausgeschlossen. Aber die verschiedenen Religionen, Sprachen und Kulturen blieben doch Gruppen dieser einen Welt. Unterschiede wurden nicht in Begriffen, erst recht nicht in einer politischen Geographie von Grenzen realisiert. Als besonders schönes Beispiel dafür wird erzählt, wie die Hindus reagierten, als die Parsi auf der Flucht vor den Mohammedanern um Aufnahme baten.

Man bot ihnen an, sich wenigstens eine der Hindu-Gottheiten zu eigen zu machen und so eine Art Verwandtschaft zu schaffen, die ein Leben in einer Welt ermöglicht. Erst die britische Herrschaft hat die „Ethnien", Religionen, Kulturen gegeneinander definiert. In dem selben Bestreben nach Kontrolle, auf Grund dessen die Engländer die Aufteilung alten Gemeinguts zu steuerrechtlichen Zwecken verfügt haben. Es ist anzunehmen, dass sie nicht einmal verstanden, wie tiefgehend ihre Verwaltung das Wesen einer Gesellschaft angriff und zerstörte.

Offensichtlich aber ist die Ideologie der Nation im Sinne des 19ten Jahrhunderts nach Napoleon eine Ausprägung des Definitorischen, des Denkens in Grenzziehungen besonderer Art, ist sie doch verbunden mit der Forderung nach Homogenität derer, die das Territorium der Nation als „Staatsvolk" bewohnen. Diese Einheitlichkeit war in der ersten Konzeption der *nation* bei Jean Bodin einzig auf das Territorium und die Untertanenschaft unter den einen Souverän, den Monarchen ausgerichtet. Seit mit der Französischen Revolution das Volk als Souverän gilt, sind verschiedene anthropologische Parameter für die Homogenität gesucht worden, mit denen es gegebenermaßen dann in der Wirklichkeit hapert: Religion, Sprache, Ethnie, Rasse, ... Die Kolonialherrschaft europäischer Nationen hat, besonders augenfällig auf dem afrikanischen Kontinent, Einheiten der Ausbeutungsverwaltung geschaffen und mit Lineal und Winkeleisen in die Geographie geschrieben. Die Unabhängigkeitserklärungen haben dann zwei unvereinbare Parameter gleichzeitig übernommen: Die geometrischen Flächen wurden zum Raum von Nationen erklärt, während die einzigen Anhaltspunkte für gemeinsame Geschichte die überlebenden Traditionen von Stämmen, Religionen, Kulturen und andererseits die Überreste der auferlegten Verwaltungsstrukturen bildeten. Zugleich stellt der Begriff *Nation* mit seinen mehr oder weniger ausgesprochenen Homogenitätsstrategien die einzige verbliebene Formel für eine Anerkennung im Innern und von außen dar. Und sei es nur der irgendwie rettende Anspruch, Mitglied der „Vereinten Nationen" zu sein.

Ein Gemenge aus „Freund und Feind"-Denken des nationalsozialistischen Staatstheoretikers, aus Geopolitik nach dem Prinzip der Räume, die immer durch Ausgrenzung anderer Räume definiert werden, aus dem Homogenitätswahn mit seinen sozialdarwinistischen Unter- und Obertönen und manch anderem mehr ist gewaltig ins 21ste Jahrhundert geschwabbt. Das Schlimmste daran ist, dass kaum eine andere Ideologie so erbarmungslos herzustellen verurteilt ist, was sie behaupten will. Ihre schlagendste Manifestation findet sie in den Parolen vom „*clash of civilisations"*, von der „*axis of evil"* und all den täglichen Verachtungen von Anderem, die Gegenfundamentalismen provozieren. Zu den Vereinheitlichungsideologien gehört inzwischen auch der Neoliberalismus, der liberale Prinzipien zu einem eigenen Fundamentalismus verkehrt. Immanuel Kant hat den freien Handel zwischen den Nationen eine Welt des Ausgleichs der Interessen und der gemeinsamen Freiheit herbeiführen sehen: „Der ewige Frieden". Die „eine Welt" der Offensive, die das Entwicklungsprojekt nach nordamerikanischem Standard und zugunsten einer weitgehend einseitigen Aufteilung der ökonomischen Funktionen zum Endstadium der Geschichte machen will, macht den Begriff der Freiheit zu einer Strategie gegen die Identitäten und Geschichten der Anderen.

Maria Todorova, die kulturphilosophische Historikerin aus Rumänien, tritt besonders entschieden für einen Paradigmenwechsel ein, der das Denken der Völker und Kulturen in Räumen ablöst. Vor allem will sie dessen Konsequenz überwinden: Die Ziehung von Demarkationslinien, die Definitionen in Gegensätzen zwischen Hier und Da provozieren. Sie nennt ihr Paradigma der Geschichten der Völker und Kulturen Vermächtnis und meint Prozesse, die genau dem Gadamer'schen Begriff der Wirkungsgeschichte entsprechen. Ein Fluss des Woher und Wohin, statt eines Sortierens nach Eignem und Fremden.

In der Politik hat nichts für das Bosnien-Herzegovina nach dem serbischen Krieg so viel Schaden angerichtet, wie die Demarkationslinie von Dayton und die mit ihr verbundene Zwangsidentifikation. Die Menschen des Landes, die seit Jahrhunderten ein Miteinander von Muslimen, Katholiken, Orthodoxen, Juden, Protestanten gelebt haben, werden nun nach ethnischen Kriterien aufgeteilt. So werden sie gegeneinander identifiziert, während sie immer miteinander Bürger dieses Landes sein wollten. Todorova spricht nun von Vermächtnissen der Geschichte, die in der Zeit an den Orten dieser Geschichte zu verstehen sind, wie ihre Lasten und Energien in der weiteren Geschichte aufzunehmen und zu bearbeiten sind. Der rumänische Schriftsteller Ilja Trojanow und der indische Ranjit Hoskoté haben diese Methode zu ihrer These zugespitzt: „Kulturen bekämpfen sich nicht – sie fließen zusammen". Das Buch heißt „Kampf-Absage".

Auch die Geschichtsschreibungen und Legenden sind Manöverfelder von Ideologie. Die Geschichten von einzelnen Menschen und Gemeinschaften sind konkret wie die Orte des Lebens. Die Konzeptionen von Räumen sind reine Ideologie. Schwer zu sagen, wo die Geschichte vom Ort China als „Reich der Mitte" die Schwelle zum ideologischen Anspruch überschritten hat. Sicher ist, dass die weltpolitisch äußerst wirksame Rede von den vier, dann mit Australien fünf Kontinenten, eine machtpolitische Suggestion ist. Warum wäre Europa geographisch nicht ebenso ein Subkontinent wie der südasiatische? Das Konzept der europäischen Länder als Zentrum mit der übrigen Welt als Peripherie hätte sich von einem Fortsatz der asiatischen Landmassen her nicht entwerfen und behaupten lassen.

Die Beispiele lassen sich sozusagen unendlich weiter führen. Doch schon die wenigen zeigen, dass eine bestimmte Abstraktion des Denkens von Raum Voraussetzung geworden ist für sehr spezifische Lebensformen und für weltmachtpolitische Epochen. Von der päpstlichen Aufteilung der Gebiete der Ungläubigen zwischen dem König von Spanien und dem König von Portugal über die Berliner Konferenz, die die Gebiete Afrikas und des Balkan verteilte, bis nach Dayton usw. In Konfrontationen mit Orten und ihren Geschichten wird das Konzept des euklidischen Raums zur „Geographie der Gewalt". Geschichten der Menschen, der Kulturen, Naturgeschichten der Evolution fallen ihr zum Opfer. Nach euklidischem Maßstab sind die frühesten Hütten der Menschheit nur klein, kommen also für Kultur nicht in Frage.

Primitiv auf der Skala der Behaviouristen, setzten aber diese Gemeinschaften sich durch die Orte und die Ausrichtungen ihrer Hütten in Beziehung zu den Sternen, zum Ganzen des Kosmos. Ein Welt-Bewusstsein. Wesentlich für die Bauten griechischer Tempel mit dem Säulenumgang für die Prozession, erst recht für die Wohnungen, Schreine und Paläste der japanischen Tradition waren die Zwischenzonen der Umgänge und Vordächer und Durchlässe. Die europäische Moderne hat immer kategorischer dagegen das Entweder-Oder von Drinnen und Draußen gesetzt, dem auch die Reiche des Schattens und Halbschattens geopfert werden. Selbst die Erfahrung unserer selbst ist euklidisiert: Der Körper wird definiert durch sein Volumen wie jeder physikalische auch, statt als Leib im Austausch der Luft, der Feuchtigkeit, der Wärme mit der Welt um uns begriffen zu werden – Häute sind nicht Grenzen, sondern Prozesse. Seit die Luftschichten über der Erde zum Übungsfeld der Ballistik von Kanonenkugeln, dann von Flugzeugen geworden sind, inzwischen Medium von Milliarden gesendeter Informationen, ist Himmel nur noch in den Empfindungen einsamer Nachtwandler.

Dies alles ist vielleicht eine gigantische Provokation, den Entwurf des Zeit-Orts aus seiner Geschichte einer mystischen Zen-Lehre abzuholen. Eine Antwort auf die zivilisatorische Verödung ubiquitärer Kontainerzonen, die Jean Duvignaud mit seinem Begriff vom *non-lieu* kritisierte. Die ganze Welt mit ihren Migrationen und Nicht- und Ab-Orten zu *einem* Ort werden zu lassen und Frieden als dessen Zeit zu begreifen. Jede politische Initiative, jede Bewegung für die Menschenrechte, aber sicher auch jede Begegnung von Menschen mit einander und mit einem Flecken Welt, für den wir einen Augenblick lang eine Verantwortung zu übernehmen versuchen, sind Übergangsmomente dahin.

Prof. Dr. Rudolf zur Lippe
Carl von Ossietzky-Universität
Institut für Philosophie
26111 Oldenburg

Edward Relph:
Geographical experiences and being-in-the-world:
The phenomenological origins of geography

The beginning of academic disciplines lies in curiosity about the nature of the world, and especially in attempts to give order to this curiosity by finding ways to direct it. Such efforts can often be traced back to the philosophers and scientists of ancient Greece, and certainly the first formulation of geography as a coherent body of knowledge can be ascribed to Eratosthenes, the Greek librarian at Alexandria from about 234 to 196 B. C., who apparently coined the term to refer to the description of the earth.[1] While there are doubts about whether the 'geography' of Eratosthenes meant the whole earth or just regions of it, and about whether descriptions were to be written or presented cartographically, it is clear that from its inception geography has served to satisfy a deep curiosity about what the world is like elsewhere.

The history of geography is well established. Why, then, might it be necessary to examine the phenomenological origins of geography and people's relationships with their geographical environment? Surely in this context, "phenomenological" can refer to little more than the unordered everyday experiences of the type which the work of Eratosthenes transcended? To return to such experiences seems tantamount to a dismissal of twothousand years of scientific geographical achievement.

This is not the case. Phenomenology does indeed have to do with prescientific experience, but this is not its only concern. Heidegger, whose thinking provides the basis for many of the ideas in this essay, described phenomenology as "the process of letting things manifest themselves."[2] The similarity of the words notwithstanding, phenomenology is quite unlike biology, theology or other '-ologies,' because it neither characterizes its subject matter in advance nor indicates the object of its research.[3] Phenomenology is a way of thinking that enables us to see clearly something that is, in effect, right before our eyes yet somehow obscured from us – something so taken for granted that it is ignored or allowed to be disguised by a cloak of abstractions. For Heidegger this "something" was preeminently *Being* – the fact that things exist at all. The elucidation of Being requires not a rejection of scientific knowledge so much as an attempt to understand the relationships between scientific and prescientific consciousness.

---

[1] E. H. Bunbury, *A History of Ancient Geography* (New York: Dover, 1959), chap. XVI.
[2] M. Heidegger, letter in W. J. Richardson, *Heidegger: Through Phenomenology to Thought* (The Hague: Martinus Nijhoff, 1967), p. xiv.
[3] M. Heidegger, *Being and Time*, J. MacQuarrie and E. Robinson, trans. (New York: Harper and Row, 1962), p. 59.

Consider the phenomenon of curiosity. In *Being and Time,* Heidegger suggests that curiosity "seeks restlessness and the excitement of continual novelty and changing encounters."[4] It was curiosity which led Eratosthenes to measure the earth's circumference; it was curiosity which drove subsequent generations of men and women to seek the source of the Nile and to explore the continental interiors. Curiosity is a kind of dissatisfied knowing that always pushes on to further questions, and it is therefore a distinctive feature of scientific forms of inquiry. But by asking questions and offering answers, conventional science also dispels wonder. Wonder is the mark of a prescientific attitude – that is, of a compassionate intelligence that seeks to see things in and for themselves. Heidegger's term for wonder is "marvelling", within which there is an admiration for the earth with its myriad places and landscapes. What we understand of the world derives both from wonder and from curiosity.

An account of the phenomenological origins of geography is, perhaps, an astringent academic exercise. Some geographers and other students of the environment may be deeply interested in such a task, but it is unlikely to arouse widespread enthusiasm. This lack of interest is unfortunate. The experiences of places, spaces and landscapes in which academic geography originates are a fundamental part of everyone's experience, and geography has no exclusive claim to them. Indeed, one of the first aims of a phenomenology of geography should be to retrieve these experiences from the academic netherworld and to return them to everyone by reawakening a sense of wonder about the earth and its places. To do this can nevertheless provide a source of vitality and meaning for geography by casting it in its original light, where 'original' has the dual meaning of 'first' and 'new.'

The question of the phenomenological origins of geography can be addressed by an examination of the relationship of human beings to their world and the connections between this relationship and various geographical concepts such as region and place. Accordingly, this essay has two major sections. The first is an account of being-in-the-world, which is the prescientific (i. e., everyday, immediate or original) relationship that people have with their surroundings. This section is based on Heidegger's discussion in *Being and Time* of environmentality.[5] The second, longer section examines the connections between scientific geography, being-in-the-world, and a geography of wonder that we know through direct experience. This discussion draws on the work of the French historian, Eric Dardel, who examines geographic experience, or as he calls it *géographicité* – the ties of region, landscape, space and place that link people to the earth.[6]

---

[4] Heidegger, *Being and Time*, pp. 214-217; quotation on p. 216.

[5] Heidegger, *Being and Time*, pp. 95-107.

[6] Eric Dardel, *L'Homme et la Terre: Nature de la Réalité Géographique* (Paris: Presses Universitaires de France, 1952). Translations from this book are mine.

Being-in-the-world

The geographer's quest, writes Yi-Fu Tuan, is for understanding of "man-in-the-world."[7] This focus makes immediate sense, in so far as geographers have conventionally dealt with the relationships between, for instance, human settlement patterns and topography. Tuan, however, intended more than the study of material linkages, for he qualified his conclusion by explaining that "the phenomenologist studies neither 'man' in the abstract, nor the 'world' in the abstract but 'man-in-the-world'."[8] There is, in other words, something about his phrase "man-in-the-world" which is not immediately obvious. Like many such expressions taken from philosophy, it enfolds a wealth of meaning and subtlety. In particular, it points to being-in-the-world, a phenomenon to which Heidegger devoted much of *Being and Time*. Being-in-the-world is the basic state of human existence, and it indicates the fact that everything which exists has an environment.[9]

Heidegger presents being-in-the-world as a unitary phenomenon with three constitutive elements.[10] First, there is "being-in," a kind of relationship that is full of concern and marked by ties of work, affection, responsibility, interest and memory; or it may be characterized by deficient modes of concern, such as leaving things undone and neglecting responsibility. Second, there is the entity which has being-in-the-world as a feature of the way it is; this entity is the self. Third, there is the "in-the-world." This notion is more difficult and needs explanation. The "world" for Heidegger is not nature, nor the sum of things which happen to surround us. "The world comes not afterward, but beforehand;" we do not specifically occupy ourselves with the world, for it is so self-evident and so much a matter of course and we are so implicated in it that we are usually quite oblivious to it.[11]

As the taken-for-granted sphere of activity and interest that embraces existence, the world has two forms – *presence-at-hand* and *readiness-to-hand*.[12] To think about the world or the entities within it as abstract things is to tender them subject to observation, to make them the object of casual curiosity and to distance oneself from them. This attitude, for Heidegger, makes the world present-at-hand. This phrase is his expression for self-conscious, perhaps disinterested reflection, or any attitude in

---

[7] Yi-Fu Tuan, "Geography, Phenomenology, and the Study of Human Nature," *Canadian Geographer* 15 (1971): p. 191.

[8] Ibid.

[9] I use the term "existence" throughout this essay as the equivalent to Heidegger's expression, *Dasein*.

[10] Heidegger, *Being and Time*, pp. 78-79; see, also, John MacQuarrie, *Martin Heidegger* (Virginia: John Knox Press, 1968), pp. 15-19.

[11] M. Heidegger, *The Basic Problems of Phenomenology*, A. Hofstadter, trans. (Bloomington: Indiana University Press, 1982), p. 165. This work is based on lectures given by Heidegger in 1927 and therefore parallels and elaborates ideas expressed in *Being and Time*.

[12] Heidegger, *Being and Time*, p. 67 and p. 101. See also M. Gelven, *A Commentary on Heidegger's Being and Time* (New York: Harper and Row, 1970), pp. 56-57.

which there occurs a feeling of separation from matters. Thus, in asking, "How can this city be explained as a geographical phenomenon?", or, more mundanely, "How do I find my way to the new city hall?", the relationship is one of presence-at-hand. An element of self-awareness inserts itself between me and my world. This can happen because I choose to be detached and disinterested, because I encounter something unfamiliar which causes me to stop and reflect, or because I am overtaken by a mood of alienation.

A more fundamental mode of being-in-the-world is readiness-to-hand. By virtue of making, considering, participating, discussing, moving around, producing some-thing, attending to something and looking after it – by virtue of all such activities – beings are always and already in a world with which they are concerned.[13] No matter how much we may reflect and abstract, we are already in a direct and immediate relationship with the world. In this concernful relationship, things are ready-to-hand. Heidegger writes: "What we 'first' hear is never noises or complexes of sound, but the creaking wagon, the motor-cycle. We hear the column on the march, the north wind, the woodpecker tapping, the fire crackling."[14] In this readiness-to-hand, there is no self-conscious reflection about what or how things are. One already knows.

For Heidegger, the primordial form of readiness-to-hand lies in using. Wood to a carpenter, stone to a sculptor, an engine to a mechanic – each is a relationship which is not merely spatial but which radiates meanings that derives from grouping, adjusting and using things. Things which are encountered as ready-to-hand in use Heidegger calls "equipment."[15] This term illustrates the practical value of things and implies that their use always occurs in a context. The pen and paper I use are equipment. I pick up my pen, uncap it, write with it not thoughtlessly but with at most a gentle, scarcely conscious effort of thought that acknowledges the special qualities of this pen and paper and allows me to adjust my writing slightly to accommodate them. The pen and paper as equipment are simultaneously part of a context which includes a desk, a lamp, books, and so on.

Is the world entirely comprised of ready-to-hand equipment and present-at-hand entities? Heidegger does not address this question directly, though many of his examples and comments indicate that there is another aspect to the world as we experience it. When he writes, for example, of the noise of the motorcycle, or of going for a stroll in the woods, it is clear that this motorcycle and these woods are not theoretically observed and present-at-hand. Yet neither are they precisely ready-to-hand equipment. They are perhaps best understood as part of a ready-to-hand context or background that is seen and sensed in its everyday immediacies, and which embraces equipment, but which cannot itself be actively used. This background is, to adapt a phrase of Heidegger's from a slightly different context, "inconspicuously

---

[13] Heidegger, *Being and Time*, p. 83.
[14] Ibid., p. 207.
[15] Ibid., p. 97.

familiar."[16] In other words, it is so well known to us that we accept it as being what it is, and though we may notice the seasonal changes in the forest, or the daily round of activities on the street in front of our house, we do so without any present-at-hand attitude that distances us from them.

For the purpose of this essay, the important aspects of being-in-the-world are presence-at-hand and the readiness-to-hand of equipment and its background. These aspects can easily be misunderstood, so a caution is warranted. Presence-at-hand and readiness-to-hand are not Heidegger's terms for objectivity and subjectivity, and they are not alternative attitudes which we can choose to adopt or to reject at will. Rather, as the phrases themselves suggest, they are descriptions of different modes of closeness and involvement with the world which are necessarily part of existence. It makes no sense to criticize or to promote either one by itself, for both attitudes are part of the unitary whole of being-in-the-world.

Geography, geographical experience and being-in-the-world

Being-in-the-world embraces the fact that there is always and already an environment for each of us before we become curious about the earth and the location and character of its different places. What then is the connection between being-in-the-world and geography? Is geography an elaboration of certain aspects of being-in-the-world that renders them present-at-hand? Can the concepts of academic geography be traced back to more fundamental forms of existence? To address these questions, it is necessary to bring forward that aspect of being-in-the-world most clearly associated with geographical thought, and which I have described above as the world of background or context revealed through circumspection. "Bringing forward" here means that the connection between being-in-the-world and geography will be examined. In order to emphasize this connection, the world of background can be considered in terms of geographical experiences of regions, landscapes, spaces and places.

An initial clarification of what is meant by "geographical experiences" can be achieved by considering William James's remarks about religious experience.[17] James argued that abstract definitions of the essence of religion are unsatisfactory because there are so many spiritual understandings (love, fear, the infinite, and so forth) that we can only conclude that "religion" is a collective noun. Instead, James sought to clarify religion through a study of personal religious experience. Institutional religion has to do with churches and ritual; it is "an external art, the art of winning the favour of the gods."[18] Personal religion has to do with individuals' experience of whatever they consider divine – be it ecstasy, awe or matters of conscience. Churches and

---

[16] Ibid., p. 137.
[17] W. James, *The Varieties of Religious Experience* (London: MacMillan, 1961), pp. 39-41.
[18] Ibid., p. 39.

rituals have some role in such experiences but in the end such influences are secondary, since the founders of churches and sects were originally motivated by their own experiences and faith. In personal religion "the relation goes direct from heart to heart, from soul to soul, between man and his maker," and for this neither ceremony nor institution is needed.[19] In order to grasp the varied character of personal religion, James reformulated it as "religious experience;" that is to say, he brought forward those aspects of personal religion which could be described clearly and communicated to others.

Geographical experience is a less familiar term, though possibly a more ordinary phenomenon than religious experience. It refers to the entire realm of feelings, acts and experiences of individuals in which they apprehend themselves in a distinct relationship with their environment. These experiences are not as intense as those of the divine, but neither are the two always mutually exclusive: the gods are regularly encountered in views from mountain tops.[20] Like those of institutional religion, definitions of academic geography pose problems. The practitioners of geography have rarely agreed on the aims and methods of their subject, which is now variously defined as a rational science of locations, the study of person–environment relations in space, the study of spatial organization, and so on. What geographers do in their research and writing has no identifiable common focus. It can only be concluded that geography has no single definition but is a collective noun embracing a variety of approaches and aims.

On first consideration, the relationship between academic geography and being-in-the-world is tenuous and limited. It is tenuous because much of present-day geography is technical and far removed from everyday experience – it is virtually impossible to see any connection between, for example, investigations of mechanisms for the geographical transmission of economic fluctuations and the readiness-to-hand of equipment. Further, the relationship is limited because only a small fraction of the population has a detailed knowledge of academic geography and, therefore, few people are able to make the connection between it and their personal experiences of places and landscapes. Geographical experiences, however, do not suffer from this obscurity. Though they are not commonly known by name, they are experiences which everyone has and which require no textbooks or special methods to be appreciated. They go directly from place to person and from person to place. Eric Dardel, in his book, *L'Homme et la Terre: Nature de la Réalité Géographique*, discloses the main aspects of geographical experience in terms of what he calls *géographicité*, which can be translated as "geographicality."[21] Geographicality is grounded in an original wondering about environment and is "the distinctive relation-

---

[19] Ibid., p. 40.
[20] See the various examples given by James, *Varieties of Religious Experience*, p. 69 and pp. 310-312.
[21] Dardel, *L'Homme et la Terre*, p. 1.

126

ship which binds man to the earth ... his way of existence and his fate."[22] It is universal, necessary and taken for granted: "Geographical reality demands an involvement of the individual through his emotions, his habits, his body, that is so complete that he comes to forget it much as he comes to forget his own physiognomy."[23] Geographicality is, therefore, unobtrusive, inconspicuously familiar, more lived than discussed. It is, in fast, a naming of the geographical forms of being-in-the-world.

Academic geography is an expression of a self-concious, present-at-hand curiosity about the world. In order to organize their information and observations, geographers have traditionally employed four concepts – region, landscape, space and place.[24] These themes, however, are not just geographical concepts. In a rather different guise, they are the contexts and subjects of geographical experiences, and in a different aspect again they are parts of being-in-the-world. Heidegger wrote at length about spatiality and region, and somewhat more elliptically about place. Of course, the terms space, place, region and landscape do not have the same meaning in each of these contexts, but initially there does seem to be an interconnection; the words, at least, slip easily from geography to geographical experience to being-in-the-world.

Region

Long considered by geographers to be the distinguishing concept of geography, "region" has recently fallen from fashion perhaps because it is not a concept which lends itself to the mathematical and statistical analyses now in favor. A geographical region is defined as a part of the earth that is distinctive from other areas and which extends as far as that distinction extends.[25] It is characterized by internal similarities of landforms, cultural history, settlement forms, climate, or a combination of all of these. Thus, one can refer to the region of New England, the semi-arid region of British Columbia, or the prairie region of Canada. A region is, in short, a particular way of classifying geographical information.

From the perspective of geographical experience, it is possible to identify with and to feel oneself in a clear relationship with a region. One can be a Southerner or a New Englander, and these identifications mean more than being from a particular region – they imply something about speech and personality. Identity with a region in this way may be rather superficial and involve simplifications of personal and place differences, but it does precede any academic, geographical attempt to classify regions. Eric

---

[22] Ibid.

[23] Ibid., p. 47.

[24] This should be self-evident for geographers, but for support see J. A. May, *Kant's Concept of Geography* (Toronto: University of Toronto Press, 1970), p. 201, p. 204, and pp. 210-213; D. Harvey, *Explanation in Geography* (London: Edward Arnold, 1969), p. 187 ff.; R. Hartshorne, *Perspectives on the Nature of Geography* (Chicago: Rand McNally, 1969).

[25] Hartshorne, *Perspectives*, p. 130.

Dardel writes that the world is structured into regions of lived-meaning around the place where one lives.[26] There is our home region, the area up north with its lakes and forests, and the region down east with its fishing villages. Each of these regions has its own name – the Golden Horseshoe, Muskoka, Cape Breton. The distinctive characteristics and boundaries of each region, however, are not exactly defined; there is no need for such definitions, since the regions are known already in experience.

Tuan uses "region" in a very different sense, though still in the context of geographical experience. In *Space and Place*, he writes: "Every person is at the center of his world, and circumambient space is differentiated in accordance with the schema of his body. As he moves and turns, so do the regions front-back and left-right around him."[27] Space as experienced is broken into regions that are given structure and shape by the form of our bodies. These extended bodily regions are in the first instance wholly personal, but it seems that the world, too, can take on these values. Tuan asks, therefore, if cities have front and back regions, and answers, yes, at least in some cases, such as traditional Chinese cities.[28]

In *Being and Time*, Heidegger is quite explicit that "region," as he uses the term, is not formed by things present-at-hand together.[29] Rather, a region refers to the fast that the things we use as ready-to-hand have specific places to which they belong, but there are many such places for any one thing; it is these places circumspectively kept in view which constitute the thing's region. As a simple example, my pen could be in my pocket, on my desk or in a drawer – these places together comprise its region. At the same time, a region of being-in-the-world comprises far more than a sort of unself-consciously known sum of possible locations for things ready-to-hand. To illustrate this point, Heidegger gives the example of the sun, whose light and warmth are in everyday use and ready-to-hand, and which has its own places which we call sunrise, noon, afternoon, sunset, and midnight. These places are indicators of, and give form to "celestial regions," which, Heidegger continues,

> "need not have any geographical meaning as yet ... The house has its sunny side and shady size; the way it is divided up into rooms is oriented toward these, and so is the arrangement within them, according to their character as equipment. Churches and graves, for instance, are laid out according to the rising and setting of the sun – the regions of life and death ..."[30]

Thus, existence itself has regions and it both gives to and receives from these an orientation and a structure.

---

[26] Dardel, *L'Homme et la Terre*, p. 15.

[27] Yi-Fu Tuan, *Space and Place* (Minneapolis: University of Minnesota Press, 1977), p. 41.

[28] Ibid.

[29] Heidegger, *Being and Time*, p. 136. The translators' footnote indicates that the German word *Gegend*, translated here as "region," has no exact English equivalent.

[30] Ibid., p. 137.

Landscape

"The geographic landscape," wrote Carl Sauer, "is a generalization derived from the observation of individual scenes."[31] It is, in effect, an average landscape of a region and the most visible part of regional character. In this sense, 'landscape' is a technical term used in the analysis of visual environments. It may be comprehensive, embracing both ordinary details and exceptional features, but there is no doubt that landscape in academic geography is present-at-hand. One of the commonest metaphors used by geographers for landscape is that it is a text or book that can be read and interpreted.[32] This metaphor indicates that landscape is to be approached with a measured and detached gaze of curiosity and with skepticism about why things look as they do. Landscapes in academic geography are thus seen more as objects for interpretation than as contexts of experience.

The landscapes we experience are always specific scenes, such as the landscape I see through my office window, or the skyline of Manhattan from the Staten Island Ferry. Landscapes include trees, lawnmowers, garbage bags, trucks, people, and clouds in all their particular manifestations. Strictly speaking, there is no such thing as 'landscape' – there is only *this* landscape, here and now. Furthermore, for all their visual and sensed immediacy, the landscapes of geographical experience are indeterminate phenomena. They cannot be embraced, nor touched, nor walked around. As we move, so the landscape moves, always there, in sight but out of reach. A landscape includes a multitude of things, of equipment, yet it cannot be reduced to these things. Eric Dardel wrote that "a landscape is something more than a juxtaposition of picturesque details; it is an assemblage, a convergence, a lived-moment. There is an internal bond, an 'impression,' that unites all its elements."[33] The bond to which Dardel refers is one of human presence and concern; landscapes, therefore, take on the very character of human existence. They can be full of life, deathly dull, exhilarating, sad, joyful or pleasant.

The word 'landscape' has little popularity except perhaps in the meaning of pleasant scenery. Landscapes are usually regarded without a word in mind for them and are presumably seen as aspects of the visual environing world. In such seeing, they are encountered either as equipment or as inconspicuously familiar background, though these two realms are not neatly separated categories of experience. "Landscape is not, in its essence, made to be looked upon," claims Dardel, "but, rather, is an insertion of man into the world, a site for life's struggle, the manifestation of his being and that of

---

[31] C. O. Sauer, "The Morphology of Landscape," in *Land and Life*, J. Leighly, ed. (Berkeley: University of California Press, 1967), p. 322.

[32] See, for example, P. Lewis, "Axioms for Reading the Landscape," in *The Interpretation of Ordinary Landscapes*, D. W. Meinig, ed. (New York: Oxford University Press, 1979), pp. 11-32.

[33] Dardel, *L'Homme et la Terre*, p. 41.

others."[34] In such experience, landscape is part of what Heidegger understood to be the fundamental relationships of human beings to their world – that of use and of equipment which is ready-to-hand. We know landscapes, in other words, because we go hiking in the mountains, because we drive through streets on the way to work, because we encounter landscapes continually in the course of going about our daily affairs. We know them because they reveal the state of the weather and the passage of the seasons, because they harbor the places of our memories, because they are the visible matrix of where we live.

As inconspicuous backgrounds, landscapes retreat from attention. Heidegger gives an example when he writes of a street as equipment for walking:

> "One feels the touch of it at every step as one walks. It seems that nothing could be closer and more ready-to-hand. And yet it is more distant than the acquaintance one sees at a distance of twenty paces. The street retreats, as it were, into the background."[35]

For much of the time, landscapes stay as unobtrusive backgrounds to other more important concerns, but occasionally they are brought forward into our awareness. For instance, in certain affective states, or in "moods," as Heidegger calls them, we may be predisposed to notice the world around us.[36] Perhaps this awareness is because we feel healthy and cheerful and the world seems to reflect our happiness; conversely, we may feel afraid and depressed and the dark streets and looming hills echo our fear. Landscapes may also become conspicuous when they become unusable.[37] An accident on the highway delays our journey and we notice for the first time the harshness and hardness of the crash barriers, the size of the direction signs, the separation of the highway from the adjacent landscapes. Or perhaps a familiar landmark is destroyed and its sudden absence draws our attention to the whole scene of which it was a part. In such moments, we are reflectively aware of landscapes as integral aspects of our being-in-the-world.

Space

In modern academic geography, space is that of the surface of the earth, usually assumed to be devoid of topographic anomalies. Space is, in effect, geometric. This interpretation of space enables the relative locations of cities, industries and transportation routes to become issues for geometric analysis. It is now widely held that geography is *the* science of space, by which it is meant that geography has a special claim to investigate spatial patterns and processes by using the established methods of

---

[34] Ibid., p. 44.

[35] Heidegger, *Being and Time*, pp. 141-142.

[36] Ibid., pp. 172-173.

[37] Ibid., pp. 103-105, where these issues are discussed in terms of conspicuousness, obtrusiveness and obstinacy.

science. In this meaning, space is an extended surface for the distribution of things present-at-hand, and no more than that.

In geographical experience, space is rarely encountered in such a pure and abstract way. Perhaps in huge human-made plazas designed to be geometric, or in looking down from an aircraft at a grid pattern of roads and fields, some element of this present-at-hand space is visible. But even in these cases, the spaces are always colorful and conditioned – much more than black lines on a white background. Dardel makes a clear distinction between geometric space of the sort taken over by scientific geographers and what he calls geographical space:

> "Geometric space is homogeneous, uniform, neutral. Geographical space is differentiated into that of the prairies, the mountains, the oceans, the equatorial forest ... Geographical space is unique; it has its own name: Paris, Champagne, the Sahara ... it has a horizon, a surface form, a color and density."[38]

Dardel examines five aspects of geographical space, and while these are not mutually exclusive, they are distinctive and recognizable in experience. Material spaces are those of cliffs, fields, city skylines, or sand dunes; those spaces partake of the character of the surrounding surfaces and manifest themselves directly to us as distances to be travelled in terms of the time and effort needed to climb hills or to drive across cities. Telluric space is that of depth, solidity and durability; it is the space of caves and exposed rock. "Here," wrote Goethe of an outcrop of granite, "I rest directly on a foundation which reaches into the deepest regions of the earth. In this moment the inner forces of the earth act directly upon me."[39] The space of water is formless and filled with motion. It invites special responses: the ocean offers distant horizons with their sense of adventure, a river escapes to the sea, a waterfall provides a subject for almost endless contemplation. Even more brilliant and shifting than water is the space of the air, of skies changing with cloud, mist, sunshine and rain. It can be rent by thunder, heavy with the promise of snow, eerie as the mist rises.

The geographical spaces of matter, depth, water and air are all 'natural' – that is, they are not of people's making but are found or given, and they are open or exposed. Constructed, human-made spaces – Dardel's fifth aspect of geographical space – are, in contrast, usually enclosed, offering a sense of security from the outside world. Since built spaces are human-made, they convey human purposes directly through their forms and surfaces. In Dardel's terms, they are "human intentions inscribed on the earth."[40] They include the spaces of building, of city streets and squares, of fields and fences, of an isolated farm gathering space around itself.

Geographical space is a fusion of these specific spaces of earth, air, water and human artifacts with the moods and imaginings through which we experience them.

---

[38] Dardel, *L'Homme et la Terre*, p. 2. The following discussion is a summary of pp. 9-41.
[39] Goethe, cited in ibid., p. 21.
[40] Ibid., p. 40.

We project our attitudes and beliefs so that a cave can be a place of security or of threat, depending on our particular intentions and needs. A clearing in a forest can seem like a room or a site for magic or simple a relief from the darkness of the spaces beneath the trees. Constantly changing with weather and season and time of day, ordered by human intentions and experiences, geographical spaces are rich and complex: "the real space of geography delivers us from the infinite abstract space of geometry or of astronomy. It places us in a space of our own dimensions, in a space which gives itself to us and responds to us."[41]

It is this form of spatiality as part of being-in-the-world that Heidegger described in *Being and Time*.[42] Existence (*Dasein*) brings things closer, renders them ready-to-hand. Here, the remoteness or closeness of what is ready-to-hand need not correspond with objective distances of things present-at-hand. The house next door is a few meters away, yet it is utterly remote because my neighbor is unfriendly. Space as we encounter it immediately in experience "lacks the pure multiplicity of the three dimensions."[43] Space is not in the subject nor is the world in space but space is in the world as part of everyday experience. Human existence is spatial and its spatiality embraces closeness, separation, distance and direction as modes of existence. This existential spatiality is so complete that Heidegger suggests that a special kind of mental effort is required to see the world as present-at-hand in space or to see things as somehow distributed in a space that is given in advance.

Place

Although place is closely related to space and landscape, its experiential dimension is qualitatively different from that of landscape or space. The latter are part of any immediate encounter with the world, and so long as I can see I cannot help but see them no matter what my purpose. This is not so with places, for they are constructed in our memories and affections through repeated encounters and complex associations. Place experiences are necessarily time-deepened and memory-qualified. In geographical experience, a place is an origin; it is where one knows others and is known to others; it is where one comes from and it is one's own:

> "Before any choice there is this 'place,' where the foundations of earthly existence and human condition establish themselves. We can change locations, move, but this is still to look for a place; we need a base to set down our Being and to realize our possibilities, a *here* from which to discover the world, a *there* to which we can return."[44]

Geographical experience begins in places and reaches out across spaces to landscapes

---

[41] Ibid., p. 35.
[42] Heidegger, *Being and Time*, p. 134-148.
[43] Ibid., p. 145.

and the regions of existence. Specifically, it begins in the place in which I live as the center of my world, though there may be other places which serve as foci of meaning for me. Relationships to places need not be strong and positive; sometimes there is a strong affection (topophilia) for particular places, but this may be paralleled by an aversion (topophobia) for other places. Belonging to a place, feeling part of it, gives many people a positive sensation of security, yet for others it may be oppressive and restrictive. Whether we know places with a deep affection or merely as stopping points in our passage through the world, they are set apart in time and space because they have distinctive meanings for us.

How different this is from the traditional geographical idea of place, which means little more than location, though this may embrace an integrated complex of phenomena, such as street patterns, economic activities and local customs.[45] Places defined in this formal way are to be described and analyzed, their internal and external order revealed. Clearly, the academic-geographical attitude to places is one of presence-at-hand, in which the geographer is distanced from the meanings of place experience.

"When space is discovered by just looking at it," wrote Heidegger, "[it is] neutralised to pure dimensions. Places — and indeed the whole circumspectively oriented totality of places belonging to equipment ready-to-hand — get reduced to a multiplicity of positions for random Things."[46]

This is an accurate description of the achievement of scientific geography, in which places have become points and mere locations. For Heidegger, place is the context of things ready-to-hand that is itself ready-to-hand. Though Heidegger did not develop this meaning of place in detail, it does seem to be fundamental to his understanding of being-in-the-world. Joseph Fell writes in a commentary on *Being and Time* that "the Being of the human being, his essential nature, is Place, the ground or clearing within which there can be disclosure of beings as what they are."[47] And to support this view he quotes from one of Heidegger's later essays: "*Dasein* names that which should first be experienced, and thence properly thought of, as Place — that is, the locale of the truth of Being."[48]

In all of Heidegger's writing there is an element of metaphor because he is trying to disclose experiences which are subtle and usually have no names. When he writes of region, space, and place, we must be careful to keep this element of metaphor in mind and not to impose our prior understanding of these words onto this thinking. Then, perhaps, we can grasp the possibilities for geographical experiences as they are

[44] Dardel, *L'Homme et la Terre*, p. 56.
[45] F. Lukermann, "Geography as a Formal Intellectual Discipline and the Way in Which it Contributes to Human Knowledge," *Canadian Geographer* 8 (1964): p. 167-172.
[46] Heidegger, *Being and Time*, p. 147.
[47] J. Fell, *Heidegger and Sartre: An Essay on Place and Being* (New York: Columbia University Press, 1979), p. 63.
[48] Heidegger, cited in ibid., p. 47.

carried back into the realm of being-in-the world. Understood from an experiential perspective, landscape, region, space and place appear as overlapping aspects of the fundamental unity of human beings with their total, indivisible and mundane environments. They are geographical modes of existence.

Redressing an imbalance

Scientific geography, geographical experience, and being-in-the-world are unified in a field of concern. Though they present themselves in different ways, they are insepara-ble. Hence it is possible to trace, for example, connections between landscape as an object of technical, academic analysis and landscape as an aspect of being-in-the-world. The presence-at-hand of academic-geographical concepts and approaches may have a different character from geographical experience, but it would be a mistake to understand the two as alternatives in opposition to one another. Rather, they are related in a complementary tension in which both can contribute to our understanding and appreciation of the world.

Nevertheless, an imbalance has apparently developed within this tension and unity, and abstract technical thinking has begun to submerge geographical experience either by making the latter seem relatively trivial or simply by obscuring it with generalizations. Heidegger states that environments can be defined simply in terms of their observable features but that "when this happens the nature which ... assails us and enthralls us as a landscape remains hidden."[49] Immediacy of experience is thus not destroyed but concealed from us. With formal scientific approaches, this con-cealment is perhaps unavoidable, and Heidegger comments further: "The botanist's plants are not the flowers in the hedgerow; the source which a geographer establishes for a river is not the springhead in the dale."[50] There is not necessarily any difficulty in this; we simply have to accept that it is not possible to maintain simultaneously a detached scientific attitude and to be open to geographical experience. When one achieves significant priority over the other, however, as scientific curiosity now has dominance over geographicality and wonder, then important possibilities for exis-tence are denied.

This imbalance became the start for much of Heidegger's later thinking. For in-stance, he wrote that "All distances in time and space are shrinking. Man now reaches overnight, by plane, places which formerly took weeks and months of travel ... Yet the frantic abolition of distances brings no nearness; for nearness does not consist in shortness of distance."[51] And elsewhere: "The power concealed in modern technology

---

[49] Heidegger, *Being and Time*, p. 100.
[50] Ibid.
[51] M. Heidegger, "The Thing," in *Poetry, Language, Thought*, A. Hofstadter, trans. (New York: Harper and Row, 1971), p. 165.

determines the relation of man to that which exists. It rules the whole earth."[52] Dardel saw evidence of this same imbalance within geography, and declared: "Geographical experience often has to turn its back on the indifference and detachment of formal geography."[53]

The problem now is to find a way of redressing this situation. Heidegger indicates clearly and repeatedly that there is no easy answer. One cannot identify the various aspects of being-in-the-world, classify them, and develop policies and educational programs to communicate them, for this is to render them present-at-hand and thereby to change their essential character. In the context of geographical experience, people cannot be trained to marvel at landscapes, nor to love their places and their planet. On the other hand, love of place and of the earth are scarcely sentimental extras to be indulged only when all technical and material problems have been resolved. They are part of being-in-the-world and prior, therefore, to all technical matters. What Heidegger argues for is a "thoughtful" and "careful" attitude to the world, and he uses these words in their exact meanings. This attitude "demands of us not to cling one-sidedly to a single idea nor to run down a one-track course of ideas," and adopts a composure toward all forms of technical thinking that understands their necessity but denies their right to dominate us.[54] In geography and other environmental disciplines, this composure will require, at the very least, a heightened awareness of the character and qualities of one's own geographical experiences and an attempt to convey to others the fundamental importance of marvelling at the places of the earth.

(First published as: Edward Relph: Geographical experiences and being-in-the-world, The phenomenological origins of geography, in: Dwelling, Place and Environment, Towards a Phenomenology of Person and World, ed. by D. Seamon and R. Mugerauer, Dordrecht/Boston/Lancaster: Martinus Nijhoff 1985, pp. 15-31. Reprint by courtesy of the author and Springer Science and Business Media.)

Prof. Dr. Edward Relph
University of Toronto at Scarborough
Department of Social Sciences
1265 Military Trail
Scarborough, Ontario M1C 1A4
Canada

---

[52] M. Heidegger, *Discourse on Thinking*, J. M. Anderson and E. H. Freund, trans. (New York: Harper and Row, 1966), p. 50.
[53] Dardel, *L'Homme et la Terre*, pp. 127-128.
[54] Heidegger, *Discourse on Thinking*, p. 54.

Yi-Fu Tuan:
Desert and ice: ambivalent aesthetics

The water-scarce (desert) and frigid (ice) regions are among the earth's harshest environments. A glance at any world-population map shows that these are the "empty quarters" which for long have successfully resisted the human imprint. Attitudes to these environments by people who have settled in the more accommodating, kindly parts of the earth have been complex and deeply ambivalent: we find instances of indifference and deliberate neglect, or, at the other extreme, keen interest as potential economic resource and base of political power; we find desert and ice viewed as threatening presences to be conquered in the name of national pride and manhood, or as challenge to the prowess of science; and last, though certainly not least, we find worshipful admiration tinged by fear. It is this last attitude that I should like to explore. To do so, I need a point of departure and conceptual frame. Home is the point of departure for real as well as figurative explorations. I will therefore start with the concept of home.

Love of home is universal, whether this be rain forest, dry boundless plain, or tundra. How is it possible for humans to differ so greatly in the environment they prefer? Although the larger environments differ strikingly in character, the places where people actually spend most of their time, sleep, and eat can have much in common. Home is not a simple entity. It is best seen as a succession of concentric circles, at the center of which is home narrowly defined, or homeplace. This homeplace at the center, wherever it occurs, has two primary physical traits: enclosure and multisensory texture. Homeplace is everywhere a protected – at least partly enclosed – space: that is to say the tent and corral of the nomad and the igloo of the Eskimo. Homeplace is also a variegated world of shapes and colors, sounds and odors, even in the desert. Its appeal – its aesthetic appeal – derives from this complex mix of sensory stimuli. Beyond the homeplace thus understood are broadening, increasingly abstract, rings of "home space." In the measure that their value as shelter declines, their appeal is directed more and more to the eye. The physical characters of the larger homes, or home *spaces*, can differ greatly from each other. At the scale of home space, the environments of the desert nomad and the rain-forest hunter have little in common. Beyond home space is alien space, which is normally perceived as threatening. Few societies in the world (and these are usually materially advanced and self-confident) and few individuals in any society are drawn to it.

Homeplace, which nurtures biological life, commands the strongest attachment and loyalty. The word love is natural to homeplace. So many things in it give passing aesthetic pleasure – a shining copper pot, a handsome rug, cool shadows – that one is hardly aware of them individually; nothing stands out in perception and as experience, but together they engender a diffuse sense of well-being. By contrast, home space commands appreciation at a more conscious level. When describing home space that stretches beyond one's immediate circumambient world, the use of an aesthetic vocabulary, including the key word "beauty" or "beautiful," seems appropriate. As for alien space, it can be life-negating in severity and yet inspiring – overpoweringly beautiful or sublime. Desert and ice have provided Western man with experiences of beauty and, on rare occasions, a sense of the sublime that overcomes the distinction between self and other.

What desert? What ice?

Although both desert and ice have resisted permanent human habitation, they differ in the degree of resistance. No matter how vast and desolate, deserts reveal human traces: oases support permanent or temporary settlements and even the bleakest hamadas have been crossed – at one time or another – by trade caravans. In contrast, the great ice floes and plateaus have repelled all human imprint until modern times.

Western civilization began on the margins of the greatest desert in the world. Yet, the ancient Greeks and the European savants influenced by them have persistently sought, throughout the West's long history, to deny the desert's overpowering and hostile presence. Such a presence posed a threat to fundamental human needs and desires – the need for water and food, the need for control, and the desire for a harmonious and well-designed earth. The Greeks were curious about foreign places and peoples, but they paid remarkably little attention to the arid belt at their doorstep. Under (in part) the influence of Homer, they tended to see Libya – one of the three fundamental units of the earth – as fertile.[1] From Herodotus to Strabo, geographers repeatedly underestimated the size of Africa, and thereby the size of its great desert. The Greek conception of climatic zones, which has powerfully affected Western thought, was based on temperature, not on precipitation; and until the mid-twentieth century, whether places were hot or cold received far greater scientific attention than whether places were dry or wet.[2] In the centuries when nature was viewed through Christian lenses, there was reluctance to recognize the existence of large deserts because they seemed incompatible with the wisdom of God. A theory of the hydrologic cycle found favor because it supported the idea of a well-designed, providential earth. Even in the late eighteenth century, a scientist of the stature of James Hutton would admit to only two dry areas on the earth's surface, "Lower Egypt and a narrow spot upon the coast of Peru."[3] Empirical evidence on the extent of

---

[1] Homer, *Odyssey* IV.
[2] E. H. Bunbury, *A History of Ancient Geography among the Greeks and Romans* (2nd ed., New York: Dover, 1959) vol. 2; John Leighly, "Dry Climates: Their Nature and Distribution," *Desert Research*, Proceedings International Symposium, Research Council of Israel, special publication no. 2 (Jerusalem: 1953).
[3] James Hutton, "The Theory of Earth," *Royal Society of Edinburgh*, vol. 1, part 2 (1788), p. 62.

deserts, gathered over the centuries by traders, missionaries, and explorers who crossed them, was overlooked in the interest of maintaining a reassuring physico-theological theory of the earth.[4]

Natural theologians and philosophers in the Old World were not alone in their cavalier disregard of evidence. Explorers and early settlers of dry lands in North America and Australia also showed a disposition to ignore what they found inconvenient or undesirable. True, in North America the myth of the Great American Desert emerged to capture for a time the imagination of certain Eastern writers.[5] Nevertheless, most Americans in the latter part of the nineteenth century were inclined to see a potential for agricultural wealth far beyond the hundredth meridian; and if the aridity was too obvious to be denied, its effect on farming and human settlement was palliated by the widespread belief that "rain followed the plow," or that the planting of trees would induce rain.[6] Similar hopeful myths developed in the exploration and settlement of Australia. The existence of a forbidding dry core was denied for as long as possible. Rather than sterility and inaccessibility, Australian explorers and writers held on to the view that perhaps a great river crossed the island continent, or a large body of water – an inland sea – occupied its center.[7]

How one sees and what one sees are affected by language, including the ordinary geographical terms in use. To English speakers, the word river evokes a distinctive image based largely on the European experience. Whenever an explorer of the great Australian outback encountered a body of moving water, he called it a river even though the Australian namesake bore at best only a rough resemblance to its European model: the one usually petered out in swamp and sand, the other flowed in ever greater volume to the sea. "River" was not the only geographical word that misled. Other common terms such as mountain, pasture, meadow, and wood also did not fit well with the Australian reality; all of them, however, evoked certain images of European provenance that were highly desirable. Sometimes an Australian explorer or settler might more or less deliberately engage in mild self-deception, that is, use words in the hope that reality would conform to them. Thus when a hopeful frontiersman applied the word "parkland" to an Australian scene, he saw deer rather

[4] Yi-Fu Tuan, *The Hydrological Cycle and the Wisdom of God* (University of Toronto Press, 1968).
[5] Ralph C. Morris, "The Notion of a Great American Desert East of the Rockies," *Mississippi Valley Historical Review*, vol. 13, 1926, pp. 190-200; Martyn J. Bowden, "The Perception of the Western Interior of the United States, 1800-1870: A Problem of Historical Geosophy," *Proceedings*, Association of American Geographers, 1 (1969): pp. 16-21.
[6] Henry Nash Smith, "Rain Follows the Plow: The Notion of Increased Rainfall for the Great Plains, 1844-1880," *Huntington Library Quarterly*, 10 (1947): pp. 169-93.
[7] J. H. L. Cumpston, *The Inland Sea and the Great River: The Story of Australian Exploration* (Sydney: Angus and Robertson, 1964).

than kangaroos; and the use of the expression "a gentleman's estate" could almost persuade him to see a mansion emerging from beyond the next hillock.[8]

In contrast to deserts, the great polar regions of the earth did not lend themselves to dreams of potential fertility or to the illusion of small size easily conquerable by man. From Greco-Roman to medieval times, most Europeans who gave the matter any thought conceived the region around the North Pole to be one vast, frozen, uninhabitable, and impenetrable waste. However, there were a few exceptions to this negative image, the most important of which was the myth of the Open Polar Sea, nurtured by the longing for a navigable passage across the roof of the world. Belief in it, once established in the minds of explorers eager for glory and the riches of Asia, proved remarkably tenacious. Suggested by an English merchant in 1527, it continued to be upheld until the last quarter of the nineteenth century, and this despite repeated blockages by ice as ships attempted to navigate the Northwest or Northeast Passage.[9] Another example of wishful geographical thinking was the idea that some kind of oasis or even, possibly, an unknown civilization lay in the midst of the frozen world. The idea of an oasis on the ice cap of Greenland was finally abandoned in 1883 when Nils Nordenskjold failed to find it after penetrating some seventy-five miles inland. Economic reward was a primary motive for polar exploration until modern times. The polar regions, which held no promise for agriculture, nevertheless might contain mineral wealth. Coal was eventually found in Antarctica, but the discovery came as a surprise: mineral wealth was not in itself a motivating force for exploration.

Desert sterility

From the viewpoint of people who lived in a fertile oasis or in a city, the desert at their doorstep was laden with negative images of sterility, death, darkness, and evil. Zoroastrianism's moral dualism – the sharp division between followers of truth and followers of lie – derived from the husbandmen's experience of the vivid contrast between their ordered life of agricultural abundance and the violence and predation of migratory desert tribes.[10] In China, a recurrent theme in historical writing is the conflict between sedentary people and nomads, farm and pasture, and – from the Chinese viewpoint – culture and barbarism. Chinese poetry, where it touches the steppe and desert, is filled with a sense of desolation, wind-blown melancholy, and death.[11] In Hebraic-Christian thought, desert wilderness signifies the unsown; it is a howling wasteland, a realm of evil spirits beyond God's presence and even somewhat

---

[8] Paul Carter, *The Road to Botany Bay: An Exploration of Landscape and History* (New York: Knopf, 1988), pp. 106-35.

[9] John K. Wright, "The Open Polar Sea," *Geographical Review*, vol. 43 (1953): pp. 338-65.

[10] R. C. Zaehner, *The Dawn and Twilight of Zoroastrianism* (New York: Putnam's, 1961), pp. 36-40.

[11] See, for instance, the popular anthology *Three Hundred Poems of T'ang China* (618-906 A. D.), (Hong Kong: Yih Mei Book Company).

beyond his control. One explanation of the desert waste is that it was a consequence of God's curse: Adam's Fall brought with it the decay of the earth (Genesis 3:17). In Deuteronomy, Moses warned his people that if they did not heed the commandments of the Lord, "their heaven shall be brass, their earth shall be iron, and their rain shall be powder and dust (28:23)."[12] As late as 1849, Lieutenant J. H. Simpson resorted to this explanation. While crossing northwestern New Mexico he noted the sterile appearance of the land and the abandoned Indian ruins – a melancholic state that he attributed to God's curse. As God had turned "the water springs" of the East into dry ground, so he could also "in His sovereignty, not only have cursed, and for a similar cause, the country in question with the barrenness under which we see it languishing, but by this very means have scattered abroad its inhabitants."[13]

Desert beauty and sublimity

From the earliest times recorded in the Bible, a harsh view of the desert existed simultaneously with its opposite. The opposing views tended to come at first from different sources; later, increasingly, they emerged from the same source: the prophet who recognized the repellent barrenness of the desert also saw it as the condition for spiritual uplift and exaltation, or he might see the desert itself as exhibiting an austere beauty. In the Old Testament, the Sinai wastes stood for death, disorder, and darkness, but also for God's transcendent power and redemptive love. The preexilic prophets, in particular, interpreted the forty years of wandering in the desert as a period when God was especially close to Israel. In the New Testament, Christ was sent into the wilderness to be tempted by Satan (Matthew 4:1), yet he also withdrew from men into a lonely spot so as to pray to his Father (Mark 1:35). Both the temptation and the transfiguration occurred on a high mountain (Matthew 17:1-3). Contradictory attitudes persisted into the early Christian era. From the second to the fourth century, hermits ventured into the Egyptian desert as spiritual athletes: they expected to strengthen their souls by doing battle with Satan in his own desolate realm. Evil spirits and wild beasts, Satan's minions, constantly tried their faith. Yet the hermits also saw themselves as living in Edens of innocence. The wild beasts served Satan, but they were also animals before the Fall who lived in peace under human dominion.[14]

"To me a town is a prison, and the desert loneliness a paradise." Jerome thus vigorously articulated an attitude that was fairly common in his time and later.[15] Prominent was the disillusionment with the worldliness of the world and even of

---

[12] George H. Williams, *Wilderness and Paradise in Christian Thought* (New York: Harper and Brothers, 1962), pp. 11-18.

[13] J. H. Simpson, *Journal of a Military Reconnaissance from Santa Fe, New Mexico, to the Navajo Country* (Philadelphia: Lippincott, 1852), p. 32.

[14] W. H. Mackean, *Christian Monasticism in Egypt* (London: SPCK, 1920), pp. 135-7.

[15] Robert Payne, *Jerome: The Hermit* (New York: Viking, 1951), p. 99.

Church institutions once these, following the conversion of Rome, began to imitate secular models and in time could hardly be distinguished from them. There was more than a touch of misanthropy among the desert hermits and the early Church Fathers who sought solitude for themselves or praised it. Human beings were a distraction and a temptation. Their presence destroyed the vast solitudes that enabled one to contemplate God – naked man to naked God – contemplation that lifted one up to "celestial ecstasies" (John Cassian).[16]

At the most general level, we see here a desire for simplicity, and with it, greater intensity. Multiple sensory experience of the kind that one has on the farm or in the city is all very well, but, to some temperaments, they are too diffuse, their impacts cancel each other out, they distract and comfort rather than lead to something overwhelming for which the soul or spirit yearns. In religious terms, this attitude might be taken as a yearning for God. A fairly common metaphor for both the soul and its God is the desert. "Be like a desert as far as self and the things of this world are concerned," preached Meister Eckhart. The soul moves from the multiplicity of the human world to the unity of the Holy Trinity, and then beyond even the Trinity, to the "barren Godhead," to the "desert of the Godhead."[17]

In modern times, from the eighteenth century onward, the religious motivation for seeking the desert has waned or disappeared. Misanthropy remains a reason, however, as also the desire for a crystalline and nonhuman place that challenges normal values, the desire for the secular equivalent of spiritual athleticism, transcendental experience, an impossible perfection, the sublime. The acerbic British writer Norman Douglas, at his first view of the sterile salt depression in Tunisia, expressed relief "at the idea that this little speck of the globe, at least, was irreclaimable for all time; never to be converted into arable land or even pasture, safe from the intrusion of the potato-planters or what not." Douglas noted a certain "charm," in that "picture of eternal, irremediable sterility."[18] The same romantic bias is evident in such well known adventurers and writers as Charles Doughty, T. E. Lawrence, and Wilfred Thesiger. When Thesiger was given the opportunity to traverse the Empty Quarter of Arabia, he rejoiced for he believed that "in those empty wastes I could find the peace that comes from solitude." But to his surprise and disappointment, he found that Bedouin camps and caravans were not only crowded but extremely noisy, as if by noise they could fill the void.[19] Lawrence of Arabia is perhaps the best known of the three Englishmen. In the *Seven Pillars of Wisdom*, a best-seller and minor classic, Lawrence's contempt for

---

[16] Cassian, Conferences 9 and 19, trans. C. S. Gibson, in *Nicene and Post-Nicene Fathers* (2nd series; New York: 1984), vol. 11.

[17] R. B. Blakney, *Meister Eckhart: A Modern Translation* (New York: Harper Torchbooks, 1941), pp. 200-1.

[18] Norman Douglas, *Experiments* (New York: McBride and Co., 1925), pp. 19-20; *Fountains in the Sand* (London: Secker, 1925), p. 183.

[19] Richard Trench, *Arabian Travellers: The European Discovery of Arabia* (Topsfield, MA: Salem House, 1986), p. 213.

the body shows through clearly: "The body was too coarse to feel the utmost of our sorrows and of our joys. Therefore we abandoned it as rubbish ..." Of the two poles, "death and life, or less finally, leisure and subsistence, we should shun subsistence (which was the stuff of life) in all save its faintest degree." Not for Lawrence "this jasmine, this violet, this rose;" rather he yearned to drink in, with his Arab friend, "the very sweetest scent of all ... the effortless, empty, eddyless wind of the desert."[20]

In North America and Australia, the sweeping spaces of the dry interior have been elevated to mythic status. Frontier and outback have become national symbols of hardy responsible manhood, of individualism in America and camaraderie in Australia, of a clean and genuine way of life inspired by nature and the spirit of place, in contrast to the parochialism and communal stickiness, the unassimilated alien ways of the coastal cities. In both countries the love of the interior was fueled by misogyny, a distaste for the "softness" of culture, for commercialism, and, more generally, mankind in its swarming numbers.

G. Edward White has drawn our attention to the importance of Frederic Remington, Owen Wister, and Theodore Roosevelt in converting the West into a prime symbol of essential "Americanness." Biased and arrogant, disdainful of the clannish ways of the new immigrants who flocked to the cities, and vain of their own Anglo-American heritage, these craggy individuals nevertheless showed genuine sensitivity to the harsh grandeurs of the West: witness the panoramic paintings of Remington, Wister's fiction, and Roosevelt's journalism. In 1884, Roosevelt wrote: "Nowhere does a man feel more lonely than when riding over the far-reaching, seemingly never-ending plains; and after a man has lived a little while on or near them, their very vastness and loneliness and their melancholy monotony have a strong fascination for him." In summer, at the hottest times "all objects [on the dusty plains] that are not nearby seem to sway and waver." There are few signs of life, but "now and then the black shadow of a wheeling vulture falls on the sunscorched ground." In winter, "when the days have dwindled to their shortest ... then all the great northern plains are changed into an abode of iron desolation. Sometimes furious gales blow out of the north, driving before them the clouds of blinding snow-dust, wrapping the mantle of death round every being that faces their unshackled anger." Or, "not a breath of wind may stir; and then the still merciless, terrible cold that broods over the earth like the shadow of silent death seems even more dreadful in its gloomy rigor than is the lawless madness of the storms."[21] Note the messages of death; they never seem far from the minds of those who seek the transcendent and the sublime.

---

[20] T. E. Lawrence, *Seven Pillars of Wisdom* (New York: Doubleday, Doran and Co., 1935), p. 40.

[21] G. Edward White, *The Eastern Establishment and the Western Experience: The West of Frederic Remington, Theodore Roosevelt, and Owen Wister* (New Haven: Yale University Press, 1968), pp. 80-1.

Australia's experience of its interior provides certain parallels with the American experience, as several modern scholars, outstandingly H. G. Allen and J. M. Powell, have noted.[22] One parallel is the conversion of the island-continent's bush or outback into a symbol of genuine Australianness and virtue. Tom Collins, author of the novel *Such Is Life* (1903), which has been called the most Australian of all literary works, put it thus:

> "It is not in our cities or townships, it is not in our agricultural or mining areas, that the Australian attains full consciousness of his own nationality; it is ... here [the Riverina district of western New South Wales] as at the centre of the continent. To me the monotonous variety of this interminable scrub has a charm of its own ..."[23]

The myth of the interior flourished in the late nineteenth century and persisted into the first decade of the twentieth. As in the United States, Australians have come to believe that their quintessential character was not formed in lush meadows or large cities, but in the heartland. Australia's heartland is the "wide brown" country of "beauty and terror" (in the words of the poet Dorothy Mackellar);[24] there, in trials endured alone or with a mate, purification could occur and a unique "Bush ethos" emerge. The beckoning of the interior might, however, have fatal consequences. Death was never far away. The balladist Barcroft Boake, a popular and fervent advocate of the great outback of Queensland and New South Wales, wrote the following grim lines:

> Where brown Summer and Death have mated –
> That's where the dead men lie!
> Loving with fiery lust unsated –
> That's where the dead men lie!
> Out where the grinning skulls bleach whitely
> Under the saltbush sparkling brightly;
> Out where the wild dogs chorus nightly –
> That's where the dead men lie![25]

---

[22] H. C. Allen, *Bush and Backwoods: A Comparison of the Frontier in Australia and the United States* (East Lansing: Michigan State University Press, 1959); J. M. Powell, "Images of Australia, 1788-1914," *Monash Publications in Geography* no. 3 (1972).

[23] Tom Collins, *Such Is Life* (First published in 1903; Sydney: Angus and Robertson, 1962), pp. 80-1.

[24] Brian Elliott, *The Landscape of Australian Poetry* (Melbourne: Cheshire, 1967), p. 23.

[25] Quoted in Powell, "Images," p. 10.

Why farthest north and south?

Few subtropical and mid-latitude deserts are wholly barren. By contrast, the great ice floes and inland plateaus are implacably hostile to human life. They are the great empty spaces. Why would anyone want to go there? Histories of polar exploration and biographies of explorers show how mixed the motives can be. Before the eighteenth century, the chief driving force appears to have been economic. Explorers wanted to find a way to the land of the spices over the ceiling of the world. The myth of the Open Polar Sea made such attempts seem not unreasonable. However, by the end of the eighteenth century, the idea that a Polar passage of commercial value could exist had to be given up. From then on the most frequently proclaimed reason was science. Geography must be served. So long as there were places unrecorded by man, so long must scientists continue to risk their lives for the sake of gaining new knowledge. The rhetoric was not always convincing even to those who made it. Other forces were clearly at work including the desire for adventure, to set a record, acquire sufficient income to be independent, test the limit of human endurance, know oneself uncozened by civilization, win glory for self and country. In the desire to plunge into an alien space that severely tested the body there was probably also an unrecognized desire for death.[26]

Fridtjof Nansen (1861-1930)

Of all the polar explorers, the Norwegian Fridtjof Nansen and the American Richard E. Byrd are perhaps the most introspective and philosophical. They have left behind not only scientific observations and records of great adventure and superhuman endurance but also reflections on nature, cosmos, and the meaning of life. Both of them appear to believe that life is more likely to yield its deepest meaning surrounded by the inhuman silence, beauty, and terror of ice than in the quiet of one's study.

Nansen was an accomplished marine biologist, diplomat, and humanitarian. Yet without doubt his claim to lasting fame rests on his achievement as an explorer. Two expeditions were especially notable. The first, undertaken in 1888 with five companions, successfully crossed the ice plateau of Greenland. The second, far more ambitious in scale, was an attempt to reach the North Pole by drifting across the polar basin in his ship the *Fram*. When Nansen realized that the ice floes were not going to carry his ship all the way to the Pole, he abandoned it (March 14, 1895), and with only one companion, F. H. Johansen, sought to walk to their destination. They reached latitude 86° 14' North, which was then the northernmost point attained by man, but had to give up going further because of the jagged, impassable condition of

---

[26] L. P. Kirwan, *A History of Polar Exploration* (Harmondsworth: Penguin, 1962); Chauncy C. Loomis, "The Arctic Sublime," in U. C. Knoepflmacher and G. B. Tennyson, eds., *Nature and the Victorian Imagination* (Berkeley: University of California Press, 1977), pp. 95-112.

the ice. Their trip back to civilization was a saga in itself – stuntlike in its boldness: they walked south across the shifting ice, paddled in kayaks over open stretches of water – and reached Franz Josef Land, where they wintered (1895-6), and where they were eventually picked up by members of a British team.[27]

Although Nansen failed to reach the North Pole, he won international acclaim for his imaginatively conceived and executed expedition, which must also be counted a success because no member of the team was lost (the *Fram* returned safely under the leadership of Otto Sverdrup) and because the expedition obtained voluminous scientific data on all aspects of Arctic geography and oceanography, including the single most important finding, namely, a frozen sea lay around the Pole and filled the polar basin. Nansen, trained as a zoologist and talented in research, could have led a fruitful and rewarding academic career. But this was not to be. One might even have predicted for him a path of adventure from his boyhood predilection for Viking stories and especially for the scenes and scenery evoked in accounts of English exploration. As a grown man, Nansen was haunted by time and death; he was almost a mystic notwithstanding a natural competence and ease in worldly affairs. And for all his tangible scientific achievements, he must have wondered at times whether science was the real drive behind his expeditions. Nansen and his companions crossed Greenland's ice plateau on skis. To Nansen's annoyance, journalists tended to characterize the crossing as a daring feat or even, because of the use of skis, a sport.[28] He preferred to see it as justified by its results, which were a contribution to science and to humanity insofar as they had practical significance. Yet Nansen himself was not free of doubt. While he was drifting on an ice floe off the coast of Greenland in 1888, and it looked as though he was moving farther and farther away from his goal, "he dreamed that he had returned home after crossing the inland ice, but he was ashamed because he could tell nothing of what they had seen on the way across." Again on January 18, 1894, when the *Fram* was drifting towards the North Pole, he dreamed that he had returned to Norway after successfully completing his trip, but he also dreamed that he "had neglected to take exact observations, so that when people asked where he had been, he could not answer."[29]

The explorer's sentiment for home

Sentiment for home would seem incompatible with a temperament that yearns almost constantly for adventure and to be on the edge of the unknown. Yet this need not be so. Home is of course necessary to the adventurer as a secure base and point of departure; in psychological terms, moreover, its very existence as a world of familiarity and routine devoted to nurture and comfort appears to enhance in some

---

[27] Edward Shackleton, *Nansen the Explorer* (London: Witherby, 1959).
[28] L. Nansen Hoyer, *Nansen a Family Portrait* (London: Longmans, 1957), pp. 48-9.
[29] Hoyer, *Nansen*, p. 79.

individuals a desire for the alienness of inhospitable space. The sentiment for home is prominent in Nansen's writings. To the modern ear, accounts of home have a mawkish ring that contrasts rather sharply with the cool prose used elsewhere to describe the most extraordinary hardships.

"For the last time I left my home and went alone down the garden to the beach, where the *Fram's* little petroleum launch pitilessly awaited me. Behind me lay all I held dear in life. And what before me? How many years would pass ere I should see it all again? What would I not have given at that moment to be able to turn back; but up at the window little Liv was sitting clapping her hands ..."[30]

Hibernating with Johansen in their primitive hut on Franz Josef Land, Nansen thought of his wife and daughter at home. He wrote in his diary (December 19, 1895):

"There she sits in the winter's evening, sewing by lamplight. Beside her stands a young girl with blue eyes and golden hair playing with a doll. She looks tenderly at the child and strokes her hair. Her eyes grow moist, and heavy tears fall on to her sewing ... Here beside me lies Johansen asleep. He is smiling in his sleep. Poor boy, I expect he is at home spending Christmas with those he loves."[31]

Camp is a home-away-from-home, which can seem all the more homelike in the way it caters to and satisfies the body's demand for familiarity and comfort by contrast with the indifference or active hostility of ice-bound nature outside. Thus Nansen wrote of his domestic life on the Greenland plateau:

"However hard the day had been, however exhausted we were, and however deadly the cold, all was forgotten as we sat round our cooker, gazing at the faint rays of light which shone from the lamp, and waiting patiently for our supper. Indeed I do not know how many hours in my life on which I look back with greater pleasure than these. And when the soup, or stew, or whatever the preparation might be, was cooked, when the rations were served round, and the little candlestump lighted that we might see to eat, then rose our happiness to its zenith, and I am sure all agreed with me that life was more than worth living."[32]

Ernest Shackleton, the British explorer of Antarctica, shared Nansen's sentiment for home, though to those who were left behind it could seem baffling if not also a little hypocritical. The launch that awaited "pitilessly" to take Nansen to his ship was there in answer to his own desire and will: no external circumstance dictated his departure. Shackleton would seem to have labored under the same ambivalence or false consciousness. When he left in 1907 for his Antarctic exploration he wrote to his

---

[30] Fridtjof Nansen, *Farthest North: Being the Record of a Voyage of Exploration of the Ship "Fram" 1893-96* (New York: Harper and Brothers, 1897), vol. 1, p. 81.
[31] Nansen, *Farthest North*, vol. 2, p. 446.
[32] Fridtjof Nansen, *The First Crossing of Greenland* (London: Longmans, 1892), p. 297.

wife, expressing his regret as though he had been ordered by external authority to do so. "My darling wife, Your dear brave face is before me now and I can see you just as you stand on the wharf and are smiling at me my heart was too full to speak and I felt that I wanted just to come ashore and clasp you in my arms and love and care for you ..."[33] With Shackleton, as with Nansen, a strong attachment could develop for their home-away-from-home. Leaving camp on October 29, 1908, for the track to the South Pole, Shackleton wrote:

> "As we left the hut where we had spent so many months in comfort, we had a feeling of real regret ... It was dark inside, the acetylene was feeble in comparison with the sun outside, and it was small compared to an ordinary dwelling, yet we were sad at leaving it. Last night as we were sitting at dinner the evening sun entered through the ventilator and a circle of light shone on the picture of the Queen ..."[34]

Arctic beauty and death

Nansen was deeply responsive to the grander aspects of nature's beauty. This comes through in those passages of the journal where he describes the aurora. "However often we see this weird play of light, we never tire of gazing it; it seems to cast a spell over both sight and sense till it is impossible to tear one's self away." Norse mythology has enhanced the spell. "Is it the fire-giant Surt himself, striking his mighty silver harp, so that the strings tremble and sparkle in the glow of the flames of Muspellsheim?"[35] But perhaps even stronger evidence of Nansen's romantic temperament and love of nature occurs in those passages where he does not try to describe a beautiful scene but is simply noting an event, which is itself full of drama and unearthly beauty. Crossing the ice plateau of Greenland by sail and under moonlight is an example. Nansen notes:

> "It was rapidly getting dark, but the full moon was now rising, and she gave us light enough to see and avoid the worst crevasses. It was a curious sight for me to see the two vessels coming rushing along behind me, with their square viking-like sails showing dark against the white snowfield and the big round disc of the moon behind."[36]

Nansen at one time called himself an atheist; later this was moderated into agnostic. He did not believe in the existence of God, nor in afterlife. If life had a purpose it was to use one's faculties and exploit one's opportunities for the benefit of future

[33] Christopher Ralling, *Shackleton: His Antarctic Writings* (London: British Broadcasting Corporation, 1983), p. 29.
[34] *Ibid.*, p. 79.
[35] Nansen, *Farthest North*, vol. 2, pp. 446-7.
[36] Nansen, *First Crossing*, p. 313.

generations. This noble sentiment was predictably translated into effective humanitarian action. Outwardly successful in every way, Nansen nevertheless suffered from depression in those periods when he was unharnessed to the strenuous exercise of polar expedition; and even in his own world of Arctic ice, where he saw beauty and splendor he almost always saw death. It is striking how often he coupled ice with death. The first sentence of his two-volume work *Farthest North* reads: "Unseen and untrodden under their spotless mantle of ice the rigid polar regions slept the profound sleep of death from the earliest dawn of time."[37] The polar region was, for Nansen, the "kingdom" or "realm" of death. Time itself seems frozen.

"Years come and go unnoticed in this world of ice ... In this silent nature no events ever happen ... There is nothing in view save the twinkling stars, immeasurably far away in the freezing night, and the flickering sheen of the aurora borealis. I can just discern close by the vague outline of the *Fram*, dimly standing out in the desolate gloom ... Like an infinitesimal speck, the vessel seems lost amidst the boundless expanse of this realm of death."[38]

On Franz Josef Land where Nansen wintered in boredom and discomfort, his morbid thoughts are reflected in images of whiteness, coldness, marble, and silence. His journal entry for December 1, 1895, reads:

"A weird beauty, without feeling, as though of a dead planet, built of shining white marble. Just so must the mountains stand there, frozen and icy cold; just so must the lakes lie congealed beneath their snowy covering; and now as ever the moon sails silently and slowly on her endless course through lifeless space. And everything so still, so awfully still, with the silence that shall one day reign when the earth again becomes desolate and empty ..."[39]

Richard E. Byrd (1888-1957)

The year Richard Byrd was born was the year Fridtjof Nansen sailed across the inland ice of Greenland. The American and the Norwegian are thus a generation apart: the one rose to be an admiral, the other an ambassador and a statesman. Both were successful men of the world as well as great polar explorers. What distinguished them from their peers in their own time and in the past was a characteristically modern desire to make their voyages into the geographical unknown also voyages of self-discovery. Both wrote books, but Byrd wrote the book entitled *Alone*, which has the timelessness of literature. It is a record of his four-and-a-half months spent alone (in 1934) on the Ross Shelf Ice of Antarctica. Why was he there? What were the reasons

---

[37] Nansen, *Farthest North*, vol. 1, p. 1.
[38] Nansen, *Farthest North*, vol. 2, p. 41.
[39] *Ibid.*, p. 440.

for wintering at latitude 80° 08' South? There were good scientific reasons for the mission. The one that really mattered to him was, however, personal – the extraordinary experience itself. He wanted "to be by himself for a while and to taste peace and quiet and solitude to find out how good they really are."[40] Physical desolation at the Advance Base was absolute: "In whatever direction I looked, north, east, south, or west, the vista was the same, a spread of ice fanning to meet the horizon. The shack itself faced west for no particular reason ..."[41] Harrowing experiences occurred. But the worst was an attack of despair that followed a period of sickness. Self-doubt assailed him. "I had gone there looking for peace and enlightenment ... [and] I had also gone armed with the justification of a scientific mission. Now I saw both for what they really were: the first as a delusion, the second as a dead-end street." His thoughts drifted to his family and he was led to conclude that,

> "At the end only two things really matter to a man, regardless of who he is; and they are the affection and understanding of his family. Anything and everything else he creates are insubstantial; they are ships given over to the mercy of the winds and tides of prejudice. But the family is an everlasting anchorage, a quiet harbor where a man's ship can be left to swing to the moorings of pride and loyalty."[42]

I have noted that Nansen's thoughts in the Arctic drifted periodically to death, not in moments of despair or danger but rather in moments when he could pause and confront the ice-bound world's dominion. Byrd was more sanguine. Only rarely did his prose carry a funereal tone. Describing icebergs enveloped in fog was one such occasion: "Everywhere those stricken fleets of ice, bigger by far than all the navies in the world, [wandered] hopelessly through a smoking gloom." Another was a commentary on the disappearing of the sun at Advance Base.

> "Even at midday the sun is only several times its diameter above the horizon. It is cold and dull. At its brightest it scarcely gives light enough to throw a shadow. A funereal gloom hangs in the twilight sky. This is the period between life and death. This is the way the world will look to the last man when it dies."[43]

For Nansen, polar beauty did not necessarily console; for Byrd, by contrast, it was the portal to a sense of oneness with the cosmos. Repeatedly in Byrd's diary, the message of peace and harmony came through.

> "The day was dying, the night being born – but with great peace. Here were the imponderable processes and forces of the cosmos, harmonious and soundless.

[40] Richard E. Byrd, *Alone* (First published in 1938; Los Angeles: Tarcher, n. d.), pp. 3-4.
[41] Richard E. Byrd, *Discovery* (New York: Putnam's, 1935), p. 167.
[42] Byrd, *Alone*, pp. 178-9.
[43] *Ibid.*, pp. 25, 73-4.

Harmony, that was it! That was what came out of the silence – a gentle rhythm, the strain of a perfect chord, the music of the spheres, perhaps. It was enough to catch that rhythm, momentarily to be myself a part of it. In that instant I could feel no doubt of man's oneness with the universe."[44]

An unexpected and rather touching demonstration of this feeling of oneness occurred at midnight on May 11. Byrd was playing a recording of Beethoven's Fifth Symphony.

"The night was calm and clear. I left the door to my shack open and also my trapdoor. I stood there in the darkness to look around at some of my favorite constellations ... Presently I began to have the illusion that what I was seeing was also what I was hearing, so perfectly did the music seem to blend with what was happening in the sky. As the notes swelled, the dull aurora on the horizon pulsed and quickened and draped itself into arches and fanning beams which reached across the sky until at my zenith the display attained its crescendo. The music and the night became one; and I told myself that all beauty was akin and sprang from the same substance. I recalled a gallant, unselfish act that was of the same essence as the music and the aurora."[45]

Epilogue

Historically, Western man's response to the extreme environments of desert and ice has much in common as well as significant differences. The desert is a less hostile environment. Human penetration of it has had a longer history. The concentric zones of home and home space are more clearly in evidence in the desert than on ice, where indeed they may be compressed to sharply defined and juxtaposed opposites – homeplace is the hut and immediately beyond is alien space, an expanse of whiteness reaching out in all directions to seemingly nowhere. Historically, also, with the exception of a few monks who by 795 A. D. might have reached as far north as Iceland in search of solitude, the deliberate attempt to penetrate the polar regions is a phenomenon of the modern period. In expressing appreciation for ice-bound wastes, the theological language so prominent among the desert hermits is naturally absent; in its place are secular equivalents such as Nansen's sense of a sublime "otherness" (the otherness of ice as distinct from the otherness of Godhead) and Byrd's feeling for cosmic oneness.

If we confine ourselves to the modern period, other differences and similarities occur. One is the justification of science, which is more prominent in polar than in desert exploration. Perhaps the difference is simply one of physical versus human science. From the eighteenth century onward, Europeans have shown an interest in

---

[44] *Ibid.*, p. 85.
[45] *Ibid.*, pp. 138-9.

human science, that is, in Egypt and the Near East for their archaeological remains and ancient history, as well as for the exotic customs of contemporary peoples. Dry lands contain vast stretches of desolation, yet in their midst are islands richly endowed with culture and history. This brings us to another important difference. Desert explorers go forth alone: one thinks of such essentially self-sufficient and self-absorbed figures as Doughty, Lawrence, and Thesiger. They have "disowned" not only a landscape but their own people and culture. For them, home is not a fount of sentiment; patriotism and the flag are not a source of inspiration. In sharp contrast, polar explorers venture forth as close-knit teams with the strong moral if not financial support of their nations. True, Byrd was "alone," but only in the strict physical sense; throughout his sojourn at Advance Base he maintained regular contact by radio with his team at Little America. And we have noted the polar explorers' sentimental attachment to home. Existentially they do not feel "at home" at home, but ideologically they do: while almost constantly tempted by the frozen world they remain proud of their native place, nation, and culture.

As for the similarities in attitude toward the two extreme environments, they clearly exist and are the reasons for this comparative study. I should like to end by focusing on one such shared attitude. It is the longing to be taken out of oneself and one's habitual world into something vast, overpowering, and indifferent. If home in the narrow sense absorbs the self in its diffuse multiple sensory impressions, and if home space provides the kind of psychological distancing that makes aesthetic appreciation possible, then alien space once again offers unity but this time by overwhelming the individual. Confronted by the immensity and power of desert and ice, one cannot simply stand to the side and evaluate as though one were standing before a landscape garden and other works of art. Conflicting emotions, including fear, are aroused and simultaneously absorbed or taken over by the overmastering presence of nature. Whereas absorption into the sensory realities of home means life, the loss of self in alien space – even if it provides moments of ecstasy – means death. Explorers of desert and ice may be said to be half in love with piercing beauty and half in love with death.

(First published as: Yi-Fu Tuan: Desert and ice: ambivalent aesthetics, in: Landscape, natural beauty, and the arts, ed. by S. Kemal and I. Gaskell, Cambridge: Cambridge University Press 1993, pp. 139-157. Revised reprint by courtesy of the author.)

Prof. Dr. Yi-Fu Tuan
University of Wisconsin-Madison
Department of Geography
550 North Park Street
Madison, Wisconsin 53706
USA

Der erinnerte und historische Raum

Robert Josef Kozljanič:
Landschaft als physiognomisch-atmosphärisches und geistig-kulturelles Phänomen

I. Landschaft als materielles Konglomerat und naturwissenschaftliches Objekt

Landschaften, rein materiell betrachtet, bestehen aus einer Vielzahl von Dingen, Stoffen, Formen, Klimaten. Da gibt es größere Dinge wie Hügel und Berge, Ebenen und Moore, Flüsse und Seen, Wälder und Wüsten, Meere und Inseln, Strände und Brachen, Gletscher und Felswände, Städte und Industriegebiete, Dörfer und Straßen, Wiesen und Äcker. Aber auch nicht ganz so große Dinge wie Bäume, Hecken, Quellen, Bäche, Lichtungen, Kiesgruben, Wege, Häuser, Brücken, Masten, Steine, Tümpel, Nutzbauten, Maschinen, Mauern. In den Landschaften finden sich verschiedene Materialen wie Stein, Erde, Sand, Kohle, Süß- und Salzwasser, in verschiedenen Aggregatszuständen, Quantitäten und Qualitäten. Landschaften sind oft bewachsen mit einer Unzahl an Pflanzen, bevölkert von vielerlei Tieren und bewohnt und bearbeitet von Menschen. Auch gibt es spezielle natürliche landschaftliche Formen: Buchten, Landzungen, Flussmündungen, Fjorde, Stromtäler, Gebirgsschluchten, Hügel, Felsspitzen, Vulkankegel, Ebenen. Aber auch charakteristische kulturelle landschaftliche Formen: Alleen, Straßendörfer, Streusiedlungen, befestigte mittelalterliche Städte, Wolkenkratzerstädte, Industriehäfen, Stauseen und Überlandleitungen. Nicht zu vergessen klimatische und geographische Eigenheiten wie Niederschlagsmenge, Luftfeuchtigkeits- und Temperaturunterschiede, Windbewegungen, jahreszeitliche Rhythmen, Reliefenergie.

Die einzelne Landschaft zeigt sich hier also, materiell betrachtet, als ein Konglomerat aus Dingen, Stoffen, Formen, Klimaten. Einzelne naturwissenschaftliche Disziplinen wie Geologie, Geographie, Klimatologie, Botanik, Zoologie beschäftigen sich, jeweils mit fachspezifischer Fragestellung, mit Aspekten solch einer materiell aufgefassten Landschaft. Im fachspezifisch-methodischen Zugang greifen sie sich die für sie relevanten materiellen Einzelheit aus der Fülle der Landschaft heraus, bestimmen, messen, klassifizieren sie.

II. Landschaft als gefühlsmäßiger Totaleindruck und atmosphärisches Phänomen

Es ist klar, dass nun das, was man im emphatischen Sinne als Landschaft bezeichnet, mit der materiellen Betrachtung und Bestimmung nicht wirklich erreicht ist. Keine noch so geschickte Synthese von geologischen, geographischen, klimatologischen, botanischen und zoologischen Details gibt uns den Eindruck wieder, den wir haben, wenn wir von einem erhöhten Standpunkt aus das Panorama einer schönen Kultur- oder Naturlandschaft genießen. Die naturwissenschaftliche Zugangsweise greift hier nicht. Sie ist dafür nicht geschaffen. Eine andere Zugangsweise tritt an ihre Stelle. Man könnte sie, wie immer wieder geschehen, die ‚physiognomische' nennen. Bei dieser Zugangsweise geht es um die spezifische Physiognomie, um den eigentümlichen Charakter einer Landschaft. Wie schon Alexander von Humboldt in seinen „Ideen zu einer Physiognomik der Gewächse" formuliert: eine jede landschaftliche

> „Zone hat ... ihren eigentümlichen Charakter. Die urtiefe Kraft der Organisation fesselt, trotz einer gewissen Freiwilligkeit im abnormen Entfalten einzelner Teile, alle tierische und vegetabilische Gestaltung an feste, ewig wiederkehrende Typen. So wie man an einzelnen organischen Wesen eine bestimmte Physiognomie erkennt, ... so gibt es auch eine Naturphysiognomie, welche jedem Himmelsstriche ausschließlich zukommt."

Die landschaftlichen Physiognomien werden nun nicht durch einzelsinnlich-isolierendes Betrachten und naturwissenschaftliches Analysieren einzelner materieller Aspekte, sondern durch eine Art allsinnlich-ganzheitlicher, ‚sehend-fühlender' Wahrnehmung landschaftlicher Stimmungen erfasst. Es geht hier, wie Humboldt treffend sagt, um den gefühlsmäßigen „Totaleindruck" einer Landschaft. Der paradigmatische Zugang ist dabei nicht ein naturwissenschaftlicher, sondern ein künstlerischer, genauer: landschaftsmalerischer:

> „Was der Maler mit den Ausdrücken: schweizer Natur, italienischer Himmel bezeichnet, gründet sich auf das dunkle Gefühl dieses lokalen Naturcharakters. Luftbläue, Beleuchtung, Duft, der auf der Ferne ruht, Gestalt der Tiere, Saftfülle der Kräuter, Glanz des Laubes, Umriß der Berge: alle diese Elemente bestimmen den Totaleindruck einer Gegend."[1]

Dieser Totaleindruck ist ein ganzheitlich-gefühlsmäßiger bzw. „gemütlicher" wie Humboldt an anderer Stelle sagt. Er beruht also auf dem ‚inneren Spürsinn' des Gemütes:

> „Denn in dem innersten, empfänglichen Sinne spiegelt lebendig und wahr sich die physische Welt. Was den Charakter einer Landschaft bezeichnet: Umriß der Gebirge, die in duftiger Ferne den Horizont begrenzen, das Dunkel der Tannenwälder, der Waldstrom, welcher tobend zwischen überhangenden Klippen hinstürzt:

---

[1] Humboldt, A. v.: Ansichten der Natur, nach dem Text der dritten Auflage, Stuttgart/Tübingen 1849, hg. v. A. Meyer-Abich, Stuttgart 1969, S. 74.

alles steht in altem, geheimnisvollem Verkehr mit dem gemütlichen Leben des Menschen."[2]

Ich möchte an dieser Stelle nicht die Einzelheiten des in Frage stehenden physiognomisch-gefühlsmäßigen Zuganges darlegen. Ebensowenig möchte ich das Vorurteil, es würde sich hierbei um einen *rein subjektiv-projektiven* Zugang handeln, widerlegen. Ich habe beides an anderer Stelle ausführlich getan.[3] Hier möchte ich zunächst betonen, dass, erstens, in der landschafts- und naturästhetischen Diskussion der letzten Jahre immer wieder auf diesen physiognomisch-gefühlsmäßigen Zugang als einen Schlüsselzugang hingewiesen wurde;[4] dass, zweitens, in dieser Diskussion Begriff und Phänomen der landschaftlichen „Stimmung" oder, wie besonders prägnant und differenziert in der Leibphänomenologie von Herrmann Schmitz herausgearbeitet, der landschaftlichen „Atmosphäre" eine Schlüsselrolle spielt;[5] und, drittens, dass es bereits erste praktische Ansätze gibt, örtliche Atmosphären methodisch und intersubjektiv nachvollziehbar in Erfahrung zu bringen.[6]

Klima-artige, landschaftliche und örtliche Atmosphären

Was ich an dieser Stelle zumindest kursorisch darlegen möchte, sind die wichtigsten Grundbegriffe dieses Zuganges, die ich, größtenteils in Auseinandersetzung mit der „Atmosphären"-Theorie von Hermann Schmitz, in meinem Buch „Der Geist eines Ortes" entwickelt und begründet habe.[7] Da ist zunächst der Begriff der *„ klima-artigen Atmosphäre"*. Klima-artige Atmosphären sind sozusagen ‚in der Luft liegende', räumlich-diffuse, in sich ungegliederte, aber meist deutlich spürbare Stimmungen, die in einem leibseelischen Totaleindruck gegeben sind. Typische Beispiele solcher ‚da

---

[2] Humboldt, A. v.: a. a. O., S. 33f.

[3] Kozljanič, R. J.: Der Geist eines Ortes – Kulturgeschichte und Phänomenologie des Genius Loci, 2 Bde., München 2004; speziell Abschnitt 7.1 „Das ausdrucksphänomenologischen Konzept der ‚Bilder' und ‚Elementarseelen' eines Ortes von Ludwig Klages" und Abschnitt 7.3 „Das leibphänomenologische Konzept ‚räumlich ergossener Atmosphären' von Hermann Schmitz", aber auch die bereits im 19. Jahrhundert formulierte Theorie der Landschaftswahrnehmung und Landschaftsmalerei von Carl Gustav Carus, die ich am Ende von Abschnitt 6.2.3 darstelle, ist hier von Belang.

[4] Vgl. etwa: Böhme, G.: Atmosphäre, Essays zur neuen Ästhetik, Frankfurt a. M. 1995, S. 21-48, 66-98, v. a. 132-152; und: ders.: Die Natur vor uns, Naturphilosophie in pragmatischer Hinsicht, Kusterdingen 2002, 150-167 u. 208-217; Solies, D.: Natur lesen – Geschichte und Gestalt ästhetischer Leitbilder, St. Augustin 1999, S. 121-124; vgl. hierzu auch Seel, M.: Eine Ästhetik der Natur, Frankfurt a. M. 1991, S. 102.

[5] Zum Begriff der Atmosphäre als „räumlich ergossenem Gefühl" vgl.: Schmitz, H.: Der unerschöpfliche Gegenstand, Bonn ²1995, S. 292-296; ausführlicher in: ders.: System der Philosophie, Bd. 3.2, Der Gefühlsraum, Bonn ²1981, § 149, S. 98-133; aber auch: Böhme, G.: Atmosphäre, a. a. O.

[6] Hasse, J.: Die Atmosphäre einer Straße, Die Drosselgasse in Rüdesheim am Rhein, in: Subjektivität in der Stadtforschung, hg. v. J. Hasse, Frankfurt a. M. 2002, S. 61-113.

[7] Siehe: Kozljanič, R. J.: Der Geist eines Ortes, a. a. O., Bd. 2, S. 321-340.

draußen' liegender Atmosphären sind klimatisch, jahres- oder tageszeitlich bedingte Stimmungen. Die spannungsgeladene, unruhig-aufwühlende Stimmung eines herannahenden Gewitters, die sommerlich-dunstige und schlappmachende Stimmung einer Mittagsschwüle, die melancholisch-drückende und monotone Stimmung eines herbstlichen Regentages: all das sind weiteräumlich und randlos ergossene, nicht subjektgebundene, überpersönliche Atmosphären, die wir ,da draußen' vorfinden, die uns ,von außen her' spürbar ergreifen und stimmen können.

Von der „klima-artigen Atmosphäre" unterschieden ist die *„landschaftliche Atmosphäre"*, die nicht nur und irgendwie ,in der Luft', sondern in einer konkreten Landschaft liegt, charaktermäßig mit ihr verbunden. Diese Atmosphäre wird von klimatischen, tages- und jahreszeitlichen Schwankungen zwar beeinflusst und verändert, nicht aber, oder doch nur im Ausnahmefall, total. Sie zieht sich wie ein roter Faden, wie eine Grundmelodie durch die Schwankungen: eine erhaben menschenfeindliche Hochgebirgs- und Gletscherlandschaft verliert auch im Sommer ihre charakteristische Atmosphäre nicht, die Landschaft der sächsischen Schweiz oder diejenige der Lüneburger Heide lassen ihre eigentümliche Atmosphäre auch im Winter spüren. Es mag eine Jahreszeit geben, in der man die charakteristische Atmosphäre einer Landschaft besonders deutlich spürt. Das bedeutet jedoch nicht, dass zu einer anderen Jahreszeit diese Atmosphäre gänzlich verflogen wäre. Landschaftliche Atmosphären sind nicht so ,wetterwendisch' wie klima-artige. Sie sind landschaftlich gebunden, landschaftlich gegenstandsbezogen. Sie sind nicht nur weiteräumlich ergossen, sondern auch richtungsräumlich bestimmt und landschaftlich verdichtet. Schlängelt sich etwa ein breiter Strom durch eine sanfthügelige Landschaft, so wird die landschaftliche Atmosphäre von ihm beeinflusst, sie richtet sich nach ihm bzw. seiner Schlängelform und Strömungstendenz aus, verdichtet sich an ihm, ohne aber auf ihn, seine Form und Dynamik reduzierbar zu sein. Analoges gilt etwa von einer Ebene, deren Horizont durch einen markanten Berg bestimmt wird, von einem durch Felsklippen bestimmten Engtal, von einer mediterranen Küstenlandschaft mit vorgelagerten Inselgruppen: immer wird die spezielle landschaftliche Gestalt und Dynamik ihren Einfluss auf die landschaftliche Atmosphäre ausüben, diese richtungsräumlich bestimmen und verdichten. Mit dieser richtungsräumlichen Bestimmtheit engstens verbunden ist die Tatsache, dass landschaftliche Atmosphären nicht völlig gleichmäßig verdichtet auftreten, sondern sich innerhalb einer Landschaft nochmals eigene, kleinere Verdichtungsbereiche herausbilden können. Landschaftliche Atmosphären können sich als in gewissen Abschnitten, um gewisse Landschaftsformationen herum, nochmals verdichten.

Wo diese Verdichtung sich an einem klar umrissenen Ort, Gegenstand oder Bauwerk – etwa an einer Kirche, einer Ruine, einer Felsnase, einem Baumriesen, einer Quelle – anlagert und verankert, spreche ich von einer „örtlichen Atmosphäre". Diese ist von der landschaftlichen Atmosphäre dadurch unterschieden, dass sie ortsräumlich verankert ist. D. h. sie ist nicht nur richtungsräumlich gegenstands*bezogen*, sondern regelrecht gegenstands*gebunden*. Sie steht und fällt meist mit dem Ort und/oder

Ortsgegenstand, in dem sie verankert ist. Örtliche Atmosphären sind demnach von einer größeren Dichte und Zentriertheit als landschaftliche Atmosphären. Ihre Weiteräumlichkeit hat sich zusammengezogen und ist gleichsam auf einen Ort hin zentriert. Wie eine klima-artige Atmosphäre durch eine undifferenzierte, rein weiteräumliche Ergossenheit charakterisiert ist, eine landschaftliche durch eine bereits gegliederte, richtungs- und nicht allein weiteräumliche Ergossenheit, ist die örtliche Atmosphäre durch eine weitere Konzentration der räumlichen Ergossenheit charakterisiert. Sie konzentriert sich um einen atmosphärisch sehr dichten Ort mit vergleichsweise klarer ortsräumlicher Struktur. Solch ein Ort erhält durch die an ihm verdichtete und verankerte Atmosphäre oft etwas ‚Auratisches'. Er wird sozusagen zum ‚auratischen Ort'. Wird solch ein ‚auratischer Ort' – etwa eine ortsatmosphärisch prägnante Quelle, ein ortsatmosphärisch prägnantes Bauwerk – gravierend verändert, zugebaut oder zerstört, kann sich die gesamte Ortsatmosphäre unwiederbringlich auflösen. Dies hat dann meist auch Rückwirkungen auf die landschaftliche Atmosphäre.

Atmosphärisch prägnante Orte als Schlüsselorte und landschaftliche Kulminationspunkte

Die Dichte und Zentriertheit der örtlichen Atmosphäre kann, wie gesagt, in einem ‚auratischen Ort' bzw. in einem ‚auratischen Ortsgegenstand' gipfeln. Solchen Ortsgegenständen bzw. Orten kommt oftmals eine landschaftliche Schlüsselstellung zu. Ich nenne sie dann ‚Schlüsselorte'. Schlüsselorte zentrieren nicht nur, sie situieren und gliedern auch. Sie haben eine entscheidende Funktion im landschaftlichen Gesamtzusammenhang. Sie sind wie Kristallisationskeime. Sie stellen gleichsam die neuralgischen, belebenden, verbindenden, konkretisierenden und verankernden Knotenpunkte einer Landschaft dar. Stellt man sich eine landschaftliche Atmosphäre wie eine Art riesiger, dunstglockenartig über einer Landschaft stehender Ballon vor, so sind die Schüsselorte die Punkte, an denen dieser Ballon mit der Erde verbunden ist. Schwinden die Schlüsselorte, wird der Ballon losgebunden, verliert Fassung, entdichtet sich und entschwebt. Damit nicht genug. Denn es gibt in jeder charakteristischen Landschaft nicht nur mehrere Schlüsselorte, sondern oft auch einen Schlüsselort von ganz besonders herausragender Bedeutung: Ich nenne ihn den landschaftlichen „Kulminationspunkt". An ihm kulminiert die gesamte landschaftliche Atmosphäre. Er ist der Herz- und Knotenpunkt der Landschaft, der landschaftliche Brennpunkt. Entscheidende atmosphärische Bezüge gehen von ihm aus und führen zu ihm hin. So wie die einzelnen Schlüsselorte Landschaft im Kleinen zentrieren, zentriert der Kulminationspunkt Landschaft im Großen.

III. *Landschaft als subjektive, objektive und objektivierte Kultur*

Landschaft ist nicht nur ein materielles Konglomerat, das hinsichtlich seiner geologi-schen, geographischen, botanischen, zoologischen (usw.) Besonderheiten untersucht werden kann. Landschaft ist auch nicht nur ein atmosphärisches Phänomen, das ganzheitlich und allsinnlich erspürt und solcherart leibseelisch in Erfahrung gebracht werden kann. Landschaft ist immer auch ein geistiges und historisches, ein *kulturelles* Phänomen. Dies zeigt sich schon allein daran, dass die neuzeitliche Art und Weise, Landschaft vermittels des panoramatischen Blickes als etwas Ästhetisches wahrzu-nehmen und zu genießen, selbst historisch bedingt und kulturgeschichtlich geworden ist.[8] Mehr noch: Nicht nur die Art und Weise, Landschaft wahrzunehmen, ist kulturgeschichtlich bedingt, sondern die Landschaft als Landschaft selbst ist es schon. Am deutlichsten zeigt sich das bei der Art von Landschaft, die für Viele den Inbegriff einer Landschaft darstellt: gewachsene Kulturlandschaft. Weniger deutlich, aber immer noch deutlich genug, zeigt es sich ferner daran, dass nur ein geistiges Wesen – also nur ein Mensch – Landschaft als Landschaft, d. h. als eine charakteristische landschaftliche *Einheit* zu erfassen, zu verbalisieren und sich gegenüberzustellen vermag.

Landschaft ist also nicht nur ein materielles Konglomerat, nicht nur ein atmosphä-risches Phänomen, sondern auch ein geistig-kulturelles Phänomen. Als ein solches ist es in die Sphäre des Geistigen und Semantischen mit einverwoben. Es hat damit Teil an jener merkwürdigen, nicht rein objektiv-gegenständlichen, nicht rein subjektiv-individuellen ‚dritten Sphäre' menschlicher Bedeutungswelten. Es hat Teil an der Sphäre des „objektiven Geistes", die von Moritz Lazarus, Wilhelm Dilthey und Georg Simmel kultur- und lebensphilosophisch entwickelt,[9] von Hans Freyer, Nicolai

---

[8] Vgl. den klassischen Aufsatz von Joachim Ritter, seine Kritik durch Ruth und Dieter Groh sowie meine Ausführungen zur Vorgeschichte und Geschichte der Landschaftswahrnehmung. Ritter, J.: Landschaft – Zur Funktion des Ästhetischen in der modernen Gesellschaft, in: Landschaftswahrnehmung und Landschaftserfahrung, Texte zur Konstitution und Rezeption von Natur als Landschaft, hg. v. G. Gröning u. U. Herlyn, München 1990, S. 42-41; Groh, R. u. Groh, D.: Weltbild und Naturaneignung, Zur Kulturgeschichte der Natur, Frankfurt a. M. 1991, S. 100ff; und: Kozljanič, R. J.: Der Geist eines Ortes, a. a. O., Punkt 3.2.5, 5.2.1 u. 6.2.3.

[9] Zu Lazarus vgl.: Lazarus, M.: Einige Gedanken zur Völkerpsychologie, in: ders.: Grundzüge der Völkerpsychologie und Kulturwissenschaft, hg. v. K. C. Köhnke, Hamburg 2003, S. 131-238. (Ersterschienen in: Zeitschrift für Völkerpsychologie und Sprachwissenschaft, hg. v. M. Lazarus u. H. Steinthal 3/1865, S. 1-94); siehe auch meinen Beitrag „Die Theorie des objektiven Geistes von Moritz Lazarus – Zur Wiederentdeckung eines (fast) vergessenen Kulturwissenschaftlers", in: Jahrbuch für Lebensphilosophie 4/2008-2009, S. 115-126. Zu Dilthey vgl.: Dilthey, W.: Der Aufbau der geschichtlichen Welt in den Geisteswissenschaften, in: Gesammelte Schriften, Bd. 7, hg. v. B. Groethuysen, Stuttgart/Göttingen [3]1961 (Erstfassung Berlin 1910). Zu Simmel vgl.: Simmel, G.: Der Begriff und die Tragödie der Kultur, in: Philosophische Kultur, Gesammelte Essais, in: Georg-Simmel-Gesamtausgabe, hg. v. O.

Hartmann und Michael Landmann weiter ausdifferenziert wurde.[10] Es war Georg Simmel, der, parallel zum Terminus des „objektiven Geistes", als erster den Terminus der „objektiven Kultur" benutzte. Ich werde mich im Folgenden vor allem dieses, m. E. griffigeren simmelschen Terminus' bedienen und dementsprechend von einer ‚Theorie der objektiven Kultur' sprechen. Zugleich werde ich versuchen, diese Theorie (unter Einbezug ihrer kulturgeographischen Aufnahme und Kritik) an eine entscheidende kulturwissenschaftliche Diskussion anzuschließen: die aktuelle Diskussion, die sich im Kontext der „Gedächtnistheorien"[11] um „Erinnerungsorte"[12] und „Erinnerungsräume"[13] entfaltet hat.

Von der „Theorie der objektiven Kultur"
zur „Theorie der objektiv-kulturellen Landschaft"

Vor dem Hintergrund der „Theorie der objektiven Kultur" ist nun nicht nur die *subjektive Kultur* einer einzelnen Person von der *objektiven Kultur* der sozio-kulturellen Formen und Inhalte, sondern auch die immaterielle objektive Kultur einer Zeit und Gesellschaft von der materialisierten *objektivierten Kultur* zu unterscheiden. Subjektive Kultur: damit ist dann das gemeint, was sich eine Person, sich damit selbst kultivierend, an objektiver Kultur aneignen konnte; aber auch generell das, was ihr von der objektiven Kultur aufgeprägt wurde. Objektive Kultur ist das Insgesamt der im „lebenden Gemeingeist"[14] einer Zeit und Gesellschaft aktuell oder latent enthaltenen immateriellen Kulturformen (Gemeinschafts-, Kommunikations-, Institutions-, Glaubens-, Wahrnehmungs- und Erkenntnisformen) und Kulturinhalte (Vorstellungen, Bedeutungen, Werte, Sinnzusammenhänge). Diese Formen und Inhalte haben ihren ‚Ort' in dem, was man mit Jan Assmann das „kommunikative" und „kollektive

---

Rammstedt u. a., Bd. 14, Frankfurt a. M. 1996, S. 159-459, hier: S. 385-416 (EA Leipzig 1911).

[10] Vgl.: Freyer, H.: Theorie des objektiven Geistes, Darmstadt 1966 (EA Leipzig/Berlin 1923); Hartmann, N.: Das Problem des geistigen Seins, Untersuchungen zur Grundlegung der Geschichtsphilosophie und der Geisteswissenschaften, Berlin/Leipzig 1933; Landmann, M.: Der Mensch als Schöpfer und Geschöpf der Kultur, München/Basel 1961.

[11] Der wichtigste der älteren Ansätze ist die Theorie des kollektiven Gedächtnisses von Maurice Halbwachs; vgl.: Halbwachs, M.: Das Gedächtnis und seine sozialen Bedingungen, Frankfurt a. M. 1985 (Les cadres sociaux de la mémoire, Paris 1925); und: ders.: Das kollektive Gedächtnis, Frankfurt a. M. 1985 (La mémoire collective, Paris 1950). Der wichtigste der neueren Ansätze ist die Theorie des kulturellen Gedächtnisses von Jan Assmann; vgl.: Assmann, J.: Das kulturelle Gedächtnis, München [5]2005 (EA München 1992); und: ders.: Religion und kulturelles Gedächtnis, München [2]2004 (EA München 2000), v. a. S. 11-44.

[12] Großes Vorbild ist hier das Herausgeberwerk Pierre Noras, das in 7 Bänden französische Erinnerungsorte dokumentiert: Nora, P. (Hg.): Les lieux de mémoire, 7 Bde., Paris 1984-1992. Inzwischen gibt es vergleichbare Veröffentlichungen in Italien, den Niederlanden, Österreich, Dänemark und Deutschland.

[13] Vgl.: Assmann, A.: Erinnerungsräume, Formen und Wandlungen des kulturellen Gedächtnisses, München [3]2006 (EA München 1999).

Gedächtnis" nennen könnte,[15] – wenn man dabei zunächst nur die immaterielle Seite im Auge behält. Denn die materielle bzw. materialisierte Seite fällt schon dem Begriff der objektivierten Kultur zu. Objektivierte Kultur meint alle materiellen Manifestationen einer objektiven Kultur, also das, was dinglich-materiell greifbar ist und ohne das Dazutun des Menschen nicht entstanden wäre: eben alle kulturelle Objektivationen im strengen Sinn. Objektive Kultur als „lebender Gemeingeist" (N. Hartmann) entsteht und vergeht mit der Kultur einer bestimmten Zeit und Gesellschaft. Nicht so die Mehrzahl der kulturellen Objektivationen. Mag die objektive Kultur, die sie hervorgebracht hat, untergegangen sein: ihre Objektivationen, zumindest die aus haltbarerem Material, dauern als Relikte und Dokumente noch lange fort. Sie bilden den Hauptbestandteil der „Archive" und „Speicher" des „kulturellen Gedächtnisses", das sich gerade wegen der Materialfülle und Zeittiefe archivierter und abgelagerter Objektivationen vom „kommunikativen" und „kollektiven Gedächtnis" unterscheidet.[16]

Hat man nur einmal den Standpunkt einer ‚Theorie der objektiven Kultur' eingenommen, eröffnet sich ein ganz neuer Blick auf das Phänomen der Kulturlandschaft. Dann zeigt sich, dass das, was wir in einem affirmativen Sinn als (historische) *Kultur*landschaft bezeichnen, nicht nur durch landnutzende und landschaftsgestaltende *materielle Prozesse*, nicht nur durch physiognomisch-atmosphärische Wahrnehmung (leibliches Spüren und Ausdruckswahrnehmung), sondern eben auch durch wahrnehmungsprägende und bedeutungsübertragende *semantische Prozesse* zustande kommt. Diese semantischen Prozesse und die mit ihnen engstens verbundenen Bedeutungen und Bedeutungsobjektivationen wurden im Rahmen bisheriger kulturlandschaftlicher Begutachtungsverfahren kaum berücksichtigt. Zwar wird der Terminus „historische Kulturlandschaft" seit über 20 Jahren in der Historischen Geographie und Denkmalpflege, aber auch in der Landschaftsplanung und im Naturschutz, differenziert diskutiert.[17] Auch haben Denkmalpfleger, Geographen und

---

[14] Vgl.: Hartmann, N.: Das Problem des geistigen Seins, a. a. O., S. 167-170.

[15] Vgl.: Assmann, J.: Das kulturelle Gedächtnis, München [5]2005, v. a. S. 34-66; und: ders.: Religion und kulturelles Gedächtnis, München [2]2004, S. 11-28.

[16] Vgl.: Assmann, J.: Das kulturelle Gedächtnis, a. a. O., v. a. S. 48-66, v. a. S. 56; und: ders..: Religion und kulturelles Gedächtnis, a. a. O., S. 37-44; sowie: Assmann, A.: Erinnerungsräume, a. a. O., S. 343ff.

[17] Vgl. z. B.: Gunzelmann, T.: Die Erhaltung der historischen Kulturlandschaft, Angewandte Historische Geographie des ländlichen Raumes mit Beispielen aus Franken, Bamberg 1987; Kulturlandschaft, Zeitschrift für Angewandte Historische Geographie, Bonn 1991ff, in Bezug auf die UNESCO-Welterbekonvention besonders wichtig: Kulturlandschaft 1/1997 (7. Jg.); aber auch: Droste, B. v., Plachter, H. u. Rössler, M. (Hg.): Cultural Landscapes of Universal Value, Jena/Stuttgart/New York 1995; Burggraaff, P. u. Kleefeld, K.-D.: Historische Kulturlandschaft und Kulturlandschaftselemente, Bonn/Bad Godesberg 1998; besonders instruktiv sind die von C. Schüler-Beigang zusammengestellten „Materialien zur Kulturlandschaft" in: Das Rheintal von Bingen und Rüdesheim bis Koblenz, Bd. 2, hg. v. Landesamt für Denkmalpflege Rheinland-Pfalz, Mainz [2]2002; auch auf wahrnehmungs-phänomenologische Aspekte

Landschaftsplaner inzwischen Verfahren zur Analyse, Begutachtung und Inventarisation historischer Kulturlandschaften entwickelt und erprobt.[18] Doch wie beim Fachbegriff der historischen Kulturlandschaft so überwiegen hierbei die materiell-elementhaften und die funktional-instrumentellen Aspekte. Und wenngleich immer wieder auf die Wichtigkeit der kulturell-geistigen Dimension, auf die Wichtigkeit der sogenannten „assoziativen Elemente" hingewiesen wird; wenngleich diesen „assoziativen Elementen" sogar ein eigener „Funktionsbereich" eingeräumt wird:[19] es scheint bis heute nicht gelungen zu sein, diesen Bereich methodisch in den Griff zu bekommen.[20] Dies zeigt sich nicht nur daran, dass er als einziger Funktionsbereich keine weitere Unterteilung in „punkthaft", „linienhaft" und „flächenhaft" erfahren hat (was aber sehr wohl möglich gewesen wäre) und damit sehr vage bzw. dem Belieben des/der jeweiligen Gutachters/Gutachterin anheimgestellt bleibt. Es zeigt sich vor allem daran, dass der Funktionsbereich „assoziative Kulturlandschaft", wenn er überhaupt Erwähnung findet, meist nur als ‚Lückenbüßer' fungiert, als ‚Sammelbecken' für all das, was kulturlandschaftlich wichtig erscheint, mit den anderen Funktionsbereichen aber nicht richtig abgedeckt werden kann. Die vier exemplari-

---

hinweisend: Denzer, V., Hasse, J., Kleefeld, K.-D. u. Recker, U. (Hg.): Kulturlandschaft: Wahrnehmung – Inventarisation – Regionale Beispiele, Wiesbaden 2005.

[18] Vgl.: Schenk, W., Fehn, K. u. Denecke, D. (Hg.): Kulturlandschaftspflege, Beiträge zur Geographie der räumlichen Planung, Stuttgart u. Berlin 1997; besonders eingehend und sozusagen paradigmatisch wurden fränkische Kulturlandschaften untersucht; vgl. hierzu: Historische Kulturlandschaft, hg. v. Bayerischen Staatsministerium für Landwirtschaft und Forsten, München 2001; Behrens, H., Stöckmann, M. u. Vetter, L. (Hg.): Historische Kulturlandschaften als Gegenstand der Landschaftsplanung, Berlin 2004.

[19] Nämlich, neben den Funktionsbereichen „Siedlung", „Landwirtschaft", „Gewerbe", „Verkehr", „Erholung", „Religion/Staat/Militär", der Funktionsbereich „assoziative Kulturlandschaft", worunter dann insbesondere „Sichtbezüge, Raumbildungen, immaterielle historische Stätten wie Schlachtfelder, Galgenberge oder Maler- und Dichterstätten" verstanden werden; vgl.: Gunzelmann, T.: Die Erfassung der historischen Kulturlandschaft, in: Historische Kulturlandschaft, a. a. O., S. 15-32, hier: S. 20-26.

[20] Und dies, obwohl er eine der drei UNESCO-Hauptkategorien von Kulturlandschaft bildet: nämlich neben den „intentionally designed and created landscapes" (Idealtyp: Park, Landschaftsgarten), und neben den „organically evolved landscapes" (Idealtyp: agrarisch geprägte „klassische" Kulturlandschaften), die mit wirkmächtigen religiösen, künstlerischen oder kulturellen Bedeutungen assoziierten Landschaften, die „associative cultural landscapes" (Idealtyp: „sakrale" Landschaften indigener Kulturen sowie generell alle Landschaften, die wesentlich durch historisch bedeutsame *immaterielle* Bezüge gekennzeichnet sind). Vgl.: Operational Guidelines: Establishment of the World Heritage List, § 39 (vgl.: http://whc.unesco.org/opgulist.htm; abgerufen am 14. 03. 05). Die Kulturlandschaft des Oberen Mittelrheintals beispielsweise kann als „organically evolved landscape" wie als „associative cultural landscape" aufgefasst werden; vgl. hierzu: Zimmermann, J.: Das Mittelrheintal als Paradigma einer assoziativen Kulturlandschaft, in: Das Rheintal von Bingen und Rüdesheim bis Koblenz, hg. v. Landesamt für Denkmalpflege Rheinland-Pfalz, Bd. 1, Mainz [2]2002, S. 464-471, hier: S. 464.

schen Gutachten der Dokumentationschrift „Historische Kulturlandschaft"[21] führen diese unbefriedigende Situation deutlich vor Augen. In keinem der Gutachten wird der Funktionsbereich „assoziative Kulturlandschaft" eigens aufgeführt und untersucht. Und nur in zwei Gutachten werden assoziative Bezüge und Elemente erwähnt.

Dabei gab es nicht nur in der Kultur- und Lebensphilosophie, sondern auch in der Kulturgeographie durchaus Versuche, die „Theorie des objektiven Geistes" in Bezug zur Kulturlandschaft zu setzen und damit die geistig-kulturelle Seite angemessen in den Blick zu bekommen. Hier wäre vor allem der Aufsatz von Martin Schwind, „Kulturlandschaft als objektivierter Geist" (1951), und der Aufsatz von Josef Schmithüsen, „Der geistige Gehalt in der Kulturlandschaft" (1954), zu nennen.[22] Schwind hat klar die objektiviert-geistigen Kulturlandschaftselemente von der objektiv-geistigen Kulturlandschaftsdimension unterschieden. Kulturlandschaft als objektivierter Geist sei „ein Konglomerat aus Gebilden, Zeichen und Geräten aller Schattierungen". Sie verweise aber auf einen immateriellen, objektiv-geistigen „Hintergrund", auf „ein Ganzes mit eigener Struktur".[23] Und Schmithüsen hat, lange vor Aleida Assmann, auf die soziokulturelle Speicherfunktion von Kulturlandschaften hingewiesen. Kulturlandschaften seien ihm zufolge „neben Bibliotheken die wichtigsten Speicher und Akkumulatoren der geistigen Errungenschaften der Menschheit. Das Leben der Gesellschaften zehrt aus ihnen."[24]

Doch diese kulturgeographischen Ansätze gehören inzwischen der Vergangenheit an. Dafür gibt es Gründe. Der Geograph Gerhard Hard hat 1970 in seinem Aufsatz „Noch einmal: ‚Landschaft als objektivierter Geist'" einige dieser Gründe benannt: das idealistisch-metaphysische Erbe, aus dem sich die Theorie des objektiven Geistes (angeblich) nicht völlig lösen konnte; die Verquickung dieser Theorie mit diversen kulturmorphologisch-„völkischen" und landschaftsphysiognomisch-essenzialistischen Ansätzen; und, damit eng verbunden, das „Blut-und-Boden-Erbe", mit dem speziell die geographische Variante dieser Theorie forschungsgeschichtlich belastet ist.[25] Hard hat sich jedoch auch bemüht, zukunftsfähige Potenziale aufzuzeigen. Denn die „Rede von der ‚Landschaft als objektiviertem Geist'" habe auch einen „gute[n] Sinn".[26]

---

[21] Hg. v. Bayerischen Staatsministerium für Landwirtschaft und Forsten, München 2001, S. 33-96.

[22] Schwind, M.: Kulturlandschaft als objektivierter Geist, Deutsche Geographische Blätter 46/1951, S. 6-28; dieser Aufsatz wurde wieder abgedruckt in: ders.: Kulturlandschaft als geformter Geist, Drei Aufsätze über die Aufgabe der Kulturgeographie, Darmstadt 1964. Schmithüsen, J.: Der geistige Gehalt in der Kulturlandschaft, Berichte zur deutschen Landeskunde, 12/1954, S. 185-188; und: ders.: Was ist eine Landschaft, Saarbrücken 1968.

[23] Schwind, M.: Kulturlandschaft als geformter Geist, a. a. O., S. 5.

[24] Schmithüsen, J.: Was ist eine Landschaft, a. a. O., S. 18; vgl.: Assmann, A.: Erinnerungsräume, a. a. O., S. 343ff.

[25] Hard, G.: Noch einmal: „Landschaft als objektivierter Geist", in: ders.: Landschaft und Raum, Bd. 1, Osnabrück 2002, S. 69-101, hier S. 69-88.

[26] Hard, G.: a. a. O., S. 88.

Diesen Sinn sah Hard vor allem darin, dass mit dieser Theorie die nicht sichtbare semantische Dimension objektiv-geistiger Landschaften anvisiert werden könne.

„In diesem Verständnis können wir die Formel ... vom ‚geistigen Gehalt der Landschaft' in die Aussage übersetzen, daß das Verhalten menschlicher Gruppen sich nicht auf die Objekte der physischen Geographie, sondern auf eine gruppenvariable Symbolwelt ... bezieht – daß also, schlicht gesagt, Natur- und Kulturräume immer erst durch kulturelle und individuelle Sinngebungen zu Umwelten von Menschen werden und nur insoweit anthropogeographisch interessant sind. So aufgefaßt, enthält die Rede von der ‚Landschaft als objektiviertem Geist' den Kern einer anthropogeographischen Methodologie."[27]

Soweit ich sehe, ist der Appell Hards, an die positiven Aspekte einer ‚Theorie des objektiven Geistes bzw. der objektiven Kultur' anzuknüpfen, bisher ohne großes Echo geblieben. Zwar mangelt es nicht an Versuchen, Kulturlandschaften als Symbolsysteme zu verstehen, sie solcherart semantisch – letztlich semiotisch – zu fassen. Doch finden diese semiotischen Versuche meist im Rahmen einer sozialkonstruktivistischen Herangehens- und Sichtweise statt und reduzieren damit die Fülle landschaftlicher Phänomene auf rein subjekt- wie gesellschaftsimmanente kognitive Prozesse. Alle nicht-subjektiven, nicht-sozialen, nicht-kognitiven Phänomene – also z. B. die unter Punkt II. erwähnten Landschafts- und Ortsatmosphären, aber auch die weiter unten beschriebenen Bedeutungen, die unterhalb der Ebene des kollektiven und kommunikativen Gedächtnisses, nämlich in den Tiefen des kulturellen (aber auch des ‚archetypischen') Gedächtnisses, lagern – werden in dieser Sichtweise entweder übersehen und ignoriert oder zu Epiphänomenen und Projektionen reduziert.

Es war und ist eine der Stärken der *lebensphilosophischen* ‚Theorie des objektiven Geistes bzw. der objektiven Kultur', auf die Wichtigkeit menschlicher Symbolwelten hinzuweisen, *ohne* den sozialkonstruktivistischen Reduktionismen damit gleich das Wort reden zu müssen. Ganz im Gegenteil wurde im Rahmen des lebensphilosophischen Diskurses (fast) nie vergessen, dass alle menschlichen Symbolwelten in einem größeren Ganzen (namens Natur oder Leben) eingebettet sind, dass sie auf etwas Vorgängigem aufruhen, das sie – je nach geistig-kultureller Stellungnahme dazu – symbolisch nachahmen, überformen und/oder überbauen können.[28] Vor dem Hintergrund eines nicht-reduktionistischen lebensphilosophischen Diskurses muss dann auch obiges Zitat Gerhard Hards empfindlich modifiziert werden. Die hardsche Aussage, dass ‚Natur- und Kulturräume *immer erst* durch kulturelle und individuelle Sinngebungen zu Umwelten von Menschen werden und nur *insoweit* anthropoge-

---

[27] Hard, G.: a. a. O., S. 90.
[28] Vgl. hierzu den Abschnitt „Alles nur Kultur?" in meinem Beitrag „Die Theorie des objektiven Geistes von Moritz Lazarus – Zur Wiederentdeckung eines (fast) vergessenen Kulturwissenschaftlers", in: Jahrbuch für Lebensphilosophie 4/2008-2009, S. 115-126, hier: S. 124-126.

ographisch interessant sind', ignoriert die Vielzahl subjekt- und sozial-vorgängiger, nicht-kognitiver Raumphänomene, unterschlägt deren fundierende und tragende Rolle beim Aufbau menschlicher Umwelten und verwandelt damit phänomen-offene Humangeographie in reduktionistischen Sozialkonstruktivismus.

Was passiert nun, wenn man Hards Appell nicht (wie bisher meist geschehen) sozialkonstruktivistisch verengt, sondern lebensphilosophisch für voll nimmt? Man gelangt zu einer nicht-reduktionistischen ‚Theorie der objektiv-kulturellen Landschaft':

Objektiv-kulturelle, objektiviert-kulturelle und subjektiv-kulturelle Landschaft

Analog zur Unterscheidung in objektive, objektivierte und subjektive Kultur kann man nun auch Landschaft, insofern sie ein geistig-kulturelles Phänomen ist, in objektiv-kulturelle, objektiviert-kulturelle und subjektiv-kulturelle Landschaft unterteilen. *Objektiv-kulturelle Landschaft* meint dann alle Vorstellungen von Landschaft, die im ungegenständlichen, interpersonalen „Gemeingeist" (N. Hartmann) einer bestimmten Zeit und Gesellschaft und Kultur gegeben sind. Hierher gehört dann auch das, was man mit Dirk Solies als die jeweiligen, soziokulturell wandelbaren „Leitbilder" von Natur- und Landschaftswahrnehmung,[29] oder mit Ruth und Dieter Groh als soziohistorisch relative, die jeweilige Natur- und Landschaftswahrnehmung präformierenden „symbolischen Felder"[30] nennen könnte. Doch das sind nur die allgemeinsten Vorstellungen bzw., genauer gesagt: es sind Vorstellungsformen. Letztlich gehören zur Landschaft als objektiv-kulturellem Phänomen alle mit ihr verbundenen Gemeinplätze des jeweiligen ‚Gemeingeistes', alles, was an landschaftsbezogenen Bedeutungen und Vorstellungen im „kommunikativen" und „kollektiven Gedächtnis" der jeweiligen Gemeinschaft latent oder prinzipiell aktualisierbar vorhanden ist.

Zum Begriff der *objektiviert-kulturellen Landschaft* gehört dagegen alles, was ein vergangener oder gegenwärtiger objektiver Geist aus sich heraus- und in die Landschaft hineingestellt hat, was er bleibend in die Landschaft hineinobjektiviert hat. Alle Arten von historischen Relikten und menschlichen Artefakten, Burgruinen genauso wie Atomkraftwerke, Hügelgräber wie Müllberge, Römerstraßen wie Überlandleitungen, Mühlen wie Kanäle, Gipfelkreuze wie Funkmasten, ‚bereinigte' wie ‚nicht bereinigte' Flure, Wanderwege wie Autobahnen, Dörfer wie Städte, Naturschutz- wie

---

[29] Solies, D.: Natur lesen, a. a. O., v. a. S. 37-40.

[30] Groh, R. u. Groh, D.: Die Außenwelt der Innenwelt, Zur Kulturgeschichte der Natur 2, Frankfurt a. M. 1996, v. a. S. 96ff.; sowie: Groh, R. u. Groh, D.: Weltbild und Naturaneignung, a. a. O., S. 95f: ein typisch kulturalistischer Kurzschluss ist es allerdings, wenn man (wie Groh und Groh) meint, dass diese symbolischen Felder den Gegenstand der Landschaftserfahrung nicht nur präformieren, sonderen generell „generieren" würden. Die sprachliche und künstlerische Artikulation eines Gegenstandes bzw. Gegenstandbereiches ist nicht gleich dessen faktische Erzeugung.

Industriegebiete, Vermessungsmarken wie Weidezäune. Objektiviert-kulturelle Landschaft begegnet uns jedoch nicht nur in der Landschaft selbst, sondern z. B. auch in Büchern und auf anderen Informationsmedien, insofern sich in ihnen Landschaftsrelevantes niedergeschlagen hat: ob in einem Reiseführer, in einer Lokalsagensammlung, in einem Geschichtswerk, in den jeweiligen Grundbüchern und Katasterkarten, in Flurnamensammlungen, auf Infotafeln, Ortsschildern, Wegweisern, in Bildbänden und Dokumentarfilmen, in Museen und Sammlungen.

Subjektiv-kulturelle Landschaft meint nun nicht nur das, was das einzelnen Subjekt an objektivem Geist verinnerlicht und sich somit subjektiv angeeignet hat. Subjektiv-kulturelle Landschaft meint vor allem die mit geistigen Bedeutungen und Assoziationen durchzogene Landschaft, wie sie sich einem einzelnen Subjekt darstellt.[31] Subjektiv-kulturelle Landschaft wird durch das, was ein Individuum an ganz persönlichen landschaftsbezogenen Vorstellungen mit sich herumträgt – also alle Arten von subjektiven landschaftsbezogenen Erinnerungen – gebildet. Die Vorstellungen und Erinnerungen, die sich an das eigene Elternhaus knüpfen; an den Fluss, in dem man als Kind beinahe ertrunken wäre; an den Hinterhof, in dem man oft und gern spielte; die Disco, in der man sich heftig verliebte; an das Mietshaus, in dem man später jahrelang lebte; die Straße, in der man so oft im Stau stand; den Garten, in dem man einen Baum pflanzte; an die Arbeitsstelle, die man dann verlor; an eine Landschaft, in der man gern und oft seinen Urlaub verbrachte; die Gegend, in der man intensiv Sport trieb; das Haus, das man bauen ließ: aus all diesem setzt sich subjektiv-kulturelle Landschaft zusammen. Natürlich können sich diese subjektiven Vorstellungen auch objektivieren, z. B. in Fotos und Videofilmen, in Erinnerungsstücken und Briefen, in Bauwerken und Inschriften. Und doch stehen diese objektivierten Subjektivismen in einem ganz engen Bezug zum subjektiven Geist, dem sie ihr Dasein verdanken und mit dessen Tod sie in der Regel ihre eigentümliche und starke Bedeutung verlieren.

Das Phänomen der geistig-kulturellen Landschaft an einem Beispiel veranschaulicht

Die Zusammenhänge dieser verschiedenen geistig-kulturellen Aspekte von Landschaft – sowohl untereinander als auch mit den materiell-konglomerativen und den physiognomisch-atmosphärischen Aspekten – sind komplex, aber nicht völlig unentwirrbar. Ich zeige das am besten anhand eines Beispiels: Im Sommer 2005

---

[31] Die sogenannten „mental maps" greifen meist – wenngleich zu kurz – diese Dimension ab; vgl.: Ploch, B.: Vom illustrativen Schaubild zur Methode, Mental Maps und ihre Bedeutung für die Kulturanthropologie, in: Kulturtexte, hg. v. I.-M. Greverus et. al., Frankfurt a. M. 1994, S. 113-133; auf S. 125-127 finden sich mental maps der Rhein-Main-Region abgebildet; vgl. hierzu auch die mental maps aus dem Gebiet des Oberen Mittelrheintals, in: Ratter, B. (Hg.): Heimat und Naturschutz im Mittelrheintal, in: Mainzer geographische Studien, Sonderheft 2, Mainz 2005, S. 13-15.

bestieg ich den Hohen-Kisten-Gipfel im oberbayrischen Estergebirge, 1922 Meter über Meereshöhe. Es war kein typischer Wandertag und so war ich fast alleine auf dem Gipfel. Nur ein anderer Bergsteiger war noch zugegen. Wir blickten nach Norden ins flache oberbayrische Voralpen- und Seenland. Beide genossen wir offensichtlich diesen panoramatischen Fernblick der, Staffelsee, Riegsee und Ammersee links, also nordnordwestlich lassend, über den Starnberger See hinweg, gerade noch bis an die Tore Münchens reichte. Die Luft war etwas dunstig, die Sonne durch eine leichte Wolkenschicht verborgen. Also keine außerordentliche Fernsicht (was der Andere mit dem Hinweis, dass bei optimaler Fernsicht nicht nur die Atomkraftwerke Ohu und Grundremmingen, sondern auch der Bayrische Wald zu sehen seien, vermerkte; – und ich aus eigener Erfahrung nur bestätigen konnte). Aber auch keine ausgeprägten Licht-Schatten- oder Farb-Kontraste. Da es keine nennenswerte Wind- und Wolkenbewegung gab, die Wolkendecke zudem etwas über den Gipfeln lag, hatte das ganze Bild etwas Ruhiges, Sanftes, Übermäntelndes, Abwartendes, was zu dem Charakter der sich im Norden ausbreitenden, eher flachen, nur hie und da sanft gewellten Landschaft recht gut passte. Jedenfalls bot der Ausblick uns beiden einen eindeutigen landschaftsästhetischen Genuss. Das aber bedeutet: wir verfügten beide über eine gewisse historisch gewordene objektiv-kulturelle Form der Landschaftswahrnehmung, nämlich der profanen, neuzeitlichen, panoramatisch-ästhetisch-genießenden.

Unsere Blicke schweiften dann nach links, nach Nordwesten, wo sich, als markante hügelartige Erhebung im sanftgewellten Voralpenland der Hohe Peißenberg (1030 m) bemerkbar machte. Der Bergsteiger, der in Peiting, in der Nähe dieses Hügels wohnte, erzählte mir, dass dort, wie anderswo im Voralpenbereich, bis in die 60/70er-Jahre hinein Kohle abgebaut wurde. Es gäbe zahlreiche, inzwischen meist geschlossene und gesprengte Stollen. Ein Stollen, so gehe die Überlieferung, habe früher von Peiting bis zum Hohen Peißenberg geführt. Auch hier, unten im Tal, sozusagen uns zu Füßen, am Rand des Murnauer Mooses, sei abgebaut worden, allerdings keine Kohle. Es sei dort ein Hartsteinwerk gewesen. Es hätte sogar eine Art Seilbahn gegeben, die die Steine in kleinen Gondeln quer durch die Ebene und über die Bundesstraße hinweg, zum nächsten Güterbahnhof transportiert hätte. Man könnte die Pfeiler dieser Seilbahn heute noch sehen. Also, dass man am Peißenberg früher Kohle abbaute, erwiderte ich, sei mir als Münchner so nicht klar gewesen. Aber diese Pfeiler, die kenne ich. Ja, ich könne mich sogar vage an den früheren Gondelverkehr erinnern.

Anschließend blickte wir noch etwas weiter nach links, wo, als eine dem Hohen Peißenberg ganz ähnliche hügelartige Erhebung der Auerberg dominierte. Ich sagte, dass der Auerberg nicht nur wegen seiner exponierten Lage etwas Besonderes und Bekanntes sei, sondern auch, weil er historisch von einigem Interesse wäre. Man hätte dort eine Brandopferstätte entdeckt, die wahrscheinlich aus keltischer Zeit stamme. Darauf erwiderte mein Gesprächspartner, dass man seines Wissens dort vor allem römerzeitliche Siedlungsreste ausgegraben hätte. Eine Infotafel, neben der auf dem Auerberg befindlichen Kapelle, gäbe guten Aufschluss. Er persönlich, so sagte er, schätze den Auerberg wegen der Aussicht. Immerhin sei er mit 1055 Metern die höchste Erhebung in seinem Heimat-Landkreis Weilheim-Schongau und eben nicht, wie Viele meinten, der Hohe Peißenberg. Die dortige Kapelle trüge auf ihrem Dach eine Art Terrasse. Von dort aus sei der Blick auf die Alpenkette am allerbesten. Doch nur die wenigsten wüssten, dass man, wenn die Kapelle offen sei, jederzeit auf diese Dachterrasse gehen könne. Auch hätte es dort ein gutes Wirtshaus gegeben. Leider konnte sich der letzte Pächter nicht halten, so dass das Gasthaus nun geschlossen hätte.

Später ließen wir unsere Blicke nach Osten gleiten, wo der Walchensee gut zu sehen war. Ich fragte den Bergsteiger, ob er die Sage vom Walchensee, der auch Wallersee genannt werde, kenne. Auf dem Grund dieses sehr tiefen Sees solle nämlich ein riesiger Waller (Wels) ruhen. Er soll seine eigene Schwanzflosse im Mund halten, also einen Ring bilden. Man solle ihn nicht stören, den See nicht zu ergründen suchen. Denn wenn der Waller die Schwanzflosse loslasse und mit ihr ausschlage, würde die dünne Felsmauer der Kesselbergstraße im Norden brechen und der Gebirgssee würde Oberbayern überfluten. Um dieses Unheil abzuwenden, hätten noch im 18. Jahrhundert die Münchener Bürger jährlich eine Messe lesen lassen. Und um den Waller gnädig zu stimmen, sei ein goldener Ring geweiht und anschließend im See versenkt worden. – Nein, so der Bergsteiger, so genau hätte er diese Sage nicht gekannt. Nur die Sache mit dem großen Waller am Seegrund, die sei ihm schon bekannt gewesen. Und übrigens, so fuhr er fort, sei der Walchensee nachweislich wirklich sehr tief, nämlich 200 Meter. Und was an ihm besonders unheimlich sei: man wüsste von 21 im Walchensee ertrunkenen Menschen, deren Leichen nie geborgen wurden. Unter ihnen zwei, die mitsamt ihrem Segelflugzeug in den See gestürzt wären. Man hätte von ihnen Kleidungsstücke und ein Portemonnaie gefunden. Von den Leichen aber keine Spur. Auch gäbe es – wie übrigens an anderen Seen auch – das Gerücht, dass die Nazis bei Kriegsende dort nicht nur Waffen und Munition, sondern auch Gold versenkt hätten ... – Aber, so wollte nun mein Gesprächspartner wissen, wieso ich mich in dieser Gegend so gut auskenne? Da sagte ich ihm, dass ich schon als Kind und Jugendlicher oftmals in der Jachenau, dem Tal hinterm Walchensee, gewesen wäre. Ich hätte dort Sommer für Sommer an einem Zeltlager teilgenommen. Und bis heute würde ich diese Gegend gern und aufmerksam besuchen und mich infolgedessen hier auch einigermaßen gut auskennen.

IV. Zusammenfassung und Folgerungen

Dieses Beispiel zeigt zum einen, dass und wie bei jeder Landschaftsbetrachtung materiell-gegenständliche, sichtbare Aspekte (Berge, Hügel, Seen, Moore, Städte, Kraftwerke, Straßen, Täler, ...) mit physiognomisch-atmosphärischen Aspekten (ruhige, sanfte, abwartende Wetter- und Landschaftsstimmung, unheimlicher düsterer Gebirgssee) und mit geistig-historischen Aspekten (keltenzeitliche Brandopferstätte, römerzeitliche Siedlungsreste, christliche Kultplatznachfolge, moderne Ausflugslokalität, Kohle- und Gesteinsabbau, sagenumwobener See, ...) zu einer hintergründigen Einheit, zu einem vielschichtigen, leib-seelisch-geistig vernommenen Gesamtbild verschmolzen sind. Dieses Gesamtbild ist vielschichtig, aber nie und nirgends etwas künstlich Zusammengesetztes, Synthetisches, „Konstruiertes" sondern immer: natürlich wie kulturell gewachsene, erlebt-erfahren-erinnerte *Ganzheit*.

Zum anderen zeigt es, dass ein Großteil der geistig-historischen Aspekte nur in der ,lebenden' objektiven Kultur, vor allem im (aktuellen und latenten) kommunikativen und kollektiven Gedächtnis der jeweiligen Gesellschaftsmitglieder präsent ist, zugleich aber als die jeweilige geistige Bedeutung für den Betrachter sozusagen *immer schon in der Landschaft liegt* und ihn aus ihr heraus anspricht, Erinnerungen und Assoziationen weckt, von räumlichen Anmutungen und Atmosphären durchzogen ist: dass der Blick nach Norden ein Blick nach München als der bayrischen Landeshauptstadt und Metropole – mit all ihren repräsentativen Funktionen, großstädtischen Reizen und Abwegen – sei; dass an besonders klaren Tagen die meist mit zwiespältigen Gefühlen betrachteten Atomkraftwerke Ohu und Grundremmingen – aber auch der Bayrische Wald als das nordöstliche Grenz- und Waldgebirge Bayerns – zu sehen seien; dass am und um den Hohen Peißenberg früher Kohle abgebaut worden wäre; dass der Auerberg nicht nur ein reizvoll anmutender Aussichts- und Ausflugsberg, sondern auch ein historisch interessanter Ort sei, ein Ort, an dem Kelten, Römer und Christen gewohnt, geopfert oder gebetet hätten; dass der Walchensee ein sagenumwobener und geheimnisvoll-abgründig anmutender Gebirgssee sei: all diese Bedeutungen liegen für den Betrachter ja in der Landschaft selbst. Eine Theorie, die diese landschaftlichen Bedeutungen *nur* als (subjektive und/oder soziale) Projektionen begreifen kann, zielt am lebensweltlich-erfahrenen Phänomen vorbei.

Zum dritten zeigt mein Beispiel, dass und wie sich vergangene oder gegenwärtige objektive Kultur in der Landschaft materiell niederschlagen, somit zur objektivierten Kultur werden und verschiedene (objektive) Kulturepochen überdauern kann: in den historischen Relikten vom Auerberg hat sich keltische, römische und christliche Kultur objektiviert, in der (schriftlich fixierten) Sage vom Walchensee mittelalterlich-volksgläubige, in der Ausflugsgaststätte und der Aussichtsterrasse neuzeitlich-ästhetische und touristische, in den Pfeilern der früheren Hartsteinseilbahn und in den Atomkraftwerken industriell-technische Kultur.

Zum vierten zeigt es, dass mit dem betrachtenden Subjekt die Landschaft immer auch eine subjektiv-kulturelle Bedeutungsebene erhält, vom subjektiven Geist persönlich gefärbt, bewertet und „bedeutet" wird: dass der Hohe Peißenberg wie auch der Auerberg für meinen Gesprächspartner ein besonderer, subjektiv bedeutsamer Heimatberg sei, ging aus seiner Schilderung unmissverständlich hervor; dass ich dem Jachenautal und seiner unmittelbaren Umgebung nicht nur besondere Kindheits- und Jugenderlebnisse zu verdanken habe, dass es dort so manche Orte gibt, die für mich subjektiv bedeutsam sind, an denen ältere und neuere persönliche Erinnerungen und Geschichten haften, konnte mein Gegenüber meinen Bemerkungen ebenso unmissverständlich entnehmen.

Zum fünften zeigt sich an diesem Beispiel, dass objektiviert-kulturelle Landschaft etwas Vielschichtiges ist. Die Geschichte hat in der Landschaft ihre Spuren hinterlassen. Spuren, die dann wieder überbaut und überpflügt wurden, Spuren, die zugewachsen sind oder zugeschüttet wurden. Die Landschaft ist in diesem Sinne ein historisch-geologisches Schichtgefüge. In den verschiedenen Erdschichten schlummern objektiviert-kulturelle Relikte aus vergangenen Geistesepochen. Ein Archäologe kann, wenn er z. B. an einem geschichtsträchtigen Ort wie dem Auerberg gräbt, Schicht für Schicht abtragen. Schicht für Schicht abtragend wird er in historisch weiter zurückliegende Zonen vorstoßen. Sehr prägnant hat Hans Freyer in seinem Aufsatz „Landschaft und Geschichte" (1966) diesen geschichtlich-geschichteten Charakter der Landschaft beschrieben.

„Daß der Mensch in und mit seiner Landschaft lebt," bedeutet ihm zufolge vor allem, „daß sie – sei es willig, sei es um den Preis zäher Arbeit – die Werke des Menschen, seine Pflanzungen, seine Bauten, seine Rodungen und Wegetrakte in sich aufnimmt, als wären es Stücke von ihr selbst – gewiß mit der Tendenz, das Freigelegte und Gebaute wieder zu überwachsen oder unter angewehtem Erdreich zu begraben, aber die menschliche Handschrift ist dann eben doch mit unverkennbaren Zügen in die Landschaft eingeschrieben; auch Ruinen, verlandete Häfen und verwilderte Fluren sind noch unverkennbar Menschenwerk. ... So groß oder klein sie auch sein mögen, irgendwelche Einschläge menschlicher Arbeit und Willkür sind in jede Landschaft eingewoben, die mit einiger Dauer bewohnt wird."[32] „So sind also die Landschaften der Erde mit Geschichte geladen, mit Geschichte getränkt, einige nur oberflächlich, wie wenn eine Flutwelle über sie hinweggeschlagen wäre, andere so eindringlich, daß es keinen Fleck gibt, der nicht von Menschenhand genützt, gebahnt, gestaltet wäre. Oder dasselbe andersherum gelesen: Die Geschichte ist in die Landschaften, in denen sie gespielt hat, hineinobjektiviert und steht nun (so würde der Bergmann sagen) offen in ihnen an, das Tausendjahrealte mit derselben Gegenwärtigkeit wie das Gestrige und Heutige."[33]

Objektiviert-kulturelle Landschaft stellt sich damit als ein Schichtgefüge historischer (aber auch gegenwärtiger) Kulturobjektivationen dar; ein Schichtgefüge, das archäologisch und historisch untersucht und aus dem geistesgeschichtlich-hermeneutisch vergangene objektive Kultur rekonstruiert werden kann.

Zum sechsten zeigt sich an diesem Beispiel, dass nicht nur objektiviert-kulturelle, sondern ebenso objektiv-kulturelle Landschaft etwas Vielschichtiges ist. Auch der zeitgenössische abendländische ‚Gemeingeist' birgt in sich tiefere Schichten. Mythisch-Archaisches, Christlich-Mittelalterliches, Christlich-Protestantisches, Aufklärerisch-Neuzeitliches und Romantisch-Neuzeitliches: all das hat er nicht, wie

---

[32] Freyer, H.: Landschaft und Geschichte, in: Mensch und Landschaft im technischen Zeitalter, hg. v. d. bayerischen Akademie der schönen Künste, München 1966, S. 40f.
[33] Freyer, H.: a. a. O., S. 43.

meist unkritisch angenommen wird, überwunden; er hat es lediglich abgelagert, überformt und/oder überbaut. Doch, wenngleich überformt und/oder überbaut: In diesen Ablagerungen ist es noch da. Deutlich hat sich das in obigem Beispiel am Walchensee gezeigt; einem See, der von Vielen auch heute noch als unheimlich und unergründlich empfunden wird, von dem auch heute noch mittelalterlich-volksreligöse Sagen und modern-rätselhafte Geschichten erzählt werden. Und wenngleich sich der alte katholische „Opferritus" verloren hat – keiner käme heutzutage auf den Gedanken, ein von einem katholischen Priester geweihtes goldenes Ringlein in den See zu werfen –, weiß man doch zu erzählen, dass der See hie und da sein Opfer fordert. Dass vergangener objektiver Geist in Ablagerungen auch im gegenwärtigen objektiven Geist zugegen ist, heißt nicht, dass man vergange-nen Geist, sozusagen eins zu eins, wieder aus der „Versenkung" hervorholen könnte. Wie aus römischen Ruinen keine neuen antiken Städte und toga-bekleidete Römer hervorsteigen werden, steigt auch aus den objektiv-kulturellen Ablagerungen kein antiker lebender Geist hervor. Man kann die Zeit auch in dieser Hinsicht nicht zurückspulen. Doch so war es auch nicht gemeint. Es geht um etwas Anderes: nämlich darum, zu sehen, dass die abendländische Geistesgeschichte im Schichtauf-bau der gegenwärtigen objektiven Kultur ihre Spuren hinterlassen hat; Spuren, die nach wie vor ihren untergründigen Einfluss ausüben. Objektiv-kulturelle Landschaft ist letztlich ein (nicht-materielles) Schichtgefüge historischer Erinnerungen des gegenwärtigen objektiven Geistes, das vom kollektiv Bewussten bis zum kollektiv Unbewussten (und damit über das kulturelle Gedächtnis bis ins ‚archetypische' Gedächtnis) hinabreicht. Auch darauf hat Freyer deutlich hingewiesen:

„Unsere Geschichtsschreibung sieht ja Geschichte gemeinhin sehr anders, nämlich als Strom des Geschehens, der sich, gegensinnig zur vergehenden Zeit, in die Zukunft wälzt. Aber die Geschichte ist nicht nur die Abfolge der Ereignisse und Epochen im Nacheinander. Sie ist auch das Fortbestehende, und die Geschicht-lichkeit ist eine dem Menschen und seiner Lebenswelt immanente Struktur. Sie ist das System der Jahresringe im Holz der Gegenwart, das geologische Schichtungs-gefüge in ihrem Gestein. Nur daß diese naturhaften Bilder noch nicht einmal genügen, um die Gegenwärtigkeit des Vergangenen zu bezeichnen. Denn in der Schichtungsstruktur der materiellen Gebilde ist der einstige Werdeprozeß nur wie in einem erstarrten Nachbild aufbewahrt, in der geschichtlichen Wirklichkeit aber bleibt vieles lebendig, vieles über seine Zeit hinaus wirksam, vieles an seiner Stelle gültig. Die früheren Schichten sind hier nicht einfach zugedeckt und einge-schlossen, sondern sie gehen in die späteren Wandlungen ein, und auf weiten Strecken sind sie überhaupt noch das Feld, auf dem das gegenwärtige Leben spielt. Gerade die Tatsache, daß sie zu Elementen der Landschaft geworden sind, garantiert ihre Dauer."[34]

---

[34] Freyer, H.: a. a. O., S. 43f.

Man könnte diesen bestechenden Gedanken Freyers – dass also Geschichte nicht nur ein in Richtung Zukunft abschnurrender zeitlicher, sondern wesentlich auch ein die Vergangenheit als Gegenwart abschichtender Prozess ist – mit der prägnante Formel: Geschichte ist nicht nur *die* Geschichte, sondern immer auch *das* Geschichte (i. S. des An- bzw. Abgeschichteten), fassen.

Zum siebten zeigt sich an diesem Beispiel, dass Landschaft als *die* Geschichte und als *das* Geschichte vorzüglich in Form von Geschichten – die man sich gegenseitig erzählt – erinnert und tradiert wird. Landschaft, ob als subjektive, objektive oder objektivierte Kultur aufgefasst, wird auf der Ebene lebensweltlicher Kommunikation vor allem in Geschichten vermittelt. Das bedeutet: nur unter Rekurs auf die Geschichten der in und mit ihr lebenden Kommunikationsgemeinschaft wird das Phänomen der geistig-kulturellen Landschaft greifbar.

Zum achten zeigt sich, dass sich das Phänomen der Schlüsselorte, das ich unter Punkt II. in gefühlsmäßig-atmosphärischer Hinsicht betrachtet habe, auch in geistig-kultureller Hinsicht betrachten lässt. Dann sind es weniger die atmosphärischen Verdichtungs- und Verankerungsvorgänge, die von Interesse sind, sondern die tiefgründigen Real-Abschichtungen, die sich in das dortige Erdreich hineinobjektiviert haben, aber natürlich auch die tiefgründigen ‚Ideal'-Abschichtungen, die der objektive Geist in Bezug auf diesen Ort vorzuweisen hat. Anders formuliert: (kultur-)landschaftliche Schlüsselorte sind nicht nur dadurch gekennzeichnet, dass sie eine besondere atmosphärische Dichte haben, sondern ebenso dadurch, dass sie eine besondere geistige Tiefe aufzuweisen haben. Sie besitzen eine (letztlich bis ins Archetypische reichende) Tiefendimension, die sich nicht an beliebigen anderen Orten, sondern eben nur an Schlüsselorten auffinden lässt. Ich erinnere an den Auerberg und den Walchensee. Darüberhinaus besitzen sie aber auch eine semantische Flächendimension. Ein Schlüsselort ist in der Regel durch semantische Verweisungszusammenhänge mit anderen Schlüsselorten und der sie bergenden Landschaft verbunden. Von ihm aus und zu ihm hin führen zahlreiche Bedeutungsstränge. Wie sich in obigem Beispiel zeigte, verbindet die Sage vom Walchensee diesen mit dem bayrischen Oberland und speziell mit München. Ihrerseits semantisch aufeinander bezogen sind die beiden höchsten Erhebungen im Landkreis Weilheim-Schongau, der Auerberg und der Hohe Peißenberg. Denn beide heißen im Volksmund „Rigi". Den Namen Rigi haben sie von einem bekannten Schweizer Aussichtsberg. Der Auerberg heißt „schwäbischer", der Hohe Peißenberg „bayrischer Rigi". Mit dieser näheren Kennzeichnung wird auf die zwischen den beiden Bergen verlaufende, geographisch durch den Fluss Lech markierte Dialektgrenze zwischen dem Bayrischen und Schwäbisch-Allgäuerischen verwiesen. Damit zeigt sich nun, dass geistige Landschaft nicht nur ein (objektiviert-kulturelles und objektiv-kulturelles) vertikal-tiefgründiges Schichtgefüge, sondern auch ein horizontal-verzweigtes Beziehungsgefüge, ein Geflecht von semantisches Verweisungszusammenhängen zwischen Schlüsselorten ist. Schlüsselorte nehmen also im landschaftlichen Netz von ästhetisch-atmosphärischen und geistig-semantischen Bezügen eine wichtige Mittelpunktstellung ein. Man könnte auch sagen: Die Bedeutung eines Schlüsselortes steigt nicht nur mit seiner atmosphärischen Dichte, nicht nur mit der Tiefe und Vielzahl seiner Schichten, sondern ebenso mit der Fülle seiner semantischen Bezüge und Querverweise. Ein Schlüsselort, an dem, erstens, eine am intensivsten verdichtet und verankerte landschaftliche Atmosphäre zu erspüren ist, zweitens, eine außerordentliche geistig-kulturelle Tiefenschichtung festzustellen ist, drittens, eine deutliche Kulmination von kulturlandschaftlichen (aber auch, bisher nicht eigens erwähnt, naturlandschaftlichen) Verweisungszusammenhängen festzustellen ist: Solch einem Schlüsselort kann dann mit Recht das Prädikat ‚landschaftlicher Kulminationspunkt' zugesprochen werden. Es wäre zu überlegen, ob man solche Orte nicht – im Rahmen einer um die ‚Theorie der objektiv-kulturellen Landschaft' erweiterten Begutachtungspraxis – methodisch ermitteln und (wie Natur- und Kulturdenkmäler, etwa als ‚Landschaftsdenkmäler') unter Schutz stellen sollte.

Dr. Robert Josef Kozljanič
Seldeneckstr. 18
81243 München

Gerd Vonderach:
Räumliche Erlebniswirklichkeit als fortwirkende Erinnerung

Wenn einst der Psychologe Graf Karlfried von Dürckheim vom „gelebten Raum" sprach (1932/2005), um auf diese Weise auf die grundlegende Räumlichkeit des menschlichen Lebens hinzuweisen, so lässt dies zunächst verwundern, denn das Verb „leben" kennt eigentlich nur die Objektbeziehung „das (eigene) Leben leben". Von Dürckheims Sprachschöpfung, die man sonst nur dem Dichter erlaubt, führte daher Otto Friedrich Bollnow dazu, in seinem Buch „Mensch und Raum" (1963) beim sprachkonformen Begriff des „erlebten Raums" zu verbleiben, obwohl er inhaltlich weitgehend mit dem, was von Dürckheim meinte, übereinzustimmen glaubte.

Nun sind die gegenwärtigen Sprachspielassoziationen zum Begriff „Raum", insbesondere in den Wissenschaften, ganz überwiegend weit entfernt von der ganzheitlichen räumlichen Daseinswirklichkeit des Menschen, um deren Wahrnehmung es von Dürckheim und auch noch Bollnow ging. Dies gilt nicht nur für den abstrakten und inhaltsleeren mathematischen und physikalischen Raumbegriff. Sondern das gilt auch für die Geographie, die Raumplanung und andere sogenannte „Raumwissenschaften", die den „Raum" in anderer Weise von der menschlichen Lebenswirklichkeit abstrahieren, zunächst in der altmodischen Vorstellung des Raums quasi als eines territorialen Behälters, in dem eine Bevölkerung wohnt und wirtschaftet, aber auch in den modischen Varianten, Raum zu räumlichen sozialen Beziehungsstrukturen zu objektivieren oder aber als Vorstellung auf subjektive oder intersubjektive kognitive Konstruktionsleistungen zu reduzieren.

Um wie viel näher an die menschliche Raumwirklichkeit führte uns hingegen von Dürckheim:

„Der konkrete Raum aber, in dem der entwickelte Mensch wirklich existiert, in dem und aus dessen Innesein heraus er sich als lebendiges Subjekt (Gesamtselbst) verhält, in dem er als personales Subjekt, das ein Leben lebt, erlebend sich bewährt und verwirklicht, dieser Raum konstituiert sich unter Teilhabe des *ganzen* Menschen und seines Lebens, ist das, was er ist, für den ganzen Menschen, ja er gehört als gelebter Raum zur personalen Ganzheit und macht diese mit aus." (von Dürckheim 2005, S. 14f.) „Im gelebten Raum ist der Mensch mit seiner ganzen Wesens-, Wert- und Lebenswirklichkeit drin. Räumliche Wirklichkeit ist sinnhafte Mannigfaltigkeit in Ganzheiten, deren Sinnzentrum letzten Endes das personale Gesamtselbst ist. ... Der konkrete Raum des entwickelten Menschen ist ernst zu nehmen in der ganzen Fülle der in ihm erlebten Bedeutsamkeiten, denn in der Eigenart seiner Qualitäten, Gliederungen und Ordnungen ist er Ausdrucks-, Bewährungs- und Verwirklichungsform des in ihm lebenden und erlebenden und zu ihm sich verhaltenden Subjekts." (a. a. O., S. 16) „Der konkrete Raum ist ein anderer je nach dem Wesen, dessen Raum er ist und je nach dem Leben, das sich in ihm vollzieht" (a. a. O., S. 17).

Ich kann auf eine weitere Wiedergabe der Gedanken von Dürckheims verzichten, da sein Text in diesem Jahrbuch ausschnitthaft zu lesen ist und zu seiner Bedeutsamkeit angefügt zu seiner Neuauflage von 2005 und sicher auch in diesem Band von Hermann Schmitz, Jürgen Hasse, Robert Josef Kozljanič und anderen viel Kluges gesagt wird.

Ich denke, man kann zu einem vertieften Raumverständnis auch durchaus auf Bollnows Buch zurückgreifen, das bereits vor einem halben Jahrhundert erschien. Auch Bollnow verstand „den Raum als Medium des menschlichen Lebens" (Bollnow 1963, S. 18), auch für ihn war der erlebte Raum nicht bloß erlebt und vorgestellt, sondern „der wirkliche konkrete Raum, in dem sich unser Leben abspielt" (a. a. O., S. 19). Gegen den Kantschen Raumbegriff als bloßer Form menschlicher Anschauung wandte er ein: „Hier muß der Kantsche Ansatz durch die Hineinnahme des vollen Lebens mit der Vielfalt seiner Lebensbezüge erweitert werden." (a. a. O., S. 23) Und er griff den zuvor von Ludwig Binswanger verwandten Begriff des „gestimmten Raums" auf, um hervorzuheben,

> „daß der Raum mehr ist als das immer gleiche Feld gegenständlicher Erkenntnis und zweckhaften Handelns, daß er vielmehr aufs engste mit der Gefühls- und Willensseite, überhaupt mit der gesamten seelischen Verfassung des Menschen zusammenhängt" (a. a. O., S. 229).

Ich möchte im Folgenden einen Aspekt der je gegenwärtig erlebten Raumwirklichkeit ansprechen, nämlich ihr folgenreiches Fortwirken in der Erinnerung der Menschen. Und zugleich möchte ich dabei auch das „Soziale" einbeziehen, das zur Raumumwelt als Wirklichkeit, an ihren Orten und in ihren Häusern, neben landschaftlichen und baulichen Gegebenheiten, untrennbar ebenso dazu gehört wie als Lebens- und Kommunikationsumfeld der Erinnerungserzählungen und der vergangenheitsent- stammten Wahrnehmungs- und Verhaltensprägungen. Dazu gehe ich einige, mir produktiv erscheinende Umwege, indem ich mich von einigen ebenfalls oft vergesse- nen oder übersehenen Einsichten bereits älterer Herkunft leiten lasse, die sich mit der „Wirklichkeit" des Menschen befassten sowie mit den lebensgeschichtlichen „Vorgriffen", welche die menschliche Wirklichkeitsaufnahme leiten, und mit dem grundlegenden „In-Geschichten-Verstricktsein" des menschlichen Lebens.

Nach diesen Hilfestellungen versuche ich dann, an einem Fallbeispiel darzustel- len, wie für Menschen die raumgebundene soziale Erlebniswirklichkeit ihrer Kind- heit, an die sie sich erinnern und von der sie erzählen, eine fortwirkende Ressource ihres heutigen Tuns, hier im eigeninitiierten ortsbezogenen kulturellen Engagement, sein kann.

„Wirklichkeit" als einsam-vorintentionales Erlebnis und als sprachlich-vergemeinschaftete Vorstellung

In der Perspektive der Husserlschen Phänomenologie kann man „Wirklichkeit" als die dem Menschen als Korrelat seines Bewusstseinslebens gegebene Welt verstehen. Für den Philosophen Robert Reininger entsteht indessen „Wirklichkeit" als „Urerlebnis" noch vor jeder Intentionalität:

„Erleben und Erlebtes bilden vielmehr eine untrennbare Einheit, die nur im abstrahierenden Denken aufgelöst werden kann. Diese Einheit möge das Urerlebnis heißen. Ihm fehlt jede Art von Intentionalität: es ist die Wirklichkeit selbst." (Reininger 1931, S. 1)

„Wirklichkeit ist immer Urerlebnis" (a. a. O., S. 47) – darin sah Reininger den Ausgangspunkt der Philosophie, und seine Konsequenz ist ein strikter Solipsismus: „Das Bewusstsein ist immer individualisiert", und „jeder ist einsam als Denker" (a. a. O., S. 12). Das Urerlebnis ist „in seiner irrationalen Unmittelbarkeit unaussprechlich und nicht in Aussagen formbar" (a. a. O., S. 33). Wirklichkeit ist für den Menschen aber nicht nur im „Urerlebnis" erlebte, sondern auch vorgestellte, gedachte Wirklichkeit. Um das unreflektierte Erlebnismäßige bilden sich klarere Inhalte des reflektierten und des reflektierenden Bewusstseins, sie bewirken eine Distanzierung des Ichs von seinen Erlebnisinhalten und eine zunehmende Intentionalität. Das Selbstbewusstsein des Menschen ist die Transformation seines Icherlebnisses in ein Gedächtnisphänomen. Das Vorstellungsmäßige der Wirklichkeit sieht Reininger ergänzt um das Bedeutungs- und Geltungsmäßige. Hier erst, im sprachlich vergemeinschafteten „Reich des Denkens", des Urteilens, der Aussagen über die Wirklichkeit, beginnt „die gesellschaftliche Konstruktion der Wirklichkeit", wie sie von den Soziologen Peter Berger und Thomas Luckmann (1972) formuliert wurde.

Der russische Psychologe Lev Wygotski, dessen bereits 1934 erschienenes Buch „Denken und Sprechen" in der Sowjetunion verschwiegen wurde, kann uns helfen, eine Brücke zu schlagen zwischen dem Urerlebnis und der gesellschaftlichen Konstruktion der Wirklichkeit. Seine experimentellen Untersuchungen führten ihn zu der Erkenntnis, dass es beim Kind zunächst noch ein vorsprachliches Stadium in der Entwicklung des Denkens und ein vorintellektuelles Stadium in der Entwicklung des Sprechens gibt. In der Entwicklung des Kindes innerhalb der menschlichen Gemeinschaft wird sein Denken versprachlicht und sein Sprechen rational-kommunikativ; dieser Prozess bildet, dies betont Wygotski, die Voraussetzung der Kultur und des menschlichen Individuums. Mit der Aneignung eines neuen Wortes beginnt zugleich die Entwicklung eines gedanklichen Begriffs: „Die Entwicklung des Sinngehalts der Sprache erweist sich ... als der entscheidende Prozess in der Entwicklung des Denkens und der Sprache des Kindes" (Wygotski 1981, S. 290). Ergebnis der Verbindung von Sprechen und Denken ist das sprachliche Denken und die sinnvolle Sprache; dennoch bleiben Differenzen:

„Der Gedanke fällt ... nicht unmittelbar mit dem sprachlichen Ausdruck zusammen. .... Ich denke alles zusammen, aber ich zergliedere es in der Sprache in einzelne Wörter. ... Was im Denken simultan enthalten ist, entfaltet sich in der Sprache sukzessiv" (a. a. O., S. 353).

Der Gedanke entsteht aus dem motivierenden Bereich unseres Bewusstseins, aus Trieben, Bedürfnissen, Affekten, Interessen, Impulsen, Emotionen. Wir können einen fremden Gedanken nur dann sinnvoll verstehen, wenn wir dessen wirksamen Hintergrund aufzudecken vermögen: Insgesamt aber erfährt die Wahrnehmung der Wirklichkeit für den Menschen durch die Sprache eine Vergesellschaftung; Wygotski spricht dabei von der „verallgemeinerten Widerspiegelung der Wirklichkeit" jenseits der individuell bleibenden Empfindung (a. a. O., S. 358).

Lebensgeschichtliche „Vorgriffe" und lebensgeschichtliches „Verstricktsein in Geschichten"

Die Gedanken von Wilhelm Kamlah, Hans Lipps und Wilhelm Schapp, die zur hermeneutischen „Opposition" gegen die klassische Philosophie gerechnet werden können (so Hahn 1994, S. 23), können uns im Verständnis der Wirklichkeitserfahrung und -erinnerung und ihrer Erzählung weiterführen. Hans Lipps entwickelte eine hermeneutisch inspirierte Anthropologie. „Wirklichkeit" kann der Mensch danach nur in der Verstrickung in seine lebensgeschichtlich entstandenen „Vorgriffe" erfahren, die in der jeweiligen Situation für ihn unbewusst leitend sind und von ihm nur hermeneutisch – in nachträglicher Besinnung – in stets begrenzt bleibender Weise aufgedeckt werden können. Dabei setzt Lipps an der Situation an, die immer die „je eines Menschen" ist:

„Die Wirklichkeit wird insofern ausgelegt, als sie als je eines Situation, in die man gestellt sich findet, aufgenommen wird. In der Aufnahme von Hinsichten und Rücksichten, im Stiften von Bezügen erschließt man sich die Wirklichkeit. ... Die Dinge zeigen sich mir im Spiegel meiner Möglichkeiten. Vorgriffe sind dabei leitend. ... Die Möglichkeit ... wird als Situation aufgenommen. Im flüchtigen Durchgang wird sie erschlossen, ... in ihrer Offenheit und Fraglichkeit wird die Situation aufgenommen." (Lipps 1977, S. 66f.)

Die Situation, in der die Wirklichkeit erlebt wird, ist stets die „je eines Menschen", sie ist „im Kern nichts Sachliches" und bleibt als ganze „wesentlich unergründlich" (Lipps 1959, S. 23f.). Die Situation ist zugleich der Ort der Begegnung mit anderen, insbesondere in der „Redeverbundenheit", wie Lipps hervorhebt: „Im Gespräch erschließt man einander" (a. a. O., S. 32). Wie ein Mensch Situationen „aufnimmt", hängt von den Geschichten ab, in denen er sie erfährt oder in die er sie einordnet. Mit „Vorgriffen" meint Lipps die lebensgeschichtlich entstandenen Wahrnehmungs- und Handlungsschemata, mit denen wir die Wirklichkeit in je gegenwärtigen und flüchtigen Situationen fassen und uns zu ihr verhalten. Der Mensch verhält sich zur Wirklichkeit nicht voraussetzungslos, etwa nach „rationalen" Gesichtspunkten, sondern geprägt durch seine vorgängigen „Konstellationen". Seine „Vorgriffe" sind ihm nicht bewusst, sie können immer nur in nachträglicher Besinnung und begrenzt expliziert werden. Darin sieht Lipps aber nichts Behinderndes, sondern gerade ein unentbehrliches Mittel zur Lebensbewältigung.

Das „Verstricktsein in Geschichten" erfährt eine zentrale anthropologische Bedeutung in der Geschichtenphilosophie von Wilhelm Schapp, die er in seinem dreibändigen Spätwerk, erschienen 1953 (2. Aufl. 1976), 1959 (2. Aufl. 1981) und 1965, in Abwendung von der Bewusstseinsphilosophie entwickelte. Schapps Kernthese lautet, dass wir ohne seine Geschichten nichts vom Menschen erfahren können. Sowohl Identität wie Gemeinschaftlichkeit des Menschen ergeben sich nach Schapp nur in und durch Geschichten. Für ihn sind Geschichten letzte, nicht mehr überschreitbare Gegebenheiten, Grundlagen aller alltagsweltlichen Sinnbestände. Gegen Husserl wendet Schapp ein, dass der fließende Strom intentionaler Bewusstseinsakte zwischen den isolierten Erlebnissen eines Menschen keinen Zusammenhang stiften kann, der vielmehr erst im verbindenden Horizont der Geschichten entsteht, in die einer „verstrickt" ist. Als Konfigurationen der Erfahrung, des Erlebens, Denken, Handelns und Erzählens sind die Geschichten fundamentale Lebenszusammenhänge; alle menschlichen Aktivitäten, Erfahrungen und Erinnerungen sind an Geschichten gebunden. Geschichten sind subjektive „Eigengeschichten", in deren Mittelpunkt ein in sie „verstrickter" Mensch steht. Sie sind aber auch intersubjektive Gebilde, „Wir-Geschichten", in die mehrere Menschen in unterschiedlicher Weise „verstrickt" sind und die sie in je individueller Perspektive wahrnehmen. Geschichten sind nach rückwärts gewandt, der Vergangenheit verhaftet, zugleich tauchen in ihnen aber auch künftige Entwicklungen und mögliche Ereignisse auf. Jede Geschichte hängt als offenes Gebilde mit anderen Geschichten zusammen und bildet mit ihnen einen Ereignis-, Handlungs- und Sinnzusammenhang. Die Geschichten besitzen Horizonte, in denen Vorgeschichten und Nachgeschichten auftauchen, und sie sind mannigfach mit Parallelgeschichten verbunden. Die Vergangenheitsgeschichten eines Menschen bilden den Hintergrund seiner gegenwärtigen Erfahrungen und Aktivitäten, und manche von ihnen empfindet er als einen besonders wichtigen Ausdruck seiner Identität.

Den Zugang zur individuellen und kollektiven Identität von Menschen gewinnen wir durch die Geschichten, welche sie über sich und andere erzählen und in denen sie darstellen, wie sie sich und andere sehen. Allerdings sind Geschichten nicht mit ihrer Erzählung identisch. Was erzählt wird, ist eine bestimmte, auf die Gesprächssituation zugeschnittene, ausschnitthafte Zuwendung zu den Geschichten, die für den erzählenden Menschen eine komplexe Konfiguration seiner Erfahrungen, seines Erlebens und seiner Erinnerung bilden. Es ist für Schapp aber von grundlegender Bedeutung, dass wir ohne seine Geschichten nichts von einem Menschen verstehen können:

„Der einzige Zugang zu uns selbst erfolgt über Geschichten, in die wir verstrickt sind. Der Zugang zu anderen Menschen über die Geschichten, in die diese verstrickt sind. Den Ausdruck ‚Zugang' dürfen wir nicht von außen nehmen, deswegen setzen wir statt Zugang besser den Ausdruck ‚Mitverstricktsein'" (Schapp 1976, S. 136).

Das Verstehen einer Geschichte ist für Schapp nur bei einem Mindestmaß an „Mitverstricktsein" möglich:

„In dem Hörer muss der Boden vorbereitet sein. Er muss empfänglich sein für die Geschichten. Die Geschichten müssen sich in die Horizonte, die bei dem Hörer vorhanden sind, einfügen. Wenn das nicht der Fall ist, erlahmt alsbald das Interesse an der Geschichte" (a. a. O., S. 119).

Wilhelm Kamlah rückte in den Mittelpunkt seiner deskriptiven Anthropologie, wie er sie nannte, „die Wiederentdeckung des Widerfahrnischarakters des menschlichen Lebens" (Kamlah 1973, S. 39). Widerfahrnisse sind für uns angenehm oder unangenehm, bezogen auf unsere Bedürfnisse, und wir verhalten uns zu ihnen in je individueller, lebensgeschichtlich geprägter und situativ bestimmter Weise. Menschen erfahren Ereignisse als Widerfahrnisse, die ihnen passieren, und verhalten sich zu ihnen. Dabei sind Handlungen als absichtsvolles Tun nur ein besonderer Fall des Sich-Verhaltens zu der widerfahrenen Situation. Auch Kamlah betont das redefähige Wesen des Menschen, der nicht voll eingebunden in seine ihm je unmittelbare Situation ist, sondern Abwesendes und Vergangenes zu vergegenwärtigen und sich Künftiges vorzustellen vermag; Denken nennt Kamlah ein „unhörbares Reden" (a. a. O., S. 43). „Nur der redend vergegenwärtigende Mensch unterscheidet das ‚Frühere' vom ‚Späteren', d. h. er lebt in der Zeit." (a. a. O., S. 68). Als bedeutsam erinnert und erzählt werden vor allem Geschichten, in denen sich Menschen zu Widerfahrnissen verhalten haben, in denen etwas passierte, was nicht beabsichtigt, aber folgenreich war. Hermann Lübbe hob hervor, dass gerade das erinnert und erzählt wird, was nicht einer Handlungsrationalität folgte: „Geschichten sind Vorgänge, die der Handlungsrationalität sich nicht fügen." (Lübbe 1978, S. 238)

Auch einige Pädagogen und Soziologen haben die grundlegende lebensgeschichtliche Bedeutung der Geschichten hervorgehoben, so etwa Friedemann Maurer:

„Im Zusammenhang seiner vielen einzelnen Geschichten, in seiner Lebensgeschichte also, findet der Mensch nicht nur seine Identität, sondern vergewissert er sich auch des Sinns seines Daseins, erzählt er, woran er leidet, was ihn beglückt und was er hofft." (Maurer 1981, S. 8)

Von Hans Paul Bahrdt stammt der Satz: „Die Erzählung von Geschichten ist eine ursprüngliche Form des Nachdenkens über sich selbst, sowohl über das individuelle Selbst als auch über das Kollektiv, mit dem sich ein Subjekt identifiziert" (Bahrdt 1975, S. 14). Dabei werden die ursprünglichen Erfahrungen überlagert von den späteren Erinnerungen, der nachträglichen sprachlichen Ausgestaltung und den anknüpfenden Reflexionen (vgl. dazu Schulze 1979, S. 56f.). Und insgesamt können wir Bruno Hildenbrand zustimmen:

> „Sinnzusammenhänge des menschlichen Lebens sind geschichtenförmig organisiert. Diese Geschichten haben eine doppelte Struktur: Sie bewahren, indem sie Erlebtes in einen sinnhaften Zusammenhang bringen. Geschichten schaffen aber auch Neues, indem sie die Tendenz haben, über das zu Bewahrende hinauszuweisen." (Hildenbrand 1990, S. 229)

Produktiv fortwirkende Kindheitserinnerungen an die dörfliche Lebensumwelt: Vom Geschichten-Hören zum Museumsprojekt

Die Fallstudie zu einer Dorfmuseumsgründerin, über die ich kurz berichten möchte, beruht auf ausführlichen Gesprächen mit der Akteurin, auf der Wahrnehmung der als Museum genutzten Räumlichkeit sowie auf einem Begleitbuch und mehreren Begleitheften der Akteurin zu ihren Ausstellungen. (Ausführlichere Fallberichte in: Vonderach 2006 und 2008) Die Gesprächsauswertung lehnte sich dabei an die von mir entwickelte geschichtenhermeneutische Methode an. (Zur Methode: Vonderach 1997)

Vor zwölf Jahren hat die inzwischen 63-jährige Waltraut Köhler in ihrem Heimatort, einem alten Dorf im südlichen Umkreis von Bremen, ein kleines Museum errichtet. „Das kleine Dorfmuseum", wie es von ihrer Besitzerin liebevoll genannt wird, befindet sich am Ortsrand auf dem Hofgelände der Familie Köhler neben dem renovierten Wohnhaus in einem Gebäude, das früher von Waltraut Köhlers Vater für den landwirtschaftlichen Nebenerwerb genutzt wurde. Schon ihr Urgroßvater, der Müller war, baute beide Gebäude neben einer Windmühle, die inzwischen abgerissen wurde. Zusätzlich zur Lohnmüllerei für die umliegenden Bauernhöfe wurde Landwirtschaft betrieben. Die Vorfahren investierten in immer neue Antriebssysteme, bis Waltraut Köhlers Vater die Lohnmüllerei vor fünfzig Jahren angesichts der überlegenen Konkurrenz der großen Mühlen aufgab. Seit ihrer Kindheit lebt Frau Köhler auf dem elterlichen Grundstück, seit ihrer Familiengründung mit ihrem aus einem Nachbarort stammenden Mann, der vor seinem Ruhestand als Bautechniker tätig war, und zusammen mit dem inzwischen erwachsenen Sohn.

Wie noch bei vielen Landmädchen ihrer Generation entsprach ihre fremdbestimmte Bildungs- und Ausbildungsentwicklung nicht ihren Fähigkeiten und Neigungen. „Leider hatte ich einen etwas konservativen Vater, der mir nicht erlaubt hat, eine weiterführende Schule zu besuchen." (Gesprächszitat) Sie besuchte daher lediglich die örtliche Volksschule. Auch verweigerten ihr die Eltern die Realisierung ihres Berufswunsches einer Dekorateurin und drängten sie in die für angemessen angesehene ländlich-hauswirtschaftliche Lehre. Ihre Ausbildung auf einem Domänenbetrieb und in einer Landfrauenschule im östlichen Niedersachsen blieb die einzige Zeit, in

183

der sie nicht zuhause lebte. Danach heiratete sie und blieb Hausfrau, ergriff aber schon bald die Gelegenheit zu einer pädagogischen Ausbildung als Gruppenleiterin sogenannter Kinderspielkreise. In solchen Einrichtungen im Heimatdorf und in einem Nachbarort war sie anschließend für längere Zeit als „Springerin" in unregelmäßiger Teilzeitbeschäftigung tätig. Die reduzierte Teilzeittätigkeit entsprach ihrer häuslichen Beanspruchung, zu der auch die Pflege ihrer Mutter in den letzten Lebensjahren und ein großer Gemüsegarten als Rest der einstigen Landwirtschaft gehörte. Später wurde sie vom Leiter des Kreismuseums Syke gebeten, dort im Rahmen der museumspädagogischen Arbeit mit Kindern aus Schulklassen und Kindergärten etwa zweimal im Monat Brot zu backen, was ihr auch heute noch Freude bereitet.

Das Henstedter Dorfmuseum hat mehrere Voraussetzungen. Die wichtigste ist Waltraut Köhlers schon in ihrer Kindheit entstandenes Interesse an den Geschichten der Dorfbewohner vom vergangenen Geschehen, die sie dann später aufzuschreiben begann. Angeregt wurde dieses Interesse bereits früh durch die Erzählungen, denen sie in ihrem Elternhaus mit seinem Wirtschaftsbetrieb und seinen Mitarbeitern und Besuchern zuhörte:

> „Auch als Kind habe ich immer so ein bisschen dagesessen und habe gedacht: das ist ja eine ganz andere Welt, das ist ja ein ganz anderes Leben, und das musst du irgendwie aufschreiben. Ich weiß auch nicht, warum. Aber das hat mich immer ein bisschen interessiert." (Gesprächszitat)

Die Faszination erzählter Geschichten und menschlicher Gegebenheiten fand den Stoff in der Vergangenheit ihres Dorfes und seiner Menschen, unter denen ihre Familie einen wichtigen Platz einnahm aufgrund der Stellung sowohl ihres Urgroßvaters wie ihres Großvaters und ihres Vaters als Mühlenbesitzer und zugleich Bürgermeister. Bemerkenswert ist die lebenslange Fortdauer dieses Interesses bis hin zur Gründung des kleinen Dorfmuseums. Die lebensgeschichtliche Kontinuität dieses Interesses und seine praktischen Konsequenzen wurden begünstigt durch Waltraut Köhlers Verharren in der vertrauten heimatlich-dörflichen Umgebung und durch ihre selbstverständliche Teilnahme am dörflichen Interaktions- und Kommunikationsgeschehen, die bis zur Gegenwart den Zugang zu den Geschichten der Dorfbewohner und deren Gesprächsbereitschaft ermöglichte. Gerade ihre versperrte Bildungsentwicklung in der Jugend führte zu dem Verharren im ländlich-heimatlichen Milieu und bewirkte zugleich eine Unterforderung im häuslichen und beruflichen Tun, die für das Verfolgen eigener Interessen ungenutzte Potentiale freisetzte.

Bereits vor mehr als dreißig Jahren begann Waltraut Köhler, Geschichten aus der dörflichen Vergangenheit aufzuschreiben, die ihr bekannt wurden und nach denen sie ältere Dorfbewohner befragte. Förderlich für den späteren Aufbau von Ausstellungen war auch ihr bereits früh entstandenes Fotografierhobby. Unmittelbarer Anlass für ihre zur ersten Ausstellung und zur Museumsgründung führenden weitergehenden Recherchen war die Anregung des Ortsbürgermeisters, eine Ortschronik zu erstellen. Nach der Beendigung ihrer beruflichen Teilzeittätigkeit begann sie vor zwanzig

Jahren, Dorfbewohner um die Erzählung erlebter Geschichten und Geschehnisse zu bitten und diese zu protokollieren. Außerdem saß sie zwei Jahre lang mehrmals in der Woche im Archiv der Syker Kreiszeitung und notierte und kopierte Zeitungsberichte zum Henstedter Dorfgeschehen über einen Zeitraum von mehr als einem Jahrhundert. Aus diesem Dokumentationsmaterial entstand 1998 die erste Ausstellung „Henstedt wie es früher war", wofür Waltraut Köhlers Mann und ihr Sohn die praktischen Arbeiten in dem zuvor von ihnen für handwerkliche Aktivitäten genutzten Wirtschaftsgebäude verrichteten. Zu der ersten Ausstellung erstellte und veröffentlichte sie ein umfangreiches Begleitbuch (Köhler 1998). Das Interesse, das die Ausstellung bei den Dorfbewohnern fand, gab dann den Anlass zu dem Entschluss, sie als Dauerausstellung bestehen zu lassen, woraus „das kleine Dorfmuseum" entstand.

Im Selbstverständnis seiner Besitzerin dokumentiert das Museum den Wandel des Dorfes Henstedt vom letzten Drittel des 19. Jahrhunderts bis zur Gegenwart. Den Ausstellungsschwerpunkt bilden thematisch fokussierte Darstellungen auf Stellwänden mit vergrößerten Fotos, Dokumenten, Zeitungsberichten, Zeitzeugenberichten und ergänzenden Erläuterungen. Seit fünf Jahren fotografiert Waltraut Köhler gezielt für ihre Ausstellungen. Weiterhin umfasst das Museum viele Gerätschaften und Gegenstände aus der alten Mühle, der früheren Landwirtschaft und ländlichen Hauswirtschaft und Wohnweise, die teils aus eigenen Beständen stammen, teils erworben oder von Dorfbewohnern und Besuchern gebracht wurden. Doch im Zentrum ihrer Museumsaktivität sieht Waltraut Köhler nicht die Exponate, sondern die Veranschaulichung und Dokumentation vergangener Geschehnisse und Lebensverhältnisse. Sie begreift sich dabei als Ortschronistin: „Ich befrage ständig irgendwelche Leute". Zu den Ausstellungen hat Waltraut Köhler ausführliche, in Aktenordnern aufbewahrte Dokumentationen erstellt und zu diesem Zweck mehrfach an Seminaren zur Quellen- und Archivkunde in einer Ländlichen Heimvolkshochschule in Goslar teilgenommen; denn sie respektiert den museologischen Anspruch der Quellendokumentation. In der Regel konzipiert sie jährlich eine Sonderausstellung mit umfangreichen Fotodokumentationen, wozu sie meistens auch Begleithefte erstellte, u. a. über das Leben von zwei Hausschneiderinnen, zur Henstedter Schulgeschichte und zum Thema „Lehre und Arbeit auf dem Bauernhof – Männer und Frauen erzählen von ihrer Zeit auf Henstedter Höfen".

Das Henstedter Dorfmuseum hat in der Dorfbevölkerung eine große Zustimmung gefunden. Sie zeigt sich in den gut besuchten Museumsfesten und der dort getätigten Mithilfe sowie in dem Interesse an den Sonderausstellungen und der Bereitschaft, zu ihnen durch Gespräche und die Bereitstellung von Dokumenten beizutragen. Das Engagement der kreativ und ohne institutionelle Unterstützung ihre Idee eines ortsbezogenen Dorfmuseums realisierenden Museumsbesitzerin findet durchaus Resonanz und Anerkennung. Ihr Museumsprojekt trägt zur Ortsidentifikation der Dorfbewohner bei, und es vermittelt auch bei den von außerhalb kommenden Besuchern einen Eindruck von vergangenen ländlichen Lebenswelten.

Waltraut Köhler zeigt das Profil einer tatkräftig ihre Ideen realisierenden Landfrau. Einerseits bedauert sie das Fehlen von Bildungs- und Entwicklungschancen in ihrer Jugend. Andererseits blieb ihre Identifikation mit der dörflichen Heimat eine lebenslange erlebens- und handlungsbestimmende Konstante. Als Teil dieser Identifikation entwickelte sich ihr bereits früh vorhandenes Interesse an den vergangenen Geschehnissen und Lebenswelten zum Projekt des eigenen Dorfmuseums. Trotz ihrer sozialen Integration, die für sie lebensnotwendig erscheint, zeigt Waltraut Köhler doch einen ausgesprochenen Individualismus beim Verfolgen ihrer Ideen, der auch eigene Qualifizierungsanstrengungen einschließt. Dieser Individualismus konnte aber nicht ohne die Anerkennung und Unterstützung seitens ihres familiären und auch dörflichen Umfeldes gedeihen, die für sie eine psychische und soziale Ressource bedeuten.

Der Umweltraum von Waltraut Köhlers Kindheit und Jugend erstreckte sich auf den Horizont der Lebenswelt ihres Dorfes. In dessen Mittelpunkt erlebt sie ihr Elternhaus und deren Wirtschaftsbetrieb. Dabei erinnert sie sich an Menschen mit ihren Verhaltensweisen und Geschichten ebenso wie an die sachlichen Gegebenheiten, insbesondere wenn sie zu ihrer glücklichen Kindheit beitrugen, wie etwa die Mühle auf ihrem Hof:

„Meine eigenen Erinnerungen an die Kinderzeit in der Mühle. Wenn man so wie ich auf einem Bauernhof mit Mühlenbetrieb aufgewachsen ist und schöne Erinnerungen an diese Zeit hat, dann ist das prägend für das ganze Leben. Die meisten Erinnerungen beziehen sich auf unsere Elektromühle, die nur wenige Meter von unserem Wohnhaus entfernt stand. ... In der Elektromühle war ich häufig anzutreffen. Ich liebte all die verschiedenen Geräusche, die dort zu hören waren. Das starke Rattern der Motoren, das Aneinanderreiben der Transmissionsriemen und das hohe ‚ting, ting, ting' beim Mühlsteinschärfen. Zwischen den Mehlsäcken ließ es sich mit Freunden gut Verstecken spielen, nicht gerade zur Freude meiner Mutter, die an der Kleidung schon sehen konnte, wo ich gewesen war." (Köhler 1998, S. 71)

Ihre dörfliche Lebensumwelt teilt Waltraut Köhler indessen mit vielen anderen Landbewohnern, und das gäbe noch keinen Anlass, ihre Lebensgeschichte und Aktivitäten als bemerkenswert erscheinen zu lassen. Dies verdankt sie vielmehr ihrem ungewöhnlichen Engagement, in dem sich ihre umwelt- und sozialräumliche Identifikation mit einer ausgesprochenen Individualität und Kreativität verbindet. Dabei ist es gerade das Widerfahrnis des starken Wandels ihrer Lebensumwelt, das sie dazu antreibt, den vergangenen Lebensverhältnissen und Lebensweisen nachzuspüren und sie in Ausstellungen und Dokumentationen auch für andere zu vergegenwärtigen. Wenn auch ihre emotionale Bindung auf den vertrauten Umweltraum bezogen ist, so begreift sie dabei doch dessen Wandel als exemplarisch für den weitergefassten ländlichen Raum hierzulande.

Waltraut Köhlers lebensgeschichtlicher „Vorgriff", der ihr Engagement leitet, ist die Kombination ihrer Motivation zur Vergegenwärtigung der Vergangenheit mit dem Hingezogensein zu Geschichten aus ihrer sozialräumlichen Umwelt. Ihre Geschichtenneigung ergänzte schon früh ihre Eigengeschichten um gehörte Fremdgeschichten, die zu Wir-Geschichten wurden, und daraus entstand in quasi professionalisierter Weise eine methodisch betriebene Geschichtensuche bei Lebenswelt- und Vergangenheitskundigen und beim Archivstudium. Homo narrans, so kann man wohl sagen, wurde zum Medium der individuellen und auch der gemeinschaftlichen umwelträumlichen Integration und Identifikation. Denn die museale Ausstellungspräsentation der Ergebnisse der Recherchen trug zur Identifikation der Dorfbewohner mit ihrer Wohnortregion und deren vergangenen Lebenswelten bei, so dass aus der individuellen umwelträumlichen Wirklichkeit von Waltraut Köhler in gewissem Umfang eine vergemeinschaftete Umweltbezogenheit wurde.

Literatur

Bahrdt, Hans Paul, 1975: *Erzählte Lebensgeschichte von Arbeitern.* In: Martin Osterland (Hg.): Arbeitssituation, Lebenslage und Konfliktpotential. Frankfurt/M., S. 9-37

Berger, Peter L.; Luckmann, Thomas, 1972: *Die gesellschaftliche Konstruktion der Wirklichkeit. Eine Theorie der Wissenssoziologie.* 3. Aufl. Stuttgart

Bollnow, Otto Friedrich, 1963: *Mensch und Raum.* Stuttgart

von Dürckheim, Graf Karlfried, 2005: *Untersuchungen zum gelebten Raum* (1932). Frankfurt/M.

Hahn, Achim, 1994: *Erfahrung und Begriff. Zur Konzeption einer soziologischen Erfahrungswissenschaft als Beispielhermeneutik.* Frankfurt/M.

Hildenbrand, Bruno, 1990: *Geschichtenerzählen als Prozeß der Wirklichkeitskonstruktion in Familien.* In: System Familie, Bd. 3, H. 4, S. 227-236

Lipps, Hans, 1959: *Untersuchungen zu einer hermeneutischen Logik.* Neuaufl. Frankfurt/M.

Lipps, Hans, 1977: *Die Wirklichkeit des Menschen.* Werke, Bd. V. 2. Aufl. Frankfurt/M.

Kamlah, Wilhelm, 1973: *Philosophische Anthropologie.* Mannheim

Köhler, Waltraut, 1998: *Henstedt wie es früher war.* Begleitbuch zur Ausstellung. Bassum

Lübbe, Hermann, 1978: *Was aus Handlungen Geschichten macht.* In: Jürgen Mittelstraß und Manfred Riedel (Hg.): Vernünftiges Denken. Berlin u. New York, S. 237-250

Maurer, Friedemann, 1981: *Vorwort.* In: ders. (Hg.): Lebensgeschichte und Identität. Beiträge zu einer biographischen Anthropologie. Frankfurt/M., S. 7-9

Reininger, Robert, 1931: *Metaphysik der Wirklichkeit.* Wien u. Leipzig

Schapp, Wilhelm, 1976: *In Geschichten verstrickt. Zum Sein von Mensch und Ding* (1953). 2. Aufl. Wiesbaden

Schapp, Wilhelm, 1981: *Philosophie der Geschichten* (1959). 2. Aufl. Frankfurt/M.

Schapp, Wilhelm, 1965: *Wissen in Geschichten. Zur Metaphysik der Naturwissenschaft.* Wiesbaden

Schulze, Theodor, 1979: *Autobiographie und Lebensgeschichte.* In: Dieter Baacke und Theodor Schulze (Hg.): Aus Geschichten lernen. Zur Einübung pädagogischen Verstehens. München, S. 51-98

Vonderach, Gerd, 1997: *Geschichtenhermeneutik.* In: Ronald Hitzler und Anne Honer (Hg.): Sozialwissenschaftliche Hermeneutik. Opladen, S. 165-189

Vonderach, Gerd, 2006: *Lebensgeschichtliche Bedeutung eines ländlichen Museumsengagements.* In: Sozialwissenschaftliches Journal, Jg. I, H. 1, S. 79-100

Vonderach, Gerd, 2008: *Museumsinitiativen als Bereicherung der ländlichen Kultur.* In: ders. (Hg.): Land-Pioniere. Kreativität und Engagement – Lebensbilder aus ländlichen Praxisfeldern. Aachen, S. 63-79

Wygotski, Lev S., 1981: *Denken und Sprechen. Psychologische Untersuchungen* (1964). Neuaufl. Frankfurt/M.

Prof. Dr. Gerd Vonderach
Carl von Ossietzky-Universität Oldenburg
Institut für Sozialwissenschaften
26111 Oldenburg

Jörg H. Gleiter:
Gelebter Raum der Erinnerung –
Zur Rekonzeptualisierung der Holocaustmahnmale

Seit Mitte der 80er Jahre lässt sich in Deutschland ein Wandel im Konzept der Mahnmale gegen die Verbrechen des Nationalsozialismus beobachten. Im Gegensatz zu den bisherigen Mahnmalkonzepten verzichten die neuen Mahnmale auf jedes formale Pathos, auf expressive Gesten und die Repräsentation des Leids, sei es in bildhaft-figürlichen wie auch geometrisch-abstrakten Darstellungen. In einem Akt des Aufbegehrens gegen ihren bisherigen öffentlichen Kunststatus verfolgen die neuen Mahnmale eine gegenteilige Strategie, ihre Dissimulation im öffentlichen Raum. Das kann bis zur völligen Auflösung gehen, wie beim *Mahnmal gegen Faschismus, Krieg und Gewalt* in Hamburg-Harburg, wo sich das Mahnmal unter Beteiligung der Bevölkerung schrittweise der Sichtbarkeit entzog und konzeptuell erst realisiert war, als es fast gänzlich verschwunden war und nur noch eine Tafel an dieses erinnerte. Je nach politischer Orientierung wurden die neuen Mahnmale bisher entweder als „abstrakte Mahnmale"[1] bezeichnet und damit als abweisend elitär diskreditiert; oder sie wurden als „Gegendenkmale"[2] begrüßt und dem verharmlosenden, öffentlichen Betroffenheitskitsch kritisch entgegengesetzt. Unabhängig von der jeweiligen Position, schienen die neuen Mahnmale exemplarisch für die postmoderne Ästhetik zu stehen, das heißt für die Wende von der modernen Ästhetik mimetischer Einfühlung hin zur postmodernen Ästhetik des Erhabenen als der „Darstellung des Nichtdarstellbaren". Doch gerade der kunsthistorische Blick der Postmoderne verhinderte, das Besondere und Neue der neuen Mahnmale in den Blick zu bekommen: Dass sie gerade mit dem Kunststatus und der Technik der Repräsentation brechen und mit der Technik der Dissimulation den gelebten Raum des Alltags in seiner „augenblicklichen Seins- und Lebenswirklichkeit"[3] und damit erstmals den Betrachter in seiner Ganzheit als leib-sinnliches Wesen in das mahnende Gedenken an den Holocaust aufnehmen.

---

[1] Anne Hoormann, Land Art. Kunstprojekte zwischen Landschaft und öffentlichem Raum, Berlin 1996, S. 207.

[2] Vgl. James E. Young, The Counter-Monument, in: Critical Inquiry, Nr. 18/1992, S. 67-297 und Corinna Tomberger, Das Gegendenkmal. Avantgardekunst, Geschichtspolitik und Geschlecht in der bundesdeutschen Erinnerungskultur, Bielefeld 2007.

[3] Graf Karlfried von Dürckheim, Untersuchungen zum gelebten Raum. Erlebniswirklichkeit und ihr Verständnis. Systematische Untersuchungen II, in: Natur. Raum. Gesellschaft, hrsg. v. Volker Albrecht, Jürgen Hasse und Ellen Sulger, Frankfurt/M. 2005, S. 16.

Dissimulation im Alltag

Mit ihrer Dissimulation im Alltag überwinden die neuen Mahnmale die formalästhetischen Barrieren, die sich durch den Kunstwerkcharakter bisher zwischen den Betrachter und die Sache stellten. Mit der fortschreitenden zeitlichen Distanz wurde Mitte der 80er Jahre sichtbar, dass die Mittlerfunktion der Kunst zwischen dem heutigen Betrachter und dem vergangenen Unrecht zunehmend an Überzeugungskraft einbüßte. Dies war unmittelbar damit verknüpft, dass vier Jahrzehnte nach dem Ende der Naziherrschaft die authentische Erinnerung an die Zeit, an das eigene Betroffensein, wie auch immer dies aussah, an den soziokulturellen Kontext, sei es durch eigene Erfahrung, durch Erzählungen in den Familien oder durch die betroffenen, überlebenden Zeitzeugen schwand. Mit dem abnehmenden kommunikativen Gedächtnis, wie Jan Assmann diese am eigenen Leib erfahrene Erinnerung nannte, trat zunehmend der Kunststatus der Mahnmale und damit die kritisch ästhetische Urteilkraft des Betrachters in den Vordergrund. Die neuen Mahnmale reagierten darauf, indem sie das mahnende Gedenken aus der künstlerischen Vermittlung befreiten und wieder dorthin zurücktrugen, wo der nationalsozialistische Terror seinen Anfang nahm: in die Straße und damit in die Normalität des „gelebten Raums". Damit wurden die Grundlagen für eine neue Form der Mahnmale geschaffen, die nicht mehr auf eine Technik künstlerischer und objekthafter Repräsentation setzte, sondern auf die Wirkung diachroner Korrespondenzen im „gelebten Raum", gleichsam in der Verschiebung der Wirkungsabsicht von der Ausrichtung auf den Massenmord zu dessen Voraussetzungen im „gelebten Raum" des Alltags.

Drei Mahnmale lassen sich hierfür exemplarisch anführen, wie das *Mahnmal gegen Faschismus, Krieg und Gewalt – für Frieden und Menschenrechte* von Ester Shalev-Gerz und Jochen Gerz in Hamburg-Harburg. Dieses bestand anfänglich aus einer zwölf Meter hohen, quadratischen, mit Blei verkleideten Stele, die im Zentrum von Hamburg-Harburg aufgestellt wurde. Dieses forderte die Bürger auf, für einen kurzen Moment in ihrer Alltagsroutine innezuhalten, um sich aktiv am Mahnmal zu beteiligen. Auf einer Tafel war zu lesen: „Wir laden die Bürger von Harburg und die Besucher der Stadt ein, ihren Namen hier unseren eigenen anzufügen. Es soll uns verpflichten, wachsam zu sein und zu bleiben." Wann immer der untere Teil der Stele mit Inschriften – welcher Art auch immer – bedeckt war, sollte die Stele, um Platz für weitere Inschriften zu machen, um ein Stück in den Boden versenkt werden. Das Projekt zog sich seit 1986 über viele Jahre hin, bis endlich 1993 der letzte Teil der Stele mit Inschriften bedeckt war und im Boden versenkt werden konnte. Das Mahnmal wirkte wie ein Spiegel, aber weniger für die Nazivergangenheit als für das politische Bewusstsein der Bürger heute. Wenn nicht genügend Unterschriften gegen Faschismus, Krieg und Gewalt – für Frieden und Menschenrechte zusammengekommen wären, hätte die Stele nicht in den Boden versenkt werden können, sie hätte sich dagegen in ein Mahnmal der politischen Ignoranz und Unbelehrbarkeit der Bürger von Hamburg-Harburg verkehrt. Heute erinnert an die Aktion nur noch eine Tafel, während man von der tiefer liegenden Platzseite aus durch ein schmales Fenster einen Blick auf die versenkte Stele werfen kann.

Ein anderes Verfahren der Dissimulation und räumlich-diachroner Korrespondenzen im Alltag praktiziert das 1993 im bayerischen Viertel von Berlin eingerichtete *Denkmal Orte des Erinnerns* von Frieder Schnock und Renata Stih. Bis 1933 wohnten dort etwa 16.000 Juden der bürgerlichen Oberschicht, weshalb das bayerische Viertel einst auch jüdische Schweiz genannt wurde. Nach den letzten Razzien wurde das Viertel 1943 als judenfrei erklärt. Unauffällig wie Verkehrsschilder sind 80 Tafeln an den Masten für die Straßenbeleuchtung angebracht und über das Viertel verteilt. Erst bei näherem Hinschauen vermitteln sie ihre Botschaft. Auf der einen Seite zeigen sie ein farbiges Piktogramm, während auf der anderen Seite, passend dazu, einer der vielen Erlässe zu lesen ist, die das Leben der jüdischen Bevölkerung einschränkten und nach und nach erstickten. So findet man zum Beispiel auf einer Seite das bunte Piktogramm eines Fieberthermometers, während auf der anderen Seite zu lesen ist: „Jüdische Ärzte dürfen nicht mehr praktizieren. 25. 7. 1938". Auf der Rückseite des Piktogramms mit einer Schultafel steht: „Jüdische Kinder dürfen keine öffentlichen Schulen mehr besuchen. 15. 11. 1938." Auf wieder einer anderen Tafel steht: „Juden erhalten keine Eier mehr. 22. 6. 1942." Entsprechend des Themas sind die Schilder ortsbezogen vor Arztpraxen, Schulen, Läden oder ähnlichem aufgehängt. Einmal erkannt, reißen sie uns aus der Alltagsroutine, wir können nicht anders, als die schleichenden Einschränkungen des Lebensalltags der jüdischen Bevölkerung auf unsere eigenen Lebensumstände zu extrapolieren.

Bis zur Unscheinbarkeit im Alltag integriert ist dagegen das Mahnmal *Stolpersteine* von Gunter Demnig. Es besteht aus Pflastersteinen aus Beton, deren eine sichtbare Fläche aus Bronze ist. In sie ist eine Inschrift eingraviert, die mit den Worten beginnt: „Hier lebte …". Dann folgt Name, Geburtsjahr und – soweit bekannt – Todesjahr und Ort. Mit der Hilfe von lokalen Mitarbeitern, Archiven und auch Verwandten der Opfer verlegt Demnig die Stolpersteine vor den Eingängen der Häuser, aus denen Menschen deportiert, ermordet oder in den Freitod getrieben worden sind. „Ich erträume mir meine Stolpersteine als ein großes, dezentrales Mahnmal",[4] schreibt Demnig. Seit 1997 sind über 20.000 Stolpersteine unter anderem in deutschen, österreichischen, französischen und polnischen Städten verlegt worden. Sie kommen ganz ohne künstlerischen Impetus aus, erst glänzen sie hell und sind weithin sichtbar, mit der ansetzenden Patina gehen sie dagegen immer mehr in der grauen Pflasterung der Gehsteige auf.

Einfühlung

Wie schon aus der umrisshaften Beschreibung ersichtlich wurde, wird man den neuen Mahnmalen als Gegendenkmale oder abstrakte Denkmale nicht gerecht. Abstrakt sind

---

[4] In: http://www.nrhz.de/flyer/beitrag.php?id=11922&css=print

sie ihrer formalen und, wenn man so will, intellektuellen Erscheinung, aber nicht ihrer Wirkungsweise nach. Sicherlich, die neuen Mahnmale verweigern sich jedem eingängigen, mimetischen Bildcharakter, damit aber keineswegs der Möglichkeit zur affektiven Bezugnahme. Denn kaum jemand wird sich wohl der Beklemmung entziehen können, die sich im *Denkmal Orte des Erinnerns* oder beim Stolpern über die Stolpersteine einstellt. Die Wirkung resultiert aber nicht durch Einfühlung in ein metaphorisch bildhaftes, künstlerisches Objekt, sondern umgekehrt durch Extrapolation der historischen Tatsachen auf die eigenen Lebensumstände, ganz konkret in diesem Moment und an diesem Ort, in der jeweiligen Lebenswirklichkeit des Betrachters. Wir stehen im *Denkmal Orte des Erinnerns* und nicht davor wie bei den herkömmlichen Mahnmalen! Das Mahnmal ist *um* uns, aber weniger als materielles, künstlerisches Artefakt, sondern in seinen räumlich-atmosphärischen Qualitäten, als Horizont imaginierter, potenzieller Bedrohung.

Das wird im Vergleich zu den herkömmlichen Mahnmalen wie zum Beispiel zu Alfred Hrdlickas *Mahnmal gegen Krieg und Faschismus* oder auch im *Mahnmal für jüdische Deportierte* in der Levetzowstraße in Berlin-Moabit nachvollziehbar. Hrdlickas Mahnmal wurde 1991 vollendet, es steht auf dem Albertinaplatz in Wien und besteht aus einer Skulpturengruppe aus roh behauenem Granit. Es sind halbreliefartig verzerrte, gequälte Körper sichtbar, die die verschiedenen Opfergruppen des Faschismus darstellen, wozu auch die Skulptur eines auf dem Boden knienden Juden gehört, der in Anlehnung an historische Begebenheiten die Straße putzt. Aufgrund der freien Aufstellung auf dem Albertinaplatz spricht der Künstler von einem begehbaren Mahnmal. Als ein solches könnte man auch das *Mahnmal für jüdische Deportierte* in Berlin-Moabit bezeichnen, das 1988 von Peter Herbich, Theseus Bappert und Jürgen Wenzel gestaltet wurde. Dieses besteht aus verschiedenen Elementen, unter anderem aus einer hohen Stahlwand, auf der die 63 Transporte aufgelistet sind, die von der Synagoge in der Levetzowstraße aus in die verschiedenen Konzentrationslager gingen. Eine Tafel zeigt darüber hinaus die Reliefs der 36 Berliner Synagogen. Zentrales Element ist aber ein aus massivem Stahl nachempfundener Eisenbahnwaggon. Auf ihm stehen mehrere große Marmorblöcke, welche die vom Fahrgestell getrennte Waggonhülle tragen. Es handelt sich dabei aber nicht nur um einfache Steinblöcke, denn andeutungsweise sind in sie die Konturen menschlicher Figuren gehauen. Es sind also menschliche Körper, die metaphorisch einerseits eine tonnenschwere Last tragen, wie sie gleichzeitig von ihr erdrückt werden. Vor dem Eisenbahnwaggon, auf einer Rampe, steht eine weitere marmorne Menschengruppe, miteinander verschnürt durch ein Stahlseil, das tief in den Marmor einschneidet.

Beide Mahnmale sind von einer künstlerischen Strategie figürlicher Darstellung geprägt. Mit ihrer anthropomorphen Bildsprache versuchen sie die Erniedrigung, die Gewalt und die physischen und psychischen Schmerzen der Verfolgung bildhaft darzustellen. Konzeptuell folgen sie damit einer Ästhetik der Einfühlung. 1872 hatte Robert Vischer in *Über das optische Formgefühl* die Einfühlung als das „unbewusste

Versetzen der eigenen Leibform und hiermit auch der Seele in die Objektform"[5] beschrieben. Denn „unsere leibliche Organisation ist die Form, unter der wir alles Körperliche auffassen",[6] wie man mit Heinrich Wölfflin feststellen kann, als Wohlbefinden, Unwohlsein oder gar als Schmerz. Für Vischer war die Einfühlung Voraussetzung für die sinnliche Wahrnehmung der Umwelt durch den Menschen. Er unterschied dabei nicht zwischen Kunst- und Naturformen. Dass wir uns mit unserer Leibform in die Dinge hineinversetzen, galt sowohl für die organische, materielle Welt wie Bäume, Felsformationen und Landschaften, ebenso wie für die von Menschen geschaffenen Dinge. Rein technische Artefakte schloss Vischer dagegen aus.

Doch mit der „Formbeseelung" oder „Ineins- und Zusammenfühlung"[7] eines Ichs mit einem Nicht-Ich geht es der Einfühlungsästhetik um mehr als um ein körperliches Befinden. Sie zielt auf die Transformation von äußeren, sinnlichen Reizen in „eine innere, eine unmittelbare geistige Sublimation".[8] Sie bleibt also nicht beim körperlichen Empfinden stehen, sondern besitzt mit der „geistigen Sublimation" gleichsam einen erkenntnistheoretischen Fokus. Hierin liegt ihre Bedeutung für die Mahnmale. So sollen wir uns hineinversetzen in Hrdlickas Juden und dabei nicht nur die körperliche Pein, sondern auch die demütigende Erniedrigung erfahren. Ebenso wie wir uns im Mahnmal in Moabit in die Steinfiguren hineinversetzen sollen, so dass das Stahlseil nicht nur in diese, sondern gleichsam in unser Fleisch einschneidet und so zum Auslöser kritischen Bewusstseins wird. Wo aber die Mahnmale keine natürlichen Artefakte sind, sondern künstliche und mithin künstlerische, ist nicht zu übersehen, dass der Akt der Einfühlung nicht vom formalästhetischen, ikonographischen und künstlerischen Status des Mahnmals zu trennen ist. Dies bleibt Voraussetzung für den Akt der Einfühlung, so dass die Einfühlung immer mit einem ästhetischen Urteil verknüpft bleibt, das letztlich über den Erfolg der einfühlenden Hineinversetzung ins künstlerische Objekt entscheidet, unabhängig davon, wie bewusst oder unbewusst das ästhetische Urteil selbst ist. In den konventionellen Mahnmalen steht zwischen dem Holocaust und unserer einfühlenden Teilnahme immer das Kunstwerk, das Mahnmal als Kunstwerk.

[5] Robert Vischer, Über das optische Formgefühl, in: Thomas Friedrich u. Jörg H. Gleiter (Hg.), Einfühlung und phänomenologische Reduktion, Münster 2007, S. 39.
[6] Heinrich Wölfflin, Prolegomena zu einer Psychologie der Architektur; in: Thomas Friedrich u. Jörg H. Gleiter (Hg.), Einfühlung und phänomenologische Reduktion, Münster 2007, S. 79.
[7] Robert Vischer, Über das optische Formgefühl, in: Thomas Friedrich u. Jörg H. Gleiter (Hg.), Einfühlung und phänomenologische Reduktion, Münster 2007, S. 37.
[8] Robert Vischer, Über das optische Formgefühl, in: Thomas Friedrich u. Jörg H. Gleiter (Hg.), Einfühlung und phänomenologische Reduktion, Münster 2007, S. 57.

Abreißen der Erinnerung

Die neuen Mahnmale verweigern sich der Repräsentation des Holocaust und damit der Einfühlungsästhetik, besonders in der Steigerung als postmodernes Erhabenes, mit dem Jean-François Lyotard das unvorstellbare Zerstörungspotenzial der modernen Zivilisation bezeichnete und in die ästhetische Formel von der „Darstellung des Nichtdarstellbaren" brachte. Unter diesem Begriff wurde versucht, die Bilderlosigkeit der neuen Mahnmale innerhalb einer postmodernen, auf den Zeichencharakter der Dinge orientierten Ästhetik zu konzeptualisieren. Zurecht kamen Zweifel auf, ob sich „dieses historische Ereignis nicht prinzipiell künstlerischer Darstellung entzieht, weil es jede Bildvorstellung sprengt",[9] und ob nicht die bildhafte Darstellung des Holocaust zwangsläufig in das gestalterische Dilemma führen muss, entweder seine Vernichtungsmaschinerie in geläufigen Bildformen zu verharmlosen oder seine Banalität des Bösen in elitären Bildkonzepten zu verfehlen. Man erkannte also die Einschränkungen, die die Reduzierung der künstlerischen Ausdrucksmittel allein auf ihren Zeichencharakter, auf die Techniken der Repräsentation und Rhetorik, der Metaphern und Bilder mit sich brachte. Aber trotzdem hielt man am Paradigma der Repräsentation und damit am semiotischen Verständnis der Kunst als Zeichen und Darstellung fest, wenn auch in negativer Wende als „Darstellung des Nichtdarstellbaren". Nicht in den Blick kam, dass die neuen Mahnmale anderes verfolgten, dass es ihnen nicht um zeichenhaft kodierte Kunst ging, sondern um eine räumliche Strategie diachroner Korrespondenzen zwischen den damals Betroffenen und dem Betrachter heute in seiner sinnlich-leiblichen Totalität.

Die Frage ist nun, warum der Wandel im Konzept der Mahnmale gerade Mitte der 80er Jahre einsetzte, also 40 Jahre nach dem Ende des Kriegs. Warum nicht früher, warum nicht später? Mit Jan Assmann lässt sich dies klar bestimmen. Es liegt in der spezifischen Struktur des menschlichen Gedächtnisses. „Was heute noch lebendige Erinnerung ist, wird morgen nur noch über Medien vermittelt sein",[10] so Assmann in *Das kulturelle Gedächtnis*. 40 Jahre nach einem historischen Ereignis beginnt, wie Assmann zeigt, ein Transformationsprozess vom sogenannten kommunikativen zum kulturellen Gedächtnis, in anderen Worten von der „lebendigen Erinnerung" der Zeitzeugen, für die das kommunikative Gedächtnis steht, zu einer durch Medien vermittelten Erinnerung, zum kulturellen Gedächtnis. Bis dann nach etwa 80 Jahren, mit dem Ableben des letzten Zeitzeugen, das kommunikative, erfahrungsbasierte Gedächtnis durch das kulturelle, institutionalisierte Gedächtnis ersetzt ist. Und gerade gegen dies opponieren die neuen Mahnmale. Sie müssen als kritische Reaktion auf die zunehmende Medialisierung der Erinnerung an den Holocaust und sein damit

---

[9] Guido Boulboullé, Mahnmale gegen die nationalsozialistischen Verbrechen, http://www2.dickinson.edu/glossen/heft1/guido.html
[10] Jan Assmann, Das kulturelle Gedächtnis. Schrift, Erinnerung und politische Identität in frühen Hochkulturen, München 2000, S. 51.

einhergehendes schrittweises Verschwinden aus dem Bewusstsein verstanden werden. Das Verfahren ihrer Dissimulation im Alltag ist der Versuch, den Holocaust und das mahnende Gedenken daran in den lebendigen, gelebten Raum zurückzutragen und im allgemeinen Bewusstsein zu halten.

Durch die Beteiligtenperspektive der Zeitzeugen kann das kommunikative Gedächtnis als eine »Geschichte des Alltags« bezeichnet werden, oder wie man auch sagen könnte, sie ist eine »Geschichte von unten«, die durch die Beteiligten „biographisch" konnotiert ist. Sie basiert in ihrem Wesen auf sozialer Interaktion. Umgekehrt ist das kulturelle Gedächtnis nicht mehr im Alltag verwurzelt, sondern medial kommuniziert, man könnte auch sagen, es ist eine »Geschichte von oben«. Wie Assmann zeigt, wurde in den älteren Kulturen das kulturelle Gedächtnis durch die großen epischen Werke, Gesänge oder Riten weitergegeben, während es in schriftgebundenen Kulturen das Buch, später Tonaufnahmen oder Filme sind. Damit ist das kulturelle Gedächtnis aber nicht mehr Teil des Alltags, denn es bedarf einer wissenssoziologischen Elite, die das solchermaßen medialisierte kulturelle Gedächtnis verwaltet. Früher waren es Schamanen, Priester oder Bänkelsänger, heute sind es Schriftsteller, Wissenschaftler und Historiker, wie Assmann ausführt, denn es „spricht sich das kulturelle [Gedächtnis] nicht von selbst herum, sondern bedarf sorgfältiger Einweisungen"[11] in den Code seiner medialen Vermittlung.

Die „Hälfte des Grenzwertes von 80 Jahren"[12] stellt im Prozess vom kommunikativen zum kulturellen Gedächtnis eine „kritische Schwelle" im öffentlichen Bewusstsein dar, so dass Christoph Heinrich in *Strategien des Erinnerns* ein fast schon explodierendes Interesse für Denkmale und Mahnmale seit Mitte der 80er Jahre konstatieren konnte. Ein wesentlicher Auslöser dafür war die am 8. Mai 1985 gehaltene historische Rede des Bundespräsidenten Richard von Weizsäcker. In ihr warnte er vor dem „Abreißen" der Erinnerung an den beispiellosen Völkermord an den Juden. Die Rede war geprägt von einem tiefen Misstrauen gegenüber den Motivationen menschlichen Handelns. Es kulminierte in der Forderung nach einer reflexiven Erinnerungskultur. Ohne Einsicht in die dunklen Seiten, so resümierte Weizsäcker, seien wir als Menschen immer gefährdet. Wie er mit Ernüchterung feststellte, lasse sich nur aus der negativen Geschichte lernen, wozu Menschen fähig seien. So könne ein aufgeklärter Humanismus nur ein durch die Geschichte reflektierter Humanismus sein. Für Weizsäcker kam daher das drohende Schwinden der Erinnerung an den Holocaust aus dem öffentlichen Bewusstsein einer die Gesellschaft bedrohenden, kulturellen Verlusterfahrung gleich.

---

[11] Jan Assmann, Das kulturelle Gedächtnis. Schrift, Erinnerung und politische Identität in frühen Hochkulturen, München 2000, S. 54f.
[12] Jan Assmann, Das kulturelle Gedächtnis. Schrift, Erinnerung und politische Identität in frühen Hochkulturen, München 2000, S. 51.

Korrespondenzen

Die Rekonzeptualisierung der Mahnmale reagiert auf diese drohende Verlusterfahrung. Sie will dem Abreißen der lebendigen Erinnerung entgegenwirken. Sicherlich, der Prozess des Ablebens auch des letzten Zeitzeugen lässt sich nicht umkehren. Gegen die anthropologische Verfasstheit und Genetik der Erinnerung stellen die neuen Mahnmale den Versuch dar, auch jenseits der anthropologischen Schwelle zum kulturellen Gedächtnis die Erinnerung an den Holocaust im breiten Bewusstsein zu halten. Es bedarf daher in erster Linie der Überwindung der formalästhetischen, künstlerischen Mahnmalkonzeptionen und einer leib- und raumphänomenologischen Weitung ihrer wesentlich bildhaften Konzeption in den Alltag, in den gelebten Raum des Alltags.

Evident ist das im Mahnmal im bayerischen Viertel, das sich in der Vielzahl der Verkehrs- und Hinweisschilder im öffentlichen Raum verliert. Es fällt nicht ins Auge, ja es ist überhaupt nicht für das Auge gemacht. Erst die je individuelle Begegnung und die wiederholte Wahrnehmung einzelner Elemente lässt das Mahnmal nach und nach entstehen. Zum Mahnmal wird es durch die Korrespondenzen zwischen der je eigenen gelebten Realität heute und der Realität der jüdischen Bevölkerung damals im selben Viertel, deren Leben sich anthropologisch vom heutigen nicht unterschied. Der einzige Unterschied ist, dass im dritten Reich die erniedrigenden Erlässe in den jüdischen Zeitungen publiziert wurden und der nichtjüdischen Bevölkerung nicht bekannt waren. Zum Mahnmal werden die Tafeln also, wenn durch die Extrapolation der damaligen Repressalien auf die heutige Lebenssituation etwas von der existentiellen Bedrohung überspringt, wenn die Befindlichkeit der Betrachter erschüttert und die Verletzbarkeit des Alltags eigenleiblich erfahren wird. Davon wurde etwas spürbar, als 1993 einige Bewohner aufgebracht auf die gerade installierten Tafeln reagierten. Sie hatten sie als abermalige Diskriminierung der Juden missverstanden. Daraufhin wurde unter jeder Tafel ein kleines Hinweisschild angebracht, das darüber aufklärt, dass diese Tafeln Teil eines Mahnmals sind, des *Denkmals Orte des Erinnerns*.

Wie jetzt sichtbar wurde, praktizieren die neuen Mahnmale eine andere Art der Bezugnahme zum Holocaust. Sie ist keine der Zeitzeugenschaft, sondern, wo sie in die leib-sinnliche Befindlichkeit der Betrachter eingreift, eine diachroner Korrespondenzen. Damit befindet man sich aber nicht in Differenz zu Assmanns Theorie des kulturellen Gedächtnisses. Denn eine leibphänomenologische Komponente ist auch bei Assmann angelegt, wenn auch nicht explizit thematisiert. So ist das kommunikative Gedächtnis immer eines, das seine Authentizität nicht allein aus dem Wissen um die Vorkommnisse damals bezieht. Sondern das Wissen des Zeitzeugens ist wesentlich eines des erlebenden Subjekts, erfahren in der Einheit der lebensweltlichen Wirklichkeit, das heißt in der leibhaften Ganzheit der jeweiligen Erfahrung. Denn auch das kommunikative Gedächtnis gründet in der Erfahrung des präsentischen

Raums in seiner ganzen „Wesens-, Wert- und Lebenswirklichkeit".[13] Das zeichnet es gerade als authentisches Wissen aus. Wie man mit Graf von Dürckheim feststellen kann, ist der präsentische Raum immer sowohl objektiver wie auch persönlicher Raum, insofern der objektive Raum als „aktuell zu bewältigender Gegenstandsraum [immer] eine aktuell-persönliche Bedeutung gewinnt, überdies aber in seinen objektiven Bedeutungen selbst in der Totalität der personalen Lebenswirklichkeit gründet."[14]

Hier setzen die neuen Mahnmale an, wo im objektiven Raum stets auch „persönliche Bedeutsamkeiten" und „persönliche Qualitäten" mitschwingen, ohne die es kein Erleben des Raumes überhaupt geben kann, während umgekehrt auch das individuelle Erleben und der persönliche Raum selbst mehr oder weniger sozio-kulturell und semantisch vorstrukturiert sind. Dieses machen sich die neuen Mahnmale in unterschiedlicher Ausprägung zueigen. Die auf einfachen Tafeln notierten Erlässe, die Stolpersteine oder die versenkte Stele in Hamburg-Harburg können nie nur als Informationen zur Kenntnis genommen werden. Es ist die diachrone Korrespondenz und Identität des gelebten, leiblichen Raums, durch die sie unsere Alltagserfahrung tingieren und uns existentiell in unserer Leiblichkeit erschüttern.

Der gelebte Raum der Erinnerung

Entsprechend ihrer Funktions- und Wirkungsweise lassen sich nun die Mahnmale in drei Kategorien des gelebten Raums unterscheiden, je nachdem wie sich der persönlichen, pathischen Erfahrung kulturelle Erfahrungsschichten überlagern. Dafür bietet sich Graf Karlfried von Dürckheims Buch *Untersuchungen zum gelebten Raum* an. Auch wenn er sie verfehlte, wie Hermann Schmitz feststellte, unternahm Dürckheim darin eine erste Klassifizierung der menschlichen Raumerfahrung. Tatsächlich lassen sich in diesem wegweisenden Buch, wie Jürgen Hasse und Robert Kozljanič zeigen konnten, drei Arten von Räume identifizieren und systematisieren: der gelebt-atmosphärische Raum, der erfahren-ästhetische und der erinnert-historische Raum.

Ohne Zweifel bezieht das Mahnmal *Denkmal Orte des Erinnerns* von Frieder Schnock und Renata Stih seine Wirkungsmacht aus der ersten Kategorie, aus der Präsenz des gelebt-atmosphärischen Raums. Im Vergleich zu den anderen Mahnmalen ist hier die Bindung an die leibhaftige Lebenswirklichkeit des Betrachters sehr eng, unabhängig davon, ob er im bayerischen Viertel lebt oder nicht. Das Mahnmal ist unmittelbar vom ersten Augenblick Teil der lebensweltlichen Realität der Betrachter. Es bedarf dafür keines großen historischen Vorwissens, keines intellektuellen Aktes.

---

[13] Graf Karlfried von Dürckheim, Untersuchungen zum gelebten Raum. Erlebniswirklichkeit und ihr Verständnis. Systematische Untersuchungen II, in: Natur. Raum. Gesellschaft, hrsg. v. Volker Albrecht, Jürgen Hasse und Ellen Sulger, Frankfurt am Main 2005, S. 16.

[14] Graf Karlfried von Dürckheim, Untersuchungen zum gelebten Raum. Erlebniswirklichkeit und ihr Verständnis. Systematische Untersuchungen II, in: Natur. Raum. Gesellschaft, hrsg. v. Volker Albrecht, Jürgen Hasse und Ellen Sulger, Frankfurt am Main 2005, S. 54.

Das Mahnmal erhält seine pathische Dimension in dem Moment, in dem durch die Extrapolation der menschenverachtenden Erlässe auf die eigene Lebenswirklichkeit die Stimmung des Raumes eine augenblickliche Umstimmung erfährt und ein wie auch immer imaginäres Bedrohliches in den Alltag des Betrachters einbricht, dies aber nicht irgendein Alltag, sondern der Alltag des individuellen Betrachters ist. Mit der räumlichen Identität und Korrespondenz wird der gelebt-atmosphärische Raum zum Medium des mahnenden Gedenkens, mithin zum Mahnmal selbst.

In Gunter Demnigs Stolpersteinen wird dagegen die diachrone, räumliche Korrespondenzerfahrung durch eine historische Erfahrungskategorie überlagert. Obwohl die Stolpersteine vor den ehemaligen Wohnhäusern der Verfolgten ins Pflaster eingelassen sind, ist hier, im Gegensatz zum Mahnmal im bayerischen Viertel, der Ort der Tat, auf den die Stolpersteine verweisen, wie die Transporte, Konzentrationslager oder Gestapogefängnisse, ein von der augenblicklichen Lebenswirklichkeit des Betrachters getrennter Ort. So heißt es auf den Steinen „hier wohnte …", „deportiert nach …" oder „ermordet am …". Demnig fordert ein höheres, von der aktuellen atmosphärischen Raumerfahrung getrenntes, imaginatives Vorstellungsvermögen. Daher gehört Demnigs Mahnmal jener Raumkategorie an, die Hasse und Kozljanič als den erfahren-ästhetischen Raum bezeichnen. Hier tritt die unmittelbar in den gelebten Alltag reichende, räumliche Korrespondenz – das Wohnhaus der deportierten und ermordeten Personen – hinter der ästhetischen Vorstellung zurück. Dass die Personen hier ein- und ausgegangen sind und dieses Pflaster betreten haben, wird von Vorstellungs- und Wahrnehmungskategorien überlagert, die sich der persönlichen Erfahrung entziehen.

Das *Mahmal gegen Faschismus, Krieg und Gewalt – für Frieden und Menschenrechte* entspricht dagegen der Kategorie des erinnert-historischen Raums. Denn es sind hier weniger atmosphärische, leibliche oder physiognomische Aspekte, die das Mahnmal auszeichnen, als die soziokulturelle, kognitive Dimension des Raumes. Dasselbe Mahnmal könnte durchaus in einer anderen Ecke des Platzes oder überhaupt auf einem anderen Platz stehen. Sicherlich, die Aufstellung der Stele in der Fußgängerzone von Harburg ist günstig, der Höhenversprung auch, da sich dadurch die Möglichkeit ergibt, durch ein kleines Fenster einen Blick auf die versenkte Stele zu werfen, aber dies sind keine notwendigen Bedingungen, denn ohne sie würde der Mahnmalscharakter kaum geschmälert. Viel wichtiger sind die soziokulturellen Bedeutungen und Sinnzusammenhänge. Das heißt auch, dass bei diesem Mahnmal der metaphorische Bildgehalt eine wesentlich wichtigere, wenngleich auch ambivalente Rolle spielt. So erinnert die Stele einerseits an die Schornsteine, die beim Niederbrennen der Baracken in Auschwitz übriggeblieben sind, andererseits besitzt sie einen unmittelbaren Ortsbezug, insofern sie auf die Stele von Ernst Barlach zum Gedenken an die Gefallenen der zwei Weltkriege gegenüber den Hamburger Alsterarkaden anspielt.

Jenseits der Grenze von 40 Jahren reagieren die drei Mahnmale mit drei verschiedenen Raumstrategien auf den Wandel und die Verschiebung der Erinnerung vom kommunikativen zum kulturellen Gedächtnis. Vor dem Hintergrund des fortschreitenden Verlusts der Zeitzeugenschaft und damit des Verlusts der persönlichen Vermittlung der Geschichte ist ihnen jedoch der Versuch gemeinsam, das mahnende Gedenken an den Holocaust dorthin zu tragen, wo alles anfing, in den Alltagskontext und in den gelebten Raum. Sie zielen auf die Erfahrung diachroner Korrespondenzen im gelebten Raum, gleichsam in der Verschiebung von der Ausrichtung auf den Massenmord zu dessen Voraussetzungen im Alltag. Wo die Architektur und der Stadtraum – auch durch Auslassungen und Lücken im Stadtbild – immer die Spuren der Vergangenheit tragen, bedeutet diachrone Korrespondenz, dass der gelebte Raum von heute mit dem gelebten Raum von damals in der imaginierten Erfahrung, mit den angedrohten Konsequenzen für das persönliche Leben, teilweise zur Deckung kommt. Das ist die Leistung der Mahnmale, dass der aktuelle, gelebte Raum in seiner Potenzialität als Raum der Tat sichtbar und erfahrbar wird.

Prof. Dr. Jörg H. Gleiter
Estetica, Facoltà di Design e Arti
Libera Università di Bolzano
1 Via Sernesi
I-39100 Bolzano
Italia

Porträt:
Erwin Straus

ERWIN STRAUS – SCHAU DURCHS MONADENFENSTER

von Wolfgang Hasselbeck

„Wir müssen ein Portrait nicht mit dem Portraitierten vergleichen, um es als Bild zu erkennen. Sein Bildcharakter wird nicht durch einen Vergleich erschlossen; ein Bild weist sich selbst als Bild aus." (13, S. 59) Trotz oder wegen dieser Einsicht hat Erwin Walter Maximilian Straus (11. 10. 1891 – 20. 5. 1975) es sich selbst nicht leicht gemacht, wenn es darum ging, Kollegen und Freunde zu würdigen. In seiner Laudatio zum 75. Geburtstag des ihm geistverwandten ärztlichen und philosophischen Kollegen Victor Emil von Gebsattel zitiert er zunächst aus dem Vorwort von Goethes Farbenlehre: „Vergebens bemühen wir uns, den Charakter eines Menschen zu schildern; man stelle dagegen seine Haltungen, seine Taten zusammen, und ein Bild des Charakters wird uns entgegentreten", um dann zu bekennen, „es ist nicht leicht, von dieser Anweisung Gebrauch zu machen. Sammeln wir die Begebenheiten einer Lebensgeschichte, so kommen uns zuweilen Zweifel, wie wir die Daten im Einzelnen buchen sollen, ob als Handlungen oder als Schicksale." (9, S. 303) Den Jubilar v. Gebsattel zitierend, bilanziert Straus: „Was der Mensch tut und unternimmt, ist selbst nur ein kleiner Teil dessen, was ihm widerfährt." (a. a. O.)

Trotz seines Wissens um den Widerfahrnis-Charakter menschlicher Aktivität verfügte Straus über die in der imperativischen Lesart des hier gewählten Portrait-Titels implizierte posthume Anschlussfähigkeit an einen neuerdings erhobenen ambitioniert-appellativen Ton in der Philosophie (5): „Zum Sehen geboren, zum Schauen bestellt" (13), sah Straus den Menschen, wobei die Vertikalorientierung der „Aufrechten Haltung" ihm Voraussetzung zur Entwicklung des Vermögens zur Schau bedeutete. So stellte er in einem Aufsatz aus seinem Todesjahr 1975 fest:

„Sports together with crafts and arts, with dancing and fighting, are manifestations of the instrumental usage of the human body, directed toward an anticipated accomplishment, such as serving a tennis ball, performing a sonata of the piano, pirouetting in ice-skating, knocking out an opponent, etc. All of these activities occur on a macrosopic level; an athlete moves his body, his limbs (not muscles) in terrestrial, i. e. in non-Euclidean, space. ‚Non-Euclidean' refers in this situation not to a kind of Riemanspace but to a space of four unequal dimensions, inward-outward, up and down, forward-backward, right and left, with the gravity-related vertical domineering people in the regions north of the equator just as well as their antipodes. Practice preceded in all these fields scientific exploration by millenia." (15, S. 130)

Straus stellte fest, dass „jede intendierte Bewegung auf ‚das Bessere' gerichtet" sei, „nicht auf ein im allgemeinen Sinn Höheres oder Besseres, Gewolltes, sondern auf etwas Begehrtes, auf das, was den einzelnen im gegebenen Augenblick besser erscheint. Die Selbstbewegung unterscheidet sich von anderen Bewegungsformen nicht durch eine besondere Art der Auslösung oder durch besondere Mechanismen der Ausführung; die Selbstbewegung ist begreiflich nur als ein Verhalten zur Welt, als eine Ich-Welt-Beziehung." (12, S. 955)

Dass Straus den Appell zur Arbeit am eigenen Leben und „welthaften Leib" dennoch nicht zum kategorischen Imperativ erhoben hat, dürfte seinem Wissen um die Grenzen der Selbstveränderungsmöglichkeiten entsprungen sein.

„Ein erschütterndes Erlebnis kann also nicht in jedem beliebigen Augenblick eines Lebenslaufes eintreten; ob es zustande kommt oder nicht, darüber entscheiden nicht allein die äußeren Umstände, sondern die Verfassung, in der sich die Welt des Erlebenden befindet. Und diese wieder ist von dem Vergangenen her schon bestimmt und festgelegt. Auch wenn sich ein Mensch allen Erschütterungen bereit darbietet, er kann sie nicht willkürlich herbeiführen. Das Gesetz der individuellen geschichtlichen Entwicklung bindet ihn; es lässt eine Wiederholung von Wandlungen, die einmal vollzogen sind, nicht mehr zu. Die in solchen historisch entscheidenden Augenblicken sich vollziehenden Wandlungen umreißen, indem sie die Grenzen des Erlebens erweitern und abstecken, die Kontur der historischen Gestalt des Erlebenden. Denn die Wandlungen sind nicht nur unwiederholbar, sie sind auch unwiderruflich, sie können nicht rückgängig gemacht werden. Nur im glücklichen Falle mögen sie zuweilen später einer übergreifenden Erweiterung des seelischen Besitzstandes eingeordnet und damit zu einer materiellen Aufhebung gebracht werden. In der zeitgenössischen psychologischen Literatur, insbesondere in der psychotherapeutischen, stößt man auf eine weitverbreitete Abneigung, die Unwiderruflichkeit historischer Entwicklungen im Lebensgang des Einzelnen anzuerkennen. Alle Entscheidungen erscheinen dem radikalen Psychotherapeuten widerruflich und umkehrbar. Damit nehmen sie allerdings auch den Charakter des Vorläufigen und Unverbindlichen an." (6, S. 26f.)

In einem Diskussionsbeitrag zu der kontrovers geführten Debatte über die Traumatisierungen durch Verfolgung und Konzentrationslagerhaft bemerkte Straus,

„dass ein einziges Erlebnis hinreichend sein kann, um an einem anderen Menschen eine Wesenseigenschaft und ein Dauerverhalten aufzudecken. Wenn jemand durch ein Konzentrationslager gegangen ist und erlebt hat, dass diese uns allen gemeinsame Welt so etwas überhaupt ermöglicht – kann jemand, der solche Erfahrungen gemacht hat, auch nach seiner Befreiung anders als in einer permanenten Verzweiflung weiterleben, weiß er sich doch in eine Welt eingeordnet, die man im strengsten Sinn nur als teuflisch bezeichnen kann? Nicht dass es sich einmal ereignet hat – das ist schlimm genug – aber dass es sich überhaupt ereignen kann, dass die Welt solche Möglichkeiten birgt, wer das am eigenen Leibe erfahren hat, kann ihm überhaupt noch etwas sinnvoll und begehrenswert erscheinen?" (11, S. 551f.)

Der von Franz Bossong verfassten Biografie ist an lebensgeschichtlichen Daten zu entnehmen, dass Straus in Frankfurt am Main als Kind einer wohlhabenden jüdischen Familie zur Welt kam. Der Besuch des humanistischen Lessing-Gymnasiums seiner Heimatstadt vermittelte ihm umfassende Bildungsgrundlagen, die er während seines in Berlin, Zürich, München und Göttingen absolvierten Medizinstudiums auch durch den Besuch philosophischer Seminare, unter anderem auch Edmund Husserls, vertiefte und erweiterte. 1917/18 wurde er zum Ablegen seines Staatsexamens beurlaubt, nachdem er während des I. Weltkrieges seinen Militärdienst abgeleistet hatte. Ab 1919 war er an der renommierten Nervenklinik der Berliner Charité unter Karl Bonhoeffer ärztlich tätig. Anschließend setzte er seine Ausbildung bei seinem Vetter, Richard Cassirer, in der Neurologischen Poliklinik fort. 1927 verfasste er seine Habilitationsschrift über seine „Neurologischen Untersuchungen über die postchoreatischen Motilitätsstörungen, insbesondere die Beziehungen der Chorea minor zum Tic" (10, S. 71-125), seine erste intensivere Auseinandersetzung mit dem Thema des Raumbezugs und der menschlichen Bewegungsabläufe.

1931 wurde er zum Extraordinarius für Psychiatrie an der Charité ernannt, nachdem im Jahr zuvor seine Abhandlung „Geschehnis und Erlebnis – zugleich eine historiologische Deutung des psychischen Traumas und der Rentenneurose" (6) erschienen war. Wenig später ließ Straus sich als Psychiater in Berlin nieder und verfasste neben seiner Praxistätigkeit sein umfassendstes Einzelwerk „Vom Sinn der Sinne" (8), das 1935 erstmals erschien.

Mit der Unterstützung eines nationalsozialistischen Patienten gelang Straus 1938 die Auswanderung über Frankreich in die Vereinigten Staaten, wo er gemeinsam mit seiner Frau – der Konzertgeigerin Gertrud, geborene Lukaschik, die er 1920 geheiratet hatte – die ersten sechs Jahre in Black Mountain in North Carolina lebte, wo sie als Deutschlehrerin und er als Lehrer für Psychologie tätig waren. Von seinen damaligen Studenten am Black-Mountain-College-Projekt wurde er, wie man noch heute über die Website des Bildungsinstituts (www.bmcproject.org) erfahren kann, zum Teil recht kritisch wahrgenommen, von Lucian Marquis etwa als „nicht sonderlich guter Lehrer im Klassenraum, der jedoch in der Situation eines Einzelgespräches in der Lage gewesen sei, durch den von ihm verbreiteten Zigarrenqualm die Intensität seiner Empfindungen für Plato zu vermitteln". Die Studentin Mary Brad Dengels, die dreimal seine Lehrveranstaltung zur Psychologie der menschlichen Welt belegt hatte, berichtete, dass man nie über Descartes hinausgelangt sein. Als sie sich bei Straus nach der Psychologie des 20. Jahrhunderts erkundigt habe, sei sie von ihm desinteressiert aufgefordert worden, irgendeines der herumstehenden Textbücher zu lesen. Dass Straus, den seine Kollegen in Deutschland als persönlich engagierten „sokratischen" Lehrer wahrnahmen, keine Skripte und Lehrbücher aushändigte, wurde ebenfalls von seinen, in dieser Hinsicht überraschend „modernen", Studenten in den USA bemängelt. Die von Straus in diesen Jahren verfassten Arbeiten tragen Titel wie „The Dead Letter and the Living Word", „Education in a Time of Crisis", „Psychology of Phobias" und „Depersonalisation".

Erst acht Jahre nach seiner, wegen der Bedrohung durch die antijüdische Politik erforderlich gewordenen Emigration, erlangte Straus 1946 an der John-Hopkins-Universität in Baltimore sein für die USA gültiges ärztliches und im folgenden Jahr sein fachärztliches Diplom. Seit 1946 lebte er in Lexington/Kentucky, wo er am Veterans Administration Hospital als Dozent tätig war und seine klinische Tätigkeit als psychiatrischer Konsiliarius fortsetzen konnte. Den ihm 1946 angetragenen Psychotherapie-Lehrstuhl in Berlin schlug Erwin Straus aus und widerstand bis zu seinem Tode der starken Versuchung einer dauerhaften Rückkehr in seine Heimat, laut eigener Begründung aus „Loyalität und Freundschaft gegenüber den Menschen der Neuen Welt, die ihm und seiner Frau das Leben gerettet hatten." (2, S. 3)

Bis zu seinem letzten Lebensjahr setzte Straus seine Rede- und Publikationstätigkeit fort, verfasste Originalarbeiten in deutscher und englischer Sprache, die nicht selten auch in Übersetzungen jeweils der anderen Sprache veröffentlicht wurden. Fünf Konferenzberichte der „Lexington Conferences on Phenomenology" dokumentieren sein Engagement für eine geisteswissenschaftlich fundierte Psychiatrie und Psychopathologie vor dem Hintergrund des vorrangig eher pragmatisch organisierten Gesundheitssystems der USA. Kongressteilnahmen, Jubiläumsveranstaltungen, Gastprofessuren in Frankfurt am Main (1953) und an der Würzburger Universität (1961 bis 1962), die Teilnahme an der 450-Jahr-Feier des Lessing-Gymnasiums 1971 und die im selben Jahr erfolgte Verleihung des Großen Bundesverdienstkreuzes der Bundesrepublik Deutschland boten Straus Anlass für wiederholte, teils längere, Deutschlandaufenthalte.

Straus, über die Grenzen seiner Fachwissenschaft hinaus kulturell vielseitig interessiert und engagiert, musizierte als ausgezeichneter Cellist unter anderem mit Max Planck und seinem Fachkollegen, Ludwig Binswanger. Er las griechische Texte im Original und es wird berichtet, dass er auch von seinen College-Studenten in den USA die Lektüre der Nikomachischen Ethik im Original erwartete, um nach der Bekundung der hiermit für seine Hörer wegen fehlender Beherrschung des Altgriechischen verbundenen Überforderung immerhin Wörterbücher auszuteilen.

Walter Bräutigam, der 1976 den Nekrolog auf Erwin Straus in dem von diesem mitbegründeten Fachorgan „Der Nervenarzt" verfasste, warf die „reizvolle Frage auf",

„wie sich die deutsche Psychiatrie in der Nachkriegszeit entwickelt hätte, wenn ein Mann vom Gewicht von Erwin Straus 1950 den Münchener Lehrstuhl übernommen hätte. Die deutsche Psychiatrie hätte mit ihm einen Psychiater gewonnen, der sich nicht auf die Einordnung psychiatrischer Phänomene konzentriert hätte, sondern auf Fragen der anthropologischen Vertiefung, der klinischen Empirie, auf eine Verbindung von Neuropsychologie und Phänomenologie und einen Mann, der gegenüber der Psychoanalyse und Psychotherapie nicht in einer bloßen Ablehnung, sondern in einer langen Auseinandersetzung stand. Vielleicht lag aber auch in der Persönlichkeit, in dem umgreifenden, aus der Alltagswelt in die Tiefe der Ursprünge und Voraussetzungen gehenden Suchen und dem ganzen sokratischen Wesen von Erwin Straus etwas, was die akademischen Maßstäbe und die Fakultätsgrenzen zu wenig respektierte. Die Universität seiner Vaterstadt wusste 1954 jedenfalls nicht, ob die philosophische oder die naturwissenschaftliche Fakultät für seine Werke zuständig waren. Die Universität Würzburg hat 1955 nicht gezögert, ihm die Ehrendoktorwürde der philosophischen Fakultät zuzusprechen." (a. a. O.)

Straus gilt, neben Ludwig Binswanger, Eugène Minkowski und Viktor Emil von Gebsattel – mit denen gemeinsam er den „Wengener Kreis" bildete – als einer der Hauptvertreter der Phänomenologisch-anthropologischen Psychiatrie und Psychologie, deren wissenschaftshistorische Bedeutung eingehend von Torsten Passie herausgearbeitet wurde (3). Bräutigam bilanzierte sein Lebenswerk, indem er feststellte:

„Die Phänomene des menschlichen Verhaltens, das Fühlen, Wahrnehmen, Sehen, das Hören und Denken in ihrer besonderen Qualität zu bewahren, die sich einer Sprache der objektiven Psychologie und Physiologie nicht erschließen, das ist sein Anliegen. Wie kein anderer Vertreter der phänomenologischen Richtung hat er sich dabei in Einzelheiten der Versuchsanordnung und der wissenschaftlichen Aussagen der Physiologie und Psychologie eingearbeitet, ihre unausgesprochenen Prämissen und Voraussetzungen dabei aufdeckend. (...) Erwin Straus teilte nicht die Hoffnung derer, dass durch Korrelation oder durch einen parallelen Tunnelbau eine Annäherung von Erlebniswelt und physikalischen Messungen bzw. mikroskopischen Strukturen möglich sei. Die physikalische Analyse des Körpers lässt nach Erwin Straus die *Möglichkeit*, nicht aber die *Wirklichkeit* menschlichen Erlebens und Handelns begreifen. ‚Der Mensch denkt, nicht das Gehirn'." (a. a. O.)

Um (biographische) Daten (und den von Zeitgenossen erfahrenen Widerhall) zu „Spuren" einer „Fährte" werden lassen zu können, forderte Straus in seiner Arbeit über „Memory Traces" (14, S. 75-100) die Einnahme eines jeglicher „cartesischer Spaltung" vorgängigen Standpunkts, den als Voraussetzung seiner Psychologie der menschlichen Welt zu postulieren er in seinem Gesamtwerk nie müde wurde.

Mit außergewöhnlicher Konsequenz nahm er selbst diesen Standpunkt ein, der in Koordinatensystemen jeglicher Art nur schwer zu verorten ist. Es gelingt Straus, an immer wieder neuen Fragestellungen die methodenimmanente Verfälschung der Wirklichkeit durch das Bemühen um objektivierendes Erfassen zu hintergehen, indem er die Phänomene, auf die er sein Augenmerk richtet, in Sprache differenziert „zur Abbildung" bringt und ausgehend von der in dieser Weise dargestellten Ganzheit die Unzulänglichkeit einseitig analytischer Betrachtungen kritisiert.

„Die Dichotomie der Daseinsweise reißt mit ihrem Anspruch auf Selbstständigkeit eine Schlucht auf. Das Universum des Seienden ist in zwei ungleiche Zonen aufgeteilt. Diesseits der Trennungslinie steht der Mensch als Dasein gedeutet. Alles übrige Seiende, Atome und Galaxien, aber auch Steine, Pflanzen und Tiere, finden sich auf der anderen Seite des Abgrunds. Damit ist ein Vakuum geschaffen, in dem das der Medizin und Psychiatrie eigene Terrain zu versinken droht. Im Gebiet der ‚Vorhandenheit' im weitesten Sinne lässt sich wohl das Zuhandene unterbringen. Aber wie ist das Sein der Tiere zu fassen? Und ist der Mensch als Zoon, als Animal zu begreifen?" (12, S. 930)

Diese eher abstrakte Kritik an einem lebensfernen Verständnis von „Objektivität" führte Straus zuvor in geradezu unterhaltsamer Form aus, wenn er ein Rennpferd mit seinem Trainer darüber diskutieren ließ, dass und warum die Methoden, unter deren Anwendung das Rennpferd im Derby nicht den Sieg davongetragen hat, bestreitbar sind. (10, S. 409-426)

Straus kompensierte seinen Verzicht auf Schablonenhaftigkeit und kategoriale Voreingenommenheiten durch besondere Gründlichkeit und Vielseitigkeit bei der Wahrnehmung und Beschreibung der von ihm aufgegriffenen thematischen Gegenstände. Beispielhaft für seine beobachtende und darstellende Sorgfalt seien hier nur einige Auszüge seiner Ausführungen über den Seufzer angeführt:

„Seufzen ist eine Variation des Atmens. Der Seufzer unterbricht den Strom gleichförmigen und unauffälligen Atmens. Er erhebt sich aus der Ebene regulärer Atmung, wie ein Monolith. Er ist ein einmaliges Durchatmen, von den vorausgehenden und nachfolgenden Atemzügen nach Länge, Tiefe und Klang unterschieden. ‚Tief' ist das gewohnte Attribut des Seufzers. Es zeigt an, dass beim Seufzen eine größere Luftmenge eingezogen wird; die Luftzuführungswege jedoch – und das ist sehr merkwürdig – werden der eindringenden Luft nicht geöffnet. Während Volumen und Zeitaufwand sich steigern, findet keine entsprechende Ausweitung des Raumes statt. Der Unterkiefer schließt sich nah an den Oberkiefer; er wird nicht durch Muskeleinwirkung herabgezogen, noch lässt man ihn seinem Eigengewicht gehorchen und niedersinken. Beim Seufzen bleiben die Lippen geschlossen oder sie werden nur leicht geöffnet. Die Zunge wölbt sich in ihrem mittleren Drittel zum Gaumen hin. Während des Seufzers strömt die Luft durch einen veränderten Weg. Die Reibung an den zusammengezogenen Wänden ruft jenen besonderen Laut hervor, der Seufzen von anderen Formen verstärkter Atmung unterscheidet. Die in einem größeren Volumen eingesogene Luft muss entfernt werden, wenn das Atmen wieder ein Zeitmaß und seinen ursprünglichen Rhythmus einnehmen soll. Dies leistet ein Vorgang des Ausatmens, der dem des Einatmens gleicht: er ist ebenfalls länger und hörbarer als die Ausatmungsperiode bei ruhiger Atmung. Während der Phase des ‚Ausseufzens' bleiben die Luftwege verengt." (7, S. 115f.)

In seinen weiteren Ausführungen kommt Straus auf den möglichen Bedeutungsgehalt des von ihm ins Auge gefassten Seufzer-Phänomens.

„Ein Fragebogen über das Atemerlebnis wäre von wenig Nutzen. Die Antworten würden wahrscheinlich voller Hinweise sein auf Sauerstoff und Kohlendioxyd. Wir sind nicht mehr naiv, wir sind – könnte man sagen – wissenschaftlich voreingenommen. Obwohl das Wort, welches unmittelbare Erfahrung wiedergibt, leicht zur starren Formel entartet, können wir trotzdem mit einiger Anstrengung zu seiner ursprünglichen Bedeutungskraft zurückfinden. Wir dürfen mit Recht erwarten, dass der Sinn einer so alten und universalen Erfahrung, wie sie im Erlebnis des Atmens gegeben ist, enthüllt wird durch die Sprache, den zuverlässigen Bewahrer allgemeiner, menschlicher Erfahrung. (...) Atem ist ein Geschenk der Gottheit für das Geschöpf. Er beseelt den Organismus und verwandelt geformten Stoff in ein lebendiges Wesen. Der Atem wird in Adams Nüstern geblasen und wird zum Inbegriff seiner persönlichen Existenz. (...) Einatmend und ausatmend bleibt das im wesentlichen monadische Individuum trotzdem als ein Teil dem Weltganzen verbunden. (...) Das Atemerleben hat drei Aspekte, erstens den von Teilhabe und Austausch, zweitens den von Macht und Ohnmacht, drittens den von Anziehung und Abstoßung." (a. a. O.)

Hieraus ergibt sich für Straus die These,

„der Seufzer sei eine Variation des Atmens, sofern Atmen erlebt wird als ein Bezogensein auf die Welt. Ein Seufzer tritt auf, wenn das Gleichgewicht zwischen dem Individuum und der Welt gestört wird, wenn Druck und Gegendruck sich verstärken. Worin nun der Brennpunkt der Störung liegt, ist dabei ohne Bedeutung. Der Seufzer scheint eine vergebliche Anstrengung zu sein, die Last von sich zu werfen, und doch ist er keine Aktion, die letztlich vereitelt wird, noch eine Aktion überhaupt – die Aktion führt von einer Bedingung zu einem Ziel und bringt eine Änderung mit sich. Ist die Aktion abgeschlossen, so ist die Ausgangssituation aufgegeben. Seufzen führt jedoch nicht von einem Beginn zu einem Ziel: Scheitern ist darin von Anfang an enthalten. Anfang und Ende sind sozusagen eins. Seufzen drückt eine unerträgliche Situation aus; es strebt nicht, sie zu ändern." (a. a. O.)

Die differenzierte und präzise Wahrnehmung des sinnlichen Phänomens im Sinne der Aisthesis geht untrennbar einher mit der Sinnerfassung und der Wahrnehmung dessen Bedeutungsgehalts (Logos); den Doppelsinn des Sinn-Begriffs bringt Straus in dem sinnigen Titel seines Hauptwerks „Vom Sinn der Sinne" zur Geltung. Als „Ästhesiologie" bezeichnet Straus den Standpunkt, der die Einheit von Sinnlichkeit und Sinnhaftigkeit zu ersinnen ermöglicht.

„Sinnliche Wirklichkeit wird nicht im Sach-Denken erschlossen, sie wird nicht an irgendwelchen Kennzeichen abgelesen, sie wird nicht als gesetzmäßige Ordnung des Geschehens beurteilt, sie ist nicht ein nachträglicher Zusatz zu Sinnes-Daten, sie ist ein ursprüngliches und unabtrennliches Moment des sinnlichen Erlebens selbst. Sinnliches Erleben und Erleben von Wirklichkeit sind eines und dasselbe. Erschlossen wird die Unwirklichkeit, der Schein, die Täuschung. (...) Die Wirklichkeit des sinnlichen Erlebens bedarf keiner nachträglichen Rechtfertigung. Sie ist vor dem Zweifel. Ihr Ausweis ist das sinnliche Erleben selbst, d. h. mein Betroffensein, die Zugehörigkeit eines Ereignisses zu meinem Dasein. Das Andere ist wirklich, insofern es mich betrifft und betroffen hat. In den pathologischen Veränderungen meines Betroffenseins formen sich Gebilde mit Wirklichkeits-Sinnlichkeits-Charakter, die den normalen ähneln, sich aber von ihnen so unterscheiden wie die ,Stimmen' von sprachlichen Äußerungen." (10, S. 262)

Dass sich der Sinn der Welt beziehungsabhängig darstellt, ergibt sich für Straus selbstverständlich: „Mit der Wandlung der Kommunikation verändert sich zugleich der gegenständliche Gehalt (...) Mit ihrer Wandlung verändern sich die Gesichter der Dinge: Jeder Stilwandel ist ein Kommunikationswandel." Im Erleben der Depersonalisation sieht Straus die Reduktion einer vertrauten Umgebung und Lebenswelt auf die „reine Wahrnehmungswelt", in der „jede sympathetische Kommunikation ausgelöscht" ist.

Erst „in Bezug auf den Gegenstand, was er auch immer sei, erfahre ich mich selbst als anderen. Die sinnliche erlebniserfahrende Beziehung auf das Andere ist ein wechselseitiges, ein umkehrbares Verhältnis. In Beziehung zu ihm erfahre ich mich selbst, erfahre ich mein eigenes Dasein in eigentümlicher Weise bestimmt. Im sinnlichen Erleben erfahren wir stets die Welt und uns zugleich, ist das Eine ursprünglich und das Andere erschlossen, ist das Eine vor dem Anderen, nicht das Eine ohne das Andere. Es gibt keinen Primat des Selbstbewusstseins vor dem Weltbewusstsein. (...) Dass etwas zu gleicher Zeit mein ist und nicht mein ist, dass ich mich zu dem Anderen in Beziehung setzen kann und es doch belassen kann, wie es ist, das ist das Rätselhafte, logisch Anstößige des sinnlichen Erlebens. Um das Paradox zu beseitigen, nimmt die Theorie die Wahrnehmung ganz in das Bewusstsein oder die Empfindung ganz in das nervöse Geschehen zurück. (...) Dem so interpretierten Verhältnis Ich-und-das-Andere wird dann die Beziehung Innen-Außen untergeschoben. Ist jenes Verhältnis ein innerweltliches, finde ich im Erleben mich in der Welt, gehören ich und das Andere zusammen in einer Welt, so zerspaltet die Außen-Innen-Hypothese diese Einheit und lässt zwei Welten erstehen. Das Wort Außenwelt allein ist bezeichnend für diese Theorie. Aber dieses scheinbar vielsagende Wort erweist sich als nichtssagend, sobald man seinen Begriff genau bestimmen will. Die Geschichte der modernen Philosophie ist eine Chronik der stets erneuten und stets misslungenen Versuche, das Verhältnis der beiden Welten zu bestimmen." (10, S. 244f.)

Mehr als die anderen Psychiater-Philosophen des Wengener Kreises begriff sich Straus als „Nervenarzt", der die psychische Dimension nicht von seinen in der Neurologie gewonnenen Eindrücken abkoppelte; insofern ergibt sich seine Nähe zu Victor v. Weizsäcker, der den Gestaltkreis der Einheit von Wahrnehmen und Bewegen herausgearbeitet hat. So betont auch Straus nachdrücklich die Untrennbarkeit von aktiven (Bewegungs-)Handlungen und rezeptiver Wirklichkeitserfahrung. Und dabei kritisiert er Heidegger, insofern dieser die Werk-Welt des Handwerkers heranzieht als ein „Zunächst" für die Erfassung des Daseins.

> „Die Werkstatt ist ja vom Dasein nicht vorgefunden, sondern sie ist von den Menschen gebaut, im Kampf gegen die Natur geschaffen. In der Schmiede brennt das Feuer; das Wasser oder der Wind treiben die Mühle. Immer sind es die Elemente, die das Gebilde von Menschenhand hassen, die der Mensch sich zunächst hat unterwerfen müssen. In der Natur wendet er sich mit den ihm von der Natur gegebenen Talenten und Kräften gegen die Natur. Die menschliche Umwelt entsteht nicht in einer Anpassung an die Natur, auch nicht im Gebrauch des Vorhandenen, sondern in seiner Herstellung. Prometheus brachte den Menschen das Feuer, das er den Göttern geraubt hatte. Diese Gabe hätte aber den Menschen nicht gefrommt, wenn sie es nicht verstanden hätten, die Flamme zu bändigen. Auch das Material ist herstellungsbedürftig." (12, S. 934f.)

Bewusst auf seinen ärztlichen Standpunkt verweisend, betrachtet Straus Heideggers „spärliche Aussagen zum Leben" als „merkwürdig" in einem Werk, „das über den Tod so Tiefgründiges zu sagen hat".

So wie Straus die vorgängige Einheit zwischen Ich und Du aus dem primären sympathetischen Miteinandersein erschließt, die Untrennbarkeit von Wahrnehmen und Bewegen herausarbeitet, so bezieht er seinen Standpunkt auch vor der kategorialen Trennung von Raum und Zeit. Indem er Musik als Voraussetzung von Tanz, Tanz als lebendige Form der Bewegung und Bewegung als unverzichtbaren Bestandteil seiner Raumkonzeption erhebt, hintergeht er die in der „Philosophia perennis" (4, S. 439f.) übliche Zuordnung von Raum und Licht (das als Voraussetzung des Sehvorgangs Raumerfassung erst ermöglichen soll) einerseits, Zeit und Klang (der durch Dauer und Rhythmus Momente konstituiert) andererseits. Indem Straus die beiden Grundkategorien ineinander verschränkt bleiben lässt, kennzeichnet er jeden statischen Raumbegriff als Spaltungs-Artefakt.

Kritisiert wurde Straus – gemeinsam mit den anderen Vertretern phänomenologisch orientierter Psychologie und Psychiatrie – von Karl Jaspers wegen unzureichender Methodendifferenzierung. Im Gegensatz zu der von ihm als erforderlich angesehenen Scheidung zwischen nomothetischen und idiographischen Zugangswegen sah Jaspers bei seinen phänomenologisch-anthropologisch orientierten Kollegen einen „monothetischen" Ansatz, den er als Rückschritt gegenüber dem maßgeblich von ihm selbst erarbeiteten methodologischen Reflexionsgrad bewertete. In der Tat impliziert die Ganzheitlichkeit der Straus'schen Position weniger eine dialektische Relativierung von Grenzen als vielmehr einen vorgängigen Verzicht auf grenzziehende Verfahrensweisen, die einem Systematiker als konturlos erscheinen mögen. Dass die von Straus erarbeiteten Einsichten sich einerseits geradezu verflüchtigen, wenn man sie zu abstrahieren trachtet, und andererseits ihre „Anwendung" nur unter der Voraussetzung der Einnahme einer gleichen oder zumindest ähnlichen Position gelingen kann, dürfte maßgebliche Ursache für die recht dürftige Rezeption seiner Arbeiten durch die „Schulpsychiatrie" (gewesen) sein, auch wenn er die erste Auflage des Grundlagenwerkes „Psychiatrie der Gegenwart" 1963 mit der eingehenden Ausführung seiner Gedanken zu „Psychiatrie und Philosophie" bereichern konnte. In bedauerlicher Konsequenz dieser unzureichenden Rezeption wurde die gefährliche Brisanz der von Jaspers vollzogenen methodologischen Festschreibung einer (seit Jahrzehnten zu einer stetigen Ausweitung des von „Erklärungs-" Modellen vereinnahmten Terrains führenden) Verstehensgrenze in einer Disziplin, die sich dem Menschen zuwenden sollte, nur sehr vorübergehend und weit unter dem Straus'schen Niveau ansatzweise problematisiert.

Die Rezeptionsprobleme, die Straus bereiten kann, lassen sich möglicherweise reduzieren, wenn man seine Wurzeln im musikalischen Denken sieht, das nicht nur seine Raumkonzeption maßgeblich mit prägt.

„(...) das Denken, das hier gemeint ist, dem die Musik das Dasein verdankt, ist ein umfassenderes als das bloß logische, ein Denken in Formen eher als in Begriffen, mehr produzierend als deduzierend, dem Schauen näher als dem Urteilen, ein Denken, das den Beweis nicht kennt und dennoch sinnvoll und gültig zwischen ‚wahr' und ‚falsch' unterscheidet." (16, S. 9)

Diese von Victor Zuckerkandl, einem nach dem „Anschluss" Österreichs ebenfalls zur Emigration gezwungenen Musikwissenschaftler, der seinerseits sich auf die Arbeiten von Straus stützt, erteilte „Denkanweisung" mag die Lektüre der bis heute lesenswerten und in weiten Bereichen unausgeschöpften Arbeiten des zum Schauen uns auffordernden Portraitierten wesentlich erleichtern.

„Das Wort, gesprochen und gehört, geschrieben und gelesen, vergeht mit dem Augenblick, der es herangebracht hat. Sein Sinn aber bleibt bestehen, losgelöst von dem Augenblick der Hervorbringung, gleichgültig dagegen, wann, wo und von wem das Wort gesprochen worden ist. Das, wovon gesprochen wird, braucht gar nichts zeitlich Unvergängliches zu sein. Wir sprechen ja selbst von dem Wort, das als gesprochenes Wort zeitgebunden und vergänglich ist, obwohl sein Sinn zeitlos und unvergänglich ist. Es gibt eine unvergängliche Erkenntnis des Vergänglichen. Die Erkenntnis ist zeitlich gültig, obwohl das Erkannte und der Erkennende selbst vergänglich sind. Dass wir Plato lesen, ist ein Zeugnis dafür, dass die Erkenntnis den erkennenden Menschen als Vergänglichen überdauert. Alle Geschichte ist dafür Zeugnis. Im Erkennen greift der Mensch über sich selbst hinaus." (8, S. 330).

Literatur

(1) Bossong, Franz: *Zu Leben und Werk von Erwin Walter Maximilian Straus.* Königshausen & Neumann 1991

(2) Bräutigam, Walter: *Erwin Straus*; in: Der Nervenarzt 47. Springer-Verlag 1976

(3) Passie, Torsten: *Phänomenologisch-anthropologische Psychiatrie und Psychologie.* Guido Pressler Verlag 1995

(4) Schmidt-Biggemann, Wilhelm: *Philosophia perennis.* Suhrkamp 1998

(5) Sloterdijk, Peter: *Du musst dein Leben ändern.* Suhrkamp 2009

(6) Straus, Erwin: *Geschehnis und Erlebnis.* Springer-Verlag 1930 (Reprint 1978)

(7) Straus, Erwin: *Der Seufzer – Einführung in eine Lehre vom Ausdruck*; in: Jahrbuch für Psychologie und Psychotherapie 2. Jahrgang Heft 2. Echter-Verlag 1954

(8) Straus, Erwin: *Vom Sinn der Sinne*, 2., vermehrte Auflage. Springer-Verlag 1956

(9) Straus, Erwin: *Victor Emil Freiherrn von Gebsattel zum 75. Geburtstag*; in: Jahrbuch für Psychologie und Psychotherapie 6. Jahrgang. Verlag Karl Alber 1958

(10) Straus, Erwin: *Psychologie der menschlichen Welt – Gesammelte Schriften.* Springer-Verlag 1960 (darin enthalten sind alle vorangehend zitierten, im Literaturverzeichnis nicht aufgeführten Arbeiten)

(11) Straus, Erwin: *Diskussionsbemerkungen (...)*; in: Der Nervenarzt 32. Springer-Verlag 1961

(12) Straus, Erwin: *Psychiatrie und Philosophie*; in: Psychiatrie der Gegenwart, Band I/2. Springer-Verlag 1963

(13) Straus, Erwin: *Zum Sehen geboren, zum Schauen bestellt – Betrachtungen zur aufrechten Haltung*; in: Werden und Handeln, hrsg. v. E. Wiesenhütter. Hippokrates-Verlag 1963

(14) Straus, Erwin: *Phenomenological Psychology.* Basic Books, 1966

(15) Straus, Erwin: *The Monads have windows*; in: Phenomenological Perspectives – Historical and Systematic Essays in Honor of Herbert Spiegelberg. Martinus Nijhoff 1975

(16) Zuckerkandl, Victor: *Vom musikalischen Denken.* Rhein-Verlag 1964

Dr. Wolfgang Hasselbeck
Rotlintstraße 13
60316 Frankfurt

Text:
„Die Formen des Räumlichen"
von Erwin Straus

DIE FORMEN DES RÄUMLICHEN
Ihre Bedeutung für die Motorik und die Wahrnehmung[1]

I. Teil: Zielbewegung und präsentische Bewegung

In früheren Arbeiten habe ich zu zeigen versucht, daß sich Wandlungen des Zeiterlebens nachweisen lassen, durch welche – da ja das Zeiterleben ein Medium des Erlebens überhaupt ist – andere Erlebnisse, Gedanken, Handlungen, Affekte, nach Form und Inhalt als von jenen abhängige bestimmt werden. Bei der Bedeutung, die sowohl dem Raum wie der Zeit im Aufbau der Erscheinungswelt zukommt, hätte es an sich nahe gelegen, mit einer entsprechenden Fragestellung an das Problemgebiet der Raumstrukturen heranzutreten. Die Beobachtungen und Überlegungen, die ich im folgenden mitteilen will, sind aber nicht aus einer solchen Übertragung der Frage von einem Gebiet auf ein benachbartes erwachsen. Den ersten Anlaß bildete vielmehr eine schon länger zurückliegende, wenn man so will, zufällige Erfahrung.

In den Jahren nach dem Kriege sind mancherlei Versuche gemacht worden, neue Formen des künstlerischen Tanzes zu finden. Es wurde das Schlagwort vom *„absoluten Tanz"* geprägt. Der Tanz sollte nicht länger in den Fesseln der musikalischen Erfindung schmachten, er sollte von der Tyrannei der Musik befreit werden. Allein, gerade bei der Betrachtung solcher trockenen, musiklosen Tänze wurde man gewahr, daß die Verbindung von Musik und Tanz keine zufällige, empirische war. Als absoluter hatte der Tanz zwar nicht den Boden unter den Füßen, aber den Raum verloren, der ihm gemäß ist. Offenbar muß ein Wesenszusammenhang die tänzerische Bewegung an die Musik und an die durch sie geschaffene Struktur des Raumes binden, eine Verknüpfung, die sich nicht willkürlich beseitigen läßt.

Die Untersuchungen über das Zeiterleben drängten nun dazu, diese an einem speziellen Falle gewonnene Problemstellung zu erweitern und die Frage nach dem Zusammenhang von Raumqualität, Bewegung und Wahrnehmung ganz allgemein zu stellen. Trotz ihres [141/142] besonderen Ursprungs stimmen die folgenden Darlegungen über die Raumstrukturen also in ihrer Grundtendenz mit meinen Untersuchungen über das Zeiterleben überein. Dabei ist zu hoffen, daß sich in diesem Zusammenhang die prinzipielle Berechtigung der Fragestellung leichter erweisen läßt als auf dem Gebiete der Zeit.

Wollen wir das primäre Raum*erleben* darstellen, so müssen wir uns von dem Raumbegriff der Physik und der Mathematik unabhängig machen. Wir müssen darauf

---

[1] Nervenarzt, 3. Jahrgang, Heft 11. – Berlin 1930, Verlag von Julius Springer.

bedacht sein, uns keine Vorurteile, keine vorwegnehmenden Entscheidungen, auch wenn sie der gesicherten Erfahrung anderer Wissenschaften entstammen, aufdrängen zu lassen. Denn diese sind logisch-systematisch die späteren, obgleich sie geschichtlich früher zur Entwicklung gelangt sind als die Analysen der primären Erlebnisformen. Wir brauchen also auf die Fragen der physikalischen Grundlagen und der physiologischen Bedingungen der Raumwahrnehmung nicht einzugehen, ebensowenig auf die ihrer psychologischen Genese oder des Vorrangs einzelner Sinnesgebiete, etwa des Optischen oder des Taktilen, vor den übrigen. Wir können unser Thema demnach jetzt dahin präzisieren: Bietet sich das Räumliche auf verschiedenen Sinnesgebieten, z. B. dem Optischen und dem Akustischen, in verschiedenen Modis dar, und entsprechen ihnen verschiedenartige Formen der Motorik und der Wahrnehmung?

1. Die Daseinsweise von Farbe und Klang

Mit dieser Formulierung verstoßen wir bereits gegen eine in der Psychologie verbreitete Lehre, die allein dem Optischen, Taktilen und Kinästhetischen ein ursprüngliches Raummoment zuerkennen will, für die anderen Sinne aber nur Komplikationen der Empfindungen mit Raumcharakteren annimmt. Prüfen wir die Gründe, die zur Aufstellung dieser Lehre geführt haben, dann finden wir zwei in sich recht verschiedenartige Gruppen von Motiven, die aber das eine gemeinsam haben, daß sie nicht an dem phänomenal Gegebenen orientiert sind. Einmal sind es völlig ungeprüfte und für selbstverständlich erachtete Annahmen über die Struktur des Erlebnisraumes; dazu kommen dann Überlegungen, die, von der Betrachtung des anatomischen Baues und der Funktion des Gehörorganes ausgehend, die Möglichkeit ursprünglicher Raumcharaktere des Schalles verneinen. Man braucht nun die Richtigkeit der Experimente, welche z. B. die Bedeutung der Zeit- und Intensitätsdifferenzen für die Schall-Lokalisation bei binauralem Hören erwiesen haben, nicht zu bezweifeln. Aber beweisen sie irgend etwas für die Stichhaltigkeit der empiristischen Theorie der Raumwahrnehmung? Wir nehmen ja nicht Reize [142/143] unseres Gehörs wahr, sondern wir hören auf Grund der Reize bestimmte Klänge und Geräusche. Dabei funktionieren beide Ohren zusammen einschließlich der zentralen Projektion als ein einheitliches System; ich sehe nicht, daß hinsichtlich der räumlichen Gliederung gegenüber dem Optischen, der Netzhaut, Calcarina und der Verschiedenheit ihrer Ortswerte ein prinzipieller Unterschied bestände. Die Kinderpsychologie hat zudem gezeigt, daß es gerade akustische Reize sind, die den Säugling zu den ersten willkürlichen Blickeinstellungen veranlassen; und das schon im Laufe des 3. Lebensmonates. Hier Komplikationen mit anderen Vorstellungen, unbewußte Schlüsse oder Urteile anzunehmen, ist doch wohl kaum angängig. Die Zeitdifferenzen verleihen also nicht Klängen und Geräuschen einen Raumcharakter, den sie ursprünglich nicht besitzen; nicht der Raumcharakter überhaupt, sondern nur die *bestimmte Richtung* im Raum ist von ihnen abhängig. Soll aber ein Schall in eine bestimmte

Richtung verlegt werden, so muß er sich schon ursprünglich als räumlicher darbieten. Die empiristische Theorie würde wohl kaum entgegen den der Erfahrung zu entnehmenden Argumenten eine so allgemeine Anerkennung gefunden und sich solange behauptet haben, wenn sie nicht durch die zweite Gruppe von Motiven gestützt würde. Nativisten und Empiristen, beide Parteien, machen nämlich die gleiche Voraussetzung, daß der Raum, um dessen Gegebenheitsweise in der Wahrnehmung der Streit geführt wird, nur der metrische Raum und zuletzt das konstruktive Schema des leeren, homogenen, dreidimensionalen Raumes sein könne. Stellt man allerdings die Untersuchung allein darauf ab, dann kommt dem Gesicht und Getast sicher ein Vorrang vor den anderen Sinnen zu. Die Bedeutung dieser Raumform für unser praktisches Handeln und unser naturwissenschaftliches Erkennen ist freilich nicht zu bestreiten. Indessen erschöpft sich unser Erleben nicht in diesen Funktionen. Wichtige Erscheinungen des seelischen Lebens müssen dem Verständnis der Psychologie verschlossen bleiben, wenn sie im Hinblick auf das zweckmäßig-berechnende Handeln und das naturwissenschaftliche Erkennen die Grenzen ihres Forschungsgebietes zu eng zieht, wenn sie daher die verschiedenen Modi, in denen das Räumliche sich uns darbietet, nicht beachtet, den optischen Anschauungsraum oder gar den leeren Raum, als den Raum schlechthin nimmt. Gehen wir aber ohne solche Vorurteile von dem aus, was wir an den Phänomenen selbst vorfinden, dann scheint es wohl berechtigt zu sein, bei jedem Schall, der unser Ohr trifft, die Frage nach seinem Woher zu stellen. Solche Frage entspringt nicht erst einer Reflexion über den Schall, die Schallquelle und das Dasein der Dinge im Raum. [143/144]

Hier ist es nun wichtig, behutsam vorzurücken, um die notwendigen Unterscheidungen nicht außer acht zu lassen. Zunächst einmal müssen wir die Lokalisation des Schalles und die Lokalisation der Schallquelle voneinander sondern. Wenn wir mit unseren Patienten den Weberschen Versuch anstellen, dann fragen wir sie nicht nach dem wahren Ort der Schallquelle – der ist ihnen ja durch das Aufsetzen der Stimmgabel auf die Stirn bekannt –, sondern wir fragen danach, wo sie den Schall hören. Ob bei dem Weberschen Versuch der Schall lateralisiert wird oder nicht, hängt von dem physiologischen Zustand des schalleitenden und -perzipierenden Apparates ab. Uns interessieren hier aber nicht die physiologischen Bedingungen der Lateralisation, sondern die gerade bei dieser Untersuchungsmethode besonders deutlich hervortretende phänomenale Gegebenheitsweise des Schalles überhaupt. Denn in diesem, wie in allen Fällen, in denen wir aus dem Schall die Richtung oder den Ort der Schallquelle zu bestimmen suchen, muß uns zunächst der Schall selbst mit einem räumlichen Charakter gegeben sein.

Die Eigenart des Raumcharakters des Schalles läßt sich durch einen Vergleich des Optischen und des Akustischen am raschesten aufzeigen. Genau genommen handelt es sich um zwei verschiedene, aber eng zusammengehörige Aufgaben: um den Vergleich der räumlichen Daseinsweise des Schalles und der räumlichen Daseinsweise der Farbe einerseits und um den Vergleich der Bestimmung des wahren Ortes der Schallquelle und der des beleuchteten und farbigen Gegenstandes andrerseits. Irrig wäre es, Schallquelle und Lichtquelle miteinander zu vergleichen; der Vergleich darf sich, wie gesagt, nur auf die Verschiedenheit und Übereinstimmung in der Erscheinung des klingenden und des farbigen Gegenstandes erstrecken. Manche Unklarheiten sind erst dadurch entstanden, daß die hier erforderliche Trennung der Aufgaben nicht streng durchgeführt, daß nicht jeweils Schallquelle und farbiger Gegenstand sowie Schall und Farbe miteinander in Parallele gesetzt worden sind. Was aber hinsichtlich des Räumlichen von der Schallquelle gilt, gilt durchaus nicht von dem Schall selbst.

Die Richtung, in der eine Schallquelle zu suchen ist, und damit ihr wahrer Ort im Raum, ist oft schwer zu bestimmen. Bei dem farbigen Gegenstand ist zwar die Richtung durch die Sehrichtung eindeutig festgelegt, aber der wahre Ort, seine Entfernung und Lage, ist in vielen Fällen nicht weniger unbestimmt. Die Sterne sehen wir in einem Abstand, der ihrer wirklichen Entfernung in keiner Weise entspricht. Auch im Gelände ist die Schätzung von Entfernungen, sowie die Bestimmung der Lage eines Gegenstandes im Verhältnis zu anderen Geländepunkten oft äußerst schwierig und unsicher. Die Be[144/145]stimmungen des wahren Ortes der Schallquelle und des farbigen Gegenstandes sind also nur gradweise verschieden; dagegen besteht zwischen der phänomenalen räumlichen Daseinsweise von Farbe und reinem Klang ein durchgreifender qualitativer Unterschied.

Um die phänomenalen Unterschiede in möglichster Reinheit und Schärfe darzustellen, beschränken wir uns zunächst auf den Vergleich der Erscheinungsweise von Oberflächenfarben und von Klängen. Wie die Physik nur durch eine experimentelle Begrenzung der Fülle wirksamer Faktoren, durch gedankliche Abstraktion und Reinigung der Phänomene zur Darstellung der elementaren Vorgänge gelangt, deren Gesetzmäßigkeit sie dann mathematisch formulieren kann, so dürfen wir auch hier nicht von irgendeiner beliebigen Erfahrung ausgehen. Auch bei der phänomenalen Analyse müssen wir den reinen Fall aufsuchen, wo er sich natürlicherweise darbietet oder durch bestimmte Versuchsanordnungen zu gewinnen ist. In unserer natürlichen Umwelt durchdringen und vereinigen sich optische und akustische Daten mit denen anderer Sinnesgebiete, sie verbinden sich mit unanschaulichen Gegebenheiten.[2] Erst wenn wir an einem reinen Fall das Wesen der Erscheinungen erfaßt haben, können wir daran gehen, die Komplikationen und Trübungen, die wir in der natürlichen Umwelt in der Regel vorfinden, in den Kreis der Betrachtung zu ziehen. Die räumliche Daseinsweise des Schalles kommt erst in den Tönen der Musik zur reinen Ausprägung. Wir müssen daher bei unserem Vergleich von dem Ton ausgehen und weiterhin zeigen, wie bei den Geräuschen, die noch die Gegenwart oder Nähe eines Dinges anzeigen, der reine räumliche Charakter des Klanges durch die Funktion des „Hinweisens auf etwas" verändert wird.

Bleibt auch der wahre Ort eines farbigen Gegenstandes unbestimmt, die Richtung, in der wir die Farben selbst sehen, ist genau bestimmt; wir sehen sie in einem

---

[2] Vgl. hierzu die Diskussionsbemerkungen von *E. Minkowski* zu *F. Fischers* und meinem Vortrag in Allg. Z. Psychiatr. 93.

gewissen Abstand uns dort gegenüber. Durch die Lehre der physikalischen und physiologischen Optik, durch unser Wissen, daß von dem Gegenstand Lichtstrahlen ausgehen, die unsere Netzhaut treffen und affizieren, wird das Farbenphänomen nicht im geringsten verändert. Immer sehen wir die Farben dort, d. h. in einer Richtung und Entfernung, an einer Stelle uns gegenüber, begrenzt und begrenzend; sie schließen den Raum ab, gliedern ihn in Teilräume, in ein Neben- und Hintereinander.

Das ist bei dem Klang alles ganz anders. Von der Schallquelle kann wohl oft mit Recht gesagt werden, daß schon die Richtung, in der sie zu lokalisieren ist, sich nicht sicher bestimmen läßt. Auf den [145/146] Schall selbst ist diese Charakteristik nicht zu übertragen, sie trifft für ihn nicht zu. Indem wir die Richtung der Schallquelle als unbestimmt bezeichnen, erklären wir sie doch für bestimmbar, d. h. wir behaupten, es müsse entweder die eine oder die andere oder eine dritte Richtung sein. Der Ton selbst aber erstreckt sich nicht in einer Richtung, sondern er kommt auf uns zu, durchdringt und erfüllt, homogenisiert[3] den Raum. Der Ton ist also nicht auf eine einzige Raumstelle zu lokalisieren. Dieser Mangel *örtlicher* Bestimmtheit hat wohl dazu Veranlassung gegeben, dem Akustischen eine ursprüngliche *räumliche* Daseinsweise überhaupt abzusprechen, was aber durchaus nicht berechtigt ist. In einer ersten Gegenüberstellung können wir nunmehr zusammenfassend sagen: die Farbe erscheint uns gegenüber, dort, auf eine Stelle beschränkt, den Raum in Teilräume begrenzend und gliedernd, entfaltet sich in ein Neben- und Hintereinander. Der Ton dagegen kommt auf uns zu, erreicht und erfaßt uns, schwebt vorbei, er erfüllt den Raum, gestaltet sich in einem zeitlichen Nacheinander.

Um die eigentümliche Beziehung des Tones zur Zeit ganz zu verstehen, müssen wir die Beziehung von Farbe zu farbigem Gegenstand, von Ton zu klingendem Gegenstand, d. h. zur Schallquelle, noch einmal eingehender betrachten. Schon der sprachliche Ausdruck der Schallquelle weist darauf hin, daß der Ton wie das Wasser einer Quelle von dem klingenden Körper sich ablöst. Die Farbe haftet (phänomenal) an dem Gegenstand, der Ton wird hervorgebracht und trennt sich von ihm. Die Farbe ist Eigenschaft eines Dinges, der Klang Wirkung einer Tätigkeit. Von einem Hahn z. B. sagen wir, daß er weiß oder bunt ist; seinen Schrei dagegen bezeichnen wir nicht als seine Eigenschaft, sondern als eine Tätigkeit, wir sagen, daß er kräht, d. h. krähen tut. Wir meinen nun nicht, die Farbe werde darum zur Eigenschaft des Tieres gerechnet, weil der Hahn uns immer bunt oder weiß erscheint, während wir beobachten, daß er nur zuweilen kräht, zu anderen Zeiten aber schweigt. Denn ein Bach rauscht dauernd, Tag und Nacht, bleibt sogar dann noch vernehmbar, wenn Wasser und Ufer ins Dunkel entrückt und unsichtbar geworden sind. Obwohl also das Rauschen des Baches, das Hörbare an ihm, dauernder ist als alles Sichtbare, halten wir doch daran fest, das Rauschen als sein Tun zu fassen. Gerade hier erweist sich die Bedeutung der phänomenalen Gegebenheitsweisen von Farbe und Klang. Denn die

---

[3] Wie sich diese Homogenisierung von der Homogenität des leeren euklidischen Raumes unterscheidet, kann erst später dargestellt werden.

Interpretation nach Eigenschaft und Tätigkeit schließt sich durchaus den Phänomenen an. Sie beruht nicht auf irgendwelchen Erfahrungen [146/147] über Dinge und Eigenschaften, die eher zu ihrer Korrektur aufforderten. Der Klang wird darum als Wirkung eines Tuns erlebt, weil es zum Wesen des Klanges gehört, daß er sich von der Schallquelle ablöst. Während Farbe und Form, die optischen Gegebenheiten im weitesten Sinne, den Gegenstand aufbauen, weist der Klang, der Ton wie das Geräusch nur auf den Gegenstand hin, zeigt ihn nur an. Der Schall, der sich von der Schallquelle löst, kann zu einem reinen Eigendasein gelangen; aber erst in den Tönen der Musik wird diese Möglichkeit voll verwirklicht, das Geräusch behält den Charakter des Anzeigens und Hinweisens.[4]

Hier ist erst der Platz, den Unterschied zwischen Ton und Geräusch genauer zu erwägen. Befinden wir uns in einer Umwelt, deren räumliche Gliederung und dingliche Besetzung uns genau bekannt ist, und haben wir es mit einem spezifischen Geräusch zu tun, etwa dem Rattern eines Motors, so gilt das von dem Ton Gesagte nicht mehr in vollem Umfang. Wir hören ein solches Geräusch draußen, an einer bestimmten Stelle, dort, wo wir die Schallquelle lokalisieren. In diesem Erlebnis jedoch vermengt sich Optisches mit Akustischem und mit unanschaulich Gewußtem. Befinden wir uns dagegen nicht in vertrauter Umgebung, sondern etwa in dem Trubel und Lärm einer nach Sprache, Sitte und Gewohnheit fremden Stadt, dann verlieren bereits die Geräusche diese spezifische Wirkung und nähern sich in ihrer Daseinsweise dem Ton, wie ihn vollkommen nur die Musik zu erzeugen vermag. Auch das Geräusch durchdringt und erfüllt unter solchen Umständen den Raum, es erschwert, den Raum homogenisierend, die Orientierung und steigert dadurch die Verwirrung und Fremdheit. Schon ein Stimmengewirr hat ein anderes räumliches Dasein als Worte, Sätze, die wir auf einer belebten Straße im Vorbeigehen auffangen, verstehen und auf einzelne Sprecher verteilen können. In dem Maße, als Geräusche verworren werden, als sie ihre auf bestimmte Gegenstände hinweisende Funktion einbüßen, in dem gleichen Maße nähern sie sich der phänomenalen Gegebenheitsweise der Töne der Musik.

Es gibt keine der Musik analoge bildende Kunst, und es kann sie nicht geben, weil die Farbe sich nicht so vom Gegenstand löst wie der Ton. In der Musik erst gelangt der Ton zu seinem reinen Eigendasein. Die Musik nützt die in dem Wesen des Akustischen begründeten Möglichkeiten vollkommen aus. Wir erfinden spezifische Geräusche als Signal. Bei dem reinen musikalischen Klang wollen wir aber von einem solchen Hinweisen nichts mehr vernehmen. Wir [147/148] ziehen darum das Streichquartett dem Klavierquartett vor, weil wir bei diesem noch das Klavier als Instrument, als Schallquelle heraushören, während in jenem die ideale Möglichkeit eines reinen Zusammenklingens gegeben ist.

---

[4] Die Bedeutung, welche dieser Doppelnatur des Schalles für die Entwicklung der Lautsprache in ihrer zwiefachen Funktion als Kundgabe und Mitteilung zukommt, kann hier nicht erörtert werden.

Wir führen hier und an späteren Stellen die Gebilde und Formen der Kunst nicht bloß als Illustrationen an; wir beabsichtigen auch nicht sie zu erklären. Wir betrachten sie vielmehr als Facta und fragen nach den „Bedingungen ihrer Möglichkeit". Dabei werden wir gerade auf die Unterscheidungen in der Daseinsweise von Farbe und Klang verwiesen, die wir hier getroffen haben.

Die Kadenz im Orchesterkonzert ist ein ästhetisches Gebilde, das einem Kompromiß zweier Strebungen, dem Bedürfnis des Virtuosen, seine technische Bravour zu entfalten, und der Forderung des Kunstwerks nach Einordnung der Solostimme in das Ganze, sein Dasein verdankt. In der Kadenz gibt der Komponist dem Virtuosen die Freiheit, nach eigenem Einfall, Geschmack und Können zu brillieren. Nach einem großen Aufschwung schweigt das Orchester. Mit Arpeggien, Läufen, Doppelgriffen beginnt die Kadenz, in großen Sprüngen jagt sie durch den ganzen Tonbereich des Instruments, immer rascher wird das Tempo, immer größer die Tonmengen, die auf den Hörer eindringen, bis zuletzt in einem ansteigenden Triller die erregten Tonfluten zusammenströmen, sich beruhigen und hinüberfließen in das Thema des Satzes, der von dem Orchester in einem raschen Schluß zu Ende geführt wird. Während dies alles geschieht, kann man nicht versunken den Klängen der Musik lauschen; da muß man hören und sehen, dem Spieler zusehen. Nicht mehr darum handelt es sich, die Töne in sich aufzunehmen; die Töne selbst fordern von uns, daß wir den Vorgang ihrer Erzeugung beobachten und ihren Erzeuger bewundern.

Auch der Natursänger will *sich* hören und *sich* hören lassen. Der Gesang ist ihm ein Mittel der erotischen Werbung oder auch nur ein Mittel, um sich selbst zur Darstellung zu bringen. Der Natursänger tut deshalb alles, um das Leibhafte des Gesanges zu verstärken, während im Kunstgesang gerade das Gegenteil erstrebt wird. Dem entspricht ja auch die instrumentale Führung der Singstimme bei vielen großen Meistern. Die Stilformen des Spätbarock begünstigen die Entwicklung der absoluten Musik und führten in einer Zeit des allmählichen Niederganges der bildenden Künste das musikalische Schaffen auf einen Höhepunkt. Dagegen räumte die Komposition dem Liedertext im Laufe des 19. Jahrhunderts ein immer größeres Recht ein, gleichzeitig hörte mit der Erfindung der Programm-Musik, des Leitmotives, der Wagnerschen Konzeption des Gesamtkunstwerks die Musik mehr und mehr auf zu klingen und begann statt dessen zu [148/149] reden, etwas zu sagen oder zu bedeuten. Beide Richtungen lassen sich durch die ganze Musikgeschichte verfolgen. Beide knüpfen an die phänomenale Natur des Tones an, daran nämlich, daß der Klang einmal auf Gegenständliches hinweisen, es anzeigen kann, dann aber, daß er zu einem reinen Eigendasein gelangen kann. Erst wo dies erreicht wird, können wir die räumliche Daseinsweise des Tones, das Erfüllen und Homogenisieren des Raumes, von dem wir schon gesprochen haben, und die zeitliche Daseinsform, von der wir sprechen wollen, vollständig erfassen.

Indem der Ton zu einem reinen Eigendasein gelangt, hören wir ihn selbst einsetzen und verklingen; wir bemerken sein Entstehen, Werden und Vergehen. Etwas Entsprechendes gibt es bei der Farbe nicht. Durchwandert eine Farbe unser Gesichtsfeld, so sehen wir die *Bewegung* eines Gegenstandes. Treten an einer Stelle nacheinander verschiedene Farben auf, so sehen wir die *Veränderung* eines Gegenstandes. Wir sehen das Verglühen des Lichts, d. h. der leuchtende Gegenstand durchläuft nacheinander eine Reihe von Farbtönen. Selbst bei einem Sonnenuntergang ist es der Himmel, das Meer, die Berge, an denen sich der Wechsel der Farbe vollzieht. Das Nacheinander der Farbe fordert daher geradezu eine Dauer des Gegenstandes. Bei der Musik dagegen läßt die Folge der Töne ihr zeitliches Dasein hervortreten; ihre zeitliche Gliederung gliedert daher auch die Zeit selbst. Das Eigendasein des Tones und seine Bezogenheit auf die Zeit ist es, die dem klanglich dargebotenen Rhythmus seine Prägnanz verleiht. Sie läßt sich mit optischem Material nicht erzeugen. Irgendwelche Lichter oder Farben, die in den durch einen musikalischen Rhythmus vorgeschriebenen zeitlichen Intervallen auftauchen und verschwinden, rufen bei dem Betrachter keineswegs jenes klare Erlebnis des Rhythmus hervor wie das Anhören einer rhythmisch gegliederten Tonfolge. Diese Verschiedenheit im Hervortreten des Rhythmus bei optischer und akustischer Darbietung beruht nicht auf irgendwelchen Unterschieden von Schallreizen und Lichtreizen, ist überhaupt nicht physiologisch zu erklären, sondern nur aus den Phänomenen abzuleiten. Wollte man hier auf physiologische Erklärungen zurückgreifen, dann würde man sich den Blick für andere, höchst bedeutsame Unterschiede versperren.

Die Verschiedenheit im Erlebnis von optisch und akustisch dargebotenem Rhythmus ist ja nicht auf das Rezeptive beschränkt. Denn wir hören einen Rhythmus nicht nur besser, als wir ihn zu sehen vermögen, die rhythmische Tonfolge drängt uns, wie jedermann weiß, zu Bewegungen, die sich in spezifischer Weise von dem alltäglichen Gehen, Laufen, Springen sondern. Ist diese Induktion von Bewegungen nur eine mittelbare Wirkung der Prägnanz des gehörten Rhyth[149/150]mus oder besteht zwischen dem Hören und der Bewegung eine unmittelbare Verbindung? Das ist die für alles Weitere entscheidende Fragestellung. Wer von dieser Alternative die erste Möglichkeit für die zutreffende hält, der muß annehmen, daß es sich um zwei durchaus getrennte seelische Vorgänge handelt, um das Hören des Rhythmus und das spontane Hervorbringen von Bewegungen, das zwar auf das Gehörte bezogen, aber doch unabhängig von ihm wäre. Die Verknüpfung könnten wir uns etwa durch eine geheime Freude an der Nachahmung hergestellt denken. Wir wären nur darum geneigt, eher eine rhythmische Tonfolge als eine rhythmische Bildfolge in Bewegung nachzuahmen, weil der musikalische Rhythmus uns ein besseres Vorbild für unsere Nachbildung darbietet.[5] Indessen zeigt die Erfahrung, daß eine solche Auswahl nicht stattfindet, daß wir ohne unser Zutun von dem musikalischen Rhythmus ergriffen und

---

[5] Etwas derartiges ist bei gymnastischen Massenübungen der Fall, wo der einzelne Teilnehmer die von dem Vorturner gezeigte Bewegung oder Stellung möglichst genau nachzuahmen sucht. Dabei sind die beiden Vorgänge, Aufnahme des Vorbildes und Nachbildung, schon zeitlich getrennt. Der volle Gegensatz zwischen der Nachbildung eines optischen Schemas und dem Ergriffenwerden durch eine Tanz- oder Marschmusik tritt gerade hier ganz deutlich hervor.

mitgerissen werden. Die Verbindung zwischen dem „Reiz", dem gehörten Rhythmus, und der Reaktion, der rhythmischen Bewegung, ist eine ganz unmittelbare.

2. Das gnostische und das pathische Moment in der Wahrnehmung

Ein Verständnis dieser Zusammenhänge läßt sich nur dann gewinnen, wenn wir die übliche Betrachtungsweise und Darstellung der Empfindungen prinzipiell erweitern und fortbilden. In der Psychologie ist bisher fast stets nur von den Empfindungen, nirgends aber von dem Empfinden die Rede gewesen. Es ist an dem Gesamterlebnis immer das *gnostische,* nie aber das *pathische* Moment bemerkt und beachtet worden. Ist der unmittelbare Zusammenhang zwischen dem Hören eines Rhythmus und der rhythmischen Bewegung ein Faktum – die weitere Darstellung wird dafür noch genug Belege bringen –, dann können wir nicht mehr umhin, dem pathischen Moment an der Empfindung unsere besondere Aufmerksamkeit zuzuwenden. Gesicht, Gehör und die übrigen Sinne vermitteln uns nicht nur sinnliche Eindrücke, sie lassen nicht nur Farbe und Schall vor uns erscheinen, sondern, indem wir die Wahrnehmung von Gegenständen haben, empfinden wir auch Farben und Töne, d. h. sie ergreifen uns, muten uns in einer bestimmten gesetzmäßigen Weise an. [150/151]

Hier ist es erforderlich, von vornherein einigen gefährlichen Mißdeutungen zu begegnen. Zunächst: unter dem pathischen Moment verstehen wir die unmittelbare Kommunikation, die wir mit den Dingen auf Grund ihrer wechselnden sinnlichen Gegebenheitsweise haben. Wir beziehen also das pathische Moment, das sei ausdrücklich hervorgehoben, nicht auf die Gegenstände mit ihren festen oder verschiedenen Eigenschaften, also nicht auf die Gegenstände, die uns wegen dieser Eigenschaften etwa locken, schrecken oder bedrücken könnten. Würden wir das pathische Moment an die Gegenstände knüpfen, dann hätten wir es ja wieder dem Bereich des Begrifflichen eingeordnet und die Unterscheidung von gnostisch und pathisch bereits wieder rückgängig gemacht. Das Pathische gehört aber gerade zu dem Bestand des ursprünglichsten Erlebnis; es ist darum der begrifflichen Erkenntnis so schwer zugänglich, weil es selbst die unmittelbar-gegenwärtige, sinnlich-anschauliche, noch vorbegriffliche Kommunikation ist, die wir mit den Erscheinungen haben.

Eine weitere Mißdeutung könnte sich leicht an die im vorangehenden gewählten Ausdrücke, Empfindung und Empfinden knüpfen. Denn diese Trennung des Empfindens von der Empfindung erinnert an Unterscheidungen, die uns von der Phänomenologie her geläufig sind; insbesondere an den von *Husserl* so oft mit Nachdruck wiederholten Satz, daß jede Wahrnehmung Wahrnehmung *von etwas* sei. Es könnte also die Meinung aufkommen, die Unterscheidung von Empfindung und Empfinden sei eine bloße Wiederholung der phänomenologischen Sonderung von Akt und intentionalem Objekt. Das trifft aber nicht zu. Die Unterscheidung von Empfindung und Empfinden bleibt noch ganz innerhalb der Sphäre des Erlebnisgehaltes. Das gnostische Moment hebt nur das *Was* des gegenständlich Gegebenen, das pathische das *Wie* des Gegebenseins hervor. Ich halte es darum sachlich und terminologisch für richtiger, die schon früher von mir gebrauchten Ausdrücke des pathischen und gnostischen Moments zu verwenden.[6]

Dazu kommen noch eine Reihe anderer Gründe, deren Darstellung am zweckmäßigsten mit einer Diskussion der wenigen Arbeiten verbunden wird, in welchen in allerletzter Zeit ähnliche Gedankengänge verfolgt worden sind. Wie ich dem vor kurzem erschienenen Versammlungsbericht entnehme, hat *H. Werner* schon auf dem Psychologenkongreß 1929 einen Vortrag über „das Empfinden und seine experimentelle Prüfung" gehalten. In der Erörterung dieses Vortrages hat ferner *Metzger* auf Übereinstimmungen mit eigenen Arbeiten und denen *v. Hornbostels* hingewiesen. *Werner* selbst hat in [151/152] Experimenten festgestellt, daß einem objektiven Ton 4 Stufen des Tonerlebnisses entsprechen können.

„1. Die Stufe des hochprägnanten Gegenstandtones (analog der Oberflächenfarbe); 2. die Stufe des raumhaften Tones (analog der Flächenfarbe); die 3. Tonstufe entsteht durch Hineinnahme des Tones in den Körper, der zum Gefäß wird, das erklingt. Im 4. Stadium tritt Subjekt und Objekt noch näher zusammen; es verbleibt das Erlebnis einer körperlichen Zuständlichkeit. Die 1. und 2. Stufe können wir als Wahrnehmungsstufen, die 3. und 4. als Empfindungsstufen bezeichnen, die ebenso bei den Tönen wie bei den Farben nachgewiesen werden können. Bei dem Rückgang von gegenständlich sicher präzisierten Wahrnehmungen zu subjektivierten Erlebnissen treten die Phänomene des Empfindens auf, welche sich als körperliche Zustände spezifischer Art darstellen."

Im Gegensatz zu unserer Auffassung faßt *Werner* also das Pathische nicht als ein jedem Wahrnehmungserlebnis grundsätzlich zugehöriges Moment, sondern er beschränkt es auf bestimmte zeitliche Phasen des Wahrnehmungsvorganges und deutet es als das Erlebnis einer körperlichen Zuständlichkeit. Offenbar ist *Werner* hier einer Täuschung verfallen. Er ist zu seinen Unterscheidungen ja nicht auf Grund einer phänomenologischen Analyse der Erlebnisse gekommen, sondern durch experimentelle Untersuchungen. Er hat irrtümlich Besonderheiten, die sich nur aus der Struktur und der Anordnung des Experimentes ergeben, für Eigenheiten gehalten, die dem Wesen der Erscheinung selbst angehören. Das Ineinander des Was und Wie des Gegebenen muß bei jedem psychologischen Versuch in irgendeiner Weise auseinandergelegt und zeitlich gesondert werden, wenn es überhaupt der Versuchsperson faßbar werden soll. Schon das kurze Kongreßreferat, aus dem wir zitiert haben, läßt erkennen, daß *Werner* seine Versuche nicht richtig gedeutet hat. Denn auf der 3. und auch noch auf der 4. Stufe hat die Wahrnehmung nicht aufgehört und die Empfindung als besondere Zuständlichkeit begonnen; der Ton ist ja als Wahrnehmungsgegenstand oder als Was des Erlebnisses noch immer vorhanden, und nur das Wie tritt als Ergriffensein jetzt deutlicher und leibhafter hervor. Es ist deswegen durchaus nicht

---

[6] Vgl. *Straus*, „Geschehnis und Erlebnis", Kap. 3, besonders S. 48ff.

berechtigt, das pathische Moment auf bestimmte Phasen der Erlebnisse zu beschränken und als körperlichen Zustand zu deuten.

Den gleichen Fehler, die Universalität des Pathischen auf bestimmte Fälle einzuschränken, begehen auch *v. Hornbostel* und *Metzger. V. Hornbostel*[7] nennt „das Dasein und Sosein von Dingen ‚außer uns' die objektive gegenständliche Art des Gegebenseins" Wahrnehmung, „daß uns soundso zumute ist" die subjektive un[152/153]gegenständliche Art des Gegebenseins Empfindung. *Metzger*[8] hat dagegen mit Recht eingewandt, daß bei der Empfindung kein bloßes Zumutesein, nicht nur ein Zustand von mir gegeben sei, sondern daß noch ein Etwas bestehe, und zwischen beiden, zwischen mir und ihm, eine Beziehung vorhanden sei. Aber merkwürdigerweise schränkt *Metzger* diese Beziehungen auf bestimmte Fälle ein. „Von einem Gegenstand", sagt er, „den ich vorfinde, dem ich gegenüberstehe, gilt auch umgekehrt: er steht draußen außer mir, und ich bin von ihm ‚ausgeschlossen'; er ist einfach da, und tut mir nichts." Von einer Empfindung in dem neuen spezifischen Sinne will er dann sprechen, „wenn eine Außenerscheinung nicht mehr einfach da ist, sondern in Beziehung zu mir tritt, auf mich einwirkt ohne irgendwelche gedanklichen Umwege, bewirkt, daß mir soundso zumute ist". Der Fehler, die Phänomene auf jene ausgezeichneten Fälle zu beschränken, in denen sie besonders leicht hervortreten, das Indifferente aber dem Nichts gleichzusetzen und damit die prinzipielle Tragweite der Beobachtungen im einzelnen Falle zu übersehen, scheint in der Psychologie unausrottbar zu sein. *Metzger* entgeht es, daß das Gegenüberstehen, das Einfach-da-sein, das Ausgeschlossensein, ebenfalls eine Form der Beziehung zwischen mir und der Erscheinung ist; er übersieht, daß diese Beziehungen nicht erst in einem bestimmten Zeitpunkt, nämlich dann, wenn der Gegenstand auf mich merkbar einwirkt, einsetzt; er verkennt, daß es sich nur um einen Wechsel der universellen Beziehungen, um einen Wechsel der Kommunikationen mit dem Gegenstand, um eine Variation des pathischen Moments überhaupt handelt. Das ist also, als wollte ein Physiker Ruhe und Bewegung als zwei prinzipiell verschiedene Erscheinungen betrachten. Das pathische Moment gehört aber nicht nur einzelnen Fällen oder einzelnen Phasen der Wahrnehmung an, sondern es gehört ihr ganz allgemein und in jedem Falle zu; schließlich ist es auch nicht gleichbedeutend mit einer spezifischen körperlichen Zuständlichkeit.[9]

Zu dem letzten Punkte noch einige Worte. Die Auffassung, daß es sich bei dem Empfinden nur um einen körperlichen Zustand handle, scheint in der Psychologie des Ekels eine Stütze zu finden. Es gibt Gegenstände genug, deren Anblick wir zwar ertragen können, vor deren Berührung und Einverleibung wir uns aber heftig sträuben. Hier scheint es in der Tat so, als ob mit dem Herandrängen an und mit dem

---

[7] Psychologie der Gehörserscheinungen, *Bethes* Handbuch der Physiologie 11 (1926).
[8] Optische Untersuchungen am Ganzfeld. Psychol. Forschg. 13 (1929).
[9] *Herder* hat, soweit ich feststellen konnte, als erster diese Unterscheidung in weitem Umfang durchgeführt. Doch ist seine Schrift „Vom Erkennen und Empfinden", die von der Preußischen Akademie nicht preisgekrönt wurde, ohne Einfluß auf die Entwicklung der modernen Psychologie geblieben.

Hineindringen über die Grenze des Leibes ein völlig neues [153/154] Erlebnis einsetzte. Aber scheint es nicht nur so? Kennen wir nicht auch genau das entgegengesetzte Verhalten? Ist es nicht der normale Fall, daß der Mann, den es im erotischen Zusammensein leidenschaftlich drängt, den Leib der Frau auch in seinen geheimsten Teilen zu betasten und zu liebkosen, davor zurückschreckt, diese sich ansichtig zu machen? Dabei bleibt es doch immer derselbe Gegenstand, dessen Berührung so heftig erstrebt wird und dessen Anblick so scheu vermieden wird. Dieser Wechsel des Verhaltens beruht nicht auf der gegenständlichen Verschiedenheit von optischen und taktilen Daten, sondern auf der Verschiedenheit der Kommunikation, d. h. auf der Verschiedenheit der pathischen Momente. So wenig aber das pathische Moment im Erlebnis des Ekels erst mit der Berührung des Leibes beginnt, so wenig hört es im anderen Falle mit seiner Berührung auf. Nur innerhalb des Bereiches der Kommunikation findet eine Veränderung statt. Bei dem Übergang vom Betasten zum Beschauen tritt ein Wechsel in der Dominanz von pathischem und gnostischem Moment im Erlebnis ein; beim Betasten dominiert das Pathische, beim Beschauen das Gnostische. Die Betrachtung rückt jeden Gegenstand in den Bereich des Objektiven und Allgemeinen. Diesen Prozeß der Entpersönlichung und Entseelung sucht die verhüllende Gebärde des Schämens abzuwehren.

Wir haben mit den letzten Erörterungen die Schwelle der Psychologie des Ekels und der Scham betreten, für welche die Unterscheidung von pathischem und gnostischem Moment von fundamentaler Bedeutung ist. Wir wollen diese Schwelle hier jedoch nicht überschreiten, sondern die Eigenart des pathischen Moments nur soweit darstellen, wie es für unsere spezielle Aufgabe erforderlich ist.

Das ist im Augenblick der Nachweis, daß erst die Vereinigung und wechselseitige Durchdringung des pathischen und gnostischen Momentes dem durch die Musik dargebotenen Rhythmus seine induzierende Kraft für bestimmte Formen der Bewegung verleiht. Um uns die Aufgabe zu erleichtern, werden wir wieder Optisches und Akustisches gegeneinander kontrastieren.

Der farbige Gegenstand, sagten wir, erscheint uns dort, gegenüber, in einer bestimmten Richtung und Entfernung, begrenzt und begrenzend; während der Ton zu uns herandringt, bleibt die Farbe auf ihren Platz gebannt, sie fordert von dem Erlebenden, daß er sich ihr zuwende, daß er hinsehe, daß er sich aktiv ihrer bemächtige. Die im Altertum entwickelte Auffassung des Sehens, als von einem in dem Auge ruhenden Licht, das sich auf den Gegenstand richtet, war an dem phänomenalen Bestand der optischen Erscheinung gebildet. Die Lehre verliert ihre Berechtigung, sobald sie über den Bereich des Phänomenalen hinaus zur physiologischen Erklärung der Erscheinun[154/155]gen, in ihrem Verhältnis von Ursache und Wirkung, gebraucht wird. Es ist das die genaue Umkehrung des Fehlers, dem wir heute zumeist begegnen, der Tendenz nämlich, die kausalen Beziehungen auch auf das ursprüngliche Erleben und seine Gesetze auszudehnen, oder diese durch jene zu ersetzen. Die Lehre von dem im Auge ruhenden Licht behält trotz aller seit dem Altertum gewonnenen physikalischen und physiologischen Kenntnisse, die ihre Annahme als physiologische Theorie unmöglich machen, im Bereiche des Phänomenalen einen guten Sinn. Denn ob ein Gegenstand lockt, also uns zu sich hinziehen will, oder droht, also sich uns zu nähern anschickt, immer bleibt noch die Spannung des Gegenüber. In der Annäherung wie in der Abwendung, im Angriff wie in der Flucht, verhalten wir uns beim Sehen aktiv.

Jossmann[10] ist einmal den Beziehungen zwischen der Struktur und Benennung von Wahrnehmungserlebnissen nachgegangen. Er hat darauf hingewiesen, daß die zahlreichen Ausdrücke, mit denen die optischen Wahrnehmungserlebnisse, das Sehen, Blicken, Spähen, Schauen, Gewahren, Betrachten, bezeichnet werden, etymologisch mit den Worten für besondere Bewegungen verwandt oder identisch sind. Das deutsche „sehen" stimmt mit dem lateinischen „sequi" in der Wurzel überein, das Verbum „blicken" ist synonym mit „strahlen", das eine Verwandtschaft mit dem althochdeutschen Strahla, d. h. Pfeil, aufweist. Dem wäre hinzuzufügen, daß in diesen Worten und in solchen Metaphern, wie z. B. „einen Blick, oder ein Auge auf jemand werfen", neben dem Bewegungssinn die Aktivität des Sehens betont ist. Die Sprache drückt also nicht nur aus, wie *Jossmann* hervorhebt, daß im Sehen der Raum durch Bewegungen gegliedert wird, sondern alle diese Bezeichnungen weisen auch auf die Spontaneität der optischen Wahrnehmung hin. Es bedarf, von diesen Betrachtungen angeregt, keiner weitgreifenden Bemühungen, um zu bemerken, daß auch die phänomenale Eigenart der Klangerlebnisse in der Sprache ihren Niederschlag gefunden hat. Schon die sinnfällige Verwandtschaft der Worte: hören, horchen, gehorchen erweist das. Der Ton hat eine eigene Aktivität, er dringt auf uns ein, erfaßt, ergreift, packt uns. Die Abwehr kann hier erst in einer späteren Phase eintreten, sie kann erst beginnen, wenn man schon ergriffen ist, während auf optischem Gebiet die Flucht vor dem Ergriffenwerden beginnt. Das Akustische verfolgt uns, wir können ihm nicht entrinnen, wir sind ihm ausgeliefert. Ein Wort, das einmal gesprochen ist, ist da, es dringt in uns ein, ergreift Besitz von uns, läßt sich weder durch Abwehr noch durch Entschuldigung wieder völlig ungeschehen machen. [155/156] Alles Hören ist präsentisch. Darum gibt es im Akustischen Wiederholung, im Optischen nur Vervielfältigung. Im Klange haben wir Geschehen präsentisch, in der Farbe erfassen wir distantes Sein. Daß der Abstand das Gesehene auch in zeitliche Ferne rückt, ist bei den Gegenständen der unmittelbaren Umgebung weniger deutlich als bei irgendeinem fernen Punkt im Raum, der etwa das Ziel einer Wanderung bildet. Sehen wir jene Bergspitze oder jene Ortschaft auch jetzt mit diesem Augenaufschlag, sie erscheint uns doch als ein noch-nicht oder nicht-mehr Gegenwärtiges. Das Gesehene liegt in einem Abstand vor uns oder in einem Abstand hinter uns. Der Raum, der sich vor uns weitet, ist darum ein Gleichnis der Zukunft, die auf uns zukommt, der Raum, der hinter uns liegt, ein Gleichnis der Vergangenheit, die sich von uns entfernt hat.[11]

---

[10] Allg. Z. Psychiatr. 90 (1928).

[11] Wie die Erfahrungen bei den Blickkrämpfen der Encephalitiker lehren, mehr als ein Gleichnis.

Vernehmen wir etwas, so haben wir es schon vernommen, sind ihm schon unterworfen.

Hören und Gehören, hören und hörig fügt die Sprache eng zusammen. Die Verbindung der Begriffe wird offenbar wie bei dem Sehen durch das pathische Merkmal hergestellt oder, richtiger gesagt, die Gemeinschaft besteht ursprünglich in einer Übereinstimmung des pathischen Moments des Sinnesausdrucks und der Besitzverhältnisse. Wir sind heute nur allzusehr geneigt, unsere Aufmerksamkeit ganz dem Gnostischen zuzuwenden; es ist daher wichtig zu bemerken, daß die sprachliche Verwandtschaft von Worten nicht auf einer Übereinstimmung ihres begrifflich-gegenständlichen Gehalts zu beruhen braucht, sondern zuweilen auf eine Gemeinsamkeit des Pathischen zurückgeführt werden kann.

Mit der Darstellung des Gegensatzes: *Ergreifen – Ergriffenwerden* ist nun freilich die Eigenart des pathischen Moments in der Erscheinungsweise des optischen und des akustischen Raumes noch lange nicht vollständig beschrieben. Die Farbe steht uns ja nicht nur dort gegenüber, sondern sie ist begrenzt und begrenzt selber, gliedert den Raum in ein Neben- und Hintereinander. Die Dinge lösen sich im optischen Raum mit scharfen Grenzen voneinander ab; die *Kontur* beherrscht die Gliederung des optischen Raums. Wie die Melodie als natürlicher Repräsentant der Einheit der Gestalt fungiert, so tritt das Anschauungsbild als Repräsentant des Begriffs auf. Die Kontur, die scharfe Begrenzung, das Nebeneinander der Dinge ist der wichtigste Anlaß für den in der Geschichte der Philosophie und der Psychologie so oft wiederholten Versuch gewesen, den Begriff durch die Vorstellung, d. h. durch das optische Vorstellungsbild, zu ersetzen. Dagegen ist es in manchen Epochen geradezu das entscheidende Moment der bildenden Kunst gewesen, das Neben- und [156/157] Auseinander, in dem sich die Welt der Dinge im optischen Raum gliedert, zu überwinden. Das künstlerische Gestalten ist bis in die Einzelheiten der Technik hinunter abhängig von dem pathischen Moment der optischen Erscheinung, und zwar reaktiv abhängig. Die Darstellung in der Fläche überhaupt, die Dichtigkeit des Farbenflusses auf der Bildtafel, die Verteilung des Lichts, die Dimensionen, der Rahmen, das Modellieren aus einem Schwarz-Weiß in der Radierung, die indirekte Darstellung der Kontur, alles wird dem Bestreben, das bloße Nebeneinander der Dinge aufzuheben, die Kontur zum Verschwinden zu bringen, dienstbar gemacht. Man braucht hier nur an die Rembrandtschen Bilder und an seine Graphik, insbesondere die berühmten Landschaften, zu erinnern.[12]

---

[12] Vgl. *Wölfflin*, Grundbegriffe der Kunstgeschichte. *Wölfflin* faßt den Gegensatz der Renaissance und des Barocks als einen Übergang von der handgreiflichen, plastischen Auffassung zu einer rein optisch-malerischen. Er sieht in diesem Übergang einen rationellen, psychologischen Prozeß, eine Wandlung des optischen Schemas, das der künstlerischen Darstellung zugrunde liegt, die selbst einem grundsätzlich verschiedenen Interesse an der Welt entspricht. „Dort (in der Renaissance) ist es die feste Gestalt, hier (im Barock) die wechselnde Erscheinung, dort ist es die bleibende Form, meßbar, begrenzt, hier die Bewegung, die Form in Funktion; dort die Dinge für sich, hier die Dinge in ihrem Zusammenhang." (S. 31). „Dort liegt der Akzent auf

Doch nicht nur die Kunst vermag, indem sie, den harmonischen Zusammenklang der Erscheinungen verkündend, eine zweite Welt erschafft, das Auseinander und die Ferne zu überwinden. Die Dämmerung wird traulich genannt, weil hier die Natur selbst die Grenzen, welche die Dinge voneinander trennen, den Abstand, der uns von ihnen entfernt, verschleiert. Ja, noch mehr, die Dämmerung erfüllt den Raum, wie auch die Nacht es tut, und übt so dem Klange verwandte Wirkungen aus, der, den Raum erfüllend und homogenisierend, das Auseinanderstrebende eint und bindet.

Ich möchte es nicht unterlassen, hier einige Strophen aus einem Goetheschen Gedichte,[13] in dem der Gegensatz von Licht und Klang in einer schlechthin vollkommenen Weise dargestellt ist, anzuführen.

Als die Welt im tiefsten Grunde
Lag an Gottes ewger Brust,
Ordnet' er die erste Stunde
Mit erhabner Schöpfungslust,
Und er sprach das Wort: Es werde! [157/158]
Da erklang ein schmerzlich Ach!
Als das All mit Machtgebärde
In die Wirklichkeiten brach.

Auf tat sich das Licht: so trennte
Scheu sich Finsternis von ihm,
Und sogleich die Elemente
Scheidend auseinander fliehn.
Rasch, in wilden, wüsten Träumen
Jedes nach der Weite rang,
Starr, in ungemeßnen Räumen,
Ohne Sehnsucht, ohne Klang.

Stumm war alles, still und öde,
Einsam Gott zum erstenmal!
Da erschuf er Morgenröte,
Die erbarmte sich der Qual;
Sie entwickelte dem Trüben

---

den Grenzen der Dinge, hier spielt die Erscheinung ins Unbegrenzte hinüber. Das plastische und konturierende Sehen isoliert die Dinge, für das malerisch sehende Auge schließen sie sich zusammen." (S. 15). Ich habe diese Stellen, die sich um zahlreiche andere vermehren ließen, darum in extenso angeführt, weil es mir wichtig war, mich in diesem Gebiet auf die Autorität *Wölfflins* stützen zu können.

[13] Aus dem Gedicht „Wiederfinden" im Westöstlichen Divan.

Ein erklingend Farbenspiel,
Und nun konnte wieder lieben,
Was erst auseinanderfiel.

Die letzten Verse schließen sich gedanklich eng an *Goethes* Farbenlehre an. Für uns ist der Ausdruck des erklingenden Farbenspiels besonders wichtig. Während der Zerfall der Einheit durch das Auseinandertreten der Elemente und durch das Fehlen des Klanges dargestellt wird, sollte die Wiedervereinigung nach *Goethes* ursprünglicher Absicht allein durch die Farbe geschehen; denn wie *Burdach*[14] mitteilt, hat in der ersten Fassung des Gedichts der drittletzte hier zitierte Vers „stets erneutes Farbenspiel" gelautet und ist erst nachträglich von *Goethe* in „ein erklingend Farbenspiel" verändert worden. Wie in den Eingangsworten des Prologs im Himmel, ist es wiederum Ton und Klang, nicht Licht und Farbe, die den Raum erfüllen, durchdringen und einen.

Vielleicht wird es manchem bedenklich erscheinen, zur Unterstützung wissenschaftlicher Darstellung Verse anzuführen. Indessen verdanken diese Strophen ihre Existenz nicht einem freien poetischen Einfall, nicht einer, in keine Grenzen eingeschränkten dichterischen Phantasie; die Größe ihrer Wirkung beruht, wie auch der Zusammenhang mit der wenige Jahre vorher erschienenen Farbenlehre bezeugt, auf dem, was *Goethe* selbst als exakte sinnliche Phantasie bezeichnet hat. Wäre eine Diskussion möglich, so würde sich vielleicht zeigen, daß die gleichen Personen, die uns die Anführung dichterischer Erzeugnisse verargen, bereit wären, die Aussagen von Versuchspersonen in psychologischen Experimenten als ein Urmaterial [158/159] der Psychologie gelten zu lassen. Es wäre aber eine grobe Täuschung, wenn man glauben wollte, daß das, was uns die Versuchspersonen berichten, das Ganze der Erlebnisse wiedergeben könnte. Die Versuchspersonen, geschulte und ungeschulte, begabte und unbegabte, vermögen von ihren Erlebnissen begrifflich nur das zu formulieren und auszusprechen, was ihnen durch die Sprache allgemein oder ihre wissenschaftlichen Kenntnisse im besonderen bereits vorgeformt ist. Ihre Aussagen werden sich immer nur auf Besonderungen oder Kombinationen von schon Bekanntem beziehen. Wie man in die Schar der Versuchspersonen hineinruft, so schallt es zurück. Das Allgemeine muß in der Fragestellung in der Versuchsanordnung, in der theoretischen Durchdringung des Stoffes durch den Versuchsleiter gegeben sein. Hier, wo wir nicht zu den Besonderheiten hinab-, sondern zu den Grundformen der Wahrnehmung hinaufsteigen wollen, können wir nicht erhoffen, den Protokollen der Aussage von Versuchspersonen das Entscheidende entnehmen zu dürfen.

Tatsächlich beherrschen die Modi des Räumlichen als Grundformen alle Wahrnehmungserlebnisse. Wir reagieren ganz gesetzmäßig auf die Verschiedenheiten des Pathischen, wenn wir uns davon auch nur schwer Rechenschaft zu geben vermögen.

---

[14] *Cotta*, Jubiläumsausgabe, Bd. 5, Anmerkungen.

Der Versuch dazu stößt deswegen auf nicht geringe Widerstände, weil wir praktisch viel eher zu einer Analyse der einzelnen Empfindungen, als zu einer Analyse des Empfindens überhaupt bereit sind. Wir werden viel leichter die Unterschiede von Erlebnissen gewahr, als die Grundstrukturen, die sich in allen Erlebnissen gleich erhalten. Es entspricht vielmehr der natürlichen Einstellung, einzelne Rhythmen untereinander zu vergleichen und ihre Unterschiede zu bemerken, als das Phänomen des Rhythmus selbst einer Betrachtung zu unterwerfen und zu begreifen. Die mikroskopische Betrachtung, die Vertiefung in die Menge der Einzelheiten, läßt sich viel planmäßiger durchführen als die makroskopische, die Betrachtung der Grundformen. Die Wissenschaft, die Erkenntnis durch den Begriff erstrebt, verwendet mit Vorliebe ein Material, das schon im alltäglichen Leben begrifflich vorgeformt ist; sie ist dagegen mißtrauisch gegen einen Stoff, bei dem das nicht zutrifft. Es gibt zwar eine Kunstwissenschaft und eine Psychologie des künstlerischen Schaffens; darin werden aber sonstwo und sonstwie gewonnene psychologische Erkenntnisse zur Erklärung des Schaffensprozesses verwandt. Das Umgekehrte jedoch, künstlerische Schöpfungen als berechtigtes und vollgültiges Zeugnis psychologischer Lehren anzuführen, ist ungewohnt und wird manchem als ein methodisch zweifelhaftes Verfahren erscheinen. Trotz meiner früher gegebenen Begründung dieses Vorgehens darf ich doch kaum hoffen, daß mein Hinweis auf *Goethe* oder die bildende Kunst als [159/160] genügendes Argument zur Begründung meiner Darlegungen anerkannt werden wird.

Da trifft es sich nun günstig, daß jeder durch die Alltagserfahrung in den Stand gesetzt wird, die Bedeutung der Raumqualitäten und insbesondere des pathischen Moments für die Gestaltung der Erlebnisse an sich selbst zu beobachten. Jeder Besuch eines Kinos kann ihm zur Probe dienen. Wird dort ein Film dem Beschauer ohne Musik dargeboten, dann erscheinen die Bilder in einer veränderten Distanz, in einer ungewöhnlichen Ferne, sie sind marionettenhaft, leblos. Es fehlt der Kontakt mit dem Dargestellten, das nüchtern, trocken, öde vor unseren Augen abläuft. Wir sind Beschauer, doch nicht Zuschauer der Handlung. Sobald die Musik einsetzt, ist der Kontakt hergestellt. Dabei ist es noch gar nicht einmal erforderlich, daß die Musik der Szene irgendwie angepaßt ist. Es genügt, daß sich der Raum mit Klang erfüllt und schon ist eine Verbindung zwischen dem Zuschauer und dem Bilde vorhanden. Noch deutlicher wird der Unterschied bei der wechselnden optischen und akustischen Darbietung eines Rhythmus. Während der Anblick einer Truppe, die ohne Musikbegleitung auf der Filmleinwand vorübermarschiert, bei uns keine Mitbewegungen hervorruft, werden wir von der Marschmusik sofort gepackt und motorisch induziert. Die Musik induziert aber nicht irgendwelche beliebigen Bewegungen, sondern Bewegungen eigener Art. Solche Formen der Bewegung, wie Marsch, Tanz, sind überhaupt nur zur Musik möglich, d. h. die Musik formt erst die Struktur des Räumlichen, in der die Tanzbewegung geschehen kann. Der optische Raum ist der Raum der gerichteten und gemessenen Zweckbewegung, der akustische Raum der Raum des Tanzes. Zweckbewegung und Tanz sind nicht als verschiedenartige

Kombinationen der gleichen Bewegungselemente zu begreifen; sie unterscheiden sich als zwei Grundformen der Bewegung überhaupt, die auf zwei verschiedene Modi des Räumlichen bezogen sind.

Indem wir es unternehmen, diesen Beziehungen weiter nachzuforschen, sind wir an dem Punkt angelangt, wo wir den Nutzen aus der bisherigen Analyse ziehen und sie zugleich auf die Probe stellen können. Dabei sind wir in der glücklichen Lage, uns auf alltägliche Beobachtungen berufen zu können. Wir brauchen keine neuen Experimente; wir dürfen uns damit begnügen, in der Wissenschaft wenig beachtete, aber jedem täglich zugängliche Erfahrungen ins Gedächtnis zurückzurufen und Zusammengehöriges zusammenzuordnen. Unsere Aufgabe beschränkt sich darauf, einen faktischen Zusammenhang als einen wesensmäßig einsichtigen zu erhellen.

Die Physiologie hat der Tanzbewegung wenig Aufmerksamkeit gegönnt. Auch in der neuesten zusammenfassenden Darstellung der [160/161] Korrelationen[15] ist von Bewegung und Gleichgewicht, Haltung und Körperstellung, von den Ruhelagen, dem aufrechten Stehen, dem Gehen, Laufen und Springen, nicht aber vom Tanz die Rede. In der Tat kann ja die Physiologie, sofern sie sich darauf beschränkt eine Mechanik des bewegten Körpers zu geben, die Tanzbewegung als eine Kombination der von ihr analysierten Bewegungselemente darstellen. Der Tanz ist ein ausgesprochen psychologisches Problem; trotz seiner empirischen und, gerade für die Psychopathologie, auch hohen theoretischen Bedeutsamkeit, ist er von der Psychologie kaum ernsthaft bearbeitet worden. Sehen wir genauer zu, so finden wir, daß hier ja überhaupt eine Lücke besteht. Wir haben eine Psychologie der Handlung und eine Physiologie der Bewegung. Wir besitzen aber eigentlich keine Psychologie der Bewegung. Das ist ohne weiteres aus den üblichen Einteilungsversuchen der Bewegungen bei *Höfler*, *v. Monakow* u. a. zu ersehen. Noch deutlicher geht dies aus *Liepmanns* bekannter Bewegungsformel hervor. Der Übergang der kleinen z (Teilzielvorstellungen) in die zugehörigen I (Innervationen), die Stelle also, an der in seiner Formel die motorische Apraxie einzuordnen ist, bedeutet zugleich den Übergang von der Psychologie der Handlung, des Handlungsentwurfs, zur Physiologie der Bewegung. Die Zielvorstellungen und Teilzielvorstellungen, optische und kinästhetische, enthalten nichts von der Bewegung, sie sind ein Entwurf des Weges. Sie enthalten durch die Gegenstände bestimmte Richtungen und Orte im Raum, in der Vorstellung antizipierte und in der Ausführung wahrgenommene Lagen der Glieder. Darum läßt sich in *Liepmanns* Formel, wie er selbst hervorhebt, jeder Teilakt einer Handlung noch in beliebig viele kleinere Akte zerlegen. Analysieren wir nämlich nicht die Bewegung, sondern den Weg, so finden wir keine Grenze der Teilung. Die Eigenart der Tanzbewegung ist aber nach ihrer Erscheinungsform, Erlebnisweise und ihrer Zuordnung zum akustischen Modus des Raumes aus der Bewegungsformel nicht zu erfassen. Die Psychologie der Bewegung bleibt noch als eine besondere Aufgabe, die weder mit der Psychologie der Handlung, in der Analyse des Weges, noch mit der Physiologie der

---

[15] Vgl. *Bethes* Handbuch der Physiologie 15 (1930).

Bewegung, in einer Analyse der Innervationen, zusammenfällt. In Entwurf und Wahrnehmung des Weges erschöpft sich das Erlebnis der Bewegung nicht. In der Liepmannschen Bewegungsformel wird der Weg in eine Reihe von Stationen, die hintereinander in der objektiven Zeit durchlaufen werden, aufgeteilt. Die Formel entwirft eine rein räumliche Ordnung, in der das Nacheinander der Bewegungsakte durch das Hintereinander der Raumstellen ersetzt wird; die Formel gibt ein [161/162] konstruktives Schema der bereits objektivierten Bewegung, das Erlebnis des Sich-Bewegens wird in *Liepmanns* Darstellung nicht berücksichtigt. Diese Kritik will nicht die Richtigkeit der Liepmannschen Formel an sich bestreiten, aber sie soll zeigen, daß neben einer solchen Analyse der Handlung noch eine Psychologie der Bewegung möglich und erforderlich ist, die gar nicht nach Zielvorstellungen und Innervationen, sondern nach den Erscheinungsformen und Erlebnisweisen der Bewegung und ihrem Zusammenhang mit den Modi des Räumlichen fragt. Damit wollen wir jetzt beginnen.

3. Zur Psychologie der Bewegung

Fordern wir beliebige Personen auf, nach den Klängen und Rhythmen eines Marsches zu gehen, oder besser noch, versuchen wir, eine von einem langen Weg ermüdete Kolonne durch einen Marsch zu ermuntern, so sehen wir, wie die müden Schritte sich beleben, der Gang flotter und straffer wird, die Körper sich wieder energischer aufrichten, der Blick sich von der Nähe, von dem Boden löst und die Ferne sucht. Aus der gemessenen und gerichteten Bewegung von dem Ort A nach dem weit entfernten Orte B wird eine Bewegtheit, der kein bestimmtes örtliches Ziel mehr vorgegeben ist. Das Gehen dient nicht mehr der Fortbewegung von A nach B, der Überwindung einer räumlichen Distanz; im Marschieren nach der Musik erleben wir uns, unseren Leib in seiner in den Raum ausgreifenden Aktion. Wir erleben nicht die Handlung sondern das vitale Tun. Mußte im Gehen der Weg Stück für Stück, Schritt um Schritt zurückgelegt werden, so dringt der Marschierende in den Raum vor. Richtung und Entfernung im Raum werden durch die symbolischen Raumqualitäten, die Länge, die sich vor uns hindehnt, wird durch die Weite, die sich vor uns öffnet, ersetzt. Aus der Veränderung der Gegebenheitsweise des Leibes, aus dem Indifferentwerden der Distanz, aus dem Sichöffnen der Weite, erwächst dem Marschierenden der Antrieb, der sich in dem „belebten" Schritt kundgibt. Sind auch so das Marschieren und das gewöhnliche Gehen schon charakteristisch verschieden, die wesentlichen Unterschie-de der dem optischen und dem akustischen Raum zugehörigen Bewegungsformen können doch erst an der Tanzbewegung prägnant dargestellt werden. Wir wollen nun zunächst ihre Erscheinungsform beschreiben, sodann ihre Erlebnisweise analysieren und zuletzt ihre Beziehung auf den akustischen Modus des Räumlichen untersuchen.

Lassen wir irgend jemand zuerst seinen gewöhnlichen Gang gehen, dann nach einer Marschmusik marschieren, und zuletzt etwa [162/163] sich nach den Klängen eines Menuetts bewegen, so können wir die völlige Wandlung der Bewegungsform gut beobachten. Aus dem Gehen wird ein Schreiten, d. h. der Fuß wird nun nicht mehr wie beim Gehen, und auch noch beim Marschieren, mit der Ferse aufgesetzt, sondern von der Spitze her abgewickelt. Wir greifen, indem wir diesen Unterschied hervorheben, nur eine besonders leicht zu bemerkende Einzelheit aus der Veränderung des Bewegungsgesamts heraus. Sie besagt, daß der Anteil, den der Rumpf und die Gliedmaßen an der ganzen Bewegung haben, ein anderer geworden ist, daß die Rumpfbewegungen vermehrt worden sind. Diese Steigerung der *Rumpfmotorik* ist eines der entscheidenden Merkmale; wir treffen sie bei allen Tänzen, den modernen wie den älteren und alten, den sakralen wie den profanen, denen primitiver, wie denen kultivierter Völker. Wenn uns ein Bild erlaubt ist, so können wir sagen: beim Gehen wird der Rumpf bewegt wie der König im Schachspiel, also mit einem Minimum an Eigenbewegung und möglichster Verhütung jeder Gefahr. Für den Rumpf wirken und sorgen Sinnesorgane und Gliedmaßen wie die Bauern und Offiziere für den Schachkönig. Wie an den Schachkönig – trotz der Enge des eigenen Aktionsradius – ist an das Dasein und die Unversehrtheit des Rumpfes die Existenz des Ganzen gebunden. Augen und Ohren sichern ihn in die Ferne, die Hände schützen in der Nähe; der Blinde tastet seinen Weg mit Armen und Stock, die Sehenden strecken im Dunkeln die Hände zur Orientierung und zur Abwehr aus. Beim Tanz hingegen finden wir ein ganz anderes Schema der Bewegung. Hier ist der Rumpf nicht mehr ein passiv mitgeführter Teil des Leibes, die Eigenbewegung des Rumpfes beherrscht vielmehr das Bewegungsganze. Schon zum Schreiten im Menuett muß die Bewegung vom Rumpf her anders ausbalanciert werden als im gewöhnlichen Gehen. Geschieht dies nicht, so schwindet der Fluß der Bewegung und aus dem melodischen Schreiten wird ein schwer*fälliges* Stolpern. In den Schreittänzen beschränken sich die Rumpfbewegungen noch auf ein Neigen und Wiederaufrichten in der Sagittalebene. In anderen Tänzen werden die Bewegungen weiter bereichert durch ein Beugen, Drehen, Verlagern des Rumpfes im Ganzen, oder durch eine Verstärkung der lordotischen oder kyphotischen Haltung, also einer mannigfaltigeren Gliederung der Rumpfhaltung im einzelnen. Wie sehr Haltung und Bewegung des Rumpfes die Bewegung der Glieder bestimmt, das sieht man leicht an weniger begabten Tänzern oder Tänzerinnen, die „nicht wissen, was sie mit ihren Armen und Händen anfangen sollen". Mit all den genannten Wendungen bewegt sich der Rumpf aus der Vertikalen heraus, wird er in den Raum hinein verlagert und verschoben. [163/164]

Aus einer rein physiologischen Einstellung könnte man vielleicht einwenden, daß diese Bewegungen doch nur zum geringsten Teil von der Muskulatur des Stammes ausgeführt werden, daß der wesentlichere Anteil den Bein- und Beckenmuskeln zukomme. Auf einen solchen Einwand wäre aber zu erwidern, daß wir nicht die Innervationen unserer Muskeln, sondern die Bewegungen unseres Leibes und unserer Glieder an uns selbst erleben und an den anderen sehen. Betrachten wir dagegen – was durchaus berechtigt ist – die Bewegung rein unter technischen Gesichtspunkten, fragen wir nach ihrem lokomotorischen Effekt und Nutzen, so müssen wir zunächst einmal negativ feststellen, daß die sämtlichen Rumpfbewegungen, das Drehen und Beugen, Senken und Heben, Neigen und Wiegen, dem Fortkommen in einer bestimmten Geraden nicht dienlich ist. Diese Bewegungen tragen nicht dazu bei, den Körper in einer Richtung zu halten, im Gegenteil sie drängen ihn aus der Geraden heraus. Das charakterisiert aber nicht nur die Rumpfbewegungen; es gilt gleichermaßen für alle Schritte des Tanzes, wie schließlich für die Tanzbewegung im ganzen. Der Tanz ist nicht auf eine Richtung bezogen; wir tanzen nicht, um von einem Punkt des Raumes an einen anderen zu gelangen, gibt es doch namentlich bei den Primitiven viele Tänze, bei denen überhaupt keine Platzveränderung stattfindet. Da dem Tanz die Richtung fehlt, muß ihm auch notwendig der Bezug auf die Entfernung fehlen. Beim Gehen bewegen wir uns *durch* den Raum, von einem Ort zum anderen, beim Tanzen bewegen wir uns *im* Raum. Beim Gehen legen wir eine bestimmte Entfernung zurück, gehend durchmessen wir den Raum. Der Tanz dagegen ist eine *nicht-gerichtete* und *nicht-begrenzte* Bewegung, es fehlt ihr, wie der Bezug auf Richtung und Entfernung, ebenso der Bezug auf räumliches Maß und auf räumliche und zeitliche Grenze. Die Tanzfläche kann eine beliebige Gestalt haben. Sie engt den Tänzer, nicht eigentlich den Tanz ein. Gerade ihre nach Größe und Form beliebige Gestaltung läßt erkennen, daß die Tanzbewegung an den Enden der Tanzfläche ihre Schranke, nicht ihre notwendige Grenze findet, während das Gehen durch Ausgangspunkt und Ziel in sich begrenzt ist. Daß die Tanzbewegung keine zeitliche Grenze kennt, daß sie erst durch die Erschöpfung oder Ekstase beendet wird, das ist überall zu beobachten, wo der Tanz noch nicht zum Gesellschafts- oder Kunsttanz geworden ist. Übrigens läßt auch der moderne Gesellschaftstanz noch erkennen, daß der Tanz eine zeitlich nicht begrenzte Bewegung ist. Wie das Ende der Tanzfläche nicht die Grenze des Tanzes in seiner räumlichen Erstreckung bestimmt, so bestimmt der Abschluß, den der Komponist der Tanzmusik aus formalen Gründen geben muß, nicht die zeitliche Grenze des Tanzes. Der Tanz kann über diesen Ab[164/165]schluß hinaus mit Wiederholung der Musik beliebig verlängert werden. Das Gehen ist gemessen, gerichtet und gezählt. Maß und Zahl sind der nicht auf Richtung bezogenen und nicht begrenzten Tanzbewegung ursprünglich fremd; erst wenn der Tanz stilisiert wird, wenn die naive oder künstlerische Formung sich seiner bemächtigt oder wenn die Tanzbewegung für die pantomimische Darstellung ausgenützt wird, dringen Maß und Zahl in sie ein.

Ist der Tanz nicht auf Richtung und Abstand, oder pragmatisch gesprochen, nicht auf Weg und Entfernung bezogen, was bleibt dann aber überhaupt als Bezugssystem der Tanzbewegung? Denn ein Bezugssystem fordert diese, wie jede Bewegung. Hier, wo wir den Tanz noch nicht in seinem Erlebnissinn, sondern durchaus nur in seiner Erscheinungsform betrachten, hat ja die Charakterisierung der Bewegung als eine nichtgerichtete und nichtbegrenzte in der Tat nur eine negative Bedeutung. Indessen, als wir von den Rumpfbewegungen sprachen, haben wir ja schon hervorgehoben, daß sie den Rumpf aus der Vertikalen heraus, in den umgebenden Raum hineinführen. Dieses Motiv der Erweiterung des Leib-Raumes in den Um-Raum, das wir an den Rumpfbewegungen zunächst feststellen konnten, wiederholt sich nun in dem Vor- und Zurückgehen, in dem Seitwärtsschreiten und dem Drehen, und schließlich finden wir das gleiche Motiv nicht nur in den Rumpfbewegungen und den einzelnen

Schritten, sondern auch in der Gesamtbewegung. Die Tanzbewegungen *erfüllen* allseitig den Raum. Das Bezugssystem der Tanzbewegung bilden die *symbolischen Raumqualitäten.*

Wir müssen uns an dieser Stelle damit begnügen, diesen Begriff noch in solch allgemeiner und daher wenig besagender Fassung einzuführen. Erst die weiteren Durchführungen können ihn mit reicherem Inhalt erfüllen. Die verschiedenen Momente, die wir nacheinander als Eigentümlichkeiten der Tanzbewegung dargestellt haben, die Steigerung der Rumpfmotorik, die Aufhebung von Richtung und Distanz, die Raumerfüllung, der Bezug auf die symbolischen Raumqualitäten, die Abhängigkeit von Klang und Rhythmus, alle diese Momente sind ja keine beliebigen, zufällig zusammengeratenen Merkmale, sondern sie stehen untereinander und mit der Erlebnisweise und den Formen des Räumlichen in einem durchgängigen notwendigen Zusammenhang und wechselseitigem Bezug. Die Trennung der Erscheinungsformen, der Erlebnisweisen und der Raumformen der Bewegung läßt sich daher auch in der Darstellung nicht streng durchführen. Insbesondere die Erlebnisweisen und die Modi des Räumlichen sind nicht einfach neben- und nacheinander zu beschreiben, sondern können nur an- und miteinander entwickelt werden. Manche Einzelheiten können daher erst bei einer Rückschau über das Ganze [165/166] verständlich werden. Auch wenn wir soeben von einer Erfüllung *des* Raumes gesprochen haben, wollen wir dieses Wort doch wesentlich bestimmter, als es üblicherweise in der Psychologie verwandt wird, verstanden wissen. Wir denken dabei schon an den besonderen Modus des Räumlichen, der erst in den folgenden Abschnitten genauer charakterisiert werden kann.

Tänze sind – so scheint es – zu allen Zeiten und bei allen Völkern autochthon entstanden, fort- und umgebildet worden. Der Tanz gehört zu den ursprünglichen Schöpfungen des Menschen wie Sprache, Kleidung, Schmuck, Gebrauch von Werkzeugen. Er muß also einem tiefen und allgemeinen Bedürfnis entspringen. Trotz der Verschiedenheiten des Ursprungs und der Entwicklungszeiten tritt uns überall die gleiche Struktur der Bewegung entgegen, jedenfalls soweit es reine Tanzbewegungen und nicht pantomimische Darstellungen sind. Was treibt aber den Menschen dazu, Bewegungen auszuführen, die ihm höchst zuwider wären, wenn er sie als Technik seiner Fortbewegung benützen müßte? Beim Versuch, durch eine Analyse der Erlebnisweise auf diese Frage eine Antwort zu finden, stoßen wir auf eine formale, kaum überwindliche Schwierigkeit. Denn es scheint fast unmöglich, solche Erlebnisse zu beschreiben, ohne sich einer Sprache zu bedienen, die, allzu bildreich, der Strenge des Begriffs, dem nüchternen Ernst wissenschaftlicher Darstellung nicht gemäß ist. Das ist wohl überhaupt mit ein Grund, warum die Wissenschaft so wenig Interesse für ein Phänomen wie die Tanzbewegung bekundet hat, das doch durch seine Ursprünglichkeit und allgemeine Verbreitung bedeutsam genug erscheint. Wir beobachten daher immer wieder, daß der Forscher zögert, solche Erscheinungen in den Kreis seiner Betrachtung zu ziehen, die als Erlebnis dem Erlebnis wissenschaftlichen Denkens fern sind, oder in einem Gegensatz zu ihm stehen.

Unternehmen wir aber eine Analyse von Erlebnissen, wie sie hier gefordert wird, und bemühen uns dabei, eine metaphorische Ausdrucksweise zu vermeiden, dann droht uns sogleich der andere Vorwurf, wir hätten versucht, das Irrationale zu rationalisieren. Indessen, wenn wir uns im Folgenden begreiflich machen, daß dem Tanz ein Erleben zugrunde liegt, das sich von dem theoretischen Erkennen, dem praktischen Begreifen, dem zweckmäßig planenden und berechnenden Handeln, dem technischen Beherrschen der Dinge polar entfernt, dann behaupten wir doch nicht, daß der Begriff dieses Wechsels der Gegenstand jenes Erlebens sei. Wenn wir sagen, daß sich in dem Erlebnis des Tanzes die Aufhebung der zwischen Subjekt und Objekt, Ich und Welt bestehenden Spannung vollzieht, dann denken wir diese Leistung keineswegs an eine Reflexion geknüpft, die doch diesen Gegensatz – auch wenn sie ihn theoretisch zu lösen ver[166/167]möchte – faktisch bestehen lassen müßte. Der Vorwurf der Rationalisierung des Irrationalen träfe uns also durchaus zu unrecht. Suchen wir demnach das Erlebnis des Tanzens dem Zugriff der Ratio zu unterwerfen, so vergessen wir doch keinen Augenblick, daß es nicht selbst begrifflicher Natur ist, daß der Tanz die Subjekt-Objektspaltung nicht im Begriff überwindet, sondern durch Verleiblichung ihres Sinnes viel ursprünglicher eine Einswerdung des Getrennten verwirklicht.

Schon die Steigerung der Rumpfmotorik läßt die dem Erkennen und praktischen Handeln dienenden Funktionen, hinter jenen, die uns den Eindruck unseres vitalen Seins vermitteln, zurücktreten. Mit der Steigerung der Rumpfmotorik tritt eine typische Wandlung im Erleben des eigenen Leibes ein. Dem Dominieren der Rumpfmotorik im Tanz entspricht eine Verlagerung des Ichs in Beziehung auf das Körperschema. Ist das Ich bei dem wachen, tätigen Menschen in der Gegend der Nasenwurzel, zwischen den Augen zu lokalisieren, so sinkt es bei dem Tanz in den Rumpf hinab.[16] Den Ausdruck einer Lokalisation des Ichs in bezug auf das Körperschema darf man nicht mißdeuten. Er besagt nichts anderes, als daß der Leib einheitlich zentriert erlebt wird. Das Prinzip dieser einheitlichen Gliederung ist die relative Ich-Nähe der einzelnen Teile des Organismus. Unsere Füße z. B. sind uns in der Regel ich-ferner als die Augen, sie sind ein abhängiger Teil, sind mehr Besitz, Organ, Werkzeug. Richten wir an jemand die Aufforderung: „sehen Sie mich an!" dann erwarten wir, daß der so Angesprochene uns ins Auge blicken werde. Wir wären es nicht zufrieden, wenn jener uns auf die Füße oder den Hals schauen wollte. Die Blickscheu mancher Menschen beruht gerade darauf, daß bei dem Ins-Auge-Schauen eine unmittelbare Kommunikation zwischen dem fremden und dem eigenen Ich stattfindet. In der Einstellung des tätig Handelnden ist das Ich leiblich in den Augen repräsentiert. Mit der Verlagerung des Ichs von der Augengegend in den Rumpf tritt im Erleben das Gnostische zurück und das Pathische hervor. Wir sind nicht mehr auffassend, beobachtend, wollend, handelnd, einzelnen Gegenständen der Außenwelt

---

[16] Vgl. *Balzac*, La théorie de la démarche.

zugewandt, sondern wir erleben unser Dasein, unser Lebendigsein, unsere Empfindsamkeit.

Eine Reihe wichtiger Gefühlsbezeichnungen, wie niedergedrückt oder gehoben, beengt oder beklommen oder befreit, Neigung oder Abneigung, aufrecht und gebeugt usw., nehmen auf Haltung oder Empfindungsweise des Leibes und seiner Organe Bezug. In Erweiterung der schon von *Klages* gegebenen Hinweise muß aber hervor[167/168]gehoben werden, daß bei allen diesen Bezeichnungen ausschließlich an den Rumpf, nicht an den Kopf oder die Gliedmaßen gedacht wird. Diese Einschränkung des Begriffs der Leib auf einen Teil des Gesamtleibes, tritt auch in Worten, die nicht ein Gefühl bezeichnen, sondern einen gegenständlichen Sinn haben, in zusammengesetzten Ausdrücken, wie Leibschmerz, Leibschnitt, Leibriemen, prägnant hervor. Dieser spezifische Gebrauch des Wortes Leib schließt sich durchaus der Gliederung an, in der uns der Leib im Erleben gegeben ist, der Gliederung in vorwiegend pathische und in vorwiegend gnostisch-praktische Teile.

Daß die Steigerung der Rumpfmotorik im Erlebnis des eigenen Leibes den Akzent vom Gnostischen auf das Pathische verschiebt, heißt nicht, daß uns durch die Rumpfbewegungen andere, zahlreichere oder intensivere Organempfindungen vermittelt würden. Sprechen wir von Organempfindungen, dann betrachten wir den Leib als ein isoliertes System, sprechen wir aber vom gnostischen und pathischen Moment, dann fassen wir das Erlebnis des Leibes in seiner Beziehung zu seiner Umwelt oder zur Welt überhaupt. Nur davon ist hier und im Folgenden die Rede.

Die Erweiterung des Leibraums in den Umraum, ein Ausdruck, den wir zur Charakterisierung der Erscheinungsform der Tanzbewegung verwandt haben, können wir demnach auch zur Beschreibung des Erlebens gebrauchen. Schon bei dem gewöhnlichen Gehen wird der Leibraum durch das Pendeln der Arme, bei dem Stehen durch ihre Haltung – der Leib in dem gerade erörterten prägnanten Sinn verstanden – in die Umgebung hinein erweitert. Wir übersehen natürlich nicht, daß die Pendelbewegung der Arme physiologisch bedingt ist. Aber die Art, wie sie geschieht, ihr Ausmaß, das Verhältnis des Ausschlags in der Richtung nach vorwärts und rückwärts, der Abstand der Schwingungsebene vom Rumpf, das Ausschwingen und Bremsen der Armbewegungen durch Handbewegungen, der Übergang des Vorschwingens in das Rückschwingen und umgekehrt, alles dies gibt dem Pendeln ein entscheidendes Gepräge. Es ist dadurch eines der Momente, das den Gang der Menschen charakterisiert, so daß wir aus ihm auf Verhaltensweisen, Gesinnungen und Stimmungen des Gehenden schließen können. Das Pendeln wird zur Ausdrucksbewegung, in der kundgegeben wird, wie der einzelne sich zu dem Raum, d. h. zur Welt verhält. Auch die von *Goldstein* als „ausgezeichnetes biologisches Verhalten" gedeutete Haltung der Arme im Stehen ist sicher durch das Ausdrucksmoment mitbestimmt. Wir finden sie auch keineswegs konstant, sie wechselt mit den Stimmungen und Situationen.

Der Ängstliche zieht die Arme an den Rumpf, dem Traurigen sinken sie an den Leib, der umgebende Raum dringt dann [168/169] auf ihn ein, bedrückt und überwältigt ihn. Wer sich gegen seine Umgebung verteidigen, behaupten, abschließen muß, verschränkt die Arme vor der Brust, nicht um die Arme an den Rumpf zu ziehen, im Gegenteil, die Arme werden gleichsam zur Umwandlung des Leibes, sie schließen die eigene Sphäre gegen die fremde ab. Durch eine geringfügige Veränderung kann diese Haltung in ihrem Ausdrucksinn jedoch ganz verändert werden. Heben wir die Unterarme ein wenig und kreuzen sie vor der Brust, so verwandelt sich die Gebärde entschiedener Abwehr in eine des demütigen Gehorsams. In beiden Fällen werden die Unterarme und Hände über die Mittellinie hinübergeführt und damit aus ihrem Wirkungsbereich entfernt. Jedoch nicht die Behinderung des Tuns oder Tun-könnens, nicht irgendein Bezug auf die Handlung begründet den Ausdruckssinn dieser Gebärden, sondern allein die Raumsymbolik. Wie könnte sonst das Verschränken der Arme und das Überkreuzen der Arme vor der Brust so Verschiedenes bedeuten? Bei der demütigen Haltung sehen wir, wie der Leibraum verengt wird, wie der umgebende Raum der Bewegung der Arme folgend, auf den Leib eindringt, ihn umschließt; und darin wieder verspüren wir das Geschehenlassen, das Nicht-Widerstreben, die Unterwerfung. Ein Vergleich vollends der Haltung des griechischen Beters mit der des christlichen muß auch den letzten Zweifel an der Gültigkeit des Ausdruckssinnes dieser Gebärden und der sie bestimmenden Raumsymbolik nehmen.

Die Beispiele sollen daher nicht um weitere vermehrt werden. Sie dürften ohnehin genügen, um zu erweisen, daß wir durchaus im Bereich der Beobachtung und Empirie verbleiben, wenn wir die Bewegungen analysieren, in denen die Tendenz zur Erweiterung des Leibraumes gegen den umgebenden Raum sich ausdrückt und symbolisch verwirklicht. Ohne uns theoretisch darüber Rechenschaft zu geben, reagieren wir doch ganz gesetzmäßig auf den Ausdruckssinn solcher Bewegungen, die wir bei anderen wahrnehmen, vermögen bei uns selbst nicht den vom Ausdrucks-charakter beherrschten Ablauf der Bewegungen willkürlich zu verändern.

Die Erweiterung des Leibraumes wird am vollständigsten, wenn, wie bei dem Tanz, der Rumpf selbst in die Bewegung einbezogen wird.

Jede Erweiterung kann als Bereicherung oder als Gefährdung erlebt werden. Dem entsprechend sind es die gleichen Bewegungen, die von den einen leidenschaftlich gesucht, von den anderen scheu vermieden werden. Das wird besonders bei sportlichen Aufgaben deutlich. Die Notwendigkeit, den Rumpf gleichsam in den Raum hinauszuwerfen, wie etwa bei dem Längssprung über das Pferd, zieht den Leistungen Vieler eine Grenze. Manche, die selbst aus größerer Höhe [169/170] gerade herunter in das Wasser zu springen wagen, getrauen sich nicht einen Sprung, bei dem der Leib aus der Vertikalen heraus, in den Raum hinein bewegt werden muß. Die objektive Gefahr ist in beiden Fällen nicht sehr verschieden, ja im ersten Falle eher größer als im zweiten. Es ist eben nicht das objektive Maß der Gefahr, durch das der Leistung eine Schranke gezogen wird, sondern das Erlebnis der Gefährdung, das mit dem Aufgeben der gewöhnlichen Einstellung von Anfang an verknüpft ist.

Manche können darum sich schon nicht der Tanzbewegung überlassen und versuchen – allerdings vergeblich – sie aus einzelnen der Zweckbewegung entnommenen Elementen, Schritten und Sprüngen aufzubauen. Die Ausdrucksbewegung kann nicht losgelöst von dem Erlebnis, zu dem sie gehört, hervorgebracht werden. Das Erlebnis und die Bewegung, in dem es seinen Sinn verwirklicht, sind gleichzeitig; weder ist die Bewegung Ursache des Erlebnisses, noch das Erlebnis Zweck der Bewegung. Schon aus der Übereinstimmung der Rumpfbewegungen mit denen der Beine und der Bewegung im ganzen können wir folgern, daß nicht einer einzelnen dieser Bewegungen eine bestimmte Lusttönung anhaftet, so daß wir sie des Lustgewinnes wegen ausführten und dabei gleichsam unversehens in die eigenartige Tanzbewegung hineingerieten; der Bezug auf die symbolischen Raumqualitäten, das Nicht-Gerichtete und Nicht-Begrenzte gibt dem Erlebnis erst seinen Gehalt. Nicht die einzelne Bewegung ist lustvoll; sie wird es vielmehr erst im ganzen der Tanzbewegung. Die Beobachtung, daß Tänze in einer Ekstase gipfeln und zuweilen enden, könnte allerdings die falsche Auffassung nahe legen, daß der ganze Tanz, alle der Ekstase vorangehenden Bewegungen nur dem Zweck dienten, jene Entrückung herbeizuführen.

Es gibt eine ganze Anzahl von Bewegungsformen, die bis zum Schwindel, zur Ohnmacht, zur Ekstase getrieben werden können. Von ihnen ist das Drehen eine der häufigsten und verbreitetsten. Wir finden es schon im Ringelreihen der Kinder und begegnen ihm allenthalben als einem Bewegungselement der Tänze. Wir sind das so gewohnt, daß wir uns gar nicht mehr darüber verwundern. Und doch ist es eigentlich erstaunlich und des Nachdenkens wert, daß wir im Tanz eine Bewegung angenehm finden, die uns unter anderen Umständen durchaus lästig und unerfreulich ist. Die einfachste Auskunft wäre die, daß auch im Tanz das Drehen nur hingenommen wird, weil es schließlich die Ekstase herbeizuführen vermag. So bequem diese Erklärung wäre, die Erfahrung zeigt, daß sie nicht richtig sein kann. Es gibt ja Tänze genug, die nicht in einer Ekstase enden; aber auch ihnen fehlt die Drehbewegung keineswegs. Wie wir an uns selbst bemerken, an anderen leicht beobachten können, kommt dabei der ein[170/171]zelnen Bewegungsphase ein eigener unmittelbarer Wert zu. Die einzelne Bewegungsphase ist an sich erfreulich; sie wird es nicht erst durch die Beziehung auf ein Ziel, auf einen ihr selbst mangelnden fremden Zustand, den die Bewegung herbeiführen sollte. Beim Sport ist das ganz anders. Dem Bergsteiger *vermittelt* seine Bewegung das Erlebnis des Sieges, der Höhe, der Überwindung des Raumes. Aber die Anstrengung bleibt Anstrengung. Während wir von dem Läufer den vollen Einsatz aller Kräfte verlangen, seinen Sieg bewundern, der auch ein Sieg über den eigenen Körper ist, wollen wir am Tänzer nichts von Anstrengung bemerken. Man braucht nur einmal den Gesichtsausdruck eines Tänzers mit dem eines Läufers, der sich ins Ziel kämpft, zu vergleichen, um gewahr zu werden, wie ganz anders die Bewegung hier und dort dem Gesamterleben eingeordnet ist.

So wird auch die einzelne Drehbewegung im optisch strukturierten Raum zweckvollen Handelns an sich anders erlebt als im Tanzraum. Dort ist das Drehen unangenehm, weil es Schwindel hervorruft, und weil es einen Verlust der Orientierung bewirkt. Der Verlust der Orientierung ist das entscheidende Moment. Der optische Raum hat ein festes System von Richtungen, nach denen wir uns ausrichten. Das wird im Drehen oder beim Gedrehtwerden unmöglich; dadurch erst wird uns diese Bewegung peinlich. Das Schwindelgefühl verstärkt dann noch den unbehaglichen Eindruck. Aber der Schwindel kann doch ganz verschieden erlebt werden. Er wird zu einem prickelnden Reiz, sobald wir uns etwa auf einem schnellfahrenden Karussell, zu dessen Fahrt übrigens auch die Musikbegleitung gehört, der Kreisbewegung nicht widersetzen, sondern die Bewegung mitmachen und uns ihr ganz überlassen.

Die Organempfindungen bleiben in beiden Fällen die gleichen, aber sie werden in ein verändertes Gesamterleben einbezogen. Der Raum, in dem wir uns bei der Karussellfahrt oder dem Tanz – von dem wir ja hier sprechen wollen – bewegen, hat seine feste Richtung verloren. Gewiß ist es noch ein Raum mit Ausdehnung und Richtungen, aber diese Richtungen sind nicht mehr um eine feste Achse spezifisch geordnet, sondern sie sind beweglich und drehen sich gleichsam mit uns mit. Die Aufhebung der spezifischen Richtungsverschiedenheit und damit der Ortsvalenzen homogenisiert den Raum. In einem solchen Raum kann man nicht mehr handeln, sondern nur noch miterleben. Wir leben ja nicht im Raum, sondern in Räumen, in irgendwie begrenzten und durch ein festes Achsensystem stabilisierten Räumen. Man denke sich nur einmal ein Zimmer aus, genau quadratisch, ohne Fenster, indirekt beleuchtet. In der Mitte jeder Wand eine Tür; auch im übrigen Möbel und Bilder streng symmetrisch angeordnet, so daß jede Wand wie ein Spiegelbild der gegenüberliegenden erschiene. [171/172] Würde man einige Zeit in diesem Zimmer verweilen, und nach mehrmaligem Hin- und Hergehen die Eingangstür nicht mehr sicher bezeichnen können, sodaß auch die Beziehung zu den anstoßenden und umgebenden Räumen verloren gegangen wäre, man wäre ratlos wie in ein Zauberkabinett gebannt. Es genügt, sich in der Phantasie in einen solchen Raum zu versetzen, um zu begreifen, warum wir unseren Zimmern einen rechteckigen Grundriß geben, warum wir die Asymmetrie, eine deutliche und klar übersehbare Verschiedenheit von Länge und Breite, etwa Proportionen im Verhältnis des goldenen Schnittes, bevorzugen. Die Handlung hat eben ein System spezifisch verschiedener Richtungen und von ihm abhängiger Orte, die durch ihre Beziehung auf das Richtungssystem verschiedene Valenzen haben, zur Voraussetzung. Mit der Veränderung der Raumstruktur, wie wir sie im Tanz beobachten, wandelt sich zugleich das Erlebnis des Gegenüberseins, die Subjekt-Objektspannung, die in der Ekstase zur vollkommenen Aufhebung gelangt. Wenn wir uns im Tanz drehen, bewegen wir uns von Anfang an in einem gegenüber dem Zweckraum bereits völlig veränderten Raum, aber die Veränderung der Raumstruktur vollzieht sich nur in einem pathischen Miterleben, nicht in einem gnostischen Akt des Denkens, Anschauens, Vorstellens; d. h. wohlverstanden: das präsentische Erleben verwirklicht sich in der Bewegung, es wird nicht *durch* die Bewegung bewirkt. Erstreckt sich ein Tanz über eine längere Dauer in der objektiven Zeit, so ist doch die ganze Bewegung eine einheitlich-präsentische. Sie führt an sich keine

Veränderungen des Erlebens, keine Wandlungen in der äußeren Situation herbei, wie die Handlung, die stets den Ausgangspunkt verlassen muß, um zu ihrem Zielpunkte zu gelangen. Bei jeder Handlung wird ein Zustand oder eine Lage aufgegeben, um einen anderen Zustand, eine andere Lage zu erreichen. Dadurch ist der Handlung Richtung und Grenze vorgeschrieben. Ist der neue Zustand erreicht, dann gehört der alte der Vergangenheit an; die Handlung ist ein historischer Prozeß. Die präsentische, nicht gerichtete und nicht begrenzte Bewegung dagegen kennt nur ein An- und Abschwellen, eine Steigerung und ein Verebben.[17] Sie führt keine Veränderung [172/173] herbei, ist kein historischer Prozeß. Darum nennen wir sie eben präsentisch; mit Recht, trotz ihrer Dauer in der objektiven Zeit.[18] Die Aufhebung der Subjekt-Objektspannung, die sich in der Ekstase vollendet, ist also nicht das Ziel des Tanzes, sie fundiert vielmehr das Erlebnis des Tanzes von Anfang an.

Es ist hier immer nur ganz allgemein vom Tanz die Rede. Man braucht aber nur ein Menuett und einen Walzer zu vergleichen, um zu sehen, wie verschieden Tänze und Tänze sein können. Der Tänzer des Menuettes schreitet über dem Grundrhythmus hin. Die Raumerfüllung wird durch die Aufstellung der Paare, die Visiten usw. nur noch allegorisch dargestellt. Der Tänzer des Menuettes spürt die homogenisierende Kraft der Musik, ohne sich ihr ganz zu überlassen, er bleibt individuelle Figur. Souveräne können nicht tanzen. Die Verschiedenheit im Lebensstil einzelner Stände, die Wandlungen der Grundgesinnung verschiedener Zeitalter lassen sich an den Tanzformen unmittelbar ablesen. Die Reihe: Menuett-Walzer-Jazz ist darum so charakteristisch für den Stilwandel der Jahrhunderte überhaupt, weil das Maß des Aufgebens der Sonderexistenz, des Untertauchens in die allgemeine Bewegung, darin so sinnfällig deutlich wird. Alle diese Unterschiede sind hier nicht übersehen, sie sind – weil sie an der prinzipiellen Feststellung nichts ändern – nur der Kürze halber übergangen worden.

Die durch den ganzen Tanz, bis zur Ekstase hin, sich vollziehende Aufhebung der Subjekt-Objektspannung ist nicht das Erlebnis einer Auflösung des Subjektes, sondern einer Einswerdung. Darum braucht der Tänzer einen Partner, einen Einzelnen oder eine Gruppe, darum braucht er vor allem die Musik, die dem ganzen Raum erst eine eigene Bewegung gibt, an der der Tänzer teilhaben kann. Der Tänzer wird in die

---

[17] Diese Bewegung ist in der Zigeunermusik besonders ausgeprägt. Überhaupt ist in der Musik der Naturvölker, also überall dort, wo das Musizieren noch nicht zur Schöpfung selbständiger Kunstwerke fortentwickelt ist, die Eigenart der präsentischen Bewegung prägnanter enthalten als in den Kunstformen der abendländischen Musik; also überall dort, wo die Musik noch zur Landschaft, nicht zu Architektur, Kirche, Saal, Kammer gehört. Ich erinnere nur an die nicht begrenzte monotone Wiederholung gleicher Rhythmen und kurzer, melodischer Phrasen in der primitiven Musik. Welche Bedeutung dabei der Metrik, insbesondere der Bevorzugung asymmetrischer Takte, für die Auflösung der Symmetrie der Gehbewegung zukommt, das kann hier im einzelnen nicht mehr erörtert werden.

[18] Die Unterscheidung von Handlung und präsentischer Bewegung kann nur in einer historiologischen, nicht in einer biologisch-funktionalen Betrachtung des Erlebens erfolgen. Vgl. dazu „Geschehnis und Erlebnis" bes. Kap. II, V, VII.

Bewegung mit hineingezogen, er wird Teil einer Gesamtbewegung, die harmonisch den Raum, den Anderen, und ihn selbst erfaßt.

In der Sage des Orpheus folgen Menschen und Tiere, Bäume, Wälder, ja selbst die Felsen, Berge und Wasser dem Klang seiner Leier. Die Sage hat so einen einfachen, großen Ausdruck für die induzierende Kraft der Musik gefunden, der die ganze Natur, belebte und unbelebte, unterliegt. Denken wir in diesem Zusammenhang an das Schema des leeren Raumes, dann sind wir geneigt, über den Bericht der Sage als über eine naive Vermenschlichung aller Dinge zu lächeln, dann muß ein Ausdruck, wie wir ihn eben gebrauchten, nämlich, daß der Tänzer mit in die Bewegung des Raums hineingezogen [173/174] werde, als eine böse Entgleisung erscheinen. Aber dieser Ausdruck ist uns nicht durch einen Lapsus calami entschlüpft, sondern er ist mit vollem Bedacht hierhergesetzt worden. Der Raum, in dem wir leben, ist ja von dem Schema des leeren Raums so verschieden, wie die Welt der Farbe, in der wir leben, von den Begriffen der physikalischen Optik. Wer bei dem Versuch, das Erleben zu beschreiben und seine Gesetze zu erkennen, sich von dem Begriffssystem der Physik oder der Physiologie leiten läßt, der muß notwendig sein Ziel verfehlen. An diese Systeme dürfen wir uns also nicht binden; denn für uns handelt es sich gerade darum, das Raumerleben und die Struktur des Erlebnisraumes erst wieder ansichtig zu machen. Und da hat es einen guten Sinn, von der Bewegung des Raumes zu sprechen. Denn dieser erlebte Raum ist immer ein erfüllter und gegliederter, ist Natur oder Welt.

Wir sind damit an den Ausgangspunkt unserer Erörterungen zurückgekehrt. Dem, was in den ersten Abschnitten über die rhythmische Prägnanz und die induzierende Kraft der Musik gesagt wurde, brauchen wir hier nichts mehr hinzuzufügen. Wohl aber müssen wir noch einmal das Thema der Homogenisierung des Raumes aufnehmen. Denn erst an diesem Phänomen läßt sich abschließend zeigen, daß sich uns das Räumliche selbst in verschiedenen Modi darbietet, und daß wir es nicht nur mit einer verschiedenen räumlichen Daseinsweise von Farbe und Klang zu tun haben.

Schon bei der Diskussion der Drehbewegung haben wir gesehen, daß das Drehen im Tanz eine eigenartige Struktur des Raumes zur Voraussetzung hat. Diese Erörterung wollen wir jetzt an einem anderen Beispiel fortführen und versuchen, über beide Modi des Räumlichen, den optischen Raum der gerichteten Bewegung und den akustischen der Tanzbewegung, noch weiteren Aufschluß zu gewinnen. Wieder soll ein schlichtes Faktum den Ausgangspunkt bilden.

Ähnlich wie mit der Drehbewegung verhält es sich mit der Rückwärtsbewegung. Wie das Drehen als gerichtete Bewegung, ist uns das Rückwärtsgehen im optischen Raum unangenehm, wir suchen es zu vermeiden. Die anscheinend gleiche Bewegungsart wird aber im Tanz zu etwas ganz Selbstverständlichem, wir bemerken gar nichts von all den Schwierigkeiten und Widerständen, die wir verspüren, sobald wir zum Rückwärtsgehen genötigt werden. Das Rückwärtsgehen erleben wir als einen Zwang, das Rückwärtstanzen als ein spontanes Tun. Man könnte nun versuchen, die Verschiedenheit der Erlebnisweise daraus zu erklären, daß wir beim Tanz auf einer glatten Fläche keine Hindernisse zu befürchten brauchen, die wir stets dort gewärtigen müßten, wo uns die Umstände zum Rückwärtsgehen zwingen. Aber wir können die äußeren Bedingungen der Bewegung in beiden [174/175] Fällen genau ins Gegenteil verkehren, ohne daß sich an der Erlebnisweise irgend etwas ändert. Auch in einem ganz ausgeräumten Zimmer oder Saal ist das Rückwärtsgehen immer noch peinlich; selbst wenn wir auf die Versicherung, daß uns nichts im Wege stehe, das Umwenden des Kopfes zur Orientierung unterlassen, spüren wir doch noch den Ansatz zu solchen orientierenden Bewegungen. Beim Tanz auf einer Fläche, auf der sich mehrere Paare bewegen, objektiv also Hindernisse vorhanden sind, kann es jedoch leicht geschehen, daß bei der Rückwärtsbewegung die nötige Orientierung unterbleibt und Zusammenstöße erfolgen. Alle Erklärungen dieser Verschiedenheit der Erlebnisweisen, welche die Annahme machen, daß das Bedürfnis nach Orientierung und Sicherung in dem einen Falle besser befriedigt sei als im anderen, sind darum irrig, weil bei der Rückwärtsbewegung im Tanz gar nicht mehr das gleiche Bedürfnis nach Sicherung vorliegt wie im Gehen. Es fehlt, weil sich die Tanzbewegung in einem anders strukturierten Raume abspielt als die Zweckbewegung.

Noch deutlicher als bei der Analyse des Drehens muß es in diesem Zusammenhange werden, daß die erlebte Bewegung nie auf den leeren Raum bezogen wird, sondern stets auf einen Raum von einer ihm eigentümlichen Struktur und Gliederung. Diese Gliederung ist nicht durch das vom Leibe her zentrierte System der Richtungen Rechts-Links, Oben-Unten, Vorn-Hinten bestimmt, sie besteht unabhängig von ihm. Die Rückwärtsbewegung bleibt ja Rückwärtsbewegung im Tanz wie im Gehen. Wenn sie trotzdem in beiden Fällen so verschieden erlebt wird, so können die Hauptrichtungen allein nicht entscheidend sein. Die Hauptrichtungen sind veränderlich. Sie machen jeden Lagewechsel des Körpers mit. Nach einer Kehrtwendung liegt vorn, was zuvor hinten lag, liegt rechts, was zuvor links lag und umgekehrt. Aber *vorwärts*-gehend *kehren* wir *zurück*. Der Hinweg und Rückweg wird nicht durch die Hauptrichtungen bestimmt. Wenn wir ein Fahrzeug benutzen, um vom Hause zur Arbeitsstätte zu gelangen, so bleibt der Charakter des Hinwegs erhalten, auch wenn wir mit dem Rücken gegen die Fahrtrichtung sitzen. Was hinter uns liegt, hat doch den Charakter des Vorwärts. Im entsprechend gewendeten Fall behält das, was vor uns liegt, den Charakter des Zurück. Mit andern Worten: Der Raum, in dem wir leben, ist ein historischer Raum. Ebenso wie wir die Zeit von einem bestimmten Jetzt, von unserer Epoche, unseren Jahren, unserer Gegenwart aus erleben, so ist uns der Raum auf einen Mittelpunkt, ein festes unverrückbares „Hier" hin geordnet. Wo wir uns auch befinden, richten wir uns nach diesem festen „Hier" hin aus. Wir sind z. B. „fort", sind „unterwegs", „entfernen uns", „kehren zurück". Wir haben also ein festes und ein bewegliches Hier, oder anschaulicher gesprochen: [175/176] Heimat und Aufenthalt. Der Raum, die begrenzten Räume, in denen wir leben, werden jeweils miteinander verknüpft, in sich und im ganzen als Teilräume gegliedert durch die Beziehung des Aufenthaltes zur Heimat. Darum hat für nomadisierende Völker die Stelle des Sonnenaufgangs eine so elementare Bedeutung. Sie ist gleichsam ihre Heimat. Das

Wort *Orientierung* bringt ja noch zum Ausdruck, daß der Aufenthalt auf die Stelle des Sonnenaufganges bezogen und damit erst bestimmt wird. Besitzt ein begrenztes Raumstück, ein Zimmer, eine Straße, in sich schon ein System statischer Achsen, so werden durch die Beziehung auf das feste Hier die Räume zum historischen Raum zusammengefügt, und ihre Richtungen erhalten ein dynamisches Moment.[19] In der Normalstellung fällt die Gliederung des Raumes nach den Hauptrichtungen Vorn und Hinten mit der historischen Gliederung in einen Kampf- und Fluchtraum zusammen. In dem historischen Raum ist die Rückwärtsbewegung darum gegen den eigentlich vom Raum ausgelösten Impuls gerichtet. Beim Tanz spüren wir offenbar nichts von der Dynamik des historischen Raumes. Das ist nach allem nicht sehr schwer zu verstehen. Wir bewegen uns tanzend nicht mehr in einem auf ein festes „Hier" gerichteten begrenzten Ausschnitt des Raumes, sondern in einem homogenen, von Richtungsdifferenzen und Ortsvalenzen freien Raum. Die Rückwärtsbewegung läuft im Tanz nicht den dynamischen Impulsen entgegen, die der Raum bedingt; darum fehlt ihr alles Beschwerliche, was dem Rückwärtsgehen im optischen Raum anhaftet.

Die Analyse der Rückwärtsbewegung hat uns zur Auffindung eines letzten für die Bewegungspsychologie wesentlichen Merkmals genötigt und verholfen: der Unterscheidung von historischem und präsentischem Raum. Das Präsentische charakterisiert mithin sowohl den Modus des akustischen Raumes wie die ihm zugeordnete Erlebnisweise. Im Tanz schreitet das historische Geschehen nicht fort, der Tänzer ist aus dem Fluß des historischen Werdens herausgehoben. Sein Erleben ist ein Gegenwärtigsein, das auf keinen Abschluß in der Zukunft hinweist, und darum räumlich und zeitlich nicht begrenzt ist. Seine Bewegung ist eine nichtgerichtete Bewegtheit, mitschwingend mit der Eigenbewegung des Raumes, von der sie pathisch induziert ist. Der vom Klang erfüllte und mit der einen gleichen Bewegung homogenisierte Raum – darin unterscheidet sich die Homogenität des akustischen Modus des Räumlichen von der des leeren metrischen Raumes – hat selbst präsentischen Charakter. Der Tanzraum ist nicht ein Stück des gerichteten historischen Raumes, sondern symbolischer Teil der Welt. Er ist nicht durch Entfernung, Richtung und Größe [176/177] bestimmt, sondern durch Weite, Höhe, Tiefe und Eigenbewegung des Raumes. Während eine Entfernung sich von hier bis dort erstreckt, also bestimmte Lagen und Stellen im Raume hat, ist der Weite nicht in gleicher Weise Ort und Lage zugeordnet. Die Weite ist weder hier noch ist sie am Horizont, sie ist auch nicht auf einer Linie, die das Hier mit irgendwelchen anderen Punkten des Raumes oder solche untereinander verbindet, sie ist überhaupt nicht quantitativ bestimmbar, sondern eine Qualität des Raumes. Wir können also mit Recht sagen, daß die Tanzbewegung den symbolischen Qualitäten des Raumes zugeordnet ist.

Wir sehen also, wie sich auf der Natur des Klanges, seinem Eigendasein, seiner zeitlichen Entfaltung, den Momenten des Homogenisierens, Induzierens, des Präsentischen, ein eigentümlicher Modus des Räumlichen aufbaut. Wir haben weiter

---

[19] Vgl. *E. Minkowski*, l. c.

gesehen, wie dieser Modus des Räumlichen das Erlebnis des Einswerdens fordert und ermöglicht, das sich in den von der rhythmischen Prägnanz geführten, nichtgerichteten und nichtbegrenzten, den Leib in den Raum erweiternden Bewegungen verwirklicht. Diese völlige Entsprechung, die wir zwischen der Natur des Klanges, dem Modus des Räumlichen, der Erlebnisweise und der Erscheinungsform der Bewegung aufweisen konnten, dürfen wir wohl als eine wichtige Bestätigung unserer Aufstellungen ansehen.

Wie nun jemand sich zu diesen Ausführungen im ganzen stellen mag, eines muß er doch als unbestreitbar anerkennen, daß man keine vollständige Analyse und Theorie der Bewegung schaffen kann, ohne sich über die Struktur des Raumes, in dem die Bewegung erfolgt, Rechenschaft zu geben. Überblickt man aber die Literatur der Bewegungs- und Willenshandlungen, so findet man, daß eigentlich nirgends, weder in den Beiträgen der Kliniker noch in denen der Psychologen das Raumproblem berücksichtigt worden ist. Das ist eine Unterlassung, die bei der Darstellung der Zielbewegung praktisch noch am wenigsten schadet. Bei der Analyse der primitiveren Bewegungsformen, der psychomotorischen Störungen der präsentischen Bewegungen und der Ausdrucksbewegungen, kann man sich mit ihr aber in keiner Weise abfinden. Charakteristisch für die ganze Problemlage bleibt es, daß auch *Klages* die Ausdrucksbewegung ein Gleichnis der Handlung nennt. Mit seiner Definition: „jede ausdrückende Körperbewegung verwirklicht das Antriebserlebnis des in ihr ausgedrückten Gefühls" bezieht auch er offenbar die Ausdrucksbewegung auf einen abstrakten, in seiner Modalität nicht näher bestimmten Raum. Eine andere Möglichkeit des Bezugs wird von ihm gar nicht erwogen. Die Deutung der Ausdrucksbewegungen als Handlung kann jedoch nur einem Teil von ihnen gerecht werden. Die Deutung versagt bei [177/178] allen jenen Ausdrucksbewegungen, die nicht *einen* Antrieb verwirklichen, sondern präsentisches Verhalten sind, die nicht auf den historischen Raum und seine Richtungen, sondern auf den präsentischen Raum und die symbolischen Raumqualitäten bezogen werden.

Ich will diesen Gegensatz hier nicht mehr eingehender erörtern. Es wird ja ohnehin manchem scheinen, als ob wir uns allzulange und allzuweit von den klinischen Fragen entfernt hätten. Indessen, wenn hier der Tanz in seiner Erscheinungsform und Erlebnisweise so ausführlich dargestellt wurde, so geschah es doch vornehmlich darum, weil wir an dem Gegensatz von Tanzbewegung und gerichteter Bewegung die Modi des Räumlichen und die präsentischen Bewegungen in ihren allgemeinen Bestimmungen am leichtesten faßbar machen können. Erst nachdem wir einmal die allgemeinen Bedeutungen erkannt haben, können wir dem einzelnen Fall, insbesondere dem pathologischen Falle, gerecht werden. Die Entfernung von der Klinik ist tatsächlich gar nicht so groß. Die Beziehung der Phobien zu den symbolischen Raumqualitäten, der Perversionen und Psychopathien zu der Unterscheidung von Gnostischem und Pathischem, der Katatonie zu der präsentischen Bewegung ist ja leicht zu ersehen. Erinnern wir uns vollends daran, daß wir unter den Encephalitikern zuweilen solchen Kranken begegnet sind, die zwar nur mühsam vorwärts gehen konnten, dagegen unvergleichlich viel leichter sich rückwärts zu bewegen oder gar zu tanzen vermochten, dann sehen wir, wie eng der Zusammenhang tatsächlich ist. Damit taucht nun weiter die Frage nach der Gliederung des Sensomotoriums, nach der Zuordnung von Raumstruktur und Bewegung auf. Wenn wir es z. B. als Regel finden, daß die Klänge eines Menuetts das Gehen in ein Schreiten verwandeln, werden wir doch nicht annehmen, daß hier ein „Reiz" unmittelbar auf den Triceps surae oder auf die zentrale Repräsentation der Fußstreckung im Großhirn gewirkt habe. Wir stehen hier vor Problemen, ähnlich denen, wie sie von *Kleist, Isserlin, Steiner, Bostroem* u. a. in der Diskussion über das Verhältnis der katatonen zu den striären Bewegungsstörungen erörtert worden sind. Aber weder die physiologische Theorie *Kleists*, noch die willenspsychologische *Isserlins* und *Bostroems*, kann uns ganz befriedigen. Die Scheidung von Zielbewegung und präsentischer Bewegung hat den Problembereich im ganzen erweitert; zugleich allerdings hat sie auch den Ansatz zu einer neuen Lösung gegeben, die vielleicht über das Gebiet der Psychomotorik hinaus fruchtbar sein könnte. Ehe wir aber an diese Aufgaben herangehen können, müssen wir unsere Basis noch durch eine Analyse der Beziehungen der Raumformen zur Wahrnehmung zu verbreitern suchen. Das soll im nächsten Teil geschehen.

(Aus: Erwin Straus: Psychologie der menschlichen Welt – Gesammelte Schriften, Berlin/Göttingen/Heidelberg: Springer-Verlag 1960, S. 141-178. Mit freundlicher Genehmigung von Springer Science and Business Media.)

Prof. Dr. Erwin Straus (1891-1975)

Porträt:
Hans Freyer

PORTRÄT: HANS FREYER

von Hans-Ulrich Lessing

I. Sein Leben

Der deutsche Soziologe und Philosoph Hans Freyer zählt zu der Gruppe konservativer Intellektueller, der u. a. auch Carl Schmitt, Martin Heidegger, Gottfried Benn und Arnold Gehlen angehören, die zu Beginn der dreißiger Jahre mit dem Nationalsozialismus sympathisierten, ihm nahestanden, ihn unterstützten oder versuchten, den Nationalsozialismus zu führen, und durch diese Nähe, Akkomodation oder Anhängerschaft sich und ihr Werk kompromittierten.

Freyer rechnet zu den Gründervätern einer eigenständigen Disziplin der Soziologie in Deutschland und ist Begründer der so genannten „Leipziger Schule" (Arnold Gehlen, Gotthard Günther, Gunther Ipsen, Heinz Maus, Karl Heinz Pfeffer, Helmut Schelsky u. a.).[1] Seine Hauptwirksamkeit liegt in den späten zwanziger und der ersten Hälfte der dreißiger Jahre sowie den fünfziger Jahren des 20. Jahrhunderts. Heute gehört Freyer, der in der Nachkriegszeit einige hellsichtige und immer noch anregende zeitdiagnostische und kultursoziologische Arbeiten, die immer historisch gesättigt waren, vorgelegt hatte, trotz einiger Neueditionen und Wiederauflagen seiner Schriften zu den weitgehend vergessenen Sozialwissenschaftlern.

Freyer benutzte, insbesondere in seinen frühen, jugendbewegten Schriften eine bildhaft-expressive Sprache,[2] die die Bezeichnung „Ernst Bloch von rechts"[3] durchaus rechtfertigt. Durch die Jugendbewegung inspiriert, romantisch, jungkonservativ und völkisch orientiert, wurde Freyer, der „Hegelianer von rechts", zu Beginn der dreißiger Jahre zu einem „Vorbereiter"[4] bzw. „Wegbereiter"[5] und zeitweisen

---

[1] Vgl. u. a. H. Linde: Soziologie in Leipzig 1925-1945, in: M. R. Lepsius (Hrsg.): Soziologie in Deutschland und Österreich 1918-1945. Materialien zur Entwicklung, Emigration und Wirkungsgeschichte. Opladen 1981, 102-130; E. Üner: Jugendbewegung und Soziologie. Wissenschaftssoziologische Skizzen zu Hans Freyers Werk und Wissenschaftsgemeinschaft bis 1933, in: ebd., 131-159; E. Üner: Soziologie als „geistige Bewegung". Hans Freyers System der Soziologie und die „Leipziger Schule". Weinheim 1992.

[2] W. Lepenies nennt ihn den „Expressionisten der deutschen Soziologie", vgl. Ders.: Die drei Kulturen. Soziologie zwischen Literatur und Wissenschaft. 2. Aufl. Reinbek b. Hamburg 1988, 416, und H. Schelsky spricht in bezug auf Freyers frühe Schriften geradezu von „dichterischen" Werken. Vgl. H. Schelsky: Die verschiedenen Weisen, wie man Demokrat sein kann. Erinnerungen an Hans Freyer, Helmuth Plessner und andere, in: Ders.: Rückblicke eines ‚Anti-Soziologen'. Opladen 1981, 134.

[3] E. Nolte: Geschichtsdenken im 20. Jahrhundert. Von Max Weber bis Hans Jonas. Berlin – Frankfurt/Main 1991, 459.

[4] R. König: Hans Freyer. 31. 7. 1887 - 18. 1. 1969, in: Kölner Zeitschrift für Soziologie und Sozialpsychologie 21 (1969), 438.

Anhänger des Nationalsozialismus.[6] Nach der Machtübernahme durch die Nationalsozialisten leistete er Ergebenheitsadressen an das Regime,[7] um aber schon recht bald
auf Distanz zum Nationalsozialismus zu gehen.[8]

Freyer wurde am 31. Juli 1887 in Plagwitz bei Leipzig als Sohn eines sächsischen
Postdirektors geboren.[9] Nach dem Besuch des königlichen Elitegymnasiums zu
Dresden-Neustadt studierte Freyer nach einem einsemestrigen Studium der Theologie
in Greifswald von 1907 bis 1911 an der Leipziger Universität Philosophie, Psycholo-
gie, Nationalökonomie, Kultur- und Literaturgeschichte. Zu seinen akademischen
Lehrern zählten u. a. der Philosoph und Psychologe Wilhelm Wundt, der Historiker
Karl Lamprecht, der Psychologe Felix Krueger und der Philosoph Johannes Volkelt.
Freyer schloss 1911 sein Studium ab mit einer Dissertation über die *Geschichte der
Geschichte der Philosophie im achtzehnten Jahrhundert* (publiziert 1912). Nach einer
einjährigen Lehrtätigkeit an der Reformschule der freien Schulgemeinde Wickersdorf
setzte er in Berlin seine Studien fort und kam dort in engeren Kontakt zu Georg
Simmel. Den Ersten Weltkrieg erlebte Freyer als Frontsoldat. Nach dem Ende des
Krieges entwickelte er eine rege philosophische Publikationstätigkeit, die den Geist
der Jugendbewegung widerspiegelte. Deren Gedankenwelt entfaltete auf Freyer einen
prägenden Einfluss. Er gehörte zum „Sera-Kreis", einem lockeren Zusammenschluss
junger Menschen, dem im übrigen u. a. auch Rudolf Carnap angehörte und der von
dem bedeutenden, jugend- und volkstumsbewegten Jenaer Verleger Eugen Diederichs
(1867-1930) begründet worden war. In diesem Kontext entstanden die Schriften
Antäus. Grundlegung einer Ethik des bewussten Lebens (1918), *Prometheus. Ideen
zur Philosophie der Kultur* (1923) und *Pallas Athene. Ethik des politischen Volkes*
(1935), die mehr Prosa-Dichtungen waren, als rational argumentierende Traktate.

---

[5] E. Nolte: Geschichtsdenken, a. a. O., 461.

[6] W. Lepenies (Die drei Kulturen, a. a. O., 418) schreibt: „Hans Freyer gehörte zu denen, die
mit Schriften wie *Revolution von Rechts* (1932) ein Klima schufen, in dem der Nationalsozialismus gedeihen konnte." R. König konstatiert, dass sich Freyer dem Nationalsozialismus
„akkomodierte". Vgl. R. König: Soziologie in Deutschland. Begründer, Verfechter, Verächter.
München – Wien 1987, 267 und 299. – Vgl. u. a. auch G. Schäfer: Wider die Inszenierung des
Vergessens. Hans Freyer und die Soziologie in Leipzig 1925-1945, in: Jahrbuch für Soziologiegeschichte 1990, 121-175.

[7] S. Breuer: Anatomie der Konservativen Revolution. Darmstadt 1993, 169f.

[8] Ebd., 185. – Zur Verstrickung Freyers in den Nationalsozialismus vgl. u. a. auch I. Fetscher:
Hans Freyer: Von der Soziologie als Kulturwissenschaft zum Angebot an den Faschismus, in:
K. Corino (Hrsg.): Intellektuelle im Bann des Nationalsozialismus. Hamburg 1980, 180-192, O.
Rammstedt: Deutsche Soziologie 1933-1945. Die Normalität einer Anpassung. Frankfurt am
Main 1986 und V. Kruse: „Industrielle Gesellschaft" als „Schwelle der Zeiten" – Hans Freyers
Diagnose der westlichen Nachkriegsgesellschaft, in: Ders.: Historisch-soziologische Zeitdiag-
nosen in Westdeutschland nach 1945. Eduard Heimann, Alfred von Martin, Hans Freyer.
Frankfurt am Main 1994, 141-145.

[9] Zur Biographie vgl. u. a. K. Barheier: Hans Freyer 1887-1969, in: Criticón 127, Septem-
ber/Oktober 1991, 217-220 und E. Üner: Freyer, Hans, in: C. v. Schrenck-Notzing (Hrsg.):
Lexikon des Konservatismus. Graz – Stuttgart 1996, 189-191.

Nach der Habilitation in Leipzig mit der Schrift *Die Bewertung der Wirtschaft im philosophischen Denken des 19. Jahrhunderts* (1921) wurde Freyer 1922 auf eine ordentliche Professur für Philosophie an die Universität Kiel berufen, wo er vornehmlich Kulturphilosophie lehrte. In die Kieler Zeit fällt die Publikation seiner *Theorie des objektiven Geistes. Eine Einleitung in die Kulturphilosophie* (1923), die neben Einflüssen des Deutschen Idealismus insbesondere eine starke Wirkung Wilhelm Diltheys und Georg Simmels erkennen lässt, und das Buch *Der Staat* (1925).

1925 erhielt Freyer einen Ruf an die Universität Leipzig, wo er den ersten deutschen Lehrstuhl für Soziologie innehatte. In den folgenden Jahren galt Freyers Interesse vor allem der Arbeit an den Grundlagen der Soziologie, der er sich in einer Reihe von Büchern und Aufsätzen widmete. Zu nennen sind in diesem Zusammenhang insbesondere sein soziologisches Hauptwerk, *Soziologie als Wirklichkeitswissenschaft. Logische Grundlegung des Systems der Soziologie* (1930), und die kurze *Einleitung in die Soziologie* (1931). Daneben entwickelte Freyer ein besonderes Interesse für Probleme der politischen Philosophie. 1933 ließ er seinen Lehrstuhl in eine Professur für politische Wissenschaften umwidmen und publizierte eine Reihe von Schriften zur politischen Philosophie, für die er seit seinem Buch über den Staat von 1925 starkes Interesse bekundete. Zu diesen Publikationen zählen u. a. die problematische, weil große Nähe zum nationalsozialistischen Denken aufweisende Schrift *Revolution von rechts* (1931), seine Monographie *Machiavelli* (1938) sowie die Aufsätze, die jetzt in den von Elfriede Üner edierten Sammelbänden *Preußentum und Aufklärung und andere Studien zu Ethik und Politik* (1986) und *Herrschaft, Planung und Technik. Aufsätze zur politischen Soziologie* (1987) zugänglich sind.

Die Schriften der späten zwanziger und frühen dreißiger Jahre weisen z. T. gedankliche Affinitäten zur Ideologie des Nationalsozialismus auf, dem Freyer sich vorübergehend verbunden wusste, mit dem es aber trotz aller Nähe wohl keine vollständige Identifizierung gab. So war er nie Mitglied der NSDAP oder einer ihrer Unterorganisationen. Freyer war ein entschiedener konservativer Theoretiker, der als „jungkonservativer Einzelgänger" der Konservativen Revolution zugerechnet wird;[10] ein eindeutiger Vertreter des Nationalsozialismus war Freyer jedoch offenbar nicht.

Ab 1933 war Freyer Direktor des Instituts für Kultur- und Universalgeschichte an der Universität Leipzig und lehrte von 1938 bis 1945 als Gastprofessor für deutsche Kulturgeschichte und -philosophie an der Universität Budapest, was von manchen Beobachtern als seine Form der „inneren Emigration" angesehen wird. Hier begann er mit der Niederschrift seiner großen *Weltgeschichte Europas*, die er 1948 in Leipzig abschloss (2 Bände, 1948).

---

[10] Vgl. A. Mohler: Die Konservative Revolution in Deutschland 1918-1932. Ein Handbuch. 2 Bände. 3., erweiterte Aufl. Darmstadt 1989, Bd. I, 417f., Bd. II, 59f.; S. Breuer: Anatomie der Konservativen Revolution. Darmstadt 1993; R. P. Sieferle: Technik als Rüstung des revolutionären Volkes: Hans Freyer, in: Ders.: Die Konservative Revolution. Fünf biographische Skizzen. Frankfurt am Main 1995, 164-197.

1946 kehrte Freyer wieder an die Leipziger Universität zurück, wurde aber 1947 nach einer von Georg Lukács initiierten ideologischen Debatte entlassen und betätigte sich anschließend von 1948 bis 1951 in Wiesbaden im Brockhaus-Verlag, wo er als Redakteur an der zweibändigen Ausgabe von *Der kleine Brockhaus* (1949-50) sowie an der 16. Auflage von *Der große Brockhaus* (bis zum Buchstaben „C"[11]) beteiligt war. 1953 wurde Freyer auf Betreiben Schelskys als o. Professor an die Universität Münster berufen und lehrte dort, nur unterbrochen von einigen Gastprofessuren in der Türkei (Ankara) und Argentinien, bis 1963 Soziologie.

In die Münsteraner Zeit fallen seine wichtigen und vieldiskutierten, kulturkritisch aufgeladenen zeitdiagnostischen und kultursoziologischen Studien, die vornehmlich der Analyse der industriellen Gesellschaft gewidmet waren: die vielbeachtete *Theorie des gegenwärtigen Zeitalters* (1955), der Akademie-Vortrag *Über das Dominantwerden technischer Kategorien in der Lebenswelt der industriellen Gesellschaft* (1960) und seine letzte Buchpublikation *Schwelle der Zeiten. Beiträge zur Soziologie der Kultur* (1965). Hans Freyer starb am 18. Januar 1969 in Ebersteinburg/Baden-Baden; seine nicht mehr vollendeten *Gedanken zur Industriegesellschaft* wurden postum von Arnold Gehlen herausgegeben (1970).

II. Sein kulturphilosophisches und kultursoziologisches Werk

Freyers umfangreiches Werk umfasst Schriften zur Philosophiegeschichte und Philosophie, zur Kulturphilosophie, zur Soziologie, zur politischen Philosophie, zur Universalgeschichte, zur Theorie der Technik und der Industriegesellschaft sowie zur Kultursoziologie.

Als ein gewisses Zentrum dieser durchaus heterogenen und vielfältigen Produktion ist die kultursoziologisch bzw. kulturphilosophisch-zeitdiagnostische Analyse erkennbar, der Freyer mit seinem Frühwerk *Theorie des objektiven Geistes*[12] ein Fundament liefern wollte. In diesem Buch, das ganz in der Tradition Diltheys steht und darüber hinaus stark von Hegel, aber auch von Simmel beeinflusst ist, versucht Freyer, die „kulturphilosophische Problemstellung", die er als förmliche Parallele zur Naturphilosophie begreift, als Ergänzung der bisherigen Wege zur philosophischen Grundlegung der Geisteswissenschaften zu etablieren.[13] Eine systematische Kulturphilosophie sucht nach den Elementen, aus denen die historische Welt besteht, sie fragt nach den Komplexitätsformen, die es in ihr gibt, und forscht nach den Strukturgesetzen, die in ihr gelten. Gegenstand kulturphilosophischer Forschung und

---

[11] Vgl. J. C. Papalekas: Freyer, Hans, in: W. Bernsdorf/H. Knospe (Hrsg.): Internationales Soziologenlexikon. Band 1, 2., neubearbeitete Aufl. Stuttgart 1980, 133.
[12] H. Freyer: Theorie des objektiven Geistes. Eine Einleitung in die Kulturphilosophie. Leipzig – Berlin 1923, 3. unveränderte Aufl. 1934, Nachdruck: Darmstadt 1973.
[13] Ebd., 10.

Reflexion ist also der „Strukturzusammenhang der menschlichen Kultur", und angestrebt ist eine „Theorie der kulturellen Welt".[14]

Im Mittelpunkt dieser Theorie der kulturellen Welt steht eine Analyse der Welt des objektiven Geistes. Den „objektiven Geist" begreift Freyer mit Dilthey als Zusammenhang sämtlicher Lebensäußerungen des Menschen, als Realisierung des menschlichen Geistes in „gewissen Gebilden und Ordnungen",[15] d. h. als kulturelle Umwelt des Menschen. Die Welt des objektiven Geistes ist die vom Menschen gemachte Totalität seiner geistigen Objektivationen, die sich von ihm abgelöst hat und nun dem Menschen als „eigengesetzlicher Zusammenhang"[16] gegenübersteht („Wendung zur Idee" im Simmelschen Sinne[17]).

Freyer unterscheidet in seiner Kulturphilosophie fünf Hauptformen des objektiven Geistes bzw. fünf Hauptypen der Formwerdung, und zwar Gebilde, Gerät, Zeichen Sozialform und Bildung.[18] Als „Gebilde" bezeichnet Freyer eine objektive Form, „wenn ihr Sinngehalt nicht wesentlich auf einen anderen Sinngehalt als auf sein Korrelat hinweist, sondern für sich selber vollständig ist, ohne nach außen führende Relationen".[19] Das reinste Beispiel für ein Gebilde ist das Kunstwerk. „Geräte" sind nach Freyers Definition „diejenigen Formen des objektiven Geistes, deren Sinngehalt ein Teilstück aus einem zwecktätig gerichteten Handlungszusammenhang ist".[20] Ein Beispiel für ein Gerät ist das Werkzeug. „Zeichen" weisen ebenso wie die Geräte über sich selbst hinaus: „Das Zeichen hat seinen unmittelbaren Bedeutungsgehalt, aber über ihn hinaus, vielmehr durch ihn hindurch weist das Zeichen auf einen Gegenstand hin."[21] Wesentlich für ein Zeichen ist damit, wie Freyer in engem Anschluss an Husserls Ausdruckstheorie festhält, seine „Zweigipfeligkeit des Sinngehalts".[22] Die „Sozialform", die Grundkategorie der sozialen Wirklichkeit und Forschungsfeld der Soziologie, ist dadurch gekennzeichnet, dass ihr Sinngehalt – wie Freyer in Diltheys Terminologie formuliert – ein „immanent teleologischer Zusammenhang" ist, der „weder nach Art des Zeichens noch nach Art der Geräte über sich selbst hinaus[weist]."[23] Scheint auf den ersten Blick eine soziale Form nichts anderes zu sein als ein Gebilde aus lebendigen Menschen, so weist Freyer darauf hin, dass für die Kategorie Sozialform wesentlich ist, „daß ihr Sinngehalt reine Beziehung ist".[24] Sozialformen sind damit „reine Relationsschemata, die nur eben nach ihrem relationalen Charakter vollständig bestimmt sind". Das wesentliche Merkmal, durch dass sich

---

[14] Ebd., 11.
[15] Ebd., 16.
[16] Ebd., 33, vgl. 12.
[17] Ebd., 35, 54.
[18] Ebd., 55.
[19] Ebd., 56.
[20] Ebd., 61.
[21] Ebd., 63.
[22] Ebd., 64.
[23] Ebd., 66f.

die Sozialform von allen anderen Formen des objektiven Geistes unterscheidet, besteht nach Freyer darin, „daß sie Formen aus Leben sind, Gebilde aus lebendigen Menschen, die sich in die Ordnung der Form einfügen und die diese Ordnung immer aufs neue herstellen müssen, damit sie wirklich ist".[25] Die letzte Kategorie der „Bildung" bezieht sich auf das persönliche Leben der Subjekte in ihrem Verhältnis zur umgebenden kulturellen Welt, und zwar in der Weise, dass „Bildung" „nicht einen neuen Formtypus" bezeichnet, wonach das seelische Leben des einzelnen den sie umgebenden objektiven Geist stückweise aktualisiert. Bildung meint in Freyers System also nicht, „daß objektive Formen in subjektiven Akten erfüllt werden, sondern daß sich im Aktgefüge des persönlichen Lebens selbst Formen herausbilden".[26]

Während Freyer mit seiner *Theorie des objektiven Geistes* die Grundzüge einer Kulturphilosophie vorlegt, d. h. eine „Prinzipienlehre der objektiv-geistigen Welt", die abstrakt danach fragt, „was objektiver Geist sei" und das „kategoriale Gefüge seiner Formen" sucht,[27] unternimmt er mit seiner *Theorie des gegenwärtigen Zeitalters*[28] den Versuch der kulturphilosophisch-kultursoziologischen Analyse einer konkreten kulturellen Epoche, und zwar der der Industriekultur. Die industrielle Gesellschaft lässt sich nach Freyer durch vier wesentliche Trends charakterisieren: die „Machbarkeit der Sachen",[29] die „Organisierbarkeit der Arbeit",[30] die „Zivilisierbarkeit des Menschen"[31] und die „Vollendbarkeit der Geschichte".[32] Diese vier Trends markieren den radikalen Bruch, der die industrielle Kultur von der traditionellen, vorindustriellen Kultur trennt. Die Lebenswelt des Menschen und er selbst werden in der Industriekultur der Ratio ökonomischer Sachzwänge und den Sinngesetzlichkeiten technischer Abläufe und Strukturen unterworfen. Industriekultur heißt nach Freyer im wesentlichen Konstruieren, Normieren, Subsumieren, Regulieren, Reduzieren, Fragmentieren, Kontrollieren und Organisieren.

Die von Freyer aufgezeigten Trends konvergieren im Modell des „sekundären Systems",[33] mit dem Freyer das Strukturgesetz der industriellen Kultur beschreibt. Reine Verwirklichungen dieses Modells erkennt Freyer „im Verkehr der großen Agglomerationen und metropolitan areas, im modernen Versicherungswesen, an vielen Stätten der im großen organisierten Arbeit, an vielen Schaltern der Bürokra-

---

[24] Ebd., 67.
[25] Ebd., 67; vgl. 68f.
[26] Ebd., 69.
[27] Ebd., 133.
[28] H. Freyer: Theorie des gegenwärtigen Zeitalters. Stuttgart 1955.
[29] Ebd., 15ff.
[30] Ebd., 31ff.
[31] Ebd., 46ff.
[32] Ebd., 62ff.
[33] Vgl. ebd., 83.

tie".[34] Während die bisherigen, vorindustriellen Sozialordnungen „rationale Gebilde *auf gewachsenem Grunde*"[35] waren, ist das entscheidende Kennzeichen der sekundären Systeme ihre Ungeschichtlichkeit und Voraussetzungslosigkeit, ihre Intendiertheit und Planbarkeit:

> „Hier wird nicht auf gewachsenem Grunde, das heißt im schon gestalteten sozialen Raum gebaut. Hier wird nicht eine Ordnung gestiftet, die eingelebte Besitzstände, korporative Sonderrechte und landschaftliche Freiheiten übergreift, also auch garantiert. Hier wird nicht mit Menschen gerechnet, die aus einem Fonds, der in ihnen bereitliegt und den sie in die höhere Ordnung einbringen, spontan auf deren Forderungen ansprechen, verschieden nach Stand, Rang und Lage. Hier wird vielmehr mit einem Menschen gerechnet, der gar nicht anders kann als auf das System anzusprechen, und diese Rechnung ist nicht Theorie, sondern sehr real: der Mensch wird auf das Minimum, das von ihm erwartet wird, wirklich reduziert. [...] Sekundäre Systeme, anders gesagt, sind Systeme der sozialen Ordnung, die sich bis zum Grunde, das heißt bis in die menschlichen Subjekte hinein entwerfen."[36]

Im sekundären System wird der Mensch folglich angepasst: er ist „entfremdet" (Hegel) und wird zum Proletarier (Marx). Der Mensch im sekundären System erfüllt nach Freyer den exakten Begriff des Proletariers: „ein Mensch, der unter ein Sachsystem so entschieden subsumiert worden ist, daß Antriebe, die ihm selbst entspringen, nicht mehr zum Zuge kommen".[37] Oder mit anderen Worten:

> „Das sekundäre System zielt tatsächlich auf den Proletarier hin und erzeugt ihn. Es erzeugt ihn, indem es den Menschen durch seine Funktion im System definiert, indem es ihn darauf reduziert und alles, was er selbst ist, entweder verkümmern läßt oder bagatellisiert: den persönlichen Charakter zur persönlichen Gleichung, die Heimat zum Aufenthaltsort und zur Dialektfärbung, die Neigungen zum hobby, den Beruf zum job."[38]

Die industrielle Gesellschaft verändert aber nicht nur die Art und Weise der Produktion, die Lebensweise des Menschen und sein Verhältnis zur Geschichte, sondern sie bricht auch mit der bisherigen Relation des Menschen zur Natur, denn in der technischen Welt wird die Natur zum Rohstoff, zur bloßen Ressource der Produktion.

Der im folgenden abgedruckte Aufsatz *Landschaft und Geschichte* ist die Druckfassung eines Vortrags mit dem Titel *Landschaft auf der Schwelle zur Industriekultur*, den Freyer auf der Jahressitzung der Bayerischen Akademie der Schönen Künste vom 12. - 16. Juli 1965 hielt.

---

[34] Ebd., 79.
[35] Ebd., 86; vgl. auch 84.
[36] Ebd., 88.
[37] Ebd., 89.

Er entstammt dem Kontext seines letzten Buches *Schwelle der Zeiten*[39] und thematisiert die veränderte Relation des Menschen zur Landschaft bzw. zur Natur unter den Bedingungen des Übergangs zur Industriekultur, den Freyer als zweite weltgeschichtliche oder Kulturschwelle begreift, wobei er unter der ersten Kulturschwelle den im Neolithikum vollzogenen Übergang zur Sesshaftigkeit versteht. Die Veränderungen, die dieser Übergang zur industriellen Produktion und das „Dominantwerden technischer Kategorien in der Lebenswelt der industriellen Gesellschaft" für das Verhältnis des Menschen zur Landschaft mit sich bringen, bedeuten einen radikalen Bruch mit der bisherigen traditionellen Lebensform und ihrem Verhältnis zu Landschaft und Natur.

Die industrielle Produktion verändert die Oberflächengestalt viel radikaler als die bisherigen, vorindustriellen Produktionsformen. Die moderne, wissenschaftlich gestützte Technik nutzt nicht nur die natürlichen Bestände, sondern dringt bis in ihre innersten Strukturen, zerlegt sie in abstrakte Elemente und setzt sie nach neuen Bauplänen konstruktiv zusammen.[40] Die industrielle Produktion löst sich einerseits insofern von der Landschaft ab, als die Landschaft zur bloßen Produktionsstätte wird, die im Prinzip nach rein merkantilen Gesichtspunkten gewählt wird. Diese Abstraktheit gegenüber der Landschaft ist Bedingung für die globale Expansion des industriellen Systems. Andererseits bedeutet die Abstraktion, dass die Landschaft dem Kategoriensystem der industriellen Produktion (Produktion, Konsum, Rohstoff, Verarbeitung, Standort und Verkehr) unterworfen wird. Landschaft wird unter der Ägide der Industriekultur funktionalisiert und unter ein System von Zwecksetzungen, das der industriekulturellen Logik gehorcht, subsumiert. Und dieser Prozess, den der Übergang zur Industriekultur hervorgerufen hat und der in eine veränderte Lebenswelt hineinführt, ist mit seinen Veränderungen an der Erde und auch am Menschen nach Freyer, dessen Analyse wie schon in seiner *Theorie des gegenwärtigen Zeitalters* von einem kulturkritischen Pessimismus grundiert ist, unumkehrbar.

Literatur

1. Schriften Freyers

Ein vollständiges Verzeichnis der Schriften Freyers bietet E. Üner: Hans Freyer-Bibliographie. Primärliteratur, in: H. Freyer: Herrschaft, Planung und Technik. Aufsätze zur politischen Soziologie. Hrsg. von E. Üner. Weinheim 1987, 175-197

---

[38] Ebd., 90.
[39] H. Freyer: Schwelle der Zeiten. Beiträge zur Soziologie der Kultur. Stuttgart 1965.
[40] Vgl. ebd., 236.

2. Sekundärliteratur (Auswahl)

K. Barheier: *Hans Freyer 1887-1969*, in: Criticón 127, September/Oktober 1991, 217-220

S. Breuer: *Anatomie der Konservativen Revolution*. Darmstadt 1993

I. Fetscher: *Hans Freyer: Von der Soziologie als Kulturwissenschaft zum Angebot an den Faschismus*, in: K. Coriono (Hrsg.): Intellektuelle im Bann des Nationalsozialismus. Hamburg 1980, 180-192

F. Jonas: *Geschichte der Soziologie IV. Deutsche und amerikanische Soziologie. Mit Quellentexten*. Reinbek bei Hamburg 1969, 69ff.

Th. Gil: *Die Eigendynamik technischer Rationalität. Hans Freyers gegenwartsphilosophische Bestimmung der technisierten Industriegesellschaft*, in: Philosophisches Jahrbuch 103 (1996), 150-158

A. Gehlen: *Zu Hans Freyers Theorie des gegenwärtigen Zeitalters*, in: Merkur 9 (1955), 578-582

W. Hochkeppel: *Das sekundäre System: Hans Freyer*, in: Ders.: Modelle des gegenwärtigen Zeitalters. Thesen der Kulturphilosophie im Zwanzigsten Jahrhundert. München 1973, 78-89 und 203

R. König: *Hans Freyer. 31. 7. 1887 - 18. 1. 1969*, in: Kölner Zeitschrift für Soziologie und Sozialpsychologie 21 (1969), 438-441

R. König: *Kritik der historisch-existenzialistischen Soziologie. Ein Beitrag zur Begründung einer objektiven Soziologie* (1937). München 1975

R. König: *Soziologie in Deutschland. Begründer, Verfechter, Verächter*. München – Wien 1987

V. Kruse: *„Industrielle Gesellschaft" als „Schwelle der Zeiten" – Hans Freyers Diagnose der westlichen Nachkriegsgesellschaft*, in: Ders.: Historisch-soziologische Zeitdiagnosen in Westdeutschland nach 1945. Eduard Heimann, Alfred von Martin, Hans Freyer. Frankfurt am Main 1994, 141-186

H. Linde: *Soziologie in Leipzig 1925-1945*, in: M. R. Lepsius (Hrsg.): Soziologie in Deutschland und Österreich 1918-1945. Materialien zur Entwicklung, Emigration und Wirkungsgeschichte. Opladen 1981, 102-130

H. Lübbe: *Die resignierte konservative Revolution*, in: Zeitschrift für die gesamte Staatswissenschaft 115 (1959), 131-138

G. Maschke: *Der proletarische Bürger. Wiedergelesen: Hans Freyers „Theorie des gegenwärtigen Zeitalters"*, in: Frankfurter Allgemeine Zeitung, 30. 3. 1978, 25

A. Mohler: *Die Konservative Revolution in Deutschland 1918-1932. Ein Handbuch*. 2 Bände. 3., erweiterte Aufl. Darmstadt 1989 (Bd. I, 417f.; Bd. II, 59f.)

E. Nolte: *Geschichtsdenken im 20. Jahrhundert. Von Max Weber bis Hans Jonas*. Berlin – Frankfurt/Main 1991, 459-465

J. C. Papalekas: *Freyer, Hans*, in: W. Bernsdorf/H. Knospe (Hrsg.): Internationales Soziologenlexikon. Band 1, 2., neubearbeitete Aufl. Stuttgart 1980, 131-133

O. Rammstedt: *Deutsche Soziologie 1933-1945. Die Normalität einer Anpassung.* Frankfurt am Main 1986

K.-S. Rehberg: *Hans Freyer (1887-1969), Arnold Gehlen (1904-1976), Helmut Schelsky (1912-1984)*, in: D. Kaesler (Hrsg.): Klassiker der Soziologie. Band II: Von Talcott Parsons bis Anthony Giddens. 5., überarbeitete, aktualisierte und erweiterte Aufl. München 2007, 72-104

G. Schäfer: *Wider die Inszenierung des Vergessens. Hans Freyer und die Soziologie in Leipzig 1925-1945*, in: Jahrbuch für Soziologiegeschichte 1990, 121-175

H. Schelsky: *Die verschiedenen Weisen, wie man Demokrat sein kann. Erinnerungen an Hans Freyer, Helmuth Plessner und andere*, in: Ders.: Rückblicke eines ‚Anti-Soziologen'. Opladen 1981, 134-159

C. Schmitt: *Die andere Hegel-Linie. Hans Freyer zum 70. Geburtstag*, in: Christ und Welt, 25. 7. 1957

R. P. Sieferle: *Technik als Rüstung des revolutionären Volkes: Hans Freyer*, in: Ders.: Die Konservative Revolution. Fünf biographische Skizzen. Frankfurt am Main 1995, 164-197

E. Üner: *Jugendbewegung und Soziologie. Wissenschaftssoziologische Skizzen zu Hans Freyers Werk und Wissenschaftsgemeinschaft bis 1933*, in: M. R. Lepsius (Hrsg.): Soziologie in Deutschland und Österreich 1918-1945. Materialien zur Entwicklung, Emigration und Wirkungsgeschichte. Opladen 1981, 131-159

E. Üner: *Über Hans Freyers Staatslehre und politische Ethik*, in: H. Freyer: Preußentum und Aufklärung und andere Studien zu Ethik und Politik. Hrsg. von E. Üner: Weinheim 1986, 183-212

E. Üner: *Herrschaft, Planung und Technik: Hans Freyers Versuch einer Rettung des Politischen*, in: H. Freyer: Herrschaft, Planung und Technik. Aufsätze zur politischen Soziologie. Hrsg. von E. Üner. Weinheim 1987, 133-168

E. Üner: *Soziologie als „geistige Bewegung". Hans Freyers System der Soziologie und die „Leipziger Schule".* Weinheim 1992

E. Üner: *Freyer, Hans*, in: C. v. Schrenck-Notzing (Hrsg.): Lexikon des Konservatismus. Graz – Stuttgart 1996, 189-191

Prof. Dr. Hans-Ulrich Lessing
Institut für Philosophie
Ruhr-Universität Bochum
44780 Bochum

Text:
„Landschaft und Geschichte"
von Hans Freyer

LANDSCHAFT UND GESCHICHTE

Es wird ein durchgehender Gedanke in allen diesen Vorträgen und ein Leitmotiv der ganzen Reihe sein, daß Landschaft nicht bloß eine Konstellation von Naturtatsachen – von Bergen, Bäumen, Gewässern und Gewölk – ist, sondern ein Stück Erde mit Bezug auf den Menschen und insofern ein reflexives Gebilde. Dies freilich nicht notwendig in dem Sinne, daß der Mensch als betrachtendes Auge oder als empfindsame Seele der subjektive Gegenpol sein müßte, dem gegenüber das Land allererst zu Landschaft würde! Die Landschaft als Bild, aus dem eine Stimmung spricht oder aus dem ein geistiger Sinn aufleuchtet, die Landschaft als Erlebnis – das ist wohl eine recht späte Angelegenheit. Jakob Burckhardt dürfte ungefähr das Richtige getroffen haben, wenn er sagt, wirkliche Beweise für eine tiefere [39/40] Wirkung großer landschaftlicher Anblicke fänden sich erst bei Dante, und erst Petrarca bezeuge die Bedeutung der Landschaft für die erregbare Seele.

Wohl aber ist die Anwesenheit des Menschen und seine Einbezogenheit insofern für die Tatsache Landschaft konstitutiv, als Landschaft etwas ist, worin wir sind und womit wir umgehen. Nicht der Mensch, der eine Landschaft erlebt, wohl aber der Mensch, der mit seiner Landschaft lebt, nämlich in ihr, von ihr, aus ihr lebt, ist gemeint, wenn wir im Begriff der Landschaft den Menschen mitdenken, dessen Ort sie ist, und diese Verortung wird, wieviel Gunst oder Widrigkeit im einzelnen Fall in ihr enthalten sein mag, jedenfalls in der ganzen Nüchternheit des praktischen Lebensbezugs gedacht werden müssen. Daß der Mensch in und mit seiner Landschaft lebt, kann heißen, daß er sich in ihr zu Hause, geborgen und gesichert weiß, aber auch, daß er ihr auf Gedeih und Verderb ausgeliefert ist. Es kann heißen, daß sie ihm Nahrung und allerlei Nutzbarkeiten zur Verfügung stellt, so daß er aus ihr ernten kann wie aus einem Garten, aber auch: daß sie harte Anforderungen an ihn stellt, vielleicht sogar mit Dauergefahren aufwartet, die er Tag um Tag zu bestehen hat. Vor allem aber heißt es, daß sie – sei es willig, sei es um den Preis zäher Arbeit – die Werke des Menschen, seine Pflanzungen, seine Bauten, seine Rodungen und Wegetrakte in sich aufnimmt, als wären es Stücke von ihr selbst – gewiß mit der Tendenz, das Freigelegte und Gebaute wieder zu überwachsen oder unter angewehtem Erdreich zu begraben, aber die menschliche Handschrift ist dann eben doch mit [40/41] unverkennbaren Zügen in die Landschaft eingeschrieben; auch Ruinen, verlandete Häfen und verwilderte Fluren sind noch unverkennbar Menschenwerk. Es bedürfte einer sehr künstlichen Abstraktion, wenn man die Lineaturen dieser Handschrift wieder abtragen wollte, denn zum guten Teil handelt es sich gar nicht darum, daß zu den natürlichen Beständen etwas anderes hinzugefügt worden wäre, sondern darum, daß Wildwuchs gelichtet, Überfluß gestaut worden ist, daß Vorgaben der Natur ausgewertet und gleichsam zu Ende gedacht worden sind. So groß oder klein sie sein mögen, irgendwelche Einschläge menschlicher Arbeit und Willkür sind in jede Landschaft eingewoben, die mit einiger Dauer bewohnt wird. Daß der Mensch in seiner Landschaft und mit ihr lebt, heißt also immer auch, daß er in irgendeinem Maße seine Lebenszwecke und darüber hinaus einen Teil seiner freien Gedanken in sie einarbeitet. Bei einigen Tierarten aus der Ordnung der Nager und aus der Klasse der Insekten, nämlich bei denen, die Großbauten anlegen, ist das vorgebildet.

Diesen Sachverhalt mache ich zum Thema des heutigen Vortrags, und zwar mit der besonderen Wendung, daß der Mensch, da er ein geschichtliches Wesen ist, seit Jahrtausenden mit immer neuen Intentionen auf die Bestände der natürlichen Erde eingewirkt hat. Er hat immer wieder andere Landschaften in Kultur genommen, je nachdem wie die Wege der Weltgeschichte gingen, und er hat nicht, wie die Biber, immer wieder dieselben Kolonien angelegt oder, wie die Termiten, immer wieder dieselben Behau[41/42]sungen zementiert, sondern, sich selber wandelnd, auf jeweils andere Bedingungslagen respondierend, jeweils andere Zwecke sich setzend, hat er die Vorgaben der Natur ganz verschieden ausgenützt, nicht nur mit einer verschiedenen Intensität des Zugriffs, sondern auch mit ganz verschiedenen Intentionen des Willens und der Phantasie. Auf einem vorspringenden Hügel kann man eine Kapelle bauen mit einem Kalvarienweg, aber auch eine Burg, von der aus das Umland kontrolliert wird, und schließlich auch einen Großsender. Auf eine Hochgebirgsmatte kann man das Jungvieh zur Weide treiben, aber man kann darauf auch ein Luxushotel errichten mit Liegewiesen und einem Skilift.

An den Stellen aber, die von den geschichtlichen Bewegungen zu mehreren Malen überspült worden sind oder an denen sich das geschichtliche Geschehen auf längere Zeit gestaut hat, lagern nun die Residuen der Generationen, der Jahrhunderte, der Jahrtausende Schicht auf Schicht übereinander, zuweilen höchst materiell so, daß prähistorisches und antikes Gemäuer mit mittelalterlichem und neuzeitlichem überbaut ist und daß das Frühere dem Späteren als Grundmauer, als Kellergewölbe oder als Krypta dient, jedenfalls aber so, daß die Veränderungen, die der Landschaft irgendwann einmal angetan worden sind, von der Folgezeit als faits accomplis übernommen worden sind, zumindest als Spuren in ihr fortdauern. Daß sie ganz ausgelöscht werden, ist ein recht seltener Fall. Es gibt Landschaften, in denen die Flurgrenzen, die Wegenetze und die Siedlungen der Gegenwart wie durchsichtige [42/43] Deckblätter auf die Landkarte der Vergangenheit aufgelegt sind.

So sind also die Landschaften der Erde mit Geschichte geladen, mit Geschichte getränkt, einige nur oberflächlich, wie wenn eine Flutwelle über sie hinweggeschlagen wäre, andere so eindringlich, daß es keinen Fleck gibt, der nicht von Menschenhand genützt, gebahnt, gestaltet wäre. Oder dasselbe andersherum gelesen: Die Geschichte ist in die Landschaften, in denen sie gespielt hat, hineinobjektiviert und steht nun (so würde der Bergmann sagen) offen in ihnen an, das Tausendjahralte mit derselben Gegenwärtigkeit wie das Gestrige und Heutige.

Unsere Geschichtsschreibung sieht ja die Geschichte gemeinhin sehr anders, nämlich als den Strom des Geschehens, der sich, gegensinnig zur vergehenden Zeit, in die Zukunft wälzt. Aber die Geschichte ist nicht nur die Abfolge der Ereignisse und

Epochen im Nacheinander. Sie ist auch das Fortbestehende, und die Geschichtlichkeit ist eine dem Menschen und seiner Lebenswelt immanente Struktur. Sie ist das System der Jahresringe im Holz der Gegenwart, das geologische Schichtungsgefüge in ihrem Gestein. Nur daß diese naturhaften Bilder noch nicht einmal genügen, um die Gegenwärtigkeit des Vergangenen zu bezeichnen. Denn in der Schichtungsstruktur der materiellen Gebilde ist der einstige Werdeprozeß nur wie in einem erstarrten Nachbild aufbewahrt, in der geschichtlichen Wirklichkeit aber bleibt vieles lebendig, vieles über seine Zeit hinaus wirksam, vieles an seiner Stelle gültig. Die früheren Schichten sind hier nicht einfach zugedeckt [43/44] und eingeschlossen, sondern sie gehen in die späteren Wandlungen ein, und auf weiten Strecken sind sie überhaupt noch das Feld, auf dem das gegenwärtige Leben spielt. Gerade die Tatsache, daß sie zu Elementen der Landschaft geworden sind, garantiert ihre Dauer.

Ich setze nun den Begriff der weltgeschichtlichen Schwelle ein. Mit ihm bezeichnet die moderne Geschichtsphilosophie den langwelligen Rhythmus, der sich in der Geschichte der Menschheit abzeichnet, und sie denkt dabei an zwei große Ereigniskomplexe von epochaler Bedeutung: an den Übergang zur Seßhaftigkeit, der im Neolithikum geschah, und an den Übergang zur Industriekultur, in dem wir uns seit etwa 200 Jahren befinden. Der Begriff der Kulturschwelle enthält also die folgende These: Die Rhythmik, nach der sich die Weltgeschichte in den letztvergangenen fünf Jahrtausenden gegliedert hat, nämlich die Aufstiege und Untergänge der Völker, der Reiche und der geschichtlichen Einzelkulturen, wird von einer viel weiter gespannten Ereignisreihe, nun aber von einmaliger Art, überlagert. Eine Wandlung von der Tiefenwirkung und der universellen Reichweite der Seßhaftwerdung – und dem Übergang zur Industriekultur wird, wie gesagt, die gleiche epochale Bedeutung zugesprochen – läßt für große Teile der Menschlichkeit eine neue Lebenswelt (ein neues „milieu naturel", wie der französische Prähistoriker Andre Varagnac sagt) entstehen, und auf sie respondiert der Mensch, ohne daß sich seine Körperlichkeit merkbar ändert, mit einer gewandelten inneren Form seiner selbst. Er entwickelt die technischen Mittel, die in [44/45] dem neuen milieu naturel vonnöten sind – dort die Techniken des stetigen Ackerbaus und der Tierhaltung, hier die Techniken der maschinellen Produktion und des mechanisierten Verkehrs – und stellt seine Arbeit und seine Bedürfnisse auf sie ein. Er bildet die Eigenschaften, die Kooperationsformen und die gesellschaftlichen Institutionen aus, die die Chance haben, in der veränderten Lebenswelt zurechtzukommen. Er, das von Natur nicht festgelegte Wesen, legt sich geschichtlich auf ein bestimmtes Kategoriensystem fest und arbeitet diese Kategorien in seine Welt hinein.

Diesen Begriff der Kulturschwelle greife ich also auf und wende ihn auf die Landschaft an. Die Oberfläche der Erde ist von menschlicher Geschichte wie von einer Patina überzogen, aber diese Patinierung ist kein Naturprozeß, wie wenn eine Bronzeschale durch die Einwirkungen der Luft verfärbt wird. Unstetig, ereignishaft, wellenweise, stoßweise haben sich die geschichtlichen Bewegungen auf das Mineral der Erde niedergeschlagen, jede von ihnen mit einer anderen Reichweite und einem anderen Gefälle, und die Kulturschwellen bezeichnen den größten Rhythmus auch in diesem Prozeß. –

Die Erde hat in den rund zwei Milliarden Jahren, seit sie eine feste Oberfläche hat, durch Sedimentbildung, Faltung und Abtragung, durch vulkanische Ausbrüche, durch Meeresüberflutungen und Meeresrückgänge nahezu alle Ebenen und Schrägen, alle Tafeln, Hänge und Klüfte, alle Chancen der Besonnung und Bewässerung geschaffen, die denkbar sind. Sie hat aus den verwitterten Trümmern [45/46] ihrer Gesteine und aus organischen Substanzen, teils auf riesigen Flächen, teils auf schmalen Landstrichen, Böden gebildet, die Pflanzen tragen und die durch diesen Wuchs nicht entkräftet, sondern durch den Kreislauf der Photosynthese hindurch immerzu erneuert werden. Aber erst im Neolithikum hat sich der Mensch einige dieser potentiellen Landschaften zu eigen gemacht, indem er sich in ihnen einnistete und ihren Ertrag zu seiner Sache machte, zur Sache seines Besitzes und seiner Nahrung, aber auch zur Sache seiner Arbeit und Sorge; denn Jahrhunderttausende lang hat er weder gehegt noch gebaut, weder gearbeitet noch hausgehalten. Da dieser Vorgang in einem ganz bestimmten Zeitraum stattgefunden hat, wird man die langwelligen Schwankungen des Klimas einrechnen müssen, die nach dem Rückgang des Würmeises abgelaufen sind: den ersten Wärmevorstoß um 10.000 v. Chr., das Klimaoptimum des Atlantikums um 6.000.

Nicht an den großen Strömen, wo später die Hochkulturen ihren Sitz gehabt haben, sondern in den mittleren, locker bewaldeten Lagen, auf den Anhöhen über den Flußtälern und auf den Stufenplateaus am Rand der Gebirge sind die ersten Nester der Seßhaftigkeit entstanden. Schon G. B. Vico hat es zu den Elementen der historischen Weisheit gerechnet, daß der Mensch zuerst an den Berghängen siedelte, dort, wo die Quellen springen, die schon die Jäger angelockt hatten und die nun die Pflanzer und Tierhalter auf sich versammelten; und die moderne Prähistorie kommt mit ihren Spaten und Sonden auf dieselben Fährten. Seit es den Pflug gibt und dank ihm den tiefergefurch[46/47]ten Acker statt des bloßen Pflanzbeets, überzieht sich die Erde in ihren gemäßigten und subtropischen Zonen mit einem Streumuster aus bäuerlichen Landschaften, das dichter und dichter wird, schließlich ganze Länder überdeckt und sich über halbe Kontinente ausspannt, teils mehr auf Feldbau, teils mehr auf Viehhaltung gestellt, nun auch schon in den Busch und die lockeren Wälder hinein; die Axt gehört zu dem neolithischen Bauerntum fast ebenso notwendig wie der Pflug.

Gehegte Orte entstehen, die bewohnt werden, indem sie bebaut werden: „bebaut" in dem Doppelsinne des Ackerbaus und des Hausbaus. Die Feuerstellen der paläolithischen Jäger waren wie Leuchtfeuer in der Natur, die aufflammten und wieder erloschen. Nun aber gibt es Herde, auf denen die Glut nicht ausgeht, und es gibt Orte, die (wie es bei Hesiod heißt) von den Werken Demeters erfüllt sind, deren jedes zur rechten Zeit getan werden muß. Die Griechen würden das, was wir hier Ort nennen, Ethos genannt haben. Ethos – das ist der Ort, wo jemand hingehört, sein gewohnter Aufenthalt, doch zugleich und sozusagen im selben Atem, in dem es den gewohnten Ort meint, meint es die diesem Ort gemäße Gewohnheit, die ihn erfüllende Lebensweise, Sitte und Gesinnung. So wird also der Ort nicht geometrisch vom Raume her, sondern ethisch, vom Bewohner her verstanden: darin liegt der Tiefsinn des Worts. In der Tat ist die Ausgliederung von Orten, die dauernd bewohnt und geflissentlich bebaut werden, zugleich ein Ereignis (das erste entscheidende Ereignis) in der Geschichte der Landschaft und ein Er[47/48]eignis in der Geschichte des Menschen: beides in einem. Die Relation von Nähe und Ferne kehrt sich geradewegs um. Die Ferne ist nicht mehr der Raum, in den man ausgreift, um in ihm Beute zu machen, sondern sie ist das Jenseits des Geheges und des Besitzes. Und der Ort des Bleibens ist nicht mehr Zuflucht für harte Zeiten, sondern er wird in guten und schlechten Zeiten innegehabt. Von ihm aus wird gedacht, auch wenn er zuzeiten überschritten wird, um Dinge in ihn hereinzuholen, die es in ihm nicht gibt. Er wird bis in seine Winkel hinein gekannt und beständig als Ganzes überblickt, fügt sich also zu einem Raumgebilde zusammen, in dem alles seine strukturelle Bedeutung hat, wie jede geschlossene Figur das tut.

Das ist gewiß kein ästhetischer Vorgang, sondern was diese Durchgliederung bewirkt, sind sehr handfeste Gedanken. Hier tränken wir, dort kann man Laubstreu holen, da gedeihen Obstbäume, dies ist ein hartnäckiger Sumpf, das da ein ärgerliches Stück kargen Bodens. Dieses Buschwerk steht zwar im Wege, doch nisten in ihm die Vögel. Wenn der Heuberg eine Wolkenmütze hat, gibt es Regen, und wenn die Hochspitze klar liegt, gibt es Frost. Andere Gemarkungen mögen besser sein, doch diese ist unser. Sie hat eine Mitte, sogar mehrere, je nachdem welche Lebensinteressen sich auf sie richten. Daneben hat sie Striche von minderer Bedeutung und solche, die man besser meidet. Die Pfade zu den einen hin und um die anderen herum haben sich im Lauf der Generationen festgetreten. Schon die Kinder wissen, wo es etwas zu räubern gibt und wo man sich verstecken kann. Das ist es doch [48/49] wohl, was in einem ganz unsentimentalen Sinn Heimat heißt. Überhaupt: Ein ganzes System von Kategorien hat hier seinen Ursprung: Kategorien wie die Heimat, die Grenze, der Nachbar und die Grenze auch gegen ihn, das Eigentum, das im Boden verortete Recht, Erbe, das verpflichtet, und Investitionen auf Zukunft.

In den folgenden Vorträgen wird mehrfach davon die Rede sein, daß die bäuerlich kultivierte Landschaft in sich einen sehr ausgewogenen Haushalt hat, in dem freilich auch viele Faktoren mitspielen, die der Mensch nicht erzeugen, kaum vermehren, sondern nur schonen kann. Und auch davon wird die Rede sein, daß dieses Gleichgewicht angreifbar, sogar zerstörbar und aktuell gefährdet ist – gefährdet nicht nur dadurch, daß in den stärker verstädterten Bezirken diese Art Landschaft angefressen und weggefressen wird, sondern vor allem dadurch, daß auf sie, auf ihre Gewässer, Wälder und Felder Kategorien angewendet werden, die aus der Industriekultur stammen. Wo Fluren in Getreidefabriken und Hühnerhöfe in Geflügelfarmen mit Laufbandfütterung transformiert werden, ist das Gesetz Demeters außer Kraft gesetzt. Doch sowohl jene Gefahren wie diese Transformationen sind neuen und neuesten Datums. Im Rahmen des Themas „Landschaft und Geschichte" und über die ganze Erde hinweg gesehen wird diese Schicht mitsamt den Kategorien, die in ihr gültig sind, nicht (vielleicht nur: noch nicht) als schwindender Restposten betrachtet werden können. Mit einer großartigen Stetigkeit hat sie sich durch Jahrtausende hindurch gehalten, überallhin ausgreifend, [49/50] wo tragfähiger Boden oder Weideland zu finden war; im Grunde stetiger als alles, was die hohen Kulturen mit ihren kühneren, aber auch hinfälligeren Einbauten an Landschaft geschaffen haben. In der Berglandschaft von Boghasköy liegt die hethitische Hauptstadt Chatusa, die ein halbes Jahrtausend lang die Mitte eines Reichs war, in spärlichen Trümmern, aber die Bauernkarren mit ihren singenden Vollrädern fahren den Mais ein, und die Büffel weiden auf den wasserreichen Wiesen. –

Die hohen Kulturen, die seit dem Ausgang des 4. vorchristlichen Jahrtausends teils nacheinander, teils nebeneinander aufstiegen, sind, an der Vielzahl der Völkerstämme gemessen, die außerhalb von ihnen lebten, seltene Gebilde. An der Weite der bewohnten Erde gemessen waren sie scharf lokalisiert, je an einen bestimmten Raum von der Größenordnung etwa des Niltals, des Zweistromlandes oder der Ägäis gebunden. Dies jedenfalls, wenn man die Kerngebiete absteckt, die von ihren Werken so dicht besetzt waren, daß die Landschaft durch sie charakteristisch umgestaltet worden ist. Doch selbst wenn man die Randzonen hinzunimmt, in die ihr Machtanspruch und ihre geistige Formkraft mit abnehmender Intensität hineinstrahlte, wird die Rechnung nicht viel anders. Bei weitem der größere Teil der Erdoberfläche ist in das Kategoriensystem der Hochkultur nie einbezogen worden. Nur als eine Mehrzahl von Inseln ist diese Schicht in die vielschichtige Patina der vermenschlichten Erde eingelegt. Zudem sind die hohen Kulturen vergänglich. Daß sie spurlos vom Erdboden verschwanden, von feind[50/51]lichen Nachbarn verbrannt oder von Völkerfluten weggeschwemmt wurden, ist zwar selten, doch der Möglichkeiten, ihre Macht zu brechen und die Normen ihres Stils außer Geltung zu setzen, sind viele, und alle wurden genützt. Diese Inseln sind also überdies in geschichtlicher Bewegung. Sie sind aufgestiegen und abgesunken oder zerborsten.

Vorformen der Hochkultur sind jüngst aufgedeckt worden: Städte mit Mauern und Türmen, die bis ins 7. Jahrtausend hinaufreichen, die ältesten im Raum von Jericho. Aber erst im thinitischen Ägypten und im sumerischen Sinear sind die Intentionen, mit denen hohe Kulturen auf ihre Landschaft einwirken, voll zur Geltung gekommen: hochummauerte Städte, Pyramiden und Stufentürme, Tempel und Paläste, Straßen und Bewässerungssysteme auf lange Sicht. Man wird das kaum als eine Kulturschwelle in demselben Sinne bezeichnen können wie den Übergang zur Seßhaftigkeit und den zur Industriekultur, schon wegen der begrenzten Reichweite nicht. Wohl aber werden in den Räumen, wo es geschieht, die Kategorien des seßhaften Lebens so stark umgebildet und so über sich hinaus gesteigert, daß sich eine neue Schicht von Menschlichkeit über die Landschaften legt.

Während das Gefälle der Menschengruppen nach den bestellbaren Böden hin zu Anfang ein vielfach verzettelter Prozeß war, wie wenn Wasser ohne festes Bett in Rinnsalen nach den Senken fließt, steht am Anfang der hohen Kulturen – nicht aller, aber der meisten – das geschichtliche Ereignis der Landnahme, zuweilen nur erschließbar, [51/52] zuweilen in voller Deutlichkeit und sogar datierbar. Ihre gesteigerte Historizität, die sich gegen das Ende hin als Vergänglichkeit dokumentiert, dokumentiert sich zu Anfang als Beginn in der Zeit. Hier fließen die Menschen nicht mehr, sondern sie wandern, und sie wandern mit einem Ziel. Das Land wird bewußt in Besitz genommen und mit Grenzen abgesteckt, die verteidigt werden können. Da es zumeist einen Vorbesitzer hatte, wird es sogar in einem sehr aktiven Sinne genommen, nämlich diesem abgenommen. Die Erinnerung daran ist, meist nach einer längeren Inkubationszeit, in die Heldensage eingegangen und nach den ihr eigenen Modellen geformt worden.

Zu diesem historischen Anfang gehört ferner die Aufrichtung einer Herrschaftsordnung, ein Vorgang, der freilich auf sehr anderen Wegen verlaufen und zu sehr anderen Effekten führen kann, als die schematische Überschichtungstheorie es wahrhaben will, und der insofern dauernd in die Geschichte eingefangen bleibt, als die Herrschaftsordnung durch Stände- und Klassenkämpfe wiederholt umgebildet werden kann. Jedenfalls aber haben alle Hochkulturen eine gestufte Gesellschaft aus Ständen verschiedenen Rangs und ungleichen Rechts zu ihrem Tragkörper gehabt. Erst das Interesse derer, die über andere Menschen herrschen, spannt sich über größere Bezirke hinweg und greift die lockeren Siedlungen zu einem politischen Ganzen zusammen, das einheitlich verwaltet wird.

Damit verhärtet sich der Griff, der über dem Lande liegt, und das Menschenwerk, das in die Landschaft eingebracht wird, verdichtet sich. Hochkulturen nehmen ihre Land[52/53]schaft nicht nur in Pflege, sondern gestalten sie um, und in einzelnen Fällen wird man sagen dürfen, daß sie sie allererst hervorgebracht haben. Schon die Fähigkeit eines Landes, eine dichtere Bevölkerung zu tragen, war normalerweise nicht Naturgabe, sondern mußte mit technischen und politischen Mitteln erzeugt werden, erst recht seine Fähigkeit, über den Nahrungsbedarf hinaus Überschüsse zu erbringen, die dem Kult, der Kunst und dem Luxus dienten. Die Regenfälle und Schmelzwässer der armenischen Berge haben die Steppenböden des Zweistromlandes in Getreidefelder und fette Weiden, in Gärten und Dattelhaine für den Großbedarf auch der Städte und der Hofhaltungen verwandelt, aber sie haben es nur getan, weil und solange die Frühjahrs- und Herbsthochfluten durch Dämme gestaut, durch Hebewerke und Gräben über das Land verteilt wurden, und diese Anlagen waren großenteils das Werk der herrschaftlichen Gewalten.

Noch weit augenscheinlicher das Werk dieser Gewalten sind die großen Bauwerke und Gärten, die in die Landschaft eingefügt worden sind. Sie sind gewiß nicht ihr Werk in dem Sinne, daß sie sie geschaffen hätten. Das haben die Architekten, Künstler und Gartenmeister getan, die Brüder der Handwerker aus den mittleren und niederen Schichten der Gesellschaft, aber jene waren die Auftraggeber, die Bauherren und die ersten Nutznießer. Ohne den überdimensionalen Reichtum, der nur durch politische Macht zusammengehäuft werden kann, ohne die Verfügungsgewalt über Steuermillionen, Arbeiterheere und Wagenkolonnen wäre vermutlich keiner der großen Stile [53/54] der Kunstgeschichte zustande gekommen, und auch die aristokratisch regierten Stadtrepubliken haben in dieser Hinsicht mit den Fronleistungen ihrer Bürger und den Tributen ihrer sogenannten Bundesgenossen nie gespart. Der Ertrag kann dann sein, daß aus der Landschaft Formen und Tönungen, Kleinräume und Perspektiven, Mitten und Hintergründe erschlossen wurden, für die die Natur nur die abstrakte Möglichkeit darbot – daß also die Landschaft allen Ernstes verwandelt, in den großen Fällen geradezu verzaubert wurde.

Es gibt in den Ländern alter Kultur Stellen, an denen die Verzauberung der Landschaft durch Menschenhand nahe an ein Schöpfungswunder heranreicht. Das geschieht, wenn, sei es ein königlicher Bauwille, sei es eine Generationenreihe schöpferischer Kräfte, die einander ablösten und fortsetzten, dem Gelände Formen abgewonnen hat, die nur in geringen Graden von Potentialität in ihm angelegt waren und die daher, wenn sie vollendet dastehen, mehr als ihm verliehen erscheinen, denn aus ihm herausgeholt; dennoch liegen sie nun im Sonnen- und Mondschein wie ein Stück herrlicher Erde. Die Landschaft hat sie in sich aufgenommen; die Grundfarben ihres Erdreichs, die Schieferung ihres Gesteins und ihr heimischer Wuchs scheinen überall durch. Denn was die Verwandlung bewirkt hat, war schließlich keine grobe Magie, sondern stetige, wenn auch mitunter gewalttätige Werkarbeit, die ihre Stoffe aus den Steinen, Erden und Hölzern herholte und ihre Gebilde im gewachsenen Boden befestigte. [54/55]

Le Nôtres in die Ferne ausladende Hauptachsen erschließen aus dem Gelände von Versailles mehr, als in ihm vorgegeben war, mehr an Weite, mehr an Wellung, sicher mehr an Harmonie. Aber auch ein Stadtwunder wie Istanbul – drei Jahrtausende haben an ihm gebaut – ist, genau im gleichen Sinne, zugleich ein Landschaftswunder. Und von vielen anderen Städten, ja von ganzen Großlandschaften, die mit Geschichte gesättigt sind, kann man getrost dasselbe sagen. –

In der Industriekultur tritt ein neues Kategoriensystem in Kraft. Daß der Übergang zu ihr in der Geschichte der Menschheit eine Kulturschwelle darstellt, die derjenigen des Neolithikums ebenbürtig ist, ist und wird immer mehr die Überzeugung der modernen Geschichtsphilosophie, auch dort, wo sich diese Überzeugung keineswegs zu der These versteigt: die Heraufkunft der Industriekultur bedeute den Durchbruch zu der Endgestalt der menschlichen Kultur, und mit ihrer schon absehbar gewordenen Vollendung werde das Ziel der Geschichte erreicht sein. Das letztere ist, offen ausgesprochen oder immanent mitgemeint, der Leitgedanke vieler sozialistischer Geschichtsphilosophien, aber auch einiger liberaler und der meisten technokratischen. Ja mit dieser Enderwartung und geradezu in der Form einer säkularisierten Eschatologie ist das System der Industriekultur von Anfang an auf den Plan getreten. Es ist ideologisch und utopistisch vorausgedacht worden, als die analytisch-experimentelle Wissenschaft, auf der es beruht, eben erst im Entstehen und als von den industriellen Maschinen noch kaum etwas erfunden war. [55/56]

So z. B. bei Francis Bacon. Das „regnum hominis quod fundatur in scientiis", so heißt es bei ihm, soll und wird errichtet werden. Gleichsam eine zweite Genesis steht bevor, in der aber nun der Mensch selbst das schöpferische Subjekt ist. Kraft seiner

Wissenschaft wird er eine neue Erde erschaffen, auf der er der Natur nicht untertan, sondern ihrer Herr ist, und auf der es ihm an keinem der Glücksgüter mangeln wird, die er bisher entbehrt hat; denn er wird sie fabrizieren, soweit sie ihm nicht zuwachsen, und er wird die Natur übertrumpfen, indem er auch Dinge fabriziert, die sie ihm nie zuwachsen lassen könnte. Das war das vorausbestimmte Ziel seiner Geschichte, und dieses Ziel ist nun in Sichtnähe, beinahe schon in Griffnähe gerückt.

Wir haben den geschichtlichen Prozeß, der mit solchen Enderwartungen präludiert worden ist, der mit der Geburt der neuzeitlichen Wissenschaft anlief und mit der industriellen Revolution in seine erste entscheidende Phase eintrat, unter der Fragestellung unseres Themas, also als eine Schicht in der Geschichte der Landschaft zu betrachten. Tatsächlich ist in diesen eindreiviertel Jahrhunderten industrieller Entwicklung die Oberfläche der Erde durch menschliche Eingriffe stärker verändert worden als je zuvor. Ein voll verstädterter Bezirk und ein hundertprozentiges Industrierevier von heute unterscheiden sich von der bäuerlichen Landschaft, die vor fünf Generationen an der gleichen Stelle lag, zweifellos bereits stärker, als diese sich von dem Buschwald unterschied, der vor fünf Jahrtausenden dort gestanden hatte. [56/57]

Die auf Wissenschaft fundierte Technik, mit der das industrielle Zeitalter arbeitet, ist eben nicht nur dem Grad, sondern der Art nach etwas Neues, ebenso wie schon die neuzeitliche Wissenschaft selber in der Denkgeschichte der Menschheit einen neuen Typus des Erkenntniswillens und des methodischen Zugriffs darstellt. Während die alten Techniken, mit denen die Menschheit, auch die Hochkulturen, bis 1800 ausgekommen sind, die Natur zwar nicht durchweg stehenließen, wie sie war, aber mit ihr rechneten, wie sie war, sich immer nur ihrer Vorgaben bedienten, nur ihre ärgsten Widrigkeiten abwehrten und ihre großen Vorgänge im Kleinen nachahmten, reißt die industrielle Technik die Natur dort auf, wo ihre innersten Strukturen verborgen sind und wo ihre latenten Energien schlummern. Die natürlichen Bestände werden von ihr nicht einfach genützt, auch nicht bloß veredelt, sondern in abstrakte Elemente zerlegt, in die sie sich von selbst nie zerlegen würden, und nach neuen Bauplänen konstruktiv zusammengesetzt, auch zu Materien, die in der Natur nicht vorkommen. Energien werden aufgestaut, die sich von allein an dieser Stelle nie aufgeladen hätten, und sie werden auf Wirkungsbahnen geleitet, die genauso künstlich sind. Schließlich werden in willkürlicher Setzung der Bedingungen Naturprozesse produziert, die auf freier Wildbahn nur im Glühen der Sonnen vorkommen. Auch vor den von der Natur wohlgehüteten Geheimnissen des Lebens machen Wissenschaft und Technik nicht mehr halt. Sie greifen experimentierend und manipulierend in organische Abläufe und seelische Prozesse ein. Mit alledem macht sich [57/58] das industrielle System zwar nicht unabhängig von den Vorgegebenheiten der natürlichen Erde – irgendwie muß es auf sie zurückgreifen –, aber es löst sie aus ihren Zusammenhängen los und rafft sie in Zwecke hinein, die es selber setzt.

Hegel und Marx haben, der eine ganz am Anfang des industriellen Zeitalters, der andere angesichts des Entwicklungszustandes, der um 1850 erreicht war, beide aber weit in die Zukunft vorausgreifend, in ihren Theorien des Industriesystems sehr bewußt den Begriff „Abstraktion" verwendet – eine, wenn man sie richtig versteht, höchst prägnante und weittragende Kategorie. Beide meinten damit zunächst, daß die menschliche Arbeit, wenn sie industriell wird, also hocharbeitsteilig und an Maschinen getan wird, auf einförmige, rein repetitive Handgriffe reduziert werde, die mit dem Endprodukt nur noch in einer fernen Beziehung stehen und insofern „abstrakt" sind. Aber die Kategorie Abstraktion ist viel hintergründiger, und sie trifft auf das Industriesystem in einem weit umfassenderen Sinne zu. Eine Abstraktion ist zunächst eine Beraubung, eine Wegnahme, ein Entzug (*aphairesis*). Das Abstrahierte wird aus seinem Konkretum abgelöst, und das hat z. B. die Folge, daß es mit Momenten, die aus ganz anderen konkreten Zusammenhängen abgehoben worden sind, in Beziehung treten oder in Beziehung gesetzt werden kann – etwa so wie die hochabstrakten Formeln, auf die die höhere Mathematik kommt, als solche weitergerechnet werden können, ohne Rücksicht darauf, ob sie unterwegs noch einen Bezug auf die Wirklichkeit haben. Die Kehr[58/59]seite aber ist, daß das Abstrahierte doch ein Teilmoment seines Konkretums bleibt. Es ist in ihm nur verselbständigt, verhärtet, geronnen, gleichsam ein Fremdkörper in ihm, der nun seine eigene Logik entfaltet.

Diesen doppelt reflektierten Sinn wird man dem Begriff Abstraktion geben müssen, wenn man ihn auf das Industriesystem anwendet, und hier haben wir ihn nicht, wie er zuerst gemeint war, auf die Veränderungen der menschlichen Arbeit, sondern auf die Veränderungen der Landschaft anzuwenden, die durch die Industrialisierung bewirkt werden.

Der industrielle Produktionsprozeß löst sich von der Landschaft ab, mit jedem technischen Fortschritt wird seine Bindung an sie loser, seine Selbstherrlichkeit größer, bis zu dem Grenzwert hin, daß die Landschaft zu der bloßen Standfläche wird, die nach rein industriellen Erwägungen frei gewählt werden kann. Wie beziehungsreich war die gewerbliche Wirtschaft, noch bis in die Anfänge des industriellen Zeitalters hinein, über die Gebirgstäler, die Stadtbezirke und die Landschaften der schiffbaren Flüsse verteilt und in sie eingegliedert! Diese konkreten Bindungen – Goethe schildert sie im 3. Buch der Wanderjahre – lockern sich mehr und mehr; großenteils sind sie schon dahin. Perfekte Industrie kann auf jedem Grunde stehen. Sie legt den Grund, auf dem sie steht, selber: planierend, regulierend, zum Teil unterirdisch. Sie löst sich sogar von den bodengebundenen Energiereserven ab, und dieser Abstraktionsvorgang ist besonders merkwürdig, denn anfangs massierten sich die Fabriken eben [59/60] doch auf bestimmten Naturgrundlagen: auf den Kohlenlagern, die, aus den Sumpfmoorwäldern des Paläozoikums gebildet, das Heizmaterial in sich bargen, mit dem die Maschinen des regnum hominis betrieben wurden. Doch auch das war keine endgültige Bindung. Die neueren Antriebskräfte sind mobil, über weite Strecken versendbar, so schon der elektrische Strom. Sie werden es um so mehr, je weiter sich der industrielle Produktionsprozeß (was überhaupt seine Entwicklungstendenz ist) auch in dieser Hinsicht bis in seine Anfangs- und Notstadien erstreckt, nämlich seine Antriebsenergien industriell produziert, statt sie aus den Beständen der ersten Natur zu schöpfen. Ein Werk, das die Kilowattleistung, deren es für seinen Betrieb bedarf, statt aus berghohen Halden von Kohle aus einigen Kilogramm angereicherten Urans gewänne, wäre schon nahezu der Idealfall eines souverän gewordenen Produktionsapparats.

Diese seine Abstraktheit gegenüber der Landschaft ist natürlich der eigentliche Grund dafür, daß sich das industrielle System in so hohem Grade als übertragbar, als expansiv erweist, wie wir das in unseren Tagen erleben. Sein Ursprung liegt ja doch in ganz wenigen, relativ kleinen Landschaften West- und Mitteleuropas, und noch das ganze 19. Jahrhundert hindurch konnte der Industrialismus als Hochleistung und als Sonderschicksal der europäischen Altländer erscheinen. In der Epoche der Weltkriege aber ist der industrielle Prozeß universal geworden; eine Grenze, an der er haltmachen könnte, ist nicht mehr erkennbar. Auch Räume, die nie eine Hochkultur und [60/61] nicht einmal eine dichtere Besiedlung getragen haben, übergreift er, oder er hat sie schon übergriffen, sie sogar mit besonderer Vehemenz. Das gilt z. B. für große Teile des nordamerikanischen Kontinents, da natürlich nicht für die Neuenglandstaaten und für den alten Süden, aber für die Riesenräume, die in der Westbewegung seit 1830 hinzugewonnen worden sind, und es gilt für die neuen Bergbau- und Industr"= reviere, die die Sowjetunion in Sibirien geschaffen hat. Die Fristen, binnen welcher große und größte Industriekörper aufgebaut werden können, haben sich unter den Bedingungen der zweiten industriellen Revolution zusehends verkürzt.

Aber auch die Kehrseite der Abstraktion ist dann sofort da. Das System der Industriekultur senkt sich, sosehr es aus der Landschaft abgehoben ist, auch in sie ein – krampft sich in sie ein und unterwirft sie einem neuen Gesetz, das in den Kategorien Produktion und Konsum, Rohstoff und Verarbeitung, Standort und Verkehr gedacht ist. Darin besteht, auch hier, die Kehrseite der Abstraktion, daß die abstrahierten Momente in eine funktionale Beziehung zueinander treten, vielmehr willentlich und zweckhaft in eine solche gesetzt werden können.

Dieser abstrakt disponierende, in funktionalen Beziehungen denkende Blick auf die Landschaft ist zwar als solcher nichts absolut Neues. Es hat ihn, wenn man so will, schon immer gegeben (wie denn in der Geschichte nicht nur alles immer noch da ist, sondern auch alles immer schon da war). Er war da bei den Führern der großen Fernwanderungen, die ihre Trecks aus Menschen, Tieren und Wagen [61/62] so in die Falten des Geländes legen und so in die Pässe der Hochgebirge einschleusen mußten, daß er nicht steckenblieb und nicht verdurstete. Er war da bei den Seefahrern und Kolonisten, die ihre Schiffe so ankern und ihre Niederlassungen so plazieren mußten, daß sie weder den Stürmen noch den Seeräubern zur Beute fielen. Er war da, wenn von den Hauptstädten der alten Reiche aus das System der Fernstraßen entworfen wurde, mit dem sich ihre Herrschaft in dem größeren Raum allgegenwärtig machte. Timur-Leng hat die uralten Karawanenstraßen Asiens auf seine neue Hauptstadt Samarkand zusammengerafft, wie man Fäden zu einem neuen Knoten verschlingt.

In der Industriekultur aber ist dieser Blick, der die Landschaft unter Zwecke subsumiert, dominant geworden. Wo sich der industrielle Produktionsapparat mit seinen Anlagen und Zubringersystemen auf ihr festsetzt, denkt er die Landschaft in diesem

Sinne um: ihre Wälder in Reserven für seinen Bedarf an Zellulose, ihre Gewässer in den verfügbaren und rational zu bewirtschaftenden Vorrat an Trink- und Nutzwasser, ihre verkehrsgünstig gelegenen Freiflächen in Standorte für neue Werksanlagen, ihre Berge und Täler in Erholungsgebiete für die Städter. In den Neuländern ergibt das die charakteristischen, sozusagen glasklaren Siedlungsbilder, die ohne historisches Fundament von vornherein auf den industriellen Zweck hin entworfen sind. In den alten Kulturländern aber hat das Kategoriensystem der Industriekultur in die älteren Schichten, die mit großer Mächtigkeit auf ihnen lagen, [62/63] hineingeplant werden müssen, und es ist nicht zu verwundern, daß diese Schichten wie in einer geologischen Revolution, die nur eben von oben her gekommen ist, angegriffen, zerrissen und verworfen worden sind.

Von den Problemen, die sich dann ergeben, wird, wie schon gesagt, in den nächsten Vorträgen ausführlich gehandelt werden. Grundsätzlich gesehen handelt es sich um folgendes. In dem ausgewogenen Haushalt, der in jenen älteren Schichten herrscht, spielen viele Faktoren mit, die funktional nicht verrechnet und willentlich nicht intendiert werden können. Nun aber wird eine Logik, die durchgängig funktional denkt und alles als intendierbar voraussetzt, auf sie angewandt. Das gilt sowohl für die Bestände der bäuerlich bestellten Landschaft wie auch für die Werkwelten der alten Städte. Daß ein Fluß, außer daß er Wasser und Fische spendet, ein Kraftwerk speisen und zudem als Vorflut für die Abwässer der Industrie dienen solle, war in keiner der beiden Landschaften vorgesehen, nun aber wird es ihm angesonnen. Doch schließlich ist auch der Markt einer alten Stadt, dem die Parochialkirche ihr Hauptportal und die Bürgerhäuser ihre Giebel zukehren, nicht dazu bestimmt gewesen, mit weißen Schrägstrichen bemalt zu werden, die den Autos vorschreiben, wie sie zu parken haben; nun aber wird er und werden die Gassen, die in ihn einmünden, daraufhin funktionalisiert. Am reichsten aus vielfältigen Elementen zusammengesetzt ist der innere Haushalt der Landschaften, die durch einen geschlossenen Bewuchs, sei es auch durch einen menschlich kultivierten, charakterisiert sind. In ihnen sind [63/64] natürliche Kreisläufe am Werk, die ihr Gleichgewicht aufrechterhalten, sofern sie nicht durch künstliche Eingriffe unterbunden werden. Das lehrt jede noch nicht in die Vollrationalisierung einbezogene Dorfflur mit ihren scheinbar unnützen, in Wahrheit höchst heilsamen Einsprengseln, mit ihren Hecken, Gebüschen und Gehölzen, mit dem Uferbewuchs ihrer Rinnsale und ihrem Kleingetier. Und das lehrt jeder Wald, der mit seinem Blätterdach, seinem Unterholz, Moosbelag und Wurzelgrund seinen Wasserspiegel hält und seinen Humus selber erzeugt. Gerade diese Kreisläufe sind aber auch empfindlich, nicht so sehr gegen Natureinwirkungen, aber gegen die Zugriffe der Industriekultur. Sie werden dann nicht nur verwirrt, sondern außer Kraft gesetzt, und diese Veränderungen greifen an das Herz der Landschaft.

Das klassische Beispiel dafür ist die (wie man sie in Amerika nennt) „stille Krise" der Erosion, die freilich auf weiten Strecken heute bereits eine recht offene und laute Krise ist. Sie tritt ein, wo Naturwald im Großen abgeholzt worden ist, sei es, um die Stämme zu Geld zu machen, sei es, um für Monokulturen große Flächen zu gewinnen, die die Bewirtschaftung mit Maschinen lohnen, sei es, um beide Profite zu verbinden. Dann gerät der Wasserhaushalt in Unordnung, die Ströme taumeln zwischen Hochwasser und Austrocknung, die Stürme werden reißend, der Grund und Boden wird weggewaschen und weggeweht. Gegenmaßnahmen sind möglich, doch ist es schwer, ihnen in dem zerstörten Boden einen Widerhalt zu geben. [64/65]

Das Problem ist also gar nicht bloß (woran bei dem Stichwort „Naturschutz" oft ausschließlich gedacht wird), noch unberührte Landschaften zu konservieren, weil sie schön, lebensvoll und erholsam sind – sosehr natürlich auch das Werte sind. Sondern die Frage ist, ob und inwieweit es möglich ist, die Eigengesetzlichkeiten der älteren Schichten in die industrielle Planung einzurechnen, also gleichsam in einer doppelten und dreifachen Logik zu denken. Erst das ergäbe langfristige Planungen an Stelle kurzschlüssiger und unbesonnener. Und die weitere Frage ist dann sofort, ob und inwieweit erwartet werden darf, daß die Menschen so zu denken willens sind. Hinter den Kategorien der Industriekultur stehen sehr handfeste Interessen, in den pluralistischen Gesellschaften Interessen des Erwerbs und der Spekulation, auch Interessen des Lebensstandards. Wo aber die Vier-, Fünf- oder Siebenjahrespläne eines totalitären Regimes auf die industrielle Aufrüstung eines Landes zielen, steht es damit gewiß nicht besser, eher noch schlimmer.

Daß es sich bei alledem nicht um bloße Konservierung handelt, sondern um den Weiterbau des industriellen Systems selber, zeigen am klarsten die neueren Entwicklungen auf dem Gebiet der Städteplanung, die vielen von Ihnen genauestens bekannt sein werden. Die Bewegung zur Stadterweiterung, Stadtaussiedlung und Städteneugründung, die vor 70 Jahren einsetzte, wollte doch zunächst die Städte entstädtern, sie wollte Durchdringungen von städtischen und ländlichen Wohnweisen schaffen oder propagierte geradezu die völlige Auflösung der Städte in [65/66] die Landschaft hinein. Dagegen bekennen sich die modernen Planungen bewußt zum Prinzip der Urbanität. Gerade in England, von wo jene Bewegung seinerzeit ausging, wird heute diese Kehrtwendung vollzogen. Die „Stadtregion" (etwa im Sinne dessen, was in Amerika metropolitan area genannt wird) wird zum Modell für die neue Stadtform. Sie soll zwar dekonzentriert sein, soll die Wohngebiete, die Industrieviertel und die Cityteile klar trennen, auch neben dem Hauptzentrum Nebenzentren entwickeln. Aber sie soll in keinem ihrer Teile ein Gemisch aus Stadt und Dorf sein, sondern als ganze urbanen Charakter haben, mit einer Bebauung für hohe Wohndichten, klar auf eine Bevölkerung zugeschnitten, die in industriellen und tertiären Berufen beschäftigt ist und im Stil der open society lebt, und mit der deutlichen Spannung zwischen der privaten und der öffentlichen Sphäre, die für eine städtische Existenz charakteristisch ist. Nur so wird es möglich sein, umgrenzte Bereiche für den übernormal verdichteten Nahverkehr zu schaffen, die dann als ganze durch eigene Zubringer mit dem Fernstraßennetz in Verbindung gebracht werden können. Und nur so (so argumentiert man, wie ich glaube, mit vollem Recht) wird es möglich sein, die Landschaften des weiteren Umkreises vor Verballhornung und Zersiedlung zu bewahren.

Ich greife nun zum Schluß auf den Begriff der weltgeschichtlichen Schwelle zurück. Die Schwelle zur Industriekultur ist vor zwei Jahrhunderten unter Vorantritt der europäischen Völker von der Menschheit betreten worden. Durchschritten haben wir sie noch nicht, wir [66/67] befinden uns wohl erst mitten auf ihr. Ob jene zweite Genesis, die der Mensch unternommen oder deren er sich vermessen hat, zur Zeit in ihrem dritten, ihrem vierten oder ihrem fünften Schöpfungstag steht, wer wollte das sagen? Wohl aber ist längst entschieden, daß diese Schwelle in eine veränderte Lebenswelt, in ein neues milieu naturel hineinführt. Die Veränderungen, die in die Erde und immer auch in den Menschen selbst bereits eingearbeitet sind, sind nicht zurücknehmbar, und ebenso gewiß ist, daß sie sich fortsetzen, sogar verstärken werden, sowohl was ihre technischen Aufwendungen wie was den Tiefgang ihrer Eingriffe in die erste Natur, wie was ihre Ausgriffe über die ganze Erde betrifft.

In solchen Schwellensituationen nimmt der geschichtliche Prozeß den Geschehensmodus des Fortschritts an; er wird, wie Georges Sorel das ausgedrückt hat, zum progrès réel. G. Sorel hat diesen „wirklichen" Fortschritt, zu dem sich die Geschichte auf bestimmten Strecken ihres Verlaufs verdichten kann, scharf gegen alle Fortschrittsideologien (gegen alle „Illusions du progrès") abgesetzt. Wenn die Idee des Fortschritts zum universalen Gesetz der Weltgeschichte überhöht und mit dem Gedanken der Vollendbarkeit der Geschichte verkoppelt wird, wird sie entweder zu einer Geschichtsphilosophie, die auf ganz bestimmten Voraussetzungen beruht, z. B. auf den Voraussetzungen, die die Aufklärung ihrer Geschichtsanschauung bewußt zugrunde gelegt hat, oder sie wird zu einer Ideologie, d. h. sie bedeutet dann, daß sich ein bestimmtes politisches Willensziel dadurch zu legitimieren [67/68] versucht, daß es sich selbst zum Endziel der Weltgeschichte deklariert.

In Zeitaltern wie dem unseren aber, in Zeitaltern, in denen es um den Übergang in ein neues Naturmilieu und um die Erarbeitung der technischen Mittel geht, die darin vonnöten sind, wird der Fortschritt zum Modus des wirklichen Geschehens. Es werden dann lauter Themen dominant, denen der prozessuale Charakter aufgeprägt ist: Produktionssteigerung, Bevölkerungswachstum, Raumüberwindung, Mobilisierung der Menschen und der Güter, maximale Ausbeutung der Material- und Energievorräte. Und das sind ja in der Tat die Teilprozesse, aus denen sich der Fortschritt des industriellen Systems zusammensetzt. Je dichter sie sich verflechten, desto mehr wird die Geschichte insgesamt zu einer vielsträhnigen, aber einsinnig gerichteten Fortschrittsbewegung, mag sich auch vieles andere, was in dem Zeitalter geschieht, stetig fortsetzen oder in seinem eigenen Rhythmus abwandeln.

Der Fortschritt wird in solchen Schwellensituationen zu dem Gefälle, mit dem alles praktische Handeln rechnen, auf das es sich gleichsam selbst projizieren muß. Es muß dies sogar dann tun, wenn es dem Fortschritt oder gewissen seiner Tendenzen entgegenzuwirken, z. B. seinen Überstürzungen Einhalt zu tun oder Bestände, die von ihm bedroht sind, zu schützen versucht. Vorsorgen, Abhilfen und Reformen dieser Art würden hinter der Wirklichkeit immer nur herlaufen, wenn sie nicht die Sachlage von morgen und übermorgen, also den Fortschritt als [68/69] Realität, in ihren Plan einbezögen. Der Fortschritt determiniert also zwar nicht durchgängig die Ziele, aber er determiniert die möglichen Richtungen des Handelns und die Erfolgschancen.

Doch ebenso determiniert er die Möglichkeiten der Vorausschau. Die Strähnen, aus denen er sich zusammensetzt, können mit einer bestimmten Wahrscheinlichkeitsquote auf ihre nächsten und übernächsten Kurvenpunkte hin extrapoliert werden. Darauf beruht die Möglichkeit des Planens. Fortschrittssituationen, und im Grunde nur sie, machen diesen Typus der Prognose möglich, doch auf sie begrenzen sie auch den Prospekt. Nicht nur der Wille, auch die Sicht kann sich immer nur auf das von ihnen vorgegebene Feld projizieren.

Was aber (im Bilde gesprochen) jenseits der Schwelle liegt, und insbesondere was in der neuen Lebenswelt, in die sie hineinführt, an schöpferischen Möglichkeiten aufgehen wird, das kann in dieser Logik des Fortschrittsdenkens nicht vorausgesehen werden, höchstens in unverbindlicher Phantasie, und wenn man sich dieser nicht hingibt, nur in dem negativen Sinne, daß es unter sehr anderen Bedingungen und vor sehr anderen Aufgaben stehen wird, als sie bisher gegeben waren. Der Parthenon war schließlich auch noch ein Haus, aber in den ersten Hütten der Seßhaftigkeit war er weder vorauszusehen, noch war er in ihnen schon enthalten wie die Pflanze im Keim. Erst eine neue Wendung des Geistes setzte ihn frei, indem sie den technischen, der Lebensvorsorge dienstbaren Gedanken des Bauens in die Dimension der freien Schöpfung [69/70] erhob. Es wäre gewiß eine unerlaubte Vereinfachung, an eine schematische Wiederholung der gleichen Wendung auf dem Niveau der neuen Technik zu denken. Doch daran wird man denken müssen, daß es ein inneres Gesetz nicht nur des Geistes, sondern schon des organischen Lebens ist, sich in der Sorge für die Lebenserhaltung der Individuen und der Gattung und in der Ausbildung zweckhaft funktionierender Organe und Instinkte nicht zu verausgaben, sondern einen Teil seiner gestaltbildenden Energie zum Aufbau einer Innerlichkeit und einer sinnlichen Erscheinung zu verwenden, die vom Zwang der Umweltbedingungen und der Anpassung an sie unabhängig ist. Adolf Portmann nennt diese über den Erhaltungszweck hinausschießende Produktivität die „Hypertelie" des Lebens. Beim Menschen heißt sie Freiheit. Sie – und das heißt: sich selbst – bringt der Mensch in seine Geschichte ein, auch in diejenigen Epochen und durch sie hindurch, die ihn unter den harten Sachzwang des Fortschritts stellen. Und wie sich die Hypertelie des organischen Lebens doppelt kundtut, als Aufbau einer Innerlichkeit und als sinnliche Erscheinung, so tut sich die Freiheit, die der Mensch in seine Geschichte einzubringen vermag, in doppelter Gestalt kund: als Menschlichkeit und als das Schöne.

(Hans Freyer: Landschaft und Geschichte, in: Mensch und Landschaft im technischen Zeitalter, hg. v. d. Bayerischen Akademie der Schönen Künste, München: Oldenbourg Verlag 1966, S. 39-70. Wiederabdruck mit freundlicher Genehmigung von Dr. Elfriede Üner, Nachfolgerin der Urheberrechte des Nachlasses von Hans Freyer)

Prof. Dr. Hans Freyer (1887-1969)

Besprechungen

Karlfried Graf von Dürckheim: Untersuchungen zum gelebten Raum (Reihe „Natur – Raum – Gesellschaft" Band 4, hg. v. J. Hasse), Mit Einführungen von J. Hasse, A. Janson, H. Schmitz u. K. Schultheis, Frankfurt am Main: Selbstverlag des Instituts für Didaktik der Geographie 2005, 175 S., 19 €, für Student/inn/en 16 € (ISBN 3-921779-24-3; zu beziehen über das Institut für Humangeographie an der Universität Frankfurt).

Der phänomenologische Begriff des Lebensraums darf nicht mit dem gängigen biologischen Begriff des Lebensraums im Sinne der artspezifischen und instinktgebundenen Umwelt eines Tieres oder gar dem ökologischen Begriff des Biotops verwechselt werden. Auch ist offensichtlich, dass der phänomenologische Lebensraum-Begriff nichts mit dem von den Nationalsozialisten für ihre Zwecke instrumentalisierten Begriff des Lebensraums zu tun hat. Der nationalsozialistische Begriff war zum einen sozialdarwinistisch-biologistisch konzipiert (gemäß der Maxime: „Im Kampf ums Dasein muss ein Volk, wenn es nicht zwangsläufig untergehen will, seinen Machtraum rücksichtslos erweitern"), zum anderen rein kriegs- und machtpolitisch (gemäß der Maxime: „Die militärische Unterjochung und Dienstbarmachung anderer Länder ist aus strategischen, ökonomischen und ressourcenpolitischen Gründen unabdingbar, um die weltpolitische Vormachtstellung Nazi-Deutschlands zu erreichen und zu sichern"). Lebensraum ist in diesem nationalsozialistischen Sinn eine propagandistisch verdrehte Metapher für Macht-, Eroberungs- und Ressourcenraum (vgl. hierzu beispielsweise: Michalka, W. (Hg.): Deutsche Geschichte 1933-1945, Dokumente zur Innen- und Außenpolitik, Frankfurt a. M. 1993, S. 116, 122f, v. a. aber 165f).

Lebensraum im phänomenologischen Sinne meint im Gegensatz dazu weder biologische Umwelt, noch ökologisches Biotop, noch auch politischen Macht-, Eroberungs- und Ressourcenraum, sondern *das, was nur im lebensweltlich-menschlichen und lebensweltlich-mitmenschlichen (Er-)Leben des Raumes gegeben ist, was nur durch dieses lebensweltliche (Er-)Leben des konkreten Raumes aufscheint, greifbar und benennbar wird.*

Karlfried Graf von Dürckheim (24. 10. 1896 in München – 28. 12. 1988 in Todtmoos/Schwarzwald) sprach in seinen „Untersuchungen zum gelebten Raum" (ersterschienen in: Neue Psychologische Studien, Bd. 6, hg. v. F. Krueger, München 1932, S. 383-480) als einer der ersten in genau diesem phänomenologischen Sinne vom „konkreten", vor allem aber vom „gelebten Raum": „Der gelebte Raum ist für das Selbst Medium der leibhaftigen Verwirklichung, Gegenform oder Verbreiterung, Bedroher oder Bewahrer, Durchgang oder Bleibe, Fremde oder Heimat, Material, Erfüllungsort und Entfaltungsmöglichkeit, Widerstand und Grenze, Organ und Gegenspieler dieses Selbstes in seiner überdauernden und seiner augenblicklichen Seins- und Lebenswirklichkeit." (S. 16; ich zitiere hier und im Folgenden nach den 2005 neuerschienenen und hier rezensierten „Untersuchungen zum gelebten Raum"). Diesen gelebten Raum bezeichnete er desöfteren als „Lebensraum" und präzisierte: „Die spezifische ‚Bedeutsamkeit', die jedweder Raum hat oder gewinnt, gründet ganz wesentlich im Mithaben des besonderen Lebens, als dessen Lebensraum dieser Raum genommen wird." (S. 44)

Ebenfalls in den 30er Jahren hat der Psychiater und Philosoph Eugène Minkowski in Analogie zum lebensphilosophisch-phänomenologischen Begriff der gelebten Zeit von Henri Bergson (durée bzw. temps vécu) den Begriff des gelebten Raums (espace vécu) entwickelt (Minkowski, E.: Le temps vécu, Etudes phénoménologiques et psychopathologiques, Paris 1933; sowie: ders.: Vers une cosmologie, Paris 1936). Der Phänomenologe Maurice Merleau-Ponty griff diesen Begriff in seinem Werk über die Wahrnehmung („Phénomenologie de la Perception") 1945 wieder auf. Otto Friedrich Bollnow hat dann 1963 in seinem Buch über „Mensch und Raum" in Anlehnung an Minkowski und Dürckheim vom „erlebten Raum" gesprochen. Diesem „erlebten Raum" hat Bollnow den abstrakten und durchkonstruierten „mathematischen Raum" der Naturwissenschaften gegenübergestellt. So wie Dürckheim den Begriff des gelebten, so bevorzugt Bollnow den Begriff des erlebten Raumes: „Aber dieser erlebte Raum ist, wie zur Vermeidung von Mißverständnissen noch einmal ausdrücklich betont sei, nichts Seelisches, nichts bloß Erlebtes oder Vorgestelltes oder gar Eingebildetes, sondern etwas Wirkliches: der wirkliche konkrete Raum, in dem sich unser Leben abspielt." (Bollnow, O. F.: Mensch und Raum, Stuttgart 1963, S. 16ff)

Neuerdings findet der phänomenologische Lebensraum-Begriff wieder vermehrt Verwendung, auch in nicht streng phänomenologischen Zusammenhängen. Etwa bei der internationalen Konferenz „Landscape – Our Home / Lebensraum Landschaft", die im September 2000 in Dornach (Schweiz) stattfand. An ihr nahmen Wissenschaftler aus 15 europäischen Ländern teil, darunter Geografen, Ökologen, Biologen, Philosophen, Landschaftsplaner und -architekten. Im Hintergrund dieser Konferenz stand die am 19. 7. 2000 vom Ministerkomitee des Europarates genehmigte europäische Landschaftskonvention, deren Hauptziel es ist, Landschaft als eine Hauptkomponente der Identität der Menschen in Europa anzuerkennen sowie lokale und regionale Eigenständigkeiten zu schützen und zu stärken (vgl. hierzu das Vorwort der Leiterin der Abteilung „Umweltschutz und dauerhafte Entwicklung" des Europarates, Maguelonne Déjeant-Pons, im Tagungsband „Landscape – our Home / Lebensraum Landschaft, Essays on the Culture of the European Landscape as a Task / Essays über die Kultur der europäischen Landschaft als Aufgabe", hg. v. B. Pedroli, Stuttgart 2000, S. 7-9.). Auch in der aktuellen sozial- und kulturwissenschaftlichen Diskussion taucht der Begriff des Lebensraumes auf. Um die bisherige „Lebensweltvergessenheit" zu überwinden, bemüht man sich dabei vor allem um ein „Verständnis des ‚sozialen Raumes' im Sinne eines alltäglichen Lebensraumes" in all seiner Mehrdimensionalität und Komplexität (Rolshoven, J.: Von der Kulturraum- zur Raumkulturforschung, Theoretische Herausforderungen an eine Kultur- und Sozialwissenschaft des Alltags, in: Zeitschrift für Volkskunde, 2/2003, S. 189-213, hier: S. 195f.).

Letztlich scheint es sinnvoll, den Lebensraum mit Dürckheim und Bollnow zunächst als gelebten *und* erlebten Raum anzusprechen und zwar in den jeweiligen Bedeutungsnuancen, die umgangssprachlich jeweils gemeint sind. Der dürckheimsche

Begriff des gelebten Raumes weist mehr auf die unmittelbar gelebte und solcherart präreflexive und prärationale Lebensraum-Dimension hin: also auf die Einheit von Selbst und Welt im lebensräumlichen Vollzug. Dem bollnowschen Begriff des erlebten Raumes kommt diese Bedeutung zwar auch zu. Doch hat er zudem noch eine psychisch-psychologische Bedeutung, die dem Begriff des gelebten Raumes fehlt. Er weist auf ein vorgeistig-reflexives Verhältnis, auf einen Bezug und eine erste Distanz des Erlebenden/Wahrnehmenden zum Erlebten/Wahrgenommenen hin, also auf eine Differenz von Selbst und Welt, die der gelebte Raum als räumlicher Lebensvollzug so nicht kennt.

Der Begriff des Lebensraumes steht in unmittelbarer Nähe zu dem der „Lebenszeit". Beide werden umfasst vom Begriff der „Lebenswelt". Nur dass eben beim Lebenszeit-Begriff das gelebt-erlebte Zeitliche und beim Lebenraum-Begriff das gelebt-erlebt Räumliche das Entscheidende ist. *Lebensraum meint also lebensweltlicher Raum, räumlich konkrete Lebenswelt.* Natürlich lässt sich der Lebensraum-Begriff nicht gänzlich vom Lebenszeit-Begriff abtrennen. Denn jeder Lebensraum hat, insofern er untrennbar mit zeitlich sich wandelnden Menschen und deren biografischen Situationen verknüpft ist, immer auch eine lebenszeitliche Dynamik. Wie es Dürckheim ausdrückt: „So hat konkreter Lebensraum immer ein besonderes Bedeutsamkeitsrelief aus der zeitlichen Gliederung der nach persönlichen Bedeutsamkeiten mannigfach gestuften Ganzheit des in ihm sich erfüllenden Lebens." (S. 107). Mehr noch: er hat, insofern Lebenszeit sich in geschichtlicher und gesellschaftlicher Zeit abspielt, immer auch eine soziohistorische Dynamik (vgl. S. 106-108).

In allgemeinster und weitester Bedeutung meint Lebensraum jede Art von lebensweltlich (er-)lebbaren Räumen. Wohnräume, Büroräume, Fabrikräume, Stadträume, Dorfräume, Landräume, Wildnisräume, Arbeitsräume, Straßenräume, Warteräume, Freizeiträume, Urlaubsräume; aber auch Kunsträume, Erinnerungsräume, Feierräume, Repräsentierräume, Konservierräume: all das sind als konkret gelebt-erlebte Räume Lebensräume im allgemeinsten Sinn. Solche allgemeinen Lebensräume sind in erster Linie all-gemeine, d. h. gemeine, d. h. *soziale Lebensräume*, Lebensräume von Menschengruppen, Lebensräume für Menschengruppen, ja, auch Lebensräume gegen Menschengruppen; aber genauso: kulturelle Lebensräume: durch kulturelle Traditionen, Interessen und Bedürfnisse gebildete, geprägte und perpetuierte Räume.

Es ist ein Manko, vielleicht das einzig gravierende Manko, dass Dürckheim in seinen „Untersuchungen zum gelebten Raum" auf diese sozialen und kulturellen Lebensräume nicht differenzierter eingeht. Näher behandelt wird der gelebte Raum von Dürckheim einerseits als „*Weltraum*" in seinen Grundformen „tatsächlicher Raum", „Wesenraum", „Zweckraum" (S. 58-87), andererseits als „*persönlicher Raum*" mit seinen Grundformen „Handlungsraum", „Selbstraum", „persönlicher Lebensraum" (S. 87-101). Dass aber und wie sehr zwischen „Weltraum" und „persönlichem Raum" ein „Sozial- und Kulturraum" eingeschoben ist; dass und wie sehr vor allem der „persönliche Raum" von diesem „Sozial- und Kulturraum" materiell wie semantisch vorstrukturiert ist: davon erfährt der Leser bei Dürckheim zu wenig.

Doch betrachten wir die von Dürckheim herausgestellten Raumformen. *„Der tatsächliche Raum"*: das ist der „objektive" Raum, wie er uns in alltäglicher Dingwahrnehmung gegeben ist und wie er, von dieser Art der Wahrnehmung ausgehend, abstraktbegrifflich beschrieben und rational-quantitativ erfasst werden kann (S. 61-64).

Mit *„Wesenraum"* meint Dürckheim den vermittels Ausdruckswahrnehmung erfassten physiognomischen Raum (S. 64-82). Sein Beispiel: „Stehen wir auf sonntäglicher Wanderung vor einer Landschaft, uneingeschränkt von besonderen Zielen des Willens und augenblicklich ledig der Sorgen des Alltags, so ist uns diese Landschaft nicht in der Form gegenwärtig, in der sie der auf Tatsächliches gerichtete Verstand vor uns hinstellt, sondern hier gibt sie sich uns als eigentümliches *Wesen*. Sie liegt vor uns und mutet uns an als ein eigenartiges Ganzes von bestimmtem Charakter, über das eine ihm eigentümlich Stimmung ausgebreitet ist." (S. 64f). Dürckheim weist in diesem Zusammenhang auf die Ausdruckskunde von Ludwig Klages hin: „Hinsichtlich des Wesenraumes verweisen wir, allen voran, auf *L. Klages*, insbesondere auf seine meisterhaften Beschreibungen des physiognomischen Welterlebens in ‚Der Geist als Widersacher der Seele' und in ‚Ausdrucksbewegung und Gestaltungskraft'." (S. 64). Doch Dürckheim würdigt ebenso die ausdruckskundlichen Untersuchungen Ernst Cassirers und Theodor Lipps. Mit einem Lipps-Zitat hebt er einen weiteren wichtigen Aspekt des Wesenraums hervor: den Aspekt der Bewegungstendenz: Denn alle Phänomene des Wesenraumes, auch unbewegte Gegenstände, „sind uns [darin] lebendig. Es ist in ihnen Bewegung und Tätigkeit, Sichausdehnen und Sichbegrenzen, Ausweitung und Einengung, Auseinandergehen und innerer Zusammenhalt, Aufstreben und Herabsinken, Fortgehen und Unterbrechen der Bewegung, Absatz und Ansatz, Zusammenwirken und Gegeneinanderwirken u. dgl." (S. 66).

An einem weiteren Beispiel und in Abhebung vom „tatsächlichen" und vom „Wesenraum" veranschaulicht Dürckheim den *„Zweckraum"*: „Ein Zimmer kann gegenwärtig sein als ein in quantitativen Verhältnissen bestimmbares Raumganzes, in dem in bestimmter, exakt angebbarer Lage zueinander Möbel stehen von bestimmten Formen usw. Darüber hinaus nicht nur als ein physiognomisches Gebilde von bestimmtem Gesicht, als Ganzes von einem bestimmten Charakter, dessen Züge mitbestimmt werde durch das Erlebnis ‚charakteristischer' Zentren, sondern als Raum, der einem bestimmten Zweck dient. Hier werden dann ‚Wohn-, Schlaf-, Arbeits-, Musik-, Gesellschaftszimmer' – mögen sie immer auch physiognomisch bestimmt sein – zu Raumganzen von besonderer Art, und die *hier* dann gliedernd hervortretenden Momente und Erlebnisqualitäten beziehen Dasein, Ordnung vom speziell funktionalen Sinn, den das Ganze für den Erlebenden jetzt hat." (S. 84f).

Soweit die drei Grundformen des „Weltraums", die alle durch eine vor-, außer- und/oder überpersönliche und welthafte Komponente gekennzeichnet sind. Anders die nun folgenden drei Grundformen des „persönlichen Raumes": Ihnen ist im Gegensatz dazu eigentümlich, dass sie an das „persönliche Leben des zeitverhafteten konkreten Subjekts" gebunden sind (S. 88).

Zunächst der „Handlungsraum": Er ist, wie der „Zweckraum", ein funktional bestimmter und konstituierter Raum (vgl. S. 82). Nur ist seine Funktion eben eine persönlich-subjektive. Es sind die Handlungs- und Willensziele des konkrete Subjektes, die ihm – innerhalb des von ihnen aufgespannten zeitlichen Handlungsbogens – sein Gepräge geben. Das, was zur Erreichung dieser Ziele wichtig ist – die spezifischen Mittel und Wege, die zum Ziel führen (könnten), aber auch die spezifischen Hindernisse und Hürden, die sich in den Weg stellen – tritt in den Vordergrund des Raumbewusstseins; alles andere tritt in eine eigentümliche „Zurückgesunkenheit" (S. 88). Bei Erreichung des Zieles, bei Erledigung der jeweiligen Handlungsaufgabe, verblasst der Handlungsraum: „Endlich ist es deutlich, daß mit dem Abschluß der Handlung alles Behandelte zurücksinkt, die ungegenständliche Nähe, die es vordem hatte, verliert und in eine abständige Ebene rückt." (S. 89).

Alles Räumliche, das vom Selbst umfasst wird, alles Räumliche, mit dem sich dieses Selbst identifiziert, zählt nach Dürckheim zum „Selbstraum". Vom Selbst „umfaßt ist ohne Zweifel sein lebendiger Leib; aber auch anderes ‚Räumliche', wie etwa sein Haus oder sein Vaterland, kann in diesem Sinne zur inhaltlichen Wirklichkeit seines Selbstes gehören. Die seelische Einbezogenheit jedweden leibhaftig Räumlichen konstituiert einen intermittierend gegenwärtigen *Selbstraum*. Jeder Selbstraum vermittelt dem Gesamtselbst eine spezifische Zentriertheit." (S. 92). Je nachdem, was das Selbst jeweils umfasst, mit wem es sich jeweils identifiziert, kann der Selbstraum größer oder kleiner sein: „der Umstand, daß der Mensch sich bald als Glied eines ihn in seinem Für-sich-sein übergreifenden Ganzen, bald wiederum als Einzelwesen erleben kann, d. h. das, was sich als Selbst erlebt, Verschiedenes sein kann, erscheint u. a. darin, daß er einen Raum jetzt als Selbstraum, dann wieder als Herumraum gegenwärtig haben kann. Als Glied eines sozialen Ganzen lebt der Mensch ein anderes ‚Selbst' und einen anderen Selbstraum denn als Einzelner in seinem Für-sich-sein, und vieles, das für jenes zum ‚Selbstraum' gehört, gehört für dieses zum Herumraum, wobei freilich in dem Maße, als eine Gliedschaft überaugenblickliche seelische Wirklichkeit hat, das zum Selbstraum des Gliedes Gehörige im Herumraum des sich isolierenden Ichs Qualitäten bewahrt, die auf die in diesem Augenblick zwar nicht aktualisierte, aber doch bestehenden Gliedschaft hinweisen." (S. 95f).

Bevor ich nun den „persönlichen Lebensraum" als die letzte und wichtigste Grundform des gelebten Raumes darstelle (man müsste m. E. hier eigentlich von *der* Grundform schlechthin sprechen), noch einmal ein Blick auf das Phänomen des soziokulturellen Lebensraums. Ein Phänomen, das sich mit den dürckheimschen Kategorien nicht angemessen greifen lässt. Denn zum einen, wie erwähnt, lässt es sich weder als „Weltraum" noch als „persönlicher Raum" fassen: steht es doch auf eigentümliche Weise zwischen beiden. Es hat zweifelsohne funktionale Aspekte.

Erschöpft sich aber weder im „Zweckraum" noch auch im „Handlungsraum". Es hat zweifelsohne – das letzte Zitat hat das gezeigt – Aspekte des Selbstraums. Wird aber auch von diesem nicht annähernd erschöpfend umfasst. Denn wesentlich ist diesem soziokulturellen Phänomen, dass es, wie der „Weltraum", vor-, außer- und/oder überpersönliche Aspekte hat. Jedoch sind diese Aspekte weder die des dingwahrge-nommenen „tatsächlichen Raumes", noch auch die des ausdruckswahrgenommenen „Wesenraumes", noch auch die des rein funktional bestimmten „Zweckraumes". Oder, genauer ausgedrückt: mögen diese Aspekte immer auch mit hereinspielen, sie bilden nicht den Zentralaspekt des soziokulturellen Lebensraumes. Denn der soziokulturelle Lebensraum wird im Wesentlichen nicht durch „Welt" (und nicht durch das „Selbst") gebildet und getragen, sondern durch das, was man das „soziokul-turelle Gedächtnis" nennen könnte: also durch das drei-generationen-übergreifende „kommunikative Gedächtnis" (vgl. hierzu z. B.: Halbwachs, M.: Das Gedächtnis und seine sozialen Bedingungen, Frankfurt a. M. 1985) und das jahrhunderte- und jahrtausende-übergreifende „kulturelle Gedächtnis" (vgl. hierzu z. B.: Assmann, J.: Das kulturelle Gedächtnis, München 1992). Den Zentralaspekt dieses Lebensraumes bilden die im „soziokulturellen Gedächtnis" abgeschichteten räumlichen und raumbezogenen Bedeutungen und Sinnzusammenhänge. Mit einem Wort: Der Zentralspekt des soziokulturellen Lebensraumes ist ein semantischer.

Doch betrachten wir nun die letzte der dürckheimschen Grundformen: den *„per-sönlichen Lebensraum"*. In konkretester und engster Bedeutung meint Lebensraum nicht jede Art von lebensweltlich gelebten Räumen, sondern nur eine bestimmte Art: eben den ganz persönlichen Lebensraum. Der persönliche Lebensraum unterscheidet sich von der Unzahl (im engeren Sinne) unpersönlicher Lebensräume dadurch, dass er nicht ein beliebiger Raum unter anderen beliebigen Räumen ist, sondern dass er das lebensräumliche Zentrum der betreffenden Person darstellt: ein solches Zentrum kann der eigene Arbeitsplatz (Werkstatt, Laden, Stand, Büro, ...) und sein näheres Umfeld sein; in der Regel wird es aber die eigene Wohnung und das nähere Wohnumfeld sein. Oder auch beides, Arbeits- und Wohngegend, zusammen. Der persönliche Lebens-raum ist der Ausgangs- und Angelpunkt des eigenen Lebensraums und damit auch ein entscheidender Ausgangs- und Angelpunkt der eigenen Lebenswelt, Weltanschauung und Identität. Von ihm her bestimmt sich das Eigene als Eigenes, das Andere als Anderes. Arbeit und Freizeit, Heimat und Fremde, Zuhause und weite Welt bleiben auf ihn rückbezogen.

Der Begriff des „persönlichen Lebensraums" stammt wie gesagt von Dürckheim. Es lohnt, seine Charakterisierung dieses Begriffs ausführlich zu zitieren: „Wo immer auch man lebt, für kurz oder lang, stets erhält das weltliche Herum in Bälde ein ‚persönliches Gesicht', tritt aus seiner fernen und fremden objektiven Eigenwirklich-keit heraus und in ein konkretes Verhältnis zu einem. Was immer man hier erlebt, es ‚färbt' die Stelle, wo es geschah, und zugleich das Ganze des Ortes, und alle einzel-nen Dinge, Räume und Wege in ihm gewinnen fortschreitend besondere persönliche Bedeutungen. Es bilden sich Zentren verschiedenartigen Erlebens, räumliche Zentren mit durchaus persönlichem Sinn und *Gewicht* und bald hat das Ganze ein ganz spezifisches Bedeutsamkeitsrelief, das in seinen eigentümlichen Qualitäten, Gliederungen auf das in ihm *gelebte* und weiter sich *vollziehende Leben* hinweist. Und je seßhafter ein Leben ist und mit einem Orte verwächst, um so reicher, ausgeprägter, konstanter ist das, was sich in diesem Sinne als persönliches Relief des Raums oder kurz als ‚persönlicher Lebensraum' allmählich entwickelt und sich als ein Gebilde von eigenem Sinn erhält. Innerhalb des persönlichen Lebensraumes sind die einzelnen Räume das, was sie dem erlebenden Selbst im Rahmen seines persönlichen Lebens bedeuten. Nimmt man ihnen diesen persönlichen Sinn, so hebt man sie selber auf, d. h. sie sind überhaupt nur im Ganzen des sie umfassenden, in ihnen sich erfüllenden und in ihnen aufgehobenen Lebens." (S. 96)

Der persönliche Lebensraum umfasst also alle Orte und Gegenden, die von einer bestimmten Person mit persönlichen Bedeutungen durchtränkt sind. Aber nicht nur die persongebundenen Bedeutungen, sondern auch die ort- und gegendgebundenen Bedeutungen gehören mit in den persönlichen Lebensraum; dies aber immer so, dass sie in einer spezifisch persönlichen Färbung und Bedeutsamkeit darin einverwoben sind. Der persönliche Lebensraum weist demnach weit über die eigene Wohnung (oder den eigenen Arbeitsplatz) hinaus. Und doch, wie bereits erwähnt, ist die eigene Wohnstätte (oder auch die eigene Arbeitsstätte) in der Regel der Dreh- und Angelpunkt des persönlichen Lebensraums. Dies hat schon Dürckheim andeutungsweise so gesehen und es lohnt auch in diesem Punkt, seinen Ausführungen zu folgen: „So gewinnt der Weg, der meine Wohnung mit meiner Arbeitsstätte verbindet, eine besondere Wirklichkeit eben dadurch, daß er in ganz bestimmter Weise in mein Leben einbezogen ist. Er ist und wird fortschreitend zu dem, was er für mich ist im Zusammenhang meines gegenwärtigen Lebens. Durch die besondere Funktion in diesem meinem Leben und den Niederschlag der besonderen Erlebnisse, die sich im täglichen Vollzuge mit ihm verknüpfen, wird er zu einem persönlich bedeutsamen Ganzen von ganz bestimmten Gesamtqualitäten und Gliederungen, die nur verständlich werden, wenn man ihn einbezieht in das Sukzessivganze meines gegenwärtigen Lebens. Mehr noch als der Arbeitsweg heben sich etwa die Wohnung und die Arbeitstätte als persönlich bedeutsame Räume heraus, aber nicht nur sie, sondern der ganze Ort, an dem man lebt, bildet immer ein Ganzes von ganz persönlichem Gehalt. In dieser persönlichen Weise seines Daseins bildet er ein persönliches Raumganzes, dessen Zentren und Qualitäten und Ordnungen allesamt zurückweisen auf mein gelebtes und in ihm sich weiter vollziehendes Leben." (S. 97) „Die eigene Wohnung ist kein Gehäuse aus einer anderen Welt, das wie das Zimmer eines Hotels nicht zum einkehrenden Fremden gehörig lediglich einmaligen Aufenthalt gewährt einem anderswo sich erfüllenden Leben, sondern ist *einbezogen* in das Leben derer, die in ihr *leben*. Sie ist im eigenen Raume sich bewahrendes, erhaltendes und weiter sich vollziehendes Leben. D. h. beseelt von in ihr sich vollziehendem Leben, bewahrt sie zugleich seine Geschichte und gewinnt auch äußerlich gemäß der Gestaltungskraft dieses Lebens die charakteristischen Züge seines Wesens." (S. 99f)

Soweit ein Blick auf Geschichte und Entfaltung des phänomenologischen Lebens-raum-Begriffes. Er zeigt, dass sich Dürckheim als einer der ersten diesem Thema widmete. Und er zeigt, dass er sich sehr gründlich und feinfühlig mit diesem Thema auseinandergesetzt hat. Wie gesagt: es war nur ein Blick. Doch dürfte dieser Blick genügt haben, um die Fülle und Tiefe der dürckheimschen Differenzierungen andeutungsweise zu vermitteln. Ich wüsste nur einen, der Dürckheim auf phänomeno-logischen Gebiet an Differenziertheit übertroffen hat: Hermann Schmitz. Und dieser sagt in seiner „Einführung in den Beitrag von Graf Karlfried von Dürckheim aus philosophischer Perspektive": „Mehr als zwei Jahrtausende lang hat das abendländi-sche Denken der Illusion angehangen, dass der Raum dem Menschen äußerlich und der Mensch in der Innerlichkeit seiner Seele, die sein wahres Selbst ausmache oder beherberge, raumlos sei. Der erste Europäer, der diesen Bann gebrochen und den Menschen den Raum als gelebten, und nicht bloß – wie Kant will – als Sammenbe-cken der Gegenstände außer uns durch den äußeren Sinn (eine Eigenschaft unseres raumlosen Gemütes) vorgestellten, zurückgegeben hat, ist Karlfried Graf Dürckheim mit seinen epochalen *Untersuchungen zum gelebten Raum*." (S. 110). Man muss vielleicht nicht ganz so hoch greifen wie Hermann Schmitz. Dass aber Dürckheims Untersuchungen auf dem Gebiet der phänomenologischen Erkundung des gelebten Raumes zu einer der wichtigsten Schriften überhaupt gehören: das ist sicherlich nicht zu viel gesagt.

Es ist daher sehr zu begrüßen, dass es nun nach über 70 Jahren zu einer Neuaus-gabe dieser bis dato schwer greifbaren Untersuchungen gekommen ist. Nicht dass Dürckheim mit seinen Schriften nicht am Buchmarkt präsent wäre. Doch die vielen Veröffentlichungen Dürckheims, die heute in großer Auflage auf dem Markt sind, entstammen einer späteren Lebensperiode, haben eine andere – wesentlich durch seine Japanaufenthalte (Dürckheim, ab 1931 Psychologieprofessor in Breslau, wurde ab 1935 Mitarbeiter des Auswärtigen Amtes im „Büro Ribbentropp", war 1938 und 1942 in diplomatischer Mission und zu nationalsozialistischen Propagandazwecken in Japan, wurde 1944 noch mit dem Kriegsverdienstkreuz 2. Klasse ausgezeichnet) bzw. durch seine zenbuddhistischen Erleuchtungserlebnisse geprägte – Themenstellung. Bücher wie „Japan und die Kultur der Stille" (1949), „Hara – Die Erdmitte des Menschen" (1954), „Erlebnis und Wandlung – Grundfragen der Selbstfindung" (1956), „Zen und Wir" (1961), „Der Alltag als Übung" (1961), „Meditieren, wozu und wie? Die Wende zum Initiatischen" (1976), „Von der Erfahrung der Transzen-denz" (1984) zeugen von dieser späteren Themenstellung. Der zenbuddhistisch inspirierte Dürckheim ist also auf dem Buchmarkt und im Gegenwartsbewusstsein einigermaßen präsent. Schon etwas weniger präsent ist, dass Dürckheim zusammen mit seiner Frau Maria Hippius Gräfin von Dürckheim eine existenzialpsychologische Therapieform, die sogenannte „Initiatische Therapie", entwickelt hat. So gut wie gar nicht präsent ist, dass der frühe Dürckheim hervorragende phänomenologische Untersuchungen vorgelegt hat. Auch deshalb ist die Neuausgabe dieser seiner Untersuchungen zu begrüßen: Sie zeigt, dass es (aus lebensphilosophischer Sicht sogar allem anderen zuvor) lohnt, sich mit dem frühen Dürckheim auseinanderzusetzen.

Die vier fachkundigen „Einführungen in den Beitrag von Karlfried Graf von Dürckheim", durch die die Neuausgabe flankiert wird (die im vorletzten Absatz erwähnte Einführung aus „philosophischer Perspektive von Hermann Schmitz, S. 109-115, eine Einführung aus „erziehungswissenschaftlicher Perspektive" von Klaudia Schultheis, S. 117-132, eine aus „geographischer Perspektive" von Jürgen Hasse, S. 133-145, und eine aus der „Perspektive der Architektur" von Alban Janson, S. 147-171), runden das Buch gelungen ab bzw., entscheidender, binden die dürckheimschen Gedanken an die diversen heutigen Diskurse an.

Speziell aus phänomenologischer und lebensphilosophischer Sicht bleibt zu hoffen, dass sich das Gros der Phänomenolog/inn/en und Lebensphilosoph/inn/en nun endlich ernsthaft und grundlegend mit den dürckheimschen Gedanken auseinandersetzt. Dem Wunsch, den der Herausgeber Jürgen Hasse in seinem Vorwort formuliert – „Möge der [dürckheimsche] Beitrag durch diesen Nachdruck nicht nur leichter verfügbar werden, sondern auch ein Gegengewicht zu jenem humanwissenschaftlichen Denken bilden, das den Menschen durch zunehmende Abstraktheit und vergrößerte Ferne zum gelebten Leben auf eine reduktionistische Vorstellung beschränkt" (S. 10) – kann ich nur zustimmen. (R. J. Kozljanič)

Stefan Diebitz: Glanz und Elend der Philosophie, Stuttgart: omega verlag 2007, 349 S., 27,90 € (ISBN 978-3-933722-19-5).

Bis weit in das 20. Jahrhundert galt die Philosophie als die Königin unter den Disziplinen. Studierende unterschiedlichster Fachrichtungen wandten sich ihr zu, nicht zur Verbesserung ihrer Karrierechancen, sondern um über zentrale Fragen des Lebens zu reflektieren, sich also zu bilden. Zurzeit dagegen droht die Philosophie an den Universitäten marginalisiert zu werden. Lehrstühle für Philosophiegeschichte oder für Wissenschaftstheorie werden entweder gestrichen oder umgewidmet, beispielsweise in solche für Philosophie des Geistes. Zudem vergrößert sich der Hiatus zwischen einer universitären, hochspezialisierten Philosophie, deren Sprache nur noch einem erlesenen Kreis von Akademikern zugänglich ist, und einer lebensweltlichen Philosophie, die dem Menschen auch für die alltägliche Lebensbewältigung Orientierung gibt.

Als Hauptschuldigen dieser Entwicklung identifiziert Stefan Diebitz in seinem Buch „Glanz und Elend der Philosophie" (2007) eine bestimmte philosophische Richtung: „Im Lauf der Jahrzehnte unterlag die klassische Philosophie dem Ansturm einer aggressiven Bewegung, die niemals Philosophie sein wollte, ja sogar die Philosophie abzuschaffen gedachte, obwohl sie sich bis heute analytische Philosophie nennt und ihre Vertreter philosophische Lehrstühle besetzen." (S. 9) Die Dominanz der analytischen Philosophie an den Universitäten der protestantischen Länder sieht er in ihrer Verbindung mit der protestantischen Ethik begründet. Für Diebitz ist die

Selbstbezeichnung dieser modernen Strömung als Philosophie ein „Etikettenschwindel", da von ihr nicht das „Selbstverständnis der Philosophie" (S. 48) geteilt wird, welches Platon, Aristoteles, Immanuel Kant, Georg Wilhelm Friedrich Hegel oder Arthur Schopenhauer lehrten. Als weitere zentrale Repräsentanten klassischer Philosophie gelten dem Publizisten Denker, die insbesondere im ersten Drittel des 20. Jahrhunderts hervortraten und an die im gegenwärtigen philosophischen Diskurs kaum angeknüpft wird, wie Georg Simmel, Edmund Husserl, Max Scheler, Ernst Cassirer, Nicolai Hartmann und auch eingeschränkt Martin Heidegger. Die genannten Personen prägen Diebitz' Idealbild eines Philosophen: „Der Philosoph ist niemals ein weltabgeschiedener Weiser noch ein Sonderling und Einzelgänger, sondern ein Mensch, der die Menschen sucht und sich ihnen gegenüber ausspricht, der nicht aus der Einsamkeit der Berge herabsteigt wie Zarathustra, keine Geheimsprache murmelt wie der späte Heidegger und schon gar nicht Formeln aneinanderreiht wie ein analytischer Philosoph. Der Philosoph ist ein Mensch, der in ein Gespräch eintritt, indem er fragt und antwortet, indem er nach Formulierungen ringt oder Widerworte und Widersprüche sucht, kurz, indem er ein Problem durchspricht." (S. 54) Zudem zeichnet sich ein „richtiger" Philosoph durch die „Kunst des langsamen Denkens" (S. 301) aus. Philosophie wird von Diebitz demnach begriffen als eine „methodisch reflektierte Radikalisierung des alltäglichen Denkens" (S. 301), als die „Formulierung einer vielstufigen, in sich gegliederten und hierarchisch geordneten, prinzipiell auf das Ganze abzielenden Erklärung" (S. 302). Explizit fordert er von der Denkweise einen Lebensweltbezug ein: „Philosophie muss sich am und im Alltäglichen, Gewöhnlichen und Profanen behaupten, sonst kann sie keinerlei Autorität beanspruchen." (S. 17)

Diebitz beleuchtet in seinem Buch u. a. Behauptungen und Positionen, die vom Begründer der analytischen Philosophie Ludwig Wittgenstein, die von Repräsentanten des „Wiener Kreises" wie Rudolf Carnap, Moritz Schlick und Hans Reichenbach oder die von teilweise noch lehrenden sprachanalytisch orientierten Philosophieprofessoren wie Georg Meggle, Ernst Tugendhat und Wolfgang Lenzen stammen. Die getroffene Auswahl demonstriert eine Fokussierung auf die ältere Ausrichtung analytischer Philosophie. Der klassische Philosophiebegriff und das von den traditionellen Philosophen erreichte Reflexionsniveau bildet die Messlatte, welche der Publizist an die Kernaussagen ausgewählter überwiegend deutschsprachiger Vertreter der analytischen Philosophie anlegt. In den einzelnen Kapiteln seines Buches werden von Diebitz Positionen der philosophischen Strömung oder von ihr übernommener Vorstellungen wie z. B. die des Darwinismus kritisch analysiert und mit Einsichten klassischer Denker und Dichter konfrontiert.

So bemängelt er Ludwig Wittgensteins Reduktion von Philosophie auf Sprachkritik und die Überbewertung der Logik für den philosophischen Erkenntnisprozess: „Wer Schriften der analytischen Philosophie liest, der erzittert vor dem Übermaß an Intelligenz und Scharfsinn, der sich auf nahezu jeder Seite ergießt; und dass Intelligenz und Scharfsinn vielleicht nie geahnte Subtilitäten zu produzieren vermögen, nicht aber notwendig zur Philosophie führen, ja oft sogar von ihr fort, das will man so nicht begreifen." (S. 18) Dabei verweist der Publizist auf das „Lieblingsfeld der analytischen Philosophie, der Ethik" (S. 19), in der sich trotz zahlreicher Veröffentlichungen in den letzten 15 Jahren keine signifikanten Reflexionszuwächse nachweisen lassen. Als Hauptproblem der analytischen Philosophen in dieser Teildisziplin identifiziert Diebitz ihre Unfähigkeit die „grundsätzliche Moralität eines Menschen [zu] begründen" (S. 153).

Rudolf Carnaps Postulat nach „Überwindung der Metaphysik durch logische Analyse der Sprache" (1931) entgegnet Diebitz mit dem Hinweis: „Philosophie ist nicht Wissenschaft, und schon gar nicht ist sie eine positive Wissenschaft." (S. 20) In dem Kontext übt der Publizist ebenso Kritik an der von analytischen Philosophen angestrebten „Mathematisierung der Philosophie" (S. 70), welche in dieser naiven Form selbst im 17. Jahrhundert, in der Zeit einer Philosophie more geometrico, von Mathematikern und Philosophen nicht angestrebt wurde. Als Mängel der sprachanalytischen Richtung benennt Diebitz ihre Ratio-Fixierung, ihren Glauben an einen archimedischen Punkt in der Erkenntnis sowie ihre Fokussierung auf begriffslogische Analysen und Deduktionen mit „quasi-mathematischen Abstraktionen" (S. 80). Ein Hauptunterschied zwischen analytischer und klassischer Philosophie besteht auch in der Form des Philosophierens, wie sie anhand einer Kontrastierung von Wittgensteins monologischen „Philosophischen Untersuchungen" (1945-1949) mit Platons Dialogen belegt wird (S. 52f.). Erwähnung verdient ebenso Diebitz' ausführliche Auseinandersetzung mit dem Buch „Liebe, Leben, Tod. Eine moralphilosophische Studie" (1999) des Osnabrücker Philosophieprofessors Wolfgang Lenzen, welches von dem Publizisten als Werk der „Sophistik", als ein „Rückfall in die Zeit vor der Philosophie" (S. 79) beurteilt wird, da Lenzen den Philosophieprofessor zum Ethikexperten erhebt und Philosophie auf die Kunst der Unterscheidung von guten und schlechten Argumenten reduziert.

Diebitz kommt mit seinem Buch das Verdienst zu, Nivellierungen und Bagatellisierungen von Philosophie durch bestimmte analytische Philosophen beispielhaft aufzudecken und vernachlässigte Argumente für eine Auseinandersetzung mit dieser dominierenden Strömung zu liefern. Kritisch anzumerken bleibt aber, dass der Publizist in seiner holzschnittartigen Auswertung der Vielfalt sowie den Entwicklungen, welche die analytische Philosophie im letzten Jahrzehnt durchgemacht hat, insbesondere ihre Öffnung gegenüber hermeneutischen Verfahren und der Philosophiegeschichte, nur zum Teil gerecht wird und damit seine vorgetragene Kritik nicht auf alle ihre Repräsentanten gleichermaßen zutrifft. Aufschlussreich ist auch Diebitz' fundierte Widerlegung des Darwinismus, die er unter Rekurs auf die Geistphilosophie und die materiale Wertethik Nicolai Hartmanns führt. Einzelne Auszüge aus Diebitz' Buch lassen sich meines Erachtens gerade aufgrund ihrer Anschaulichkeit im Philosophie- und Ethikunterricht der Mittel- und Oberstufe produktiv einsetzen, beispielsweise die Erläuterung von Helmuth Plessners Begriff der „exzentrischen Positionalität" (S. 101f.). Diebitz selbst dagegen hält den schulischen Unterricht in

Philosophie für „fragwürdig" und nur für „sinnvoll [...] bei älteren und reiferen Schülern" (S. 44). Trotz des Zitierens von Autoritäten wie Platon, Hegel, Schopenhauer oder Jean Paul überzeugt Diebitz' Position in philosophiedidaktischer Hinsicht nicht. Zahlreiche Beispiele aus der Unterrichtspraxis sprechen für die Produktivität eines „Philosophieren mit Kindern" und Jugendlichen. Zurecht kann gefragt werden, ob Diebitz in diesem Zusammenhang nicht von einem restringierten Philosophiebegriff ausgeht, was er doch gerade den analytischen Philosophen vorwirft.

Insgesamt lässt sich festhalten, dass Diebitz' klar gegliedertes und gut verständlich geschriebenes, 18 Kapitel umfassendes Werk, das von breiter Literaturkenntnis zeugt, nicht nur die analytische Philosophie einer reflektierten Kritik unterwirft, sondern zugleich als Einführung in philosophische Kernfragen geeignet ist. Das Buch „Glanz und Elend der Philosophie" aus dem „omega verlag" kann daher sowohl akademischen Philosophen als auch an der Philosophie interessierten Laien zur Lektüre empfohlen werden. (M. Remme)

Philosophie im Gespräch (Der blaue reiter – Journal für Philosophie, Sonderband) Stuttgart: omega verlag 2007, 116 S., 15,10 € (ISBN 978-3-933722-18-8).
Philosophie im Gespräch II (Der blaue reiter – Journal für Philosophie, Sonderband) Stuttgart: omega verlag 2009, 116 S., 15,90 € (ISBN 978-3-933722-25-6).

Worin besteht Philosophie? Genügen die Gedanken eines eremitischen Grüblers oder wird sie nicht erst durch den nachfragenden und mitdenkenden Zuhörer lebendig? Die Urform der Philosophie seit den Akademien der alten Griechen und den Dialogen des Sokrates ist das philosophische Gespräch, das nicht als poiesis, sondern als Praxis im ursprünglichen Sinne des Wortes zu Verstehen ist. Die Herausgeber des „blauen reiters" versuchen dieser Bedeutung des Gesprächs als lebendiger Philosophie in zwei Interview-Sonderausgaben gerecht zu werden. Diese überaus aufschlussreichen Interviews wurden sowohl mit Fachphilosophen wie Walter Schulz, Jürgen Mittelstraß, Odo Marquard, Gernot Böhme und Jan-Philipp Reemtsma, aber auch mit interessanten Außenseitern wie Herbert Illig geführt, der behauptet, die Jahre zwischen 614 und 911 habe es in der Geschichte nie gegeben und beruhten einzig und allein auf Fälschungen. Auch philosophische Praktiker wie Alexander Dill („Sokrates wurde zurecht als Jugendverderber hingerichtet") sowie Prominente wie Altbundeskanzler Helmut Schmidt, Extrembergsteiger Reinhold Messner, Schriftsteller Maxim Biller und der Schauspieler Klaus-Maria Brandauer finden sich unter den Gesprächspartnern. Natürlich sind auch die bekannten „Fernsehphilosophen" Peter Sloterdijk und Rüdiger Safranski vertreten.

Manche dieser Interviews stehen in der Tradition der mündlichen Überlieferung, etwa wenn Walter Schulz als Zeitzeuge von Begegnungen und Gesprächen mit vergangenen Größen wie Heidegger, Gadamer, Albert Schweitzer und Ernst Bloch über die großen Fragen der Philosophie erzählt. Dabei werden Denker lebendig, die für manch Nachgeborenen bisher schwarz-weiße Vergangenheit schienen. Schließlich sind deren Themen wie das Verhältnis des Menschen in seiner Entwicklungsstufe zu den Tieren, Albert Schweitzers „Ehrfurcht vor dem Leben", Heideggers „Vorlaufen in den Tod", die Leib-Seele-Problematik und die Ethik, die der Mensch haben muss, um gegen Schopenhauers „Lust an der Grausamkeit" sowohl im Nah- als auch im Fernhorizont anzukämpfen, so aktuell wie eh und je.

Im Interview mit Jürgen Mittelstraß wird dessen Position als Vertreter der Erlanger Schule des Konstruktivismus und seine Abgrenzung zum Radikalen Konstruktivismus auf den Punkt gebracht. Dieses Interview, in dem Mittelstraß auch hochschulpolitisch Stellung bezieht und gegen universitäre Fachidiotie für ein Studium, in dem Interdisziplinarität zur Selbstverständlichkeit gehört, plädiert, stellt eine Form des tiefgreifenden und anspruchsvollen Journalismus dar.

Um das Verhältnis Geistes- und Naturwissenschaften geht es auch im Gespräch mit Odo Marquardt über die Ästhetisierung von Kunst. Im Gegensatz zum Zeitgeist einiger Universitätsrektoren ist er der Meinung, dass je moderner die moderne Welt wird, die Geisteswissenschaften um so unvermeidlicher sind. Denn in dem Maße, in dem ernste Probleme entstehen, welche die Lebbarkeit der modernen Wirklichkeit in Frage stellen, können sie durch die Kunst in eine Ebene gebracht werden, auf der man sie aushält. Unaushaltbare Probleme werden in Aushaltbarkeit verwandelt, so Marquardt, indem man sie ästhetisiert.

Ebenfalls um die moderne Wirklichkeit geht es im Interview über die Ethik des Fortschritts mit Walter Ch. Zimmerli. Der Heuristik der Furcht von Hans Jonas, in der davon ausgegangen wird, dass alles, was technisch möglich ist, auch gemacht wird und dieses die schlimmstmöglichen Folgen hat, stellt er ein „Institut für Gedankenexperimente" gegenüber, ohne das kein technischer Fortschritt möglich sei. Die Philosophie habe hier eine Kläranlagenfunktion. Sie müsse Risiken und Gefahren abwägen, um zu einer Optimierungsethik zu kommen. Diese Optimierungsethik unterstellt jedoch, dass es ein auszumachendes Optimum gibt – auch wenn wir dieses vielleicht nicht kennen.

Die Interviewer halten sich mit eigenen Statements und Meinungsäußerungen sehr zurück, so dass man den Interviewten des öfteren quasi beim Denken zusehen kann. Auch die vielen Fotos unterstreichen den Eindruck der Texte, einem lebendigen Denken zu folgen.

Die beiden Bände „Philosophie im Gespräch" stellen nicht nur eine Art Überblick über das Themenspektrum und das Personal der zeitgenössischen Philosophie dar; sie laden ebenso ein zur unterhaltsamen Feierabendlektüre für die Kenner der Materie wie sie sich als Aufhänger für die Fragestellungen eines philosophischen Hauptseminars eignen. Die Interviews sind Zeugnisse und Lehrstücke einer scheinbar in Vergessenheit geratenen Kunst – der Kunst des philosophischen Gesprächs. (M. D. Zimmermann)

Robert Josef Kozljanič: Freundschaft mit der Natur – Naturphilosophische Praxis und Tiefenökologie, Klein-Jasedow: Drachen Verlag 2008. 168 S., 16,50 €, (ISBN 978-3-927369-12-2).

Natur ist in Neuzeit und Moderne zu einer Ressource des Menschen geworden – einem Stoff, dem der Mensch gemäß seinen Zwecken Form gegeben hat. In der Natur einen Eigenwert zu sehen, musste mit Voranschreiten der wissenschaftlich-technischen Zivilisation als romantizistische Anwandlung betrachtet werden. Diesem feindschaftlichen Verhältnis zur Natur setzt das Buch „Freundschaft mit der Natur" von Robert Kozljanič Wege zur Kultivierung eines freundschaftlichen Verhältnisses entgegen. Damit steht der Autor nicht nur naturphänomenologischen und lebensphilo-sophischen Denkrichtungen nahe, die die ökologische Krise der wissenschaftlich-technischen Zivilisation in ihrem Philosophieren berücksichtigen. Das Buch gliedert sich darüber hinaus auch in den Bereich der einst von Achenbach initiierten philoso-phischen Praxis ein, in der jedoch spezifisch naturphilosophische Reflexion randstän-dig geblieben ist. Insofern kann Kozljaničs Ansatz in Anspruch nehmen, ein „absolu-tes Novum" (S. 10) in diesem Bereich zu sein. Der Untertitel „Naturphilosophische Praxis und Tiefenökologie" untertreibt: Es geht Kozljanič nicht nur um naturphiloso-phische Praxis im Rahmen einer zu kultivierenden freundschaftlichen Einstellung gegenüber der Natur, sondern um eine „neue Naturphilosophie" (S. 12), die nach den Vorstellungen des Autors „vielseitig" und damit zugleich theoretisch, poetisch, historisch und in erster Linie eben auch praktisch sein soll.

Mit diesen vier vom Autor für eine „neue Naturphilosophie" als notwendig erach-teten Dimensionen wird der tiefenökologische, auf Arne Naess zurückgehende Ansatz einerseits gewürdigt, andererseits kritisch beleuchtet. So kritisiert Kozljanič vor allem den in seinen Augen synkretistischen Charakter dieses Ansatzes: „Evolutionistische Naturkonzepte stehen unverbunden neben pantheistisch-spinozistischen; diese wiederum werden mit hinduistischen und zenbuddhistischen ‚Natur'-Erfahrungen vermengt und mit einem Schuss christlicher Nächstenliebe versehen." (S. 33–34)

Den vier Dimensionen seiner „neuen Naturphilosophie" folgen auch die fünf Kapitel des Buches, insofern Kozljanič – nicht erst durch seine Dissertation zum „Genius loci" ausgewiesener Kenner auf diesem Gebiet – in Kapitel 2 fünf geschicht-liche Naturzugänge auf ihre praktische, theoretische, poetische und historische Stichhaltigkeit untersucht: den „neuzeitlich-naturwissenschaftlichen" sowie „neuzeit-lich-ästhetischen", den „mittelalterlich sinnbildlich-allegorischen", den „olympisch-mythisch-atmosphärischen" und den „archaisch-mythisch-daimonischen" Zugang.

Mit Ausnahme des „‚natur'-wissenschaftlichen Natur-(Nicht-)Zugangs" stellt Kozljanič in Kapitel 3 sechs „naturphilosophische Einzelpraktiken" („tiefenökologi-sches Selbstverwirklichungskonzept und die Identifikationspraxis", „naturästhetische Praxis", „sinnbildliche Praxis", „olympisch-mythische Praxis", „Trancepraxis" und „Inkubationspraxis") und mit der „Visionssuche in freier Natur" eine „naturphilo-sophische Radikalpraxis" vor, die „als eine Art naturverbindender Urpraxis" (S. 52) über indianische und germanische Bräuche hinaus z. B. auch von Moses am Berg

Horeb und Jesus in der Wüste praktiziert worden sei. In der Darstellung kommt der praktische Aspekt auch darin zum Ausdruck, dass Kozljanič – fundiert nicht zuletzt durch die Beschreibung eigener Erfahrungen, welche die Authentizität des Anliegens von Kozljanič unterstreichen – anschaulich Schritt-für-Schritt-Anleitungen und Tipps für die einzelnen Praktiken schildert, die jedoch stets auch die historische, poetische und theoretische Dimension mitberücksichtigen, so dass man sich auch ein Bild von diesen Praktiken in vergangenen Kulturen machen kann. So skizziert Kozljanič z. B. die bis in die Antike zurückreichende Geschichte des Inkubationsritus, „des Schlafens an einer heiligen Stätte, um vor allem durch Traum […] von der ortsansässigen göttlichen Macht eine Weisung und/oder Hilfe zu erhalten" (S. 48–49) am antiken Heilschlaf im Asklepiostempel ebenso wie die Übernahme solcher Kulte durch christliche Inkubationspraxen.

Der praktische Aspekt von Kozljaničs Buch kommt auch in Kapitel 4 mit den „Einsatzfeldern naturphilosophischer Praxis" zum Zug. Beleuchtet werden Praktiken in den Bereichen „Lebensberatung und Therapie", Politik, Erlebnispädagogik, Erwachsenenbildung und, wie der Autor einräumt – „eher an die Fachleute unter der Leserschaft" (S. 69) gerichtet – Landschaftsgestaltung. Dabei wird Christopher Alexanders „Pattern-Language-Konzept", das der Autor unter Betonung von „lebensräumlichen Erfahrungsaspekten" als „Ortsaspekt-Konzept" vorstellt, und seine Anwendung durch Coates und Seamon im Meadowcreek-Tal besonders ausführlich beschrieben – zumal der Autor in ihm einen zukunftsweisenden Ansatz sieht (S. 71/76): Man erspürt „heuristisch, rhapsodisch und mehrdimensional" (S. 70) an einem Ort bestimmte für ihn charakteristische Aspekte und verwirklicht andere, die der Einzigartigkeit des Ortes und den Bedürfnissen der Bewohner entsprechen.

Um – wie im Einführungskapitel dargelegt – den Fokus auch auf die Kohärenz der „neuen Naturphilosophie" zu legen und um rational begründete Handlungsziele anzugeben, ohne empiristisch und damit biologisch oder „szientizistisch-esoterisch" (S. 13) vorzugehen, greift Kozljanič im der Theorie gewidmeten Kapitel 5 auf die naturphilosophischen Ansätze von Carl Gustav Carus und dem Lebensphilosophen Ludwig Klages zurück. Dabei werden die Ansätze dieser Autoren nicht nur vorgestellt, sondern mit Blick auf die vier Dimensionen „neuer Naturphilosophie" diskutiert, relativiert und ergänzt.

Die theoretische Fundierung setzt mit Carus und Klages sehr auf eine Entgegensetzung der, wie es bereits eingangs heißt, „vorgängigen", „umfassenden", als „großen Ur-Grund" und mit Carus als „unbewusstes All-Leben" aufgefassten Natur gegenüber dem menschlichen Geist. Damit bringt der Autor die sich stets wandelnde und somit heraklitisch betrachtete Natur in Stellung gegen den eleatistisch das Sein erfassenden menschlichen Geist, den Logos. Diese Entgegensetzung impliziert, dass der Geist für ein feindschaftliches Verhältnis zur Natur, wie es sich in einer überdimensionalen Technisierung und Ausbeutung natürlicher Ressourcen einschließlich der hierdurch bedingten ökologischen Folgen zeigt, verantwortlich gemacht wird. Ob eine solche Entgegensetzung für eine theoretische Fundierung eines freundschaftlichen Umgangs mit der Natur zwingend oder gar wegweisend sein muss, wäre angesichts alternativer naturphilosophischer Ansätze diskutierbar.

Kozljaničs hauptsächlich der ‚praktischen Befreundung' gewidmetes Konzept lässt erahnen, welch komplexe Fragen sich nicht nur mit Blick auf den theoretischen, sondern auch auf den ethischen Aspekt ergeben. Denn auch wenn es angesichts der Naturkrise in unserer Zeit notwendig erscheinen mag, Natur anzuerkennen, anstatt sie zu bekämpfen, so bleibt offen, inwieweit innerhalb eines freundschaftlichen Verhältnisses auch Distanzen möglich und nötig sind und wie diese theoretisch mitgedacht werden können. So etwa, wenn Kozljanič ganz nebenbei mit Blick auf die „Inkubationspraxis" vor dem Verzehr von giftigen Blättern oder Nadeln warnt (S. 51) oder wenn er einräumt, dass manche Menschen aufgrund ihrer körperlichen Konstitution vor bestimmten naturphilosophischen Praktiken wie der „Visionssuche" doch ggf. besser ärztliche Beratung einholen sollten (S. 61). Dies mag einem einerseits selbstverständlich erscheinen, doch müsste man nicht andererseits folgern, dass die dem Menschen schadenden Aspekte von Natur wie Krankheiten oder Naturkatastrophen nicht nur als Folgen von menschlichem Eingriff verstanden werden können, sondern in der Beschaffenheit der Natur begründet sind? Und sind dann nur Teilaspekte von Natur der Befreundung wert oder sind auch sie Teil des Freundschaftsverhältnisses? Und soll man der Freundin Natur hinsichtlich dieses negativen Aspekts folgen oder ist eine Distanzierung innerhalb der Freundschaft möglich?

Dies jedoch würde den Rahmen des Buches sprengen, dem es doch darum geht, überhaupt erst einmal reflektiert und unter Berücksichtigung des kulturgeschichtlichen Hintergrundes Wege aufzuzeigen, auf denen Natur nicht – wie in der wissenschaftlich-technischen Zivilisation üblich geworden – bekämpft, sondern anerkannt wird. Wer solche Wege selbst gehen möchte und Perspektiven für eine Integration von Naturzugängen in die eigene Lebensgestaltung sucht, dem dürfte Kozljaničs Buch eine sehr gute und authentische Orientierungshilfe sein. Und wenn der Autor mit den Worten schließt: „solange unser westlicher Geist […] nach wie vor und in immer ungeheureren Ausmaßen Leben vernichtet, solange der ‚Mythos der Maschine' die unterschwellige abendländische Metaerzählung bleibt: solange besteht die klagessche These vom ‚Geist als Widersacher' zu Recht. Jeder philosophische Versuch, diese These zu depotenzieren, muss solange als Rationalisierung gedeutet werden, bis dieser westliche Geist – ohne allen Selbstbetrug – von sich her gezeigt hat, dass er auch Freund von Natur, Leben und Seele sein kann" (S. 137–138), mag man nach der Lektüre des Buches eine spontane Antwort finden. Denn wer Kozljaničs geistreiches Buch mit Gewinn gelesen hat, dürfte geneigt sein, dem Autor hierin zu widersprechen. (R. Schilling)

REIHEN UND TITEL DES ALBUNEA VERLAGS

Reihe Naturreligion und Mythologie:

- Robert Josef Kozljanič: Antike Heil-Ort-Rituale – Traumorakel, Visionssuche und Naturmantik bei den Griechen und Römern. (2004 erschienen)
- Charles A. Eastman (Ohiyesa): Die Seele des Indianers – Ein Siouxindianer berichtet über Glauben und Sitten seines Volkes. (2009 erschienen)
- Helena Rytkönen: Opferriten und Pfannkuchen – Eine Reise ins Land der Mari an der Wolga. (2010 erschienen)
- Hymnen an antike Gottheiten – Ein Gebetbuch für naturreligiöse Menschen. Zusammengestellt, erläutert u. hg. v. L. Lohenstein. (In Bearbeitung)

Reihe Kulturgeschichte:

- Robert Josef Kozljanič: Der Geist eines Ortes – Kulturgeschichte und Phänomenologie des Genius Loci. 1. Band: Antike – Mittelalter. 2. Band: Neuzeit – Gegenwart. (2004 erschienen)
- Andrea Kölbl: Fiktionen der Liebe – Europäische Volksmärchen und populäre Spielfilme im Vergleich. (2006 erschienen)
- Robert Josef Kozljanič: Gaia – Kulturgeschichte der Mutter Erde. (Geplant)

Reihe Volkskunde und Volksglaube:

- Karl Freiherr von Leoprechting: Aus dem Lechrain. Zur deutschen Sitten- und Sagenkunde. Teil 1: Erzählungen aus dem Volk. Teil 2: Das Bauernjahr. Neu herausgegeben und eingeleitet von Marco Höppner und Stefan Daniel (In Bearbeitung)
- Paracelsus: Liber de nymphis, Buch über Nymphen und andere Elementargeister. (Geplant)
- Johannes Praetorius: Blockes-Berges-Verrichtung. Von unheimlichen Orten, Hexen, Werwölfen und anderen Sagengestalten. (Geplant)

Reihe Lebensphilosophie:

- I. Jahrbuch für Lebensphilosophie (2005). Zur Vielfalt und Aktualität der Lebensphilosophie. Hg. v. R. J. Kozljanič. (Erschienen)
- II. Jahrbuch für Lebensphilosophie (2006). Leib-Denken. Hg. v. R. J. Kozljanič. (Erschienen)
- III. Jahrbuch für Lebensphilosophie (2007). Praxis der Philosophie – Gernot Böhme zum 70. Geburtstag. Hg. v. U. Gahlings, D. Croome u. R. J. Kozljanič. (Erschienen).
- IV. Jahrbuch für Lebensphilosophie (2008/2009). Lebensphilosophische Vordenker des 18. und 19. Jahrhunderts. Hg. v. R. J. Kozljanič. (Erschienen)
- V. Jahrbuch für Lebensphilosophie (2010/2011). Gelebter, erfahrener und erinnerter Raum. Hg. v. J. Hasse u. R. J. Kozljanič. (Erschienen)
- Philipp Lersch: Erlebnishorizonte – Schriften zur Lebensphilosophie. Herausgegeben und eingeleitet von Thomas Rolf. (Erscheinungstermin: Herbst 2010)

Reihe romantische Dichter und Denker:

- Carl Gustav Carus: Briefe über Landschaftsmalerei. (In Bearbeitung)
- Georg Friedrich Daumer: Göttermutter oder Muttergottes? Religionsphilosophische und mythologische Schriften. (Geplant)
- Gotthilf Heinrich von Schubert: Symbolik des Traumes. (Geplant)
- Romantische Gedichte an die göttliche Natur. Ein weiteres Gebetbuch für naturreligiöse Menschen. Zusammengestellt, erläutert u. hg. v. L. Lohenstein. (Geplant)

ALBVNEA VERLAG MVENCHEN

Seldeneckstr. 18
D-81243 München
Tel.: ++49/(0)89/877165
www.albunea.de
info@albunea.de